머리말

봄날입니다. 목년과 벚꽃은 피고 지고, 나뭇가지 잎새를 흔들며 지나는 남촌 바람은 정겹습니다. 겨울을 나고 봄이 왔듯이 6월의 여름도 곧 일상처럼 돌아오리라 기대합니다.

재개발사업은 희망과 욕망의 수단입니다. 누구는 자산증식의 수단으로, 누구는 가족의 따듯한 안식처로. 하지만 누구에겐 옛 추억의 공간을 빼앗기는 아픈 상처의 징표로, 누구에겐 가족을 이끌고 떠나야 할 출발점으로 기억될 것입니다.

재개발사업은 복잡합니다. 언제 취득해서 언제 처분해야 할지, 사업성이 좋은 정비구역인지, 얼마의 프리미엄을 주고 사야 하는지, 그리고 조합원입주권은 온전히 받을 수 있는지, 몇 평형을 신청해야 안전하게 원하는 평형을 배정받을 수 있는지 등 인터넷과 책 그리고 관련 법률도 잘 공부해 두어야 합니다.

재개발사업 관련 세금은 복잡합니다. 양도세는 관리처분계획인가일을 기준으로 종전부동산이 조합원입주권으로 전환됩니다만 취득세는 건축물 멸실 여부에 따라 과세 대상이 달라집니다. 특히 멸실된 무허가건축물(뚜껑)을 승계 취득한 조합원의 경우 프리미엄을 신축건축물의 취득세 과세표준에 산입하여야 하는 등 주의사항이 많습니다. 상속증여세에서는 조합원입주권을 어떻게 평가해야 할지 현실적 고민사항도 있습니다.

본 책은 재개발·재건축 등 정비사업 관련 내용과 정비사업 관련 세금(취득세, 양도세, 재산세, 종부세, 상속증여세, 주택임대사업) 내용을 담고 있습니다. 복잡한 해석 판례는 배제하고 꼭 알아야 할 내용 위주로 꾸몄습니다.

본 책을 출간하기까지 많은 분께서 수고하셨습니다. 먼저 출간을 허락하신 더존테크윌의 김진호 대표님, 편집에 고생하신 이태동 이사님과 경정암 부장님, 매번 좋은 정보를 주시는 독자 여러분, 그리고 저자들의 사랑하는 가족 모두에게 고마움을 전합니다.

2025.5.8.

저자 김영인·강형규

CONTENTS
2025 재개발 주택세금 길라잡이

제1장 재개발등 정비사업의 이해

1. 재개발등 정비사업의 종류 ·· 17
  - 1-1. 재개발·재건축·주거환경개선사업 ···················· 17
  - 1-2. 빈집정비사업·소규모주택정비사업 ···················· 19

2. 재개발등 정비사업의 절차 ·· 22
  - 2-1. 재개발·재건축사업의 절차 ···························· 22
  - 2-2. 가로주택정비사업·소규모재건축사업의 절차 ········ 33

3. 재개발등 정비사업 기본상식 ······································ 40
  - 3-1. 재개발인가요? 아니면 재건축인가요? ················ 40
  - 3-2. 임의재건축이란? ·· 40
  - 3-3. 지역주택조합이란? ······································· 41
  - 3-4. 관리처분계획이란? ······································· 41
  - 3-5. 입체환지란? ·· 42
  - 3-6. 종전부동산평가액이란? ································· 42
  - 3-7. 비례율이란? ·· 42
  - 3-8. 권리가액이란? ··· 43
  - 3-9. 청산금 또는 분담금이란? ······························ 43
  - 3-10. 프리미엄이란? ·· 44
  - 3-11. 조합원자격은? ·· 44
  - 3-12. 입주권을 받을 수 있는 자는? ························ 47
  - 3-13. [1+1] 조합원입주권 자격은? ························· 49

차 례

3-14. 준공일과 이전고시일 ··· 50

3-15. 무이자이주비와 유이자이주비 ······································ 51

3-16. 이주촉진비란? ··· 51

3-17. 조합이 내야하는 세금은? ·· 51

3-18. 조합원이 내야하는 세금은? ······································· 52

3-19. 청산금 수령권을 매수인이 승계하였나요? ···················· 53

3-20. 투기과열지구 재당첨금지규정을 아시나요? ··················· 55

3-21. 건물 멸실 전 취득인가요? 건물 멸실 후 취득인가요? ··· 55

3-22. [1+1] 조합원입주권의 장점과 단점 ···························· 56

3-23. 조합원상가분양권의 신청 ·· 57

3-24. 비례율 상승에 따른 분담금 감소 및 교부청산금 증가 ···· 58

3-25. 재개발사업도 초과이익환수제가 있나요? ······················ 59

3-26. 재건축초과이익부담금의 산정방법은? ·························· 59

3-27. 세금 측면에서 조합원입주권 또는 완공주택의 매각시점은 언제가 좋을까요? ··············· 60

3-28. 재개발지역 물건 투자 시 주의 사항 ··························· 61

3-29. 공공재개발사업이란? ·· 62

3-30. 공공재건축사업이란? ·· 63

3-31. 모아주택이란? ··· 65

3-32. 소규모주택정비관리지역이란? ····································· 65

4. 리모델링사업과 세금 ·· 67

4-1. 리모델링사업이란? ··· 67

4-2. 리모델링사업을 진행하는 이유는? ································ 68

4-3. 리모델링사업의 절차는? ·· 70

CONTENTS
2025 재개발 주택세금 길라잡이

4-4. 리모델링 시 내야 할 분담금은? ·· 71
4-5. 리모델링 전·후 내야할 세금은? ·· 72
4-6. 리모델링된 주택의 양도 시 양도세 산정 방법은? ························ 74

제2장 재개발 단계별 주택세금

1. 관리처분계획인가 고시일 전 취득 및 양도 ·································· 79
2. 관리처분계획인가 고시일 ~ 멸실 전 취득 및 양도 ······················ 82
3. 멸실 후 ~ 준공(사용승인 등) 전 ·· 85
4. 준공일 이후 ~ 이전고시일 ·· 89
5. 이전고시일 이후 ·· 92

제3장 취득세 편

1. 기본 사항 ·· 95
   1-1. 주택 취득 시 내야하는 세금 ·· 95
   1-2. 1세대의 범위 ·· 100
   1-3. 주택등의 개념 ·· 106

차 례

2. 소유 주택 수의 판단 ·· 110
   - 2-1. 중과세율 적용 기준이 되는 1세대의 주택 수 판정 시점 ················ 110
   - 2-2. 소유하는 주택으로 보는 주택 ··· 113
   - 2-3. 소유하는 주택으로 보는 조합원입주권 ·· 114
   - 2-4. 소유하는 주택으로 보는 주택분양권 ··· 118
   - 2-5. 소유하는 주택으로 보는 오피스텔 ·· 121
   - 2-6. 신탁법에 따라 신탁된 주택 ··· 123
   - 2-7. 주택등을 동시에 2개 이상 취득하는 경우 ··································· 123
   - 2-8. 주택등을 동일 세대원이 공동으로 소유하는 경우 ························· 124
   - 2-9. 상속으로 여러 사람이 공동으로 주택등을 소유하는 경우의 소유자 판단 ········· 124
   - 2-10. 소유주택 수에서 제외하는 경우 ·· 125
   - 2-11. 특례 기간 중 취득하는 주택의 주택 수 제외 특례 ······················ 136

3. 취득 시 무조건 중과세 배제되는 주택 ··· 137
   - 3-1. 시가표준액 1억원(수도권 외의 지역은 2억원) 이하인 주택 ·············· 139
   - 3-2. 공공주택사업자등이 취득하는 주택 ··· 141
   - 3-3. 노인복지주택으로 운영하기 위하여 취득하는 주택 ························ 142
   - 3-4. 혁신지구사업시행자로부터 현물보상으로 공급받아 취급하는 주택 ···· 142
   - 3-5. 문화재에 해당하는 주택 ·· 142
   - 3-6. 공공지원민간임대주택으로 공급하기 위하여 취득하는 주택 ············· 143
   - 3-7. 가정어린이집으로 운영하기 위하여 취득하는 주택 ························ 143
   - 3-8. 주택도시기금등이 출자하여 설립한 부동산투자회사가 취득하는 일정한 주택 ········· 144
   - 3-9. 멸실시킬 목적으로 취득하는 주택 ··· 144
   - 3-10. 주택 시공자가 건축주로부터 공사대금으로 취득한 미분양주택 ········ 148

CONTENTS
2025 재개발 주택세금 길라잡이

    3-11. 금융기관이 저당권 실행 또는 채권변제로 취득하는 주택 ·············· 149

    3-12. 농어촌주택 ··· 150

    3-13. 사원임대용으로 직접 사용할 목적으로 취득하는 주택 ················ 151

    3-14. 물적분할법인으로부터 취득하는 미분양주택 ···························· 151

    3-15. 리모델링조합이 취득하는 주택 ·· 152

    3-16. 주택법상 사업주체가 취득하는 주택 ····································· 153

4. 무주택자인 개인이 주택을 유상으로 취득 시 내는 세금과 세율 ············ 153

    4-1. 국민주택규모 이하 취득시 내야 하는 세금과 세율 ····················· 155

    4-2. 국민주택규모 초과 시 내야 하는 세금과 세율 ··························· 155

    4-3. 생애 최초 주택구입에 대한 취득세 감면(지특법 제36조의 3) ········ 155

    4-4. 상시 거주할 목적으로 취득하는 서민주택(1가구 1주택) ·············· 159

    4-5. 전세사기피해자지원을 위한 감면(지특법 제36조의 4) ················· 162

    4-6. 출산·양육을 위한 주택 취득에 대한 취득세 감면(지특법 제36조의 5) ·············· 163

5. 하나의 주택등 보유 중 두번째 집을 살 때 내야하는 세금 ················· 165

    5-1. 조정대상지역에서 주택을 유상으로 취득하는 경우 ····················· 165

    5-2. 비조정대상지역에서 주택을 취득하는 경우 ······························ 172

6. 두 개의 주택등 보유 중 세번째 주택을 취득하는 경우 ······················ 173

    6-1. 조정대상지역에서 주택을 취득하는 경우 ································· 173

    6-2. 비조정대상지역에서 주택을 취득하는 경우 ······························ 176

7. 3개의 주택 등 보유 중 비조정대상지역 내에 있는 네 번째 집을 살 때 내야하는 세금
··· 178

차 례

8. 개인이 주택을 무상으로 취득하는 경우 취득세 등 ················ 181
    8-1. 조정대상지역 내 주택의 증여 취득에 따른 취득세 중과세 ············ 181
    8-2. 비조정대상지역 내 주택의 증여 취득에 따른 취득세 중과세 ·········· 184
9. 중과세 규정과 다주택 등 취득세 중과세 규정이 동시에 적용되는 경우 세율 적용 ··· 185
10. 장기일반민간임대주택 등에 대한 감면 ···························· 186
    10-1. 임대할 목적으로 공동주택을 건축하는 경우 취득세 감면 ············ 186
    10-2. 임대형기숙사·공동주택 또는 오피스텔을 최초로 분양받은 경우 지방세 감면 ············ 190
    10-3. 감면액의 추징 ·· 192
    10-4. 장기일반임대주택으로 등록하는 경우 취득세 감면 및 중과세여부 ······ 193
11. 재개발 등 주택의 취득세 ·· 194
    11-1. 관리처분계획인가 고시일 전 유상 취득 ························ 194
    11-2. 관리처분계획인가 고시일 이후 ~ 멸실 전 유상 취득 ·············· 194
    11-3. 멸실 후 ~ 준공일 전 취득 ··································· 195
    11-4. 준공일 이후 ~ 이전고시일 전 취득 ···························· 196
    11-5. 이전고시일 이후 취득 ······································ 199
    11-6. 재개발 등 취득세 감면 ····································· 200

제4장　양도소득세 편

1. 기본 사항 ·· 203

CONTENTS
2025 재개발 주택세금 길라잡이

 1-1. 양도세 기본상식 ··· 203
 1-2. 1세대의 개념 ··· 211
 1-3. 주택의 개념 ··· 216
 1-4. 보유주택 수의 판단 ··· 219

2. 주택의 양도 시 비과세 ··· 225

 2-1. 요건 ··· 225
 2-2. 보유 및 거주기간(소득령제154조⑤) ··· 226
 2-3. 보유 및 거주기간의 제한을 받지 않는 경우 ··· 230
 2-4. 거주기간의 제한을 받지 않는 경우 ··· 234
 2-5. 거주기간 또는 보유기간을 통산하는 경우 ··· 235
 2-6. 일시적 1세대 2주택 비과세 ··· 236
 2-7. 일시적 1세대 3주택 비과세 ··· 238
 2-8. 비과세 판단 시 소유주택에서 배제하는 주택 ··· 238
 2-9. 다가구주택 ··· 257
 2-10. 고가주택 ··· 258
 2-11. 겸용주택의 경우(주택 + 상가등) ··· 259
 2-12. 주택에 딸린 토지 ··· 260
 2-13. 비과세 대상 주택부수토지 ··· 261
 2-14. 상생임대주택에 대한 1세대1주택의 특례 ··· 263

3. 거주주택 양도 시 비과세 특례 ··· 274

 3-1. [장기임대주택 + 거주주택]보유 중 거주주택 양도 시 비과세 특례 ··· 274
 3-2. [장기어린이집 + 거주주택] 보유 중 거주주택의 양도 시 비과세 특례 ··· 286

차 례

4. 조합원입주권의 양도 시 비과세 특례 ·································· 291
   - 4-1. 조합원입주권 비과세 요건 ·· 291
   - 4-2. [조합원입주권(21.12.31. 이전 취득분) + 분양권] 보유 중 조합원입주권의 양도 시 비과세 특례 ·· 298
   - 4-3. [조합원입주권(22.1.1. 이후 취득분) + 분양권] 보유 중 조합원 입주권의 양도 시 비과세 특례 ·· 300

5. [일반주택 + 주택분양권] 보유 중 일반주택의 양도 시 비과세 특례 ················ 303
   - 5-1. 주택 수에 산입하는 분양권 ·· 303
   - 5-2. [일반주택 + 분양권] 보유 중 일반주택 양도 시 비과세 특례 배제 ··············· 305
   - 5-3. [일반주택 + 3년 이내 분양권] 보유 중 종전주택 양도 시 비과세 특례 ············ 305
   - 5-4. [종전주택 + 3년 경과 분양권] 보유 중 종전주택 양도 시 비과세 특례 ············ 307
   - 5-5. [일반주택 + 상속받은 분양권] 보유 중 일반주택 양도 시 비과세 특례 ············ 309
   - 5-6. [상속주택(상속조합원입주권 또는 상속받은 분양권 포함) + (일반 주택 + 상속 외 분양권)] 보유 중 일반주택을 선양도 시 비과세 특례 ······································ 312
   - 5-7. 동거봉양 또는 혼인에 의한 분양권 보유 세대의 일반주택 비과세 특례 ············ 315
   - 5-8. [문화재주택 + (일반주택 + 분양권)] 소유 중 일반주택 양도 시 비과세 특례 ········ 316
   - 5-9. [이농주택 + (일반주택 + 분양권)] 소유 중 일반주택 양도 시 비과세 특례 ········· 316

6. [일반주택 + 조합원입주권] 보유 중 일반주택 양도 시 비과세 특례 ················ 317
   - 6-1. 원칙 ·· 317
   - 6-2. 조합원입주권 취득 후 3년 내에 종전의 주택 양도 시 비과세 특례 ··············· 318
   - 6-3. [일반주택 + 취득 후 3년 경과 조합원입주권] 보유 중 일반주택 양도 시 비과세 특례 ···· 322
   - 6-4. [대체주택 + 조합원입주권] 보유 중 대체주택의 양도 시 비과세 특례 ············· 326
   - 6-5. [일반주택 + 상속조합원입주권] 보유 중 일반주택의 양도 시 비과세 특례 ·········· 336
   - 6-6. [(상속주택, 상속조합원입주권 또는 상속받은 주택분양권) +

CONTENTS
2025 재개발 주택세금 길라잡이

[일반주택 + 상속 외 조합원입주권)] 보유 중 일반주택을 선양도 하는 경우 ·············· 340
6-7. 동거봉양에 의한 조합원입주권 보유 세대의 일반주택 비과세 특례 ············· 344
6-8. [일반주택 + 혼인합가 조합원입주권] 보유 중 일반주택의 선양도 시 비과세 특례 ········· 346
6-9. [(일반주택 + 조합원입주권) + 문화재주택] 보유 중 일반주택의 선양도 시 비과세 특례 ···· 348
6-10. [(일반주택 + 조합원입주권) + 이농주택] 보유 중 일반주택 선양도시 비과세 특례 ········ 350

7. 1세대 다주택자 양도소득세 중과세 유예 ·············· 353
7-1. 1세대 다주택자 중과세 내용 ·············· 354
7-2. 중과세 유예 ·············· 356
7-3. 2024년 1월 10일부터 2027년(또는 2025년) 12월 31일까지 취득하는 소형주택 등 ······ 357

8. 조합원분양가액과 권리가액(종전자산평가액) 차액에 따른 세금 ·············· 361
8-1. 청산금을 조합에 납부하는 경우(조합원분양가액 > 권리가액) ·············· 361
8-2. 청산금을 조합으로부터 받는 경우(권리가액 > 조합원분양가액) ·············· 366
8-3. 현금청산대상 토지등소유자에 대한 양도소득세 ·············· 374

9. 조합원 입주권 또는 준공된 주택의 양도차익 산정방법은? ·············· 379
9-1. 조합원입주권을 양도하는 경우 ·············· 380
9-2. 재개발에 따라 준공 된 주택을 양도하는 경우 ·············· 383
9-3. [1+1] 조합원입주권을 받은 경우 ·············· 386
9-4. 지급받은 청산금에 대한 양도차익 산정방법? ·············· 388
9-5. 재개발로 증가한 주택 부수토지에 대한 양도차익 계산방법은? ·············· 389

10. 조합으로부터 지급받은 금원의 소득구분 ·············· 390
10-1. 주거촉진비(이사비) ·············· 390
10-2. 주거이전비 ·············· 390

차 례

    10-3. 무이자이주비에 대한 이자대납액 …………………………………… 390
    10-4. 조합원 중도금에 대한 이자대납액 ………………………………… 391
    10-5. 조합원만을 위한 특화공사 ……………………………………………… 391
    10-6. 청산 시 현금배당 ……………………………………………………………… 391
    10-7. 청산금 ……………………………………………………………………………… 392
    10-8. 청산금 지급 지연에 따른 지연가산금 …………………………… 392
    10-9. 영업손실보상금 ………………………………………………………………… 392
11. 조합으로부터 현금청산금을 받은 경우의 감면 규정 ………… 393
    11-1. 조합으로부터 현금청산금을 받는 사례 …………………………… 393
    11-2. 현금청산금에 대한 양도소득세 감면과 한도 ………………… 393
    11-3. 양도소득세 감면액에 대한 농어촌특별세 추가 과세 ……… 395
12. 장기임대주택에 양도소득세 주요 감면 규정 …………………… 396
    12-1. 장기일반민간임대주택등에 대한 양도소득세의 과세특례 … 396
    12-2. 장기임대주택에 대한 양도소득세의 과세특례 ……………… 403
    12-3. 장기임대주택등에 대한 양도소득세 세액감면 ……………… 404

제5장   재산세 편

1. 과세대상은? …………………………………………………………………………… 411
2. 누가 재산세를 내야 하나요? ……………………………………………………… 411
3. 주택에 대한 재산세의 납세지는 어디인가요? ……………………………… 412

CONTENTS
2025 재개발 주택세금 길라잡이

4. 재산세는 어떤 금액을 기준으로 부과하나요? ················· 412
5. 주택 재산세율은? ··· 414
6. 1세대 1주택자에 대한 혜택은 없나요? ····················· 415
7. 재산세에 부가하여 내야하는 세금은 없나요? ············· 418
8. 주택 재산세 납부 시기는? ······································ 420
9. 재개발사업에서 관리처분계획인가 고시일 이후 주택에 대한 재산세는? ············ 420

제6장 종합부동산세 편

1. 주택에 대한 과세 ··· 425
   1-1. 납세의무자 ·· 425
   1-2. 1세대 1주택의 범위 ·· 426
   1-3. 합산배제 주택 ·· 427
   1-4. 과세표준 ··· 434
   1-5. 세율 및 세액 ·· 437
   1-6. 세부담 상한 ··· 440
2. 재개발 등 조합원관련 종합부동산세 ························· 442
   2-1. 조합원입주권에도 종합부동산세가 부과되나요? ······· 442
   2-2. 재개발 등으로 주택건물 멸실 후 종합부동산세는? ···· 442
   2-3. 준공 되었으나 조합원분담금 일부를 내지 않은 경우에는? ······· 443
   2-4. 준공 이후 종합부동산세는? ································ 443

차 례

제7장 상속·증여세 편

1. 상속세 ··· 447
   - 1-1. 상속과세 유형 ··· 447
   - 1-2. 과세대상 ·· 448
   - 1-3. 상속의 승인 및 포기 ·· 448
   - 1-4. 상속순위 ·· 449
   - 1-5. 유류분 ··· 452
   - 1-6. 납세의무 ·· 454
   - 1-7. 상속세의 과세표준 및 세액계산 ······························· 455
   - 1-8. 세액공제 ·· 472

2. 증여세 ··· 474
   - 2-1. 과세대상 및 납세의무 ·· 474
   - 2-2. 특수한 증여재산의 유형 ··· 474
   - 2-3. 증여세의 과세표준 및 세액계산 ······························· 484

3. 재산평가 ·· 489
   - 3-1. 평가의 원칙(주택) ··· 489
   - 3-2. 유사매매 사례가액 ·· 490
   - 3-3. 보충적 평가액 ·· 491
   - 3-4. 저당권 등이 설정된 재산 평가의 특례 ······················ 492
   - 3-5. 주택 재산평가 순서 ··· 493
   - 3-6. 꼬마빌딩 등의 감정평가 ··· 494

CONTENTS
2025 재개발 주택세금 길라잡이

　　3-7. 평가심의위원회 심의를 거친 매매 등의 가액 …………………………… 495
　4. 신고와 납부 ………………………………………………………………… 496
　　4-1. 신고기한 ……………………………………………………………… 496
　　4-2. 신고세액 공제 ………………………………………………………… 496
　　4-3. 납부 ………………………………………………………………… 496

제8장　주택임대소득 편

　1. 주택임대소득 과세 ………………………………………………………… 503
　　1-1. 과세요건 ……………………………………………………………… 503
　　1-2. 주택수 계산 …………………………………………………………… 503
　　1-3. 과세방법 ……………………………………………………………… 505

2025 재개발 주택세금 길라잡이

제1장
재개발등 정비사업의 이해

제1장

재개발등 정비사업의 이해

[1] 재개발등 정비사업의 종류

1-1. 재개발 · 재건축 · 주거환경개선사업

재개발·재건축사업은 도시 및 주거환경정비법(이하 '도정법'이라 함)을 통해서 이루어지는 사업입니다. 주로 30년 이상 오래된 주택을 멸실하여 새로운 주택을 지어 조합원이 한 채씩 나누어 갖고 나머지는 일반인들에게 분양하여 사업비에 조달하는 방식입니다. 주택 건설과정에서 노후한 기반시설(도로, 공원, 공공시설 등)을 정비하여 도시기능을 회복하고 도시환경을 개선하는 기능이 수반됩니다.

주거환경개선사업은 통상 국가나 지방자치단체 또는 공공기관(LH, SH 등)이 구역내 토지를 주로 수용방식으로 매입하여 주택을 공급하며, 일부지역의 경우 재개발과 유사하게 관리처분방식으로 주택을 공급하기도 합니다.

[도정법상 정비사업의 종류]

구 분	내 용
재개발사업	주로 노후한 주택이 많이 밀집된 지역이나 상업지역·공업지역 등 도시환경을 개선하기 위한 사업
재건축사업	주로 노후한 공동주택이 밀집한 지역에서 주거환경을 개선하기 위한 사업
주거환경개선사업	주로 달동네 지역에서 주거환경을 개선하기 위한 사업

1-1-1. 재개발사업

도로 등 정비기반시설이 열악하고 노후·불량건축물이 밀집한 지역에서 주거환경을 개선하거나 상업지역·공업지역 등에서 도시기능의 회복 및 상권활성화 등을 위하여 도시환경을 개선하기 위한 사업을 말합니다. 2018.2.8. 이전에는 상업지역이나 공업지역에서 이루어지는 도시환경정비사업이 있었으나 2018.2.9. 이후에는 재개발사업으로 통합되었습니다. 재개발사업은 주로 [단독주택, 빌라, 원룸, 나대지, 잡종지, 도로, 무허가건물, 나홀로 아파트, 상가 등] 여러 형태의 부동산이 혼재되어 있는 지역에서 이루어지는 공공사업입니다.

2021.9.21. 이후에는 도시정비법상 재개발사업 중 역세권 또는 준공업지역의 5천㎡ 미만의 면적에 해당하는 지역을 별도로 분리하여 빈집정비법상 소규모재개발사업으로 이전·신설하였습니다.

2018.2.8. 이전	2018.2.9. ~ 2021.9.20.	2021.9.21. 이후	
주택재개발사업	재개발사업	㉠ 소규모재개발사업	빈집정비법으로 이전
도시환경정비사업		㉡ 재개발사업	도시정비법

1-1-2. 재건축사업

도로 등 정비기반시설은 양호하나 노후·불량건축물에 해당하는 공동주택이 밀집한 지역에서 주거환경을 개선하기 위한 사업을 말합니다. 2018.2.9. 이후에는 종전의 주택재건축사업 중 소규모의 재건축이외의 사업을 '재건축사업'으로 존치하였으며 종전의 주택재건축사업에서 소규모의 재건축은 2018.2.9. 부터 시행되고 있는 빈집정비법상 소규모재건축사업으로 이전하였습니다.

재건축사업은 주로 오래된 저층아파트 단지에서 이루어지고 있는 민간사업으로서 초과이익환수제가 시행되고 있어 개발이익의 일정부분을 정부가 회수합니다.

[주택재건축사업의 세분화]

2018.2.8. 이전		2018.2.9. 이후
주택재건축사업	㉠ 소규모재건축	소규모재건축사업(빈집정비법으로 이전)
	㉡ 위 ㉠외 재건축	재건축사업(도정법)

1-1-3. 주거환경개선사업

 도시저소득 주민이 집단거주하는 지역으로서 정비기반시설이 극히 열악하고 노후·불량건축물이 과도하게 밀집한 지역의 주거환경을 개선하거나 단독주택 및 다세대주택이 밀집한 지역에서 정비기반시설과 공동이용시설 확충을 통하여 주거환경을 보전·정비·개량하기 위한 사업을 말합니다. 주로 도시의 달동네에서 이루어지는 사업으로 사업성이 취약하기에 한국토지주택공사나 서울주택도시공사, 인천도시공사 등 공공개발시행자들이 종전부동산을 수용방식으로 사들여 주택을 공급하는 방식을 취합니다. 최근에는 일반분양가액 상승으로 사업성이 개선된 일부지역의 경우 재개발·재건축사업과 동일하게 관리처분방식을 통해 토지등소유자들에게 주택을 공급하는 현장들이 있기에 눈여겨 볼 필요가 있습니다.

[주거환경정비사업]

2018.2.8. 이전	2018.2.9. 이후	비 고
주거환경개선사업	주거환경개선사업	주거환경관리사업을 주거환경개선사업으로 통합
주거환경관리사업		

1-2. 빈집정비사업 · 소규모주택정비사업

 빈집및소규모주택정비에관한특례법(이하 '빈집법'이라 함)상 정비사업은 "빈집정비사업"과 "소규모주택정비사업"으로 구분됩니다.

1-2-1. "빈집정비사업"이란?

1년 이상 비어있는 빈집을 개량 또는 철거하거나 효율적으로 관리 또는 활용하기 위한 사업을 말하며 국가에서 진행하는 사업입니다. 미국의 옛 자동차생산 공업지역인 디트로이트 지역에서 유령처럼 비어있는 집들을 전산으로 관리하면서 멸실, 개량, 재판매 등을 통해 도시환경을 개선하고 더 활기찬 도시로 만드는 사업이 대표적입니다.(한국부동산원의 "소규모&빈집정보알림e"에서 빈집정보를 알 수 있음)

1-2-2. 소규모주택정비사업이란?

빈집법에서 정한 절차에 따라 노후·불량건축물의 밀집 등 일정 요건에 해당하는 지역 또는 가로구역(街路區域)에서 시행하는 다음의 사업을 말합니다.

> 가. 자율주택정비사업: 단독주택 및 다세대주택을 스스로 개량 또는 건설하기 위한 사업
> 나. 가로주택정비사업: 가로구역에서 종전의 가로를 유지하면서 소규모 주거환경을 개선하기 위한 사업
> 다. 소규모재건축사업: 정비기반시설이 양호한 지역에서 소규모 공동주택을 재건축하기 위한 사업
> 라. 소규모재개발사업: 역세권 또는 준공업지역에서 소규모로 주거환경 또는 도시환경을 개선하기 위한 사업(2021.9.21. 시행)

최근 부동산시장 활성화로 여러 동으로 구성된 빌라단지나 소규모 아파트단지에서 가로주택정비사업 또는 소규모재건축사업이 활발히 진행되고 있습니다. 반면, 자율주택정비사업은 사업성이 떨어지기에 아직 활성화되진 못하고 있습니다.

구 분		자율주택 정비사업	가로주택 정비사업	소규모 재건축사업	소규모 재개발사업
노후·불량건축물의 수		전체건축물수의 60/100 이상	전체건축물수의 60/100이상	전체건축물수의 60/100 이상	전체건축물수의 2/3 이상 등
주택 수 (구역 내)	㉠ 단독주택	10호 미만	10호 이상	200세대 미만 (주로 공동주택단지)	-
	㉡ 공동주택	20세대 미만	20세대 이상		
	㉢ ㉠+㉡	20채 미만	20채 이상		
구역 면적 등		-	10,000㎡ 미만 (국가등 시행 시 20,000㎡ 미만, 40,000㎡미만)	10,000㎡ 미만	5,000㎡미만, 역세권(350m ±30%범위 내), 준공업지역 내

2 재개발등 정비사업의 절차

2-1. 재개발·재건축사업의 절차

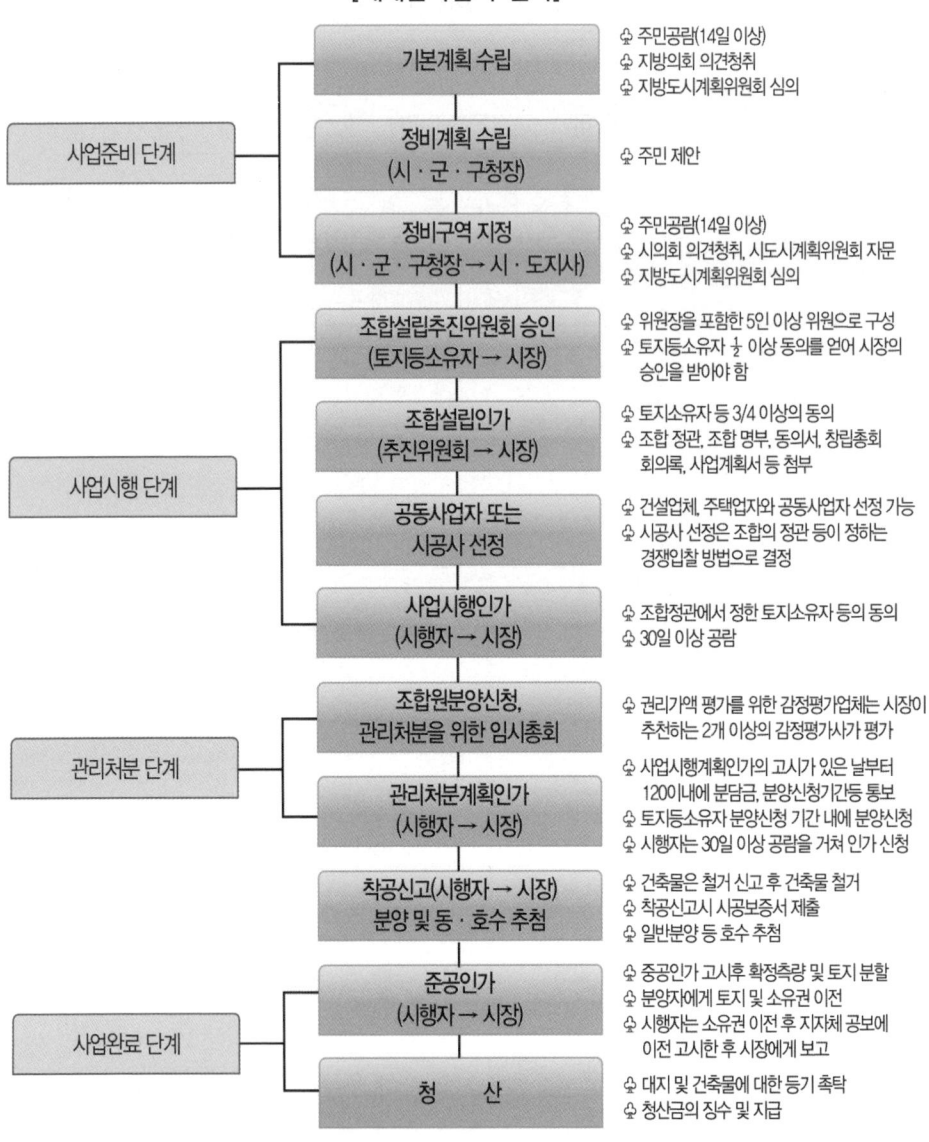

[재건축사업의 절차]

사업준비 단계

- **기본계획 수립**
  - 주민공람(14일 이상)
  - 지방의회 의견청취
  - 지방도시계획위원회 심의

- **안전진단 실시**
  - 조례로 정한 재건축 연한 도래(20년~30년)
  - 소유자의 1/10이상 동의로 실시 요청(시장등)
  - D등급(조건부)이상, E등급(재건축)

- **정비계획 수립 (시·군·구청장)**
  - 주민 제안

- **정비구역 지정 (시·군·구청장 → 시·도지사)**
  - 주민공람(14일 이상)
  - 시의회 의견청취, 시도시계획위원회 자문
  - 지방도시계획위원회 심의

사업시행 단계

- **조합설립추진위원회 승인 (토지등소유자 → 시장)**
  - 위원장을 포함한 5인 이상 위원으로 구성
  - 토지등소유자 ½ 이상 동의를 얻어 시장의 승인을 받아야 함

- **조합설립인가 (추진위원회 → 시장)**
  - 토지소유자 등 3/4 이상의 동의
  - 조합 정관, 조합 명부, 동의서, 창립총회 회의록, 사업계획서 등 첨부

- **공동사업자 또는 시공사 선정**
  - 건설업체, 주택업자와 공동사업자 선정 가능
  - 시공사 선정은 조합의 정관 등이 정하는 경쟁입찰 방법으로 결정

- **사업시행인가 (시행자 → 시장)**
  - 조합정관에서 정한 토지소유자 등의 동의
  - 30일 이상 공람

관리처분 단계

- **조합원분양신청, 관리처분을 위한 임시총회**
  - 권리가액 평가를 위한 감정평가업체는 시장이 추천하는 2개 이상의 감정평가사가 평가

- **관리처분계획인가 (시행자 → 시장)**
  - 사업시행계획인가의 고시가 있은 날부터 120일내에 분담금, 분양신청기간등 통보
  - 토지등소유자 분양신청 기간 내에 분양신청
  - 시행자는 30일 이상 공람을 거쳐 인가 신청

- **착공신고(시행자 → 시장) 분양 및 동·호수 추첨**
  - 건축물은 철거 신고 후 건축물 철거
  - 착공신고시 시공보증서 제출
  - 일반분양 등 호수 추첨

사업완료 단계

- **준공인가 (시행자 → 시장)**
  - 중공인가 고시후 확정측량 및 토지 분할
  - 분양자에게 토지 및 소유권 이전
  - 시행자는 소유권 이전 후 지자체 공보에 이전 고시 후 시장에게 보고

- **청 산**
  - 대지 및 건축물에 대한 등기 촉탁
  - 청산금의 징수 및 지급

2-1-1. 기본계획수립

특별시장·광역시장·특별자치시장·특별자치도지사 또는 시장은 관할 구역에 대하여 도시·주거환경정비기본계획(이하 "기본계획"이라 한다)을 10년 단위로 수립하고 5년 단위로 수정합니다. 기본계획에는 정비사업의 기본방향, 정비사업의 기간 등이 포함되며, 건폐율·용적률 등에 관한 건축물의 밀도계획이 포함되어 사업성을 미리 예측할 수 있습니다.

안전진단이란?

도정법상 재건축에서 진행하는 절차로 조례로 정한 재건축 연한 경과 후 주민들이 시장등에 요청하여 받는 절차로 구조의 안정성, 보수비용 및 주변여건 등을 조사해 재건축 여부를 판단하는 작업을 말합니다. A~E까지의 등급이 있으며 E등급을 받는 경우 즉시 재건축을 진행할 수 있으며, D등급의 경우 조건부로 재건축을 승인받을 수 있습니다.

2-1-2. 정비구역지정

시장 등 정비구역의 지정권자는 기본계획에 적합한 범위에서 노후·불량건축물이 밀집하는 등 법에서 정한 요건에 해당하는 구역에 대하여 정비계획을 결정하여 정비구역을 지정할 수 있습니다. 정비구역의 지정 시 정비사업의 명칭, 정비구역 및 그 면적, 건축물의 주용도·건폐율·용적률·높이에 관한 계획 등의 내용을 포함하고 있습니다. 정비구역으로 지정되면 건축물의 건축, 토지 분할 등 행위가 제한됩니다.

정비구역 지정 시 양도소득세에서 유의사항은?

1세대 2주택자 중 양도하는 주택이 기준시가 1억원 이하인 소형주택이라 하더라도 정비구역 내에 있는 주택을 처분하는 경우 다주택 중과세가 적용됩니다. 또한 정비구역지정은 건축제한 등 법령제한이 있기에 당해 시점부터 법령제한의 기산일로 보기에 정비구역 내 나대지나 잡종지의 경우 비사업용토지 판단 시 유리하게 적용될 수 있습니다.

2-1-3. 조합설립추진위원회 승인

조합을 설립하려는 경우에는 정비구역 지정·고시 후 토지등소유자 과반수의 동의를 받아 조합설립을 위한 추진위원회를 구성하여 시장·군수 등의 승인을 받아야 합니다. 추진위원회는 추진위원장 1인, 감사, 이사를 두며 정비사업전문관리업자의 선정, 설계자의 선정 및 변경, 사업계획서의 작성 등 조합설립을 위한 임시기구의 성격을 지닙니다.

2-1-4. 조합설립인가

재개발사업의 추진위원회(추진위원회를 구성하지 아니하는 경우에는 토지등소유자를 말한다)가 조합을 설립하려면 토지등소유자의 4분의 3 이상 및 토지면적의 2분의 1 이상의 토지소유자의 동의를 받아 시장·군수 등의 인가를 받아야 합니다.

재건축사업의 추진위원회(추진위원회를 구성하지 아니하는 경우에는 토지등소유자를 말한다)가 조합을 설립하려는 때에는 주택단지의 공동주택의 각 동(복리시설의 경우에는 주택단지의 복리시설 전체를 하나의 동으로 본다)별 구분소유자의 과반수 동의(공동주택의 각 동별 구분소유자가 5 이하인 경우는 제외한다)와 주택단지의 전체 구분소유자의 4분의 3 이상 및 토지면적의 4분의 3 이상의 토지소유자의 동의를 시장·군수등의 인가를 받아야 합니다. 다만, 주택단지가 아닌 지역이 정비구역에 포함된 때에는 주택단지가 아닌 지역의 토지 또는 건축물 소유자의 4분의 3 이상 및 토지면적의 3분의 2 이상의 토지소유자의 동의를 받아야 합니다.

> **조합의 인격은?**
>
> 재개발등정비사업조합은 반드시 등기소에 법인으로 등기를 하여야 하며, 세법에서는 일반인에게 분양하는 것을 수익사업으로 보아 법인세를 신고하여 납부할 의무가 있습니다.

토지등소유자와 조합원의 차이점은?

조합설립이전에 정비구역내에 종전부동산 소유자를 토지등소유자라합니다. 조합원은 조합설립인가 후 토지등소유자가 조합원으로 자동 변경됩니다. 다만, 재건축의 경우 조합설립인가에 동의한 자만 조합원으로 전환되며 조합설립에 동의하지 않은 자는 조합원으로 전환되지 않습니다(예외적으로 관리처분계획 수립을 하기 전에 조합원분양신청을 받는 경우, 조합원으로 가입하여 조합원분양신청을 하는 경우에는 다시 조합원으로 전환될 수 있습니다.).

 도정법상 조합원과 양도소득세법상 조합원의 구분은?

양도소득세에서의 조합원과 도정법상 조합원은 용어상 구분이 필요합니다. 양도소득세에서의 조합원은 원조합원과 승계조합원으로 구분할 수 있습니다. 원조합원은 관리처분계획인가 시 관리처분계획인가서에 분양신청자로 등재된 조합원으로 정의되며 승계조합원은 관리처분계획인가 이후에 최초조합원으로부터 조합원자격을 승계취득한 자를 말합니다. 즉, 양도소득세에서의 조합원은 관리처분계획인가일을 기준으로 그 의미를 부여하나 도정법상 조합원은 조합설립인가일을 기준으로 그 의미를 부여합니다.

2-1-5. 시공사 선정

조합은 조합설립인가를 받은 후 조합총회에서 경쟁입찰 또는 수의계약(2회 이상 경쟁입찰이 유찰된 경우로 한정한다)의 방법으로 건설업자 또는 등록사업자를 시공자로 선정하여야 합니다. 다만, 조합원이 100인 이하인 정비사업은 조합총회에서 정관으로 정하는 바에 따라 선정할 수 있습니다. 참고적으로 공공관리제가 시행되고 있는 서울시의 경우에도 2023.7.1. 이후 조합설립인가를 받는 조합부터 조합설립인가일 이후에 시공사를 선정할 수 있도록 조례 개정을 하였습니다(조례 개정 전에는 사업시행계획인가일 이후 시공사 선정).

사업성이 좋은 현장은 대형 시공사들의 수주전이 치열합니다. 강북최대의 현장이라 일컬어졌던 한남0 구역의 경우 혼탁한 수주 전으로 시공사들이 서울시로부터 고

발당하는 경우도 있었으며, 은평구의 OO재개발구역의 경우 입찰보증금 1,000억원을 조합으로부터 몰수당한 후 다시 돌려받은 구역도 발생하기도 하였습니다.

시공사 선정 시 입찰보증금 규모는?

시공사 입찰보증금은 시공사 선정시까지 소요된 협력업체용역비, 차입금 상환, 조합 운영비 등에 사용(유상)됩니다. 신축세대수마다 다르나 적게는 10억원(약 120세대), 많게는 1,000억원(4,000세대)까지 다양합니다.

2-1-6. 사업시행계획인가

조합등 사업시행자는 정비사업을 시행하려는 경우에는 사업시행계획서에 정관등을 첨부하여 시장·군수 등에게 제출하고 사업시행계획인가를 받아야 합니다.

사업시행계획서에 포함되는 주된 내용은?

토지이용계획(건축물배치계획을 포함한다), 건축물의 높이 및 용적률 등에 관한 건축계획, 교육시설의 교육환경 보호에 관한 계획(정비구역부터 200미터 이내에 교육시설이 설치되어 있는 경우로 한정한다), 임대주택의 건설계획, 정비사업비 등의 내용이 포함됩니다.

사업시행자가 사업시행계획인가의 고시가 있은 때에는 다음의 주된 인·허가등의 고시·공고 등이 있은 것으로 봅니다.

- 「주택법」에 따른 사업계획의 승인
- 「공공주택 특별법」 주택건설사업계획의 승인
- 「건축법」에 따른 건축허가
- 「도로법」도로관리청이 아닌 자에 대한 도로공사 시행의 허가 및 같은 법에 따른 도로의 점용 허가 등

사업시행계획인가관련 양도소득세 감면 주의 사항은?

사업시행계획인가 고시는 법상 사업인정고시의 효력이 있습니다. 따라서 사업시행계획인가 고시일로부터 소급하여 2년 이전에 취득한 부동산을 보유하던 중 조합으로부터 청산금을 수령하는 경우 양도소득세의 15%(현금보상; 2024.12.31. 이전 양도분은 10%)를 감면받을 수 있습니다.

반면, 사업시행계획인가 고시일로부터 소급하여 2년 후 취득한 부동산을 보유하던 중 청산금을 수령하는 경우에는 양도소득세 감면이 없기에 주의하셔야 합니다. 실무상, 사업시행계획인가는 받았으나 사업성이 없어 수년 후에 관리처분계획인가 고시가 나면서 현금청산이 된 경우에는 종전부동산의 취득시기를 면밀히 검토하여 감면 여부를 결정하여야 합니다(담당 세무사 및 투자자 모두 주의해야함!).

2-1-7. 조합원 분양신청

사업시행계획인가의 고시가 있는 날(사업시행계획인가 이후 시공자를 선정한 경우에는 시공자와 계약을 체결한 날)부터 120일 이내에 다음 박스의 사항을 토지등소유자에게 통지하고, 분양의 대상이 되는 대지 또는 건축물의 내역 등을 해당 지역에서 발간되는 일간신문에 공고하여야 합니다.

① 분양대상자별 종전의 토지 또는 건축물의 명세 및 사업시행계획인가의 고시가 있는 날을 기준으로 한 가격
② 분양대상자별 분담금의 추산액
③ 분양신청기간 등

 분양신청기간은?

분양신청기간은 분양신청을 통지한 날부터 30일 이상 60일 이내로 하여야 합니다. 다만, 사업시행자는 관리처분계획의 수립에 지장이 없다고 판단하는 경우에는 분양신청기간을 20일의 범위에서 한 차례만 연장할 수 있습니다.

미분양자, 분양신청 철회자, 분양자격이 없는 자 등에 대한 현금청산

조합 등 사업시행자는 관리처분계획이 인가·고시된 다음 날부터 90일 이내에 토지, 건축물 또는 그 밖의 권리의 손실보상에 관한 협의를 하여야 합니다. 다만, 사업시행자는 분양신청기간 종료일의 다음 날부터 협의를 시작할 수 있습니다. 조합 등 사업시행자는 협의가 성립되지 아니하면 그 기간의 만료일 다음 날부터 60일 이내에 수용재결을 신청하거나 매도청구소송을 제기하여야 합니다.

조합 등 사업시행자는 손실보상에 관할협의(관리처분계획인가 고시된 날의 다음날부터 90일 + 60일, 총150일) 기간을 넘겨서 수용재결을 신청하거나 매도청구소송을 제기한 경우에는 해당 토지등소유자에게 지연이자를 지급하여야 합니다. 이 경우 지연이자는 지연일수 6개월 이내는 5%, 6개월 초과 ~ 12개월 이내는 10%, 12개월 초과는 100분의 15 이율을 적용하여 산정합니다.(지연이자 지급과 관련하여 조합설립인가 신청일이 언제인지, 관리처분계획인가 신청일이 언제인지에 따라 복잡한 케이스가 발생함)

2-1-8. 관리처분계획인가 고시

조합 등 사업시행자는 (조합원)분양신청기간이 종료된 때에는 분양신청의 현황을 기초로 관리처분계획을 수립하여 시장·군수등의 인가를 받아야 합니다. 통상 관리처분계획인가를 받고 해당 내용을 고시하기까지는 2일 ~ 7일의 기간이 소요됩니다. 대외적으로 효력이 발생하기 위해서는 인가내용을 고시하여야만 합니다.

 관리처분계획의 주요 내용은?

1. 분양설계
2. 분양대상자의 주소 및 성명
3. 분양대상자별 분양예정인 대지 또는 건축물의 추산액
4. 다음 각 목에 해당하는 보류지 등의 명세와 추산액 및 처분방법
   가. 일반 분양분
   나. 기업형임대주택
   다. 임대주택

라. 그 밖에 부대시설·복리시설 등
5. 분양대상자별 종전의 토지 또는 건축물 명세 및 사업시행계획인가 고시가 있은 날을 기준으로 한 가격
6. 정비사업비의 추산액(재건축사업의 경우에는 「재건축초과이익 환수에 관한 법률」에 따른 재건축부담금에 관한 사항을 포함한다) 및 그에 따른 조합원 분담규모 및 분담시기
7. 분양대상자의 종전 토지 또는 건축물에 관한 소유권 외의 권리명세
8. 세입자별 손실보상을 위한 권리명세 및 그 평가액 등

관리처분계획인가 고시일의 세법상 의미는?

크게 보면 2가지 중요한 의미가 있습니다.
첫 번째는 분양신청한 조합원들이 종전부동산을 조합에 현물출자하고 대가로 조합원 지분(조합원입주권)을 확보하는 의미가 있습니다. 원칙적으로는 조합에 대한 현물출자로 양도에 해당되나 (입체)환지과정으로 보아 양도세가 부과되지는 않습니다. 두 번째는 분양신청한 조합원들의 보유 자산의 형태가 변경됩니다. 즉, 관리처분계획인가고시일을 기준으로 종전부동산이 조합원입주권으로 변환됩니다. 양도소득세 측면에서는 다주택자가 부동산의 양도 시 중과세가 적용될 수 있으나 조합원입주권으로 변환된 후 해당 입주권을 양도하는 경우 단기매매(2년미만 보유)가 아닌 이상 중과세를 면할 수 있습니다(중과세 규정은 2026.5.9.까지 유예됨).

2-1-9. 이주, 철거, 착공

관리처분계획인가 고시 이후 이주할 것을 공고하고, 철거가 마무리되면 착공계를 제출하여 본격적인 공사가 진행됩니다. 보통 이주부터 철거까지 1년 정도 소요됩니다.

조합원들에게 이사비 명목으로 지급하는 비용(이주촉진비)의 세무상 성격은?

조합마다 다르나 보통 200만원에서 500만원의 이주촉진비를 지급합니다. 지급받은 이주촉진비 중 수익사업상당비율(=일반인분양면적/전체신축건물면적)은 조합원의 배당소득으로 봅니다.

 이주비 이자비용을 조합에서 조합원에게 무상으로 지원해주는 경우, 세무상 성격은?

조합원 본인 또는 세입자들이 이주를 하기 위해서는 전세금 등 목돈이 필요합니다. 조합원은 조합이 선정한 금융권과 본인이 소유하고 있는 종전부동산을 담보로 감정가액의 60%(40%)의 대출을 받아 전세금 등에 사용합니다. 조합에서는 조합원이 부담해야할 이주비에 대한 이자를 무상으로 지원하고 있으며 해당 무이자이주비에 대한 이자비용 대납액 중 수익사업상당액은 조합원의 배당소득으로 봅니다. 만약, 이자비용 대납액을 입주 시 조합원으로부터 반환받는 조건이라면 배당소득으로 보지는 않습니다. 참고적으로 1세대 다주택자의 경우에는 이주비 대출이 어려우며, "1+1" 조합원입주권을 받은 경우에도 다주택자로 보아 이주비 대출에 어려움이 따릅니다. (예외적으로 6개월이내 처분조건의 일시적 2주택자는 대출 가능하며 정부의 대출정책에 따라 대출여부가 달라지니 자금계획에 면밀한 검토가 필요함)

2-1-10. 준공 및 이전고시

조합 등 사업시행자가 정비사업 공사를 완료한 때에는 시장·군수등의 준공인가를 받아야 합니다. 준공 시 조합원입주권이 부동산으로 전환되며, 이전고시 이후 조합원분양분은 조합원명의로 바로 보존등기됩니다. 반면, 일반분양분은 이전고시 후 조합명의로 보존등기되었다가 일반분양자(수분양자)에게 매매로 이전됩니다.

 준공 시 세무상 영향은?

관리처분계획인가고시일 이전에 종전부동산을 취득한 조합원의 경우, 새로 준공된 재개발주택의 취득시기는 당초 종전부동산 취득시기로 소급됩니다. 반면, 관리처분계획인가 고시일 이후 조합원입주권을 취득한 경우 새로 준공된 재개발주택의 취득시기는 준공시점입니다.

준공시점부터 이전고시일 이전에 주택 양도 시 미등기전매 여부?

이전고시일 이전에는 준공 되었어도 소유권보존등기가 불가능합니다. 따라서 미등기전매에 해당되지 않습니다. 당연히 미등기상태에서 매매하여도 불이익은 없습니다. 부동산중개업소에서는 조합원분양권매매계약서로 작성을 하나 세무상으로는 부동산매매에 해당됩니다.

 이전고시일 이후 ~ 소유권보존등기 이전 양도 시 미등기전매 여부?

국세청 해석은 없으나 미등기전매에 해당될 수 있기에 주의하셔야 합니다. 이전고시 이후에는 법적으로 등기의무가 있으나 조합 또는 법무사무소의 일정 등으로 등기를 하지 않고 매매한 경우이기에 미등기전매에 해당될 수 있습니다. 세무상 미등기전매 시 1세대 1주택 양도세 비과세가 배제되며, 세율은 70%의 높은 세율이 적용되니 매우 주의하셔야 합니다.(실무적으로 준공된 후 이전고시가 바로 이루어지지 않는 조합은 채권채무관련 소송중인 경우가 많습니다. 소송 등 부득이한 사유를 미등기전매에서 배제할지 여부는 향후 국세청 해석 또는 판례를 지켜볼 필요가 있습니다.)

 1+1 조합원입주권은 언제부터 분할하여 매각가능한가요?

추가적으로 공급받은 60㎡이하의 주택은 이전고시 후 3년간은 매각할 수 없습니다. 반면, 원칙대로 공급받은 조합원주택은 준공되면 바로 매각할 수 있습니다. 참고적으로 준공 전에는 1+1 조합원입주권을 각각 분리하여 매매 또는 증여 등을 할 수 없습니다.(두개의 조합원입주권을 모두 이전하거나 두 개의 조합원입주권 중 일부 지분을 동시에 이전하는 것은 가능함; 전매가능지역으로 한정)

2-1-11. 해산 및 청산

조합은 소유권 이전 고시 후 대지 및 건축물 등에 관한 등기절차 완료 후 대의원회를 소집하여 조합의 해산 결의를 하여야 하며 정비사업이 종결된 때에 청산절차를 밟아야 합니다.

 청산 시 분배받은 현금의 성격은?

청산 시 조합에 잔여재산이 있는 경우 현금으로 환가하여 조합원들에게 분배하여야 하며, 해당 분배금 중 일반분양을 통해 얻은 소득 부분은 배당소득으로 세금이 부과됩니다. 현금을 주지 않고 관리처분계획에 없는 조합원들만을 위한 베란다확장을 해주거나 특화공사를 추가로 해주는 경우 모두 배당으로 볼 수 있으니 주의하셔야 합니다.

2-2. 가로주택정비사업·소규모재건축사업의 절차

도시정비법상 재개발·재건축사업과는 달리 추진위원회 단계가 없습니다. 또한 별도의 관리처분계획인가라는 행정절차 없이 사업시행계획 내용에 관리처분내용을 반영하여 사업시행계획인가 고시를 합니다. 행정절차가 단순하기에 재개발·재건축사업이 8년 6개월(실무상 평균 15년) 이상 걸리는 반면, 가로주택정비사업이나 소규모재건축사업은 3년(실무상 평균 6년~7년)이면 종료됩니다.

[도정법상 정비사업과 빈집정비법상 정비사업의 비교] (출처 : 인천시청)

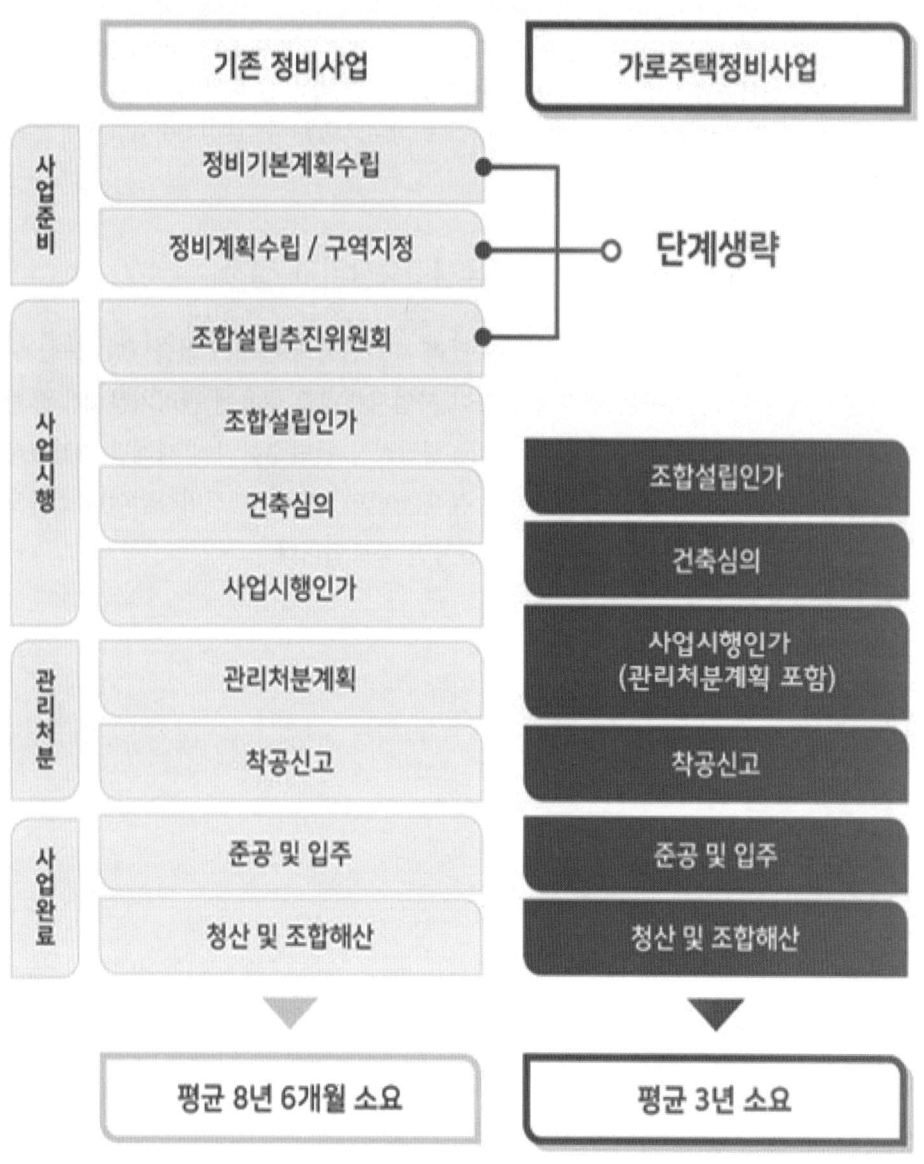

2-2-1. 조합설립인가

1) 가로주택정비사업의 경우

조합을 설립하는 경우 토지등소유자의 10분의 8 이상 및 토지면적의 3분의 2 이상의 토지소유자 동의를 받아 시장·군수등의 인가를 받아야 합니다. 이 경우 사업시행구역의 공동주택은 각 동(복리시설의 경우에는 주택단지의 복리시설 전체를 하나의 동으로 본다)별 구분소유자의 과반수 동의(공동주택의 각 동별 구분소유자가 5명 이하인 경우는 제외한다)를, 공동주택 외의 건축물은 해당 건축물이 소재하는 전체 토지면적의 2분의 1 이상의 토지소유자 동의를 받아야 합니다.

조합의 설립에 관하여 토지등소유자의 동의를 받아야 하는 사항

1. 건축되는 건축물의 설계 개요
2. 정비사업비
3. 정비사업비의 분담기준
4. 사업 완료 후 소유권의 귀속에 관한 사항
5. 정관

조합설립을 하지 않는 소규모주택정비사업의 주민협의체 구성

토지등소유자는 다음 각 호에 따라 소규모주택정비사업을 시행하는 경우 토지등소유자 전원의 합의를 거쳐 주민합의체를 구성하여야 합니다.
① 자율주택정비사업을 시행하는 경우로서 토지등소유자가 2명 이상인 경우
② 가로주택정비사업 또는 소규모재건축사업을 시행하는 경우로서 토지등소유자가 20명 미만인 경우

2) 소규모재건축사업

조합을 설립하는 경우 주택단지의 공동주택의 각 동(복리시설의 경우에는 주택단지의 복리시설 전체를 하나의 동으로 본다)별 구분소유자의 과반수 동의(공동주택의 각 동별 구분소유자가 5명 이하인 경우는 제외한다)와 주택단지의 전체 구분소유

자의 4분의 3 이상 및 토지면적의 4분의 3 이상의 토지소유자 동의를 받아 시장·군수등의 인가를 받아야 합니다. 토지등소유자는 주택단지가 아닌 지역이 사업시행구역에 포함된 경우 주택단지가 아닌 지역의 토지 또는 건축물 소유자의 4분의 3 이상 및 토지면적의 3분의 2 이상의 토지소유자의 동의를 받아야 합니다.

2-2-2. 건축심의

가로주택정비사업 또는 소규모재건축사업의 조합등 사업시행자는 사업시행계획서를 작성하기 전에 사업시행에 따른 건축물의 높이·층수·용적률, 정비기반시설의 설치 등에 대하여 지방건축위원회의 심의를 거쳐야 합니다.

2-2-3. 분양공고 및 분양신청

가로주택정비사업 또는 소규모재건축사업의 조합 등 사업시행자는 건축심의 결과를 통지받은 날부터 90일 이내에 다음 표의 사항을 토지등소유자에게 통지하고, 분양의 대상이 되는 대지 또는 건축물의 내역 등을 해당 지역에서 발간되는 일간신문에 공고하여야 합니다.

> 1. 분양대상자별 종전의 토지 또는 건축물의 명세 및 건축심의 결과를 통지받은 날을 기준으로 한 가격
> 2. 분양대상자별 분담금의 추산액
> 3. 분양신청기간 등

종전부동산 감정평가가액의 평가기준일

도정법상 재개발·재건축사업의 경우, 사업시행계획인가고시일을 평가기준일로보아 종전자산 평가를 하나, 가로주택정비사업·소규모재건축사업의 경우에는 건축심의 결과를 받은 날을 평가기준일로 보아 평가합니다.

분양신청기간은?

분양신청기간은 토지등소유자에게 통지한 날부터 30일 이상 60일 이내로 합니다. 다만, 사업시행자는 관리처분계획의 수립에 지장이 없다고 판단하는 경우는 분양신청기간을 20일 범위에서 한 차례만 연장할 수 있습니다.

2-2-4. 사업시행계획인가

조합 등 사업시행자는 가로주택정비사업·소규모재건축사업을 시행하는 경우에는 사업시행계획서 등을 시장·군수등에게 제출하고 사업시행계획인가를 받아야 합니다.

 사업시행계획서의 내용은?

1. 사업시행구역 및 그 면적
2. 토지이용계획(건축물배치계획을 포함한다)
3. 정비기반시설 및 공동이용시설의 설치계획
4. 임시거주시설을 포함한 주민이주대책
5. 사업시행기간 동안 사업시행구역 내 가로등 설치, 폐쇄회로 텔레비전 설치 등 범죄예방대책
6. 임대주택의 건설계획
7. 건축물의 높이 및 용적률 등에 관한 건축계획(「건축법」 제77조의 4에 따라 건축협정을 체결한 경우 건축협정의 내용을 포함한다)
8. 사업시행과정에서 발생하는 폐기물의 처리계획
9. 정비사업비
10. 분양설계 등 관리처분계획

분양설계 등 관리처분계획 내용은?

1. 분양설계
2. 분양대상자의 주소 및 성명
3. 분양대상자별 분양예정인 대지 또는 건축물의 추산액(임대관리 위탁주택에 관한 내용을 포함한다)
4. 다음 각 목에 해당하는 보류지 등의 명세와 추산액 및 처분방법
   가. 일반 분양분
   나. 임대주택
   다. 그 밖에 부대시설·복리시설 등
5. 분양대상자별 종전의 토지 또는 건축물 명세 및 제26조에 따른 심의 결과를 받은 날을 기준으로 한 가격
6. 정비사업비의 추산액(소규모재건축사업의 경우에는 「재건축초과이익 환수에 관한 법률」에 따른 재건축분담금에 관한 사항을 포함한다) 및 그에 따른 조합원 분담규모 및 분담시기
7. 분양대상자의 종전 토지 또는 건축물에 관한 소유권 외의 권리명세
8. 세입자별 손실보상을 위한 권리명세 및 그 평가액(취약주택정비사업의 경우로 한정한다) 등

 사업시행계획인가 시 다른 법률의 인허가 의제의 주요 내용은?

1. 「주택법」 따른 사업계획의 승인
2. 「공공주택 특별법」에 따른 주택건설사업계획의 승인
3. 「건축법」에 따른 건축허가, 같은 법에 따른 가설건축물의 건축허가 또는 축조신고 및 같은 법에 따른 건축협의 등

 사업시행계획인가의 양도소득세법상 의미는?

빈집정비법상 가로주택 정비사업 등의 경우 사업시행계획인가(고시일)을 기준으로 종전부동산이 부동산을 취득할 수 있는 권리(입주권)로 전환됩니다.

2-2-5. 이주·철거·착공

사업시행계획인가 후 이주 및 철거가 시작되며 철거 완료 후 착공을 합니다.

2-2-6. 준공 및 이전고시

시장·군수등이 아닌 사업시행자가 소규모주택정비사업 공사를 완료한 때에는 시장·군수등의 준공인가를 받아야 합니다. 준공 후 이전고시를 하면 조합원분양분은 조합원명의로 소유권보존등기가 되며, 일반분양분은 조합명의로 소유권보존등기 후 수분양자에게 매매로 이전됩니다.

[3] 재개발등 정비사업 기본상식

3-1. 재개발인가요? 아니면 재건축인가요?

도시정비법상 조합이 시행사인 경우 ○○재개발정비사업조합 또는 ○○재건축정비사업조합이라는 명칭을 사용합니다. 빈집정비법상 조합이 시행사인 경우에는 ○○가로주택정비사업조합 또는 ○○소규모재건축정비사업조합이라는 명칭을 사용합니다. 명칭을 통해 각 사업의 종류를 구분할 수 있으며, 해당 부동산 또는 조합원입주권이 어떤 구역에 있으며 어떤 사업에 해당되는지는 "정비사업 정보몽땅"(서울시 소재 조합) 등 인터넷이나, 시청 도시재생과 등을 통해 구체적으로 확인할 수 있습니다.

3-2. 임의재건축이란?

재건축사업이라하여 세무상담을 진행하였는데 알고 보니 도시정비법상 재건축정비사업이 아닌 임의재건축인 경우가 있습니다. 임의재건축은 건축주가 홍길동외 0인 명의로 건축허가가 난 경우로서 공동사업인 경우가 대부분입니다. 통상 몇 가구의 단독주택을 멸실하여 건축주가 1채의 주택을 가져가고 나머지는 일반분양을 통해 건축비를 조달하는 방법입니다. 예를 들어, 홍길동외 3인이 8가구의 다세대주택(빌라)을 신축한 후 4인의 건축주가 1채씩 가져가고 4채는 일반분양하여 건축비에 조달하는 방식입니다. 임의재건축인 경우 상호를 "○○재건축조합"이라는 명칭을 사용하기도 합니다. 도시정비법상 조합이라면 "○○재건축정비사업조합"이라는 명칭을 사용하는 것과 차이가 나니 명칭을 통해 임의재건축 여부를 확인할 수 있습니다.

3-3. 지역주택조합이란?

지역주택조합과 재개발등 정비사업조합을 혼동하는 경우가 있습니다. 지역주택조합은 주택법에 따라 무주택세대 또는 국민주택규모이하의 주택 소유세대가 청약저축 가입여부와 관계없이 조합원으로 가입하여 일반분양가보다 낮은 가액으로 본인 집을 한 채씩 짓고 나머지는 일반분양하여 사업비를 조달하는 사업입니다. 해당 사업지의 토지확보가 매우 중요하며 토지확보가 늦어지는 경우 사업기간이 길어지거나 사업이 무산되기도 합니다.

> **지역주택사업에 투자하는 것은 위험하다?**
>
> 옛날과 달리 개정된 주택법에 따라 해당 주택건설대지의 50% 이상에 해당하는 토지의 사용권을 확보하여야만 시장 등으로부터 조합원모집 승인을 받을 수 있습니다. 또한 조합설립인가신청을 위해서는 해당 주택건설대지의 80% 이상에 해당하는 토지의 사용권을 확보하여야 하며, 해당 주택건설대지의 15% 이상에 해당하는 토지의 소유권을 확보하여야만 조합설립인가를 신청할 수 있습니다. 결국, 업무대행사가 사업자금없이 지역주택사업을 할 수 없도록 하였고, 일정한 토지사용권 및 토지소유권 확보가 되지 않은 경우에는 조합원모집금지, 조합설립이 불가능하기에 예측가능성이 많이 올라간 상태입니다. 또한 발기인 및 조합은 매월 수입 및 지출 내역을 투명하게 회계처리하여 공개하고 보고하도록 하였으며 모든 자금을 신탁사에서 관리하기에 자금횡령 등을 미연에 방지하고 있습니다. 도시개발지역 또는 신도시지역 내에서 토지작업이 상당부분 완료되었고 조합이 설립된 경우라면 관심을 가져볼만 합니다.

3-4. 관리처분계획이란?

도시정비법에서 사업시행계획인가를 받으면 조합원들로부터 조합원분양을 받고 나머지는 일반분양을 하게됩니다. 관리처분계획에는 분양신청한 조합원의 인적사항, 종전부동산가격, 새로이 신축될 주택등의 분양가격, 정비사업비 등 많은 정보가 포함되어 있습니다. 관리처분계획인가일과 관리처분계획인가 고시일은 2일~7일의 차이가 발생합니다. 대외적으로 효력발생일은 인가고시일이며 해당 일을 기준으로 종전부동산이 조합원입주권으로 변환됩니다.

3-5. 입체환지란?

도시개발법상 환지는 평면환지와 입체환지가 있습니다. 평면환지는 논이나 밭, 나대지, 잡종지 등 개발되기 전의 토지(건물 포함)를 대지 등으로 전환하는 환지방식을 말합니다. 입체환지는 노후된 건축물 및 토지를 새로운 건축물 및 토지로 전환하는 환지방식을 말합니다. 도시정비법상 재개발·재건축사업이 가장 대표적인 입체환지방식입니다.

3-6. 종전부동산평가액이란?

도시정비법상 관리처분계획을 수립하기 위해서는 사업시행계획인가고시일을 기준으로 하여 조합원들이 소유하고 있는 주택등 종전부동산에 대한 감정평가를 진행합니다. 2개의 감정평가법인을 선정하여 산술평균한 가액을 종전부동산평가액이라 합니다. 투자자들 사이에서는 다세대주택의 경우 통상 공동주택가격의 1.3배 ~1.4배의 가격이 종전부동산 감정평가액으로 추정하나 이는 정확하지는 않습니다. 감정평가는 정비사업구역 외의 지역에서 거래되는 유사한 자산의 시세를 반영하여 평가하는 것을 원칙으로 하나 조합의 사업성을 고려하여 시세보다 좀 낮게 평가된다는 것이 정설입니다.

3-7. 비례율이란?

단순히 설명하면, 해당 정비사업의 개발이익율을 말합니다. 구체적으로 다음 산식에 따라 산출됩니다. 통상적으로 비례율이 1이상이면 사업성이 있고 1미만이면 사업성이 떨어진다고 봅니다. 그러나 실제는 비례율은 허수에 지나지 않습니다. 실무적으로는 비례율을 1보다 약간 높게 산정하고 착공 이후에 실제 분양가 및 실제 투입되는 원가 등을 반영하여 관리처분변경총회를 통해 비례율을 수정합니다. 처음부터 비례율을 높게 책정하는 경우 중간에 조합원입주권을 매각하는 투자자들에게만 유리하기에 조합에서는 비례율 변경 시점을 늦추는 것이 좋습니다.

> 비례율 = (총분양수입 − 총사업비) / 분양신청한 조합원들의 종전자산평가액

3-8. 권리가액이란?

권리가액은 아래 박스의 산식에 따라 산정됩니다.

> 권리가액 = 종전부동산평가액(산술평균감정가액) × 비례율

3-9. 청산금 또는 분담금이란?

청산금은 징수청산금과 교부청산금으로 구분됩니다. 징수청산금은 조합원분양가보다 종전부동산의 권리가액이 적은 경우로 조합원이 조합에 추가로 납부하여야할 금액을 말합니다. 징수청산금보다는 분담금이라는 용어를 더 많이 사용합니다. 교부청산금은 종전부동산의 권리가액이 조합원분양가액보다 더 많은 경우로 조합에서 조합원에게 지급해야할 금액을 말합니다. 해당 교부청산금은 조합원입장에서 종전부동산 중 일부를 조합에 양도한 것으로 보아 양도세가 부과됩니다. 분담금은 통상 계약금 1회, 중도금 6회, 잔금 1회에 걸쳐 조합에 납부 합니다. 시공사의 입찰 제안에 따라 소위 "0, 0, 100"의 조건으로 조합원분담금을 내는 경우가 있습니다. 즉, 계약금 0원, 중도금 0원, 입주시 잔금 100%의 조건으로 조합원분담금을 내기에 조합원에게 상당한 메리트가 있지요. 물론 해당 금융비용은 통상 공사비 단가에 반영을 하겠지요?

구 분	내 용
징수청산금 (분담금)	= 조합원분양가 - 권리가액
교부청산금	= 권리가액 - 조합원분양가
사례	• 종전부동산의 감정가액 : 5억원 • 비례율 : 1.1 • 권리가액 : 5억원 × 1.1 = 5.5억원 • 조합원분양가 : 6억원 • 징수청산금(분담금) : 6억원 - 5.5억원 = 0.5억원

3-10. 프리미엄이란?

프리미엄(p)은 "권리가액 + 조합에 납입한 분담금"을 초과하여 지불되는 가액을 말합니다.

사 례	프리미엄
- 입주권 매매가액 : 10억원 - 권리가액(5억원) - 매매일 현재 조합에 납부한 분담금(1억)	10억원 - (5억원 + 1억원) = 4억원(p)

3-11. 조합원자격은?

재개발사업의 조합원은 정비구역 내의 토지등소유자가 모두 조합설립과 동시에 조합원이 되며, 재건축사업의 경우에는 재건축사업에 동의한 자만 조합원으로 전환됩니다. 다만, 재건축사업의 경우 조합설립미동의자로서 조합원분양시청기간에 조합원분양신청을 한 자의 경우 조합원으로 편입할 수 있습니다.

 토지 등을 수인이 소유(공유)하는 경우에는?

다음의 어느 하나에 해당하는 때에는 그 여러 명을 대표하는 1명을 조합원으로 봅니다.

① 토지 또는 건축물의 소유권과 지상권이 여러 명의 공유에 속하는 때
② 여러 명의 토지등소유자가 1세대에 속하는 때. 이 경우 동일한 세대별 주민등록표상에 등재되어 있지 아니한 배우자 및 미혼인 19세 미만의 직계비속은 1세대로 보며, 1세대로 구성된 여러 명의 토지등소유자가 조합설립인가 후 세대를 분리하여 동일한 세대에 속하지 아니하는 때에도 이혼 및 19세 이상 자녀의 분가(세대별 주민등록을 달리하고, 실거주지를 분가한 경우로 한정한다)를 제외하고는 1세대로 봅니다.
③ 조합설립인가(조합설립인가 전에 신탁업자를 사업시행자로 지정한 경우에는 사업시행자의 지정을 말함) 후 1명의 토지등소유자로부터 토지 또는 건축물의 소유권이나 지상권을 양수하여 여러 명이 소유하게 된 때

 투기과열지구 지정지역 안에서의 재건축·재개발사업의 경우

「주택법」에 따른 투기과열지구로 지정된 지역에서 재건축사업을 시행하는 경우에는 조합설립인가 후, 재개발사업을 시행하는 경우에는 관리처분계획의 인가 후 해당 정비사업의 건축물 또는 토지를 양수(매매·증여, 그 밖의 권리의 변동을 수반하는 모든 행위를 포함하되, 상속·이혼으로 인한 양도·양수의 경우는 제외한다. 이하에서 같다)한 자는 일반적인 규정에 불구하고 조합원이 될 수 없습니다. 다만, 양도인이 다음의 어느 하나에 해당하는 경우 그 양도인으로부터 그 건축물 또는 토지를 양수한 자는 조합원이 될 수 있습니다.

① 세대원(세대주가 포함된 세대의 구성원을 말한다. 이하에서 같다)의 근무상 또는 생업상의 사정이나 질병치료(「의료법」 제3조에 따른 의료기관의 장이 1년 이상의 치료 나 요양이 필요하다고 인정하는 경우로 한정한다)·취학·결혼으로 세대원이 모두 해당 사업구역에 위치하지 아니한 특별시·광역시·특별자치시·특별자치도·시 또는 군으로 이전하는 경우

② 상속으로 취득한 주택으로 세대원 모두 이전하는 경우

③ 세대원 모두 해외로 이주하거나 세대원 모두 2년 이상 해외에 체류하려는 경우

④ 1세대 1주택자로서 양도하는 주택에 대한 소유기간 및 거주기간이 다음 표에서 정하는 기간 이상인 경우

> 다음 각 호의 구분에 따른 기간을 말한다. 이 경우 소유자가 피상속인으로부터 주택을 상속받아 소유권을 취득한 경우에는 피상속인의 주택의 소유기간 및 거주기간을 합산한다.(도정령 제37조①)
>
> 가. 소유기간: 10년
> 나. 거주기간(「주민등록법」 제7조에 따른 주민등록표를 기준으로 하며, 소유자가 거주하지 아니하고 소유자의 배우자나 직계존비속이 해당 주택에 거주한 경우에는 그 기간을 합산한다): 5년

⑤ 그 밖에 불가피한 사정으로 양도하는 경우로서 대통령령으로 정하는 경우

> 다음 각 호의 어느 하나에 해당하는 경우를 말한다.(도정령 제37조②)
> 1. 조합설립인가일부터 3년 이상 사업시행인가 신청이 없는 재건축사업의 건축물을 3년 이상 계속하여 소유하고 있는 자(소유기간을 산정할 때 소유자가 피상속인으로부터 상속받아 소유권을 취득한 경우에는 피상속인의 소유기간을 합산한다. 이하 제2호 및 제3호에서 같다)가 사업시행인가 신청 전에 양도하는 경우
> 2. 사업시행계획인가일부터 3년 이내에 착공하지 못한 재건축사업의 토지 또는 건축물을 3년 이상 계속하여 소유하고 있는 자가 착공 전에 양도하는 경우
> 3. 착공일부터 3년 이상 준공되지 아니한 재건축사업의 토지를 3년 이상 계속하여 소유하고 있는 경우
> 4. 법률 제7056호 도시및주거환경정비법 일부개정법률 부칙 제2항에 따른 토지등소유자로부터 상속·이혼으로 인하여 토지 또는 건축물을 소유한 자
> 5. 국가·지방자치단체 및 금융기관(「주택법 시행령」 제71조제1호 각 목의 금융기관을 말한다)에 대한 채무를 이행하지 못하여 재건축사업의 토지 또는 건축물이 경매 또는 공매되는 경우
> 6. 「주택법」 제63조제1항에 따른 투기과열지구(이하 "투기과열지구"라 한다)로 지정되기 전에 건축물 또는 토지를 양도하기 위한 계약(계약금 지급 내역 등으로 계약일을 확인할 수 있는 경우로 한정한다)을 체결하고, 투기과열지구로 지정된 날부터 60일 이내에 「부동산 거래신고 등에 관한 법률」 제3조에 따라 부동산 거래의 신고를 한 경우

3-12. 입주권을 받을 수 있는 자는?

도시정비법상 조합원으로서 1세대 또는 1명이 하나 이상의 주택 또는 토지를 소유한 경우 1주택을 공급하고, 같은 세대에 속하지 아니하는 2명 이상이 1주택 또는 1토지를 공유한 경우에는 1주택만 공급합니다.

도시정비법상 조합원자격과 주택 분양대상자

구 분	재개발사업	재건축사업
종전부동산의 형태	㉠ 토지 ㉡ 건물 ㉢ [토지 + 건축물] ㉣ 지상권(무허가건축물)	㉢ [토지 + 건축물]
조합원자격	위 각각의 종전부동산 소유자 (조합설립 미동의자도 포함됨)	위 종전부동산소유자 중 조합설립에 동의한 자, 조합원 분양신청기간에 분양신청한 조합설립 미동의자
분양대상자	조합원자격이 있는 자로서 일정요건을 충족한 자	
주택 입주권 부여 원칙	1세대(명) 1주택 공급	
예외		

재개발조합원 분양 대상자

구 분	주택분양대상자 여부	비 고
토지만 소유	종전 토지의 총면적이 90㎡이상이면 분양대상자에 해당(서울시 도정조례 제36조)	지역별, 시점별로 예외 있음
건축물만 소유	주택 소유자는 무조건 분양대상자에 해당	1981.12.31. 이전 발생 무허가 건축물 대상자 포함
[토지 + 건축물]소유	주택건물소유로 인해 토지면적에 관계없이 무조건 분양대상자에 해당	상가건물 소유자의 상가우선분양 원칙
지상권 소유	권리가액이 분양용 최소규모 공동주택 1가구의 추산액 이상이면 분양대상자에 해당	통상 점유국공유지를 지상권자가 국가등으로부터 취득하여 권리가액에 반영함

주택공급원칙의 예외(도정법 제76조①제7호)

다음 (1) ~ (4)의 경우에는 각 목의 방법에 따라 주택을 공급할 수 있습니다.

(1) 시·도조례로 주택공급을 따로 정하고 있는 경우
(2) 소유한 주택 수만큼 공급할 수 있는 경우
(3) 종전부동산가격 또는 종전 주택의 주거전용면적 범위에서 2주택 공급
(4) 토지등소유자가 소유한 주택수의 범위에서 3주택까지 공급

(1) 시·도조례로 주택공급을 따로 정하고 있는 경우
    2명 이상이 1토지를 공유한 경우로서 시·도조례로 주택공급을 따로 정하고 있는 경우에는 시·도조례로 정하는 바에 따라 주택을 공급할 수 있습니다.

(2) 소유한 주택 수만큼 공급하는 경우
    다음 어느 하나에 해당하는 토지등 소유자에게는 소유한 주택 수만큼 공급할 수 있습니다.
    ① 과밀억제권역에 위치하지 아니한 재건축사업의 토지등 소유자. 다만, 투기과열지구 또는 조정대상지역(「주택법」 제63조의2제1항제1호)에서 사업시행계획인가(최초 사업시행계획인가를 말한다)를 신청하는 재건축사업의 토지등소유자는 제외한다.
    ② 근로자(공무원인 근로자를 포함한다) 숙소, 기숙사 용도로 주택을 소유하고 있는 토지등소유자
    ③ 국가, 지방자치단체 및 토지주택공사등
    ④ 「국가균형발전 특별법」 제18조에 따른 공공기관지방이전 및 혁신도시 활성화를 위한 시책 등에 따라 이전하는 공공기관이 소유한 주택을 양수한 자

(3) 종전부동산가격 또는 종전 주택의 주거전용면적 범위에서 2주택 공급
    사업시행계획인가 고시가 있은 날을 기준으로 한 가격(도정법 제74조제1항제5호에 따른 가격; 산술평균 감정평가액)의 범위 또는 종전 주택의 주거전용면적의 범위에서 2주택을 공급할 수 있고, 이 중 1주택은 주거전용면적을 60제곱미터 이하로 합니다. 다만, 60제곱미터 이하로 공급받은 1주택은 이전고시일 다음 날부터 3년이 지나기 전에는 주택을 전매(매매·증여나 그 밖에 권리의 변동을 수반하는 모든 행위를 포함하되 상속의 경우는 제외한다)하거나 전매를 알선할 수 없습니다.

[아파트 "1 + 1" 분양관련]

구 분	내 용	비 고
원칙	1세대 1분양권 공급 원칙	-
1+1 공급	감정평가금액의 범위 또는 종전 주택의 주거전용면적의 범위 내에서 2주택 공급 가능(총회 의결 필요)	단, 반드시 1주택은 주거전용면적 60㎡이하.(상속을 제외하고 이전고시일의 다음 날부터 3년간 전매 금지)

(4) 토지등소유자가 소유한 주택수의 범위에서 3주택까지 공급

과밀억제권역에 위치한 재건축사업의 경우에는 토지등소유자가 소유한 주택수의 범위에서 3주택까지 공급할 수 있습니다. 다만, 투기과열지구 또는 조정대상지역(주택법 제63조의2①제1호)에서 사업시행계획인가(최초 사업시행계획인가를 말한다)를 신청하는 재건축사업의 경우에는 그러하지 않습니다.

[3주택 공급 가능]

구 분	내 용	비 고
대상 사업	과밀억제권역에 위치한 재건축사업	단, 투기과열지구 또는 조정대상지역에서 최초사업시행계획인가 신청한 경우는 배제
자격 요건	해당 구역 내에서 소유한 주택수의 범위 이내 3주택까지 공급 가능	-

3-13. [1+1] 조합원입주권 자격은?

도시정비법상 동일한 재개발등 정비구역 내에서 1세대 또는 1명이 하나 이상의 주택 또는 토지를 소유한 경우 1주택을 공급하는 것이 원칙입니다. 다만, 사업시행계획인가 고시가 있은 날을 기준으로 한 가격의 범위 또는 종전 주택의 주거전용면적의 범위에서 2주택을 공급할 수 있고, 이 중 1주택은 주거전용면적을 60제곱미터 이하로 하되, 60제곱미터 이하로 공급받은 1주택은 이전고시일 다음 날부터 3년이 지나기 전에는 주택을 전매(매매·증여나 그 밖에 권리의 변동을 수반하는 모든 행위를 포함하되 상속의 경우는 제외한다)하거나 전매를 알선할 수 없습니다.

"사업시행계획인가 고시가 있은 날을 기준으로 한 가격"이란?

"종전부동산의 산술평균 감정평가액"을 말하는 것으로 권리가액과는 구분되는 개념입니다.

구 분	내 용	비 고
원칙	1세대 1분양권 공급 원칙	-
1+1 공급	감정평가금액의 범위 또는 종전 주택의 주거전용면적의 범위 내에서 2주택 공급 가능(총회 의결 필요)	단, 반드시 1주택은 주거전용면적 60㎡이하.(상속을 제외하고 이전고시일의 다음 날부터 3년간 전매 금지)

3-14. 준공일과 이전고시일

조합 등 사업시행자가 정비사업 공사를 완료한 때에는 시장·군수등의 준공인가를 받아야 합니다. 세법에서는 사용승인일을 준공일로 보며 준공 시 조합원들이 주택을 취득한 것으로 봅니다. 조합원명의로 등기하기 위해서는 반드시 이전고시라는 행정절차가 필요합니다. 이전고시가 되면 조합원분양분은 조합원명의로 소유권 보존등기를 합니다. 실무적으로 등기업무를 진행하는 법무사사무소의 일손이 많이 부족하기에 소유권이전고시 후에도 몇 개월이 지나야 등기가 되는 경우가 많습니다.

 준공 후 이전고시일사이에 신축된 재개발주택의 매매 시 미등기전매에 해당되나요?

NO! 이전고시 이후에야 등기가 가능하기에 미등기전매에 해당되지 않습니다.

 이전고시일 ~ 소유권보존등기 전에 신축된 재개발주택의 매매 시 미등기전매 해당되나요?

YES! 저자의 개인적 견해로는 미등기전매에 해당됩니다. 이전고시 이후에는 소유권보존등기를 하고 매매를 하여야 하나 미등기상태에서 매매를 하였기에 미등기전매에 해당됩니다. 물론 법무사사무소의 등기업무가 늦어져 부득이 미등기하였다고 항변할 수 있으나 이는 사적인 문제인 것입니다.

3-15. 무이자이주비와 유이자이주비

관리처분계획인가 이후 정비구역내에 있는 조합원 또는 세입자들이 이주하여야만 철거를 할 수 있습니다. 빠른 이주 및 철거는 조합의 공사착공시기를 앞당겨 사업성을 높일 수 있습니다. 이주비는 조합원의 주택구입 또는 세입자 전세금확보 등에 사용되며, 조합이 주선한 은행과 조합원간의 대출약정에 따라 지급됩니다. 은행에서는 종전부동산을 담보로하여 종전부동산감정가액의 40%~60% 범위내에서 이주비를 대출해줍니다. 해당 이주비 중 일정액은 조합원이 이자를 부담하지 않고 조합이 대납해주는 무이자이주비가 있고, 조합원 개인의 필요로 추가적인 이주비를 대출받아 이자를 조합원이 부담하는 유이자이주비가 있습니다.

 무이자이주비에 대한 금융비용을 조합에서 대납한 경우 세금문제는?

조합원입장에서는 본인이 부담해야할 이자비용을 조합에서 부담하였기에 해당 금액 중 수익사업해당액은 배당소득으로 세금이 부과됩니다. 다만, 조합에서 부담한 금융비용을 입주시 조합에 반환하는 조건이라면 배당소득문제는 발생하지 않습니다.

3-16. 이주촉진비란?

이주촉진비는 철거를 하기 전에 조합원에게 지급하는 이사비를 말합니다. 보통 200만원에서 500만원의 이주촉진비가 지급됩니다. 해당 이주촉진비 중 수익사업상당액은 배당소득으로 부과됩니다.

3-17. 조합이 내야하는 세금은?

도시정비법상 재개발·재건축 정비사업조합은 법인등기를 반드시 하여야 하며, 세법에서는 비영리법인으로 봅니다. 관리처분계획에 따라 조합원에게 공급하는 것은 비수익사업에 해당되어 세금(법인세)이 없으나 일반분양분에 대한 수익은 수익사업으로 보아 조합에 법인세가 부과됩니다. 또한 일반분양분 주택 중 국민주택규모(34평형)초과분 주택건물 및 일반분양 상가건물에 대해서는 부가가치세가 부과됩니다.

또한 조합에서 일반분양분 주택 등을 취득하는 경우 취득세가 부과됩니다.

구 분			법인세	부가가치세(건물분)
조합원분양분			없음	없음
일반분양	주택	전용85㎡ 이하	있음	면세
		전용85㎡ 초과		과세
	상가			과세

3-18. 조합원이 내야하는 세금은?

조합원이 조합으로부터 일반분양에 따른 이득을 분배받는 경우 배당소득이 부과됩니다. 또한, 재개발등으로 건물준공 시 원시취득으로 보아 취득세(분담금 또는 건축비 상당액에 취득세율 2.8%를 곱한 금액)를 납부하여야 합니다.

구 분	내 용
배당소득	"일반분양 수익 상당액의 배분액" - 이사비(이주촉진비) - 무이자이주비에 대한 이자비용 조합 대납액 - 조합원 중도금 이자 조합 대납액 - 현물배당(준공 시) - 청산 시 잔여재산 분배액

취득세 등
(조합원 명의 소유권 보존)
	○ 재개발:
	  -22.12.31. 이전 관처분: 조합원분담금 × 2.8%(원시 취득세율)
	  -23.1.1. 이후 관처분: 아래 재건축과 동일함
	○ 재건축: 세대당건물건축비 × 2.8%

☞ 종전 주택의 부수토지보다 재개발등에 따라 준공된 주택의 부수토지가 증가된 경우 증가된 주택 부속토지에 대한 취득세가 별도로 부과됩니다[2023.3.14. 전에 관리처분계획인가 등 받은 조합원의 경우 "min(분양가액, 공시지가) × 증가된 토지면적"을 과세표준으로 함. 다만, 2023.3.14. 이후 관리처분계획인가 등 받은 조합원의 경우 "분양가액 × 증가된 토지"를 과세표준으로 함. 조합원의 경우 토지의 유상취득세등(4.6%) 세율 부과].

[정비사업의 토지분 취득세 과세표준 경과조치(부칙) 마련]
(대통령령 제33325호, 2023.3.24., 제3조의2 신설)

개정 전	개정 후
□ 정비사업 조합 등의 일반분양분 토지·토지지분 증가분 과세표준	□ 정비사업 조합 등의 일반분양분 토지·토지지분 증가분 과세표준 경과조치(부칙) 특례 신설
○ (과세표준) 분양가액 ※ 공시지가 → "분양가액"으로 개정 ('23.3.14.)	○ (과세표준) 좌동
○ (시행시기) '23.3.14. 이후 납세의무 성립분* 부터 적용 * 조합 : 소유권이전고시일 조합원 : 잔금지급일	○ (과세표준) 공시지가와 분양가액 중 적은 가액 ○ (대상) '23.3.14. 前 관리처분계획 인가 등을 받은 정비사업에 한하여 적용 ※ '23.3.14. 이후 취득하는 토지에 대해 적용

3-19. 청산금 수령권을 매수인이 승계하였나요?

종전부동산의 권리가액(평가액)이 조합원분양가액을 초과하는 경우 원조합원은 조합으로부터 그 차액을 현금(교부청산금)으로 받습니다. 청산금을 받을 수 있는 권리를 청산금 수령권이라 하는데 통상 조합원입주권 매매 시 매수인에게 조합원입주권과 청산금 수령권을 함께 이전합니다. 청산금 수령권을 이전받은 매수인은 향후 조합으로부터 해당 청산금을 분할 또는 일시로 지급받게 됩니다.

원조합원 입장에서 "사실상 모든 권리와 의무가 승계조합원에게 이전된 경우에는 잔금청산일에 조합원입주권 및 종전부동산의 지분"이 모두 이전된 것으로 보도록 하고 있습니다. 다만, 청산금수령권 상당액을 입주권양도가액에 포함하여 신고할지(이하 '전자'라 함), 아니면 종전부동산의 지분(분할)양도로 보아 조합원입주권과 별도의 양도세 과세대상으로 신고할지(이하 '후자'라 함) 불분명합니다. 제 개인적 견해는 후자의 의견입니다만, 확정된 해석·판례가 나오기 전까지는 전자와 같이 신고하되 경정청구는 후자의 방식으로 진행하는 것이 안전할 것입니다.

[승계조합원에게 모든 권리와 의무를 이전한 경우 원조합원의 양도세 신고방법]

구 분	전자의 방법	후자의 방법
양도세 과세대상	조합원입주권	㉠ 조합원입주권 ㉡ 종전부동산(지분)
양도일	잔금청산일	잔금청산일(㉠ 및 ㉡ 동일)
청산금수령권상당액	조합원입주권양도가액에 포함하여 신고	종전부동산지분양도가액으로 신고
장기보유특별공제	조합원입주권의 양도로 보아 관리처분일까지의 양도차익에 대해서만 공제	㉠ 조합원입주권분 : 좌 동 ㉡ 종전부동산지분양도분 : 취득시점~양도시점까지의 양도차익에 대해 공제

[승계조합원이 조합으로부터 청산금을 수령한 경우 양도세 신고방법]

구 분	내 용
과세대상	"승계조합원이 이전고시가 있은 후에 「도시 및 주거환경정비법」 제89조제1항에 따라 해당 조합으로부터 지급받은 청산금 상당액은 양도소득세 과세대상에 해당하는 것임" (사전법규 재산 2023-450, 2024.06.27.) ⇨ 새로운 아파트의 지분양도? (현실과 맞지 않음) ⇨ 조합원입주권의 지분양도? (현실과 맞지 않음) ⇨ 종전부동산의 지분양도? (가장 타당함. 당초 원조합원으로부터 취득한 것은 '조합원입주권'과 '종전부동산의 지분'을 취득한 것으로 보아야 문제가 없음)
양도일	이전고시일의 다음 날.
보유기간	종전부동산의 지분양도로 보는 경우, 당초 취득일(원조합원에게 잔금청산한 날)부터 이전고시일의 다음날까지를 보유기간으로 봄 ⇨ 장기보유특별공제(3년 이상)시 가능 ⇨ 준공 직전에 취득한 경우, 보유기간이 2년 미만이 되어 단기세율(주택의 경우 60%~70%, 주택외의 경우 40%~50%)이 적용될 수 있으며, 조정대상지역의 경우 다주택 중과세율이 적용될 수 있음
실무상 적용	국세청에서는 양도세 과세대상으로만 해석하였을 뿐 종전부동산의 지분양도 여부에 대한 해석이 명확하지 않음. 신고는 보수적으로 한 후 경정청구를 진행하는 것이 좋을 것으로 판단됨.

3-20. 투기과열지구 재당첨금지규정을 아시나요?

투기과열지구의 재개발 등 정비사업에서 관리처분계획에 따라 분양대상자 및 그 세대에 속한 자는 분양대상자 선정일(조합원 분양분의 분양대상자는 최초 관리처분계획 인가일을 말한다)부터 5년 이내에는 투기과열지구에서 분양신청을 할 수 없습니다. 예를 들어, 서울 강북의 A구역에서 관리처분계획(분양 당시 투기과열지구 내)에 따라 조합원입주권을 분양받은 자(세대원 포함)가 서울 강남의 B구역에서 5년내에 다시 조합원입주권을 신청하는 경우 입주권이 나오지 않기에 주의를 해야 합니다(현금청산대상자로 분류되기에 많은 손실을 볼 수 있음).

> **5년 내 재당첨금지 규정의 예외는?**
> 상속, 결혼, 이혼으로 조합원 자격을 취득한 경우에는 분양신청을 할 수 있습니다.

3-21. 건물 멸실 전 취득인가요? 건물 멸실 후 취득인가요?

양도소득세에서는 관리처분계획인가고시일을 기준으로 부동산이 조합원입주권으로 변환됩니다. 그러나 지방세인 취득세는 관리처분계획인가고시일 이후라도 주택건물이 멸실 되지 않았다면 주택의 취득으로 보아 취득세를 부과합니다. 따라서 1세대가 조정대상지역에서 2번째 주택을 취득하는 경우 8%의 취득세율이 적용되며, 3번째 주택을 취득하는 경우에는 12%의 취득세율이 적용됩니다(비조정대상지역에서는 3번째 주택 취득 시 8%, 4번째 주택 취득 시 12%의 취득세율이 적용됨).

반면, 주택건물의 멸실 후 취득하는 경우에는 일반 토지의 취득으로 보아 4%(농특세 및 지방교육세 포함 시 4.6%)의 취득세가 부과됩니다. 다주택자의 경우 재개발 등 정비구역에서 조합원입주권을 취득하는 경우에는 주택건물이 멸실된 상태에서 취득하는 것이 취득세 측면에서 유리합니다.

재개발 등 정비구역에서 조합원 또는 세입자들이 전부 이주하여 단전, 단수된 경우로서 철거를 위한 팬스가 모두 설치되어 사실상 주택으로 사용할 수 없는 경우에도 주택의 취득으로 보아야 하는지요?

행정안전부의 해석 및 판례에 따르면 멸실 직전의 주택건물인 경우에도 사실상 멸실되지 않았다면 주택의 취득으로 보고 있으니 주의하시기 바랍니다.

3-22. [1+1] 조합원입주권의 장점과 단점

도시정비법상 동일한 재개발등 정비구역 내에서 1세대 또는 1명이 하나 이상의 주택 또는 토지를 소유한 경우 1주택을 공급하는 것이 원칙입니다. 다만, 사업시행계획인가 고시가 있는 날을 기준으로 한 산술평균감정가액 또는 종전 주택의 주거전용면적의 범위에서 2주택을 공급할 수 있고, 이 중 1주택은 주거전용면적을 60제곱미터 이하로 하되, 60제곱미터 이하로 공급받은 1주택은 이전고시일 다음 날부터 3년이 지나기 전에는 주택을 전매(매매·증여나 그 밖에 권리의 변동을 수반하는 모든 행위를 포함하되 상속의 경우는 제외한다)하거나 전매를 알선할 수 없습니다.

구 분	내 용	비 고
원칙	1세대 1분양권 공급 원칙	-
1+1 공급	감정평가금액의 범위 또는 종전 주택의 주거전용면적의 범위 내에서 2주택 공급 가능(총회 의결 필요)	단, 반드시 1주택은 주거전용면적 60㎡ 이하.(상속을 제외하고 이전고시일의 다음 날부터 3년간 전매 금지)

 [1+1] 조합원입주권의 장점은?

조합원입주권은 통상 많은 프리미엄이 형성되기에 두 개의 조합원입주권을 받게 되면 준공 이후 분리해서 매각 시 2배의 수익을 얻을 수 있다는 장점이 있습니다.

[1+1] 조합원입주권의 단점은?

다음의 단점이 있습니다.
① 물건값이 크기에 투자자 입장에서 투자금이 많이 소요됩니다.
② 두 개의 조합원입주권은 준공시점까지 각각 분리하여 매매 등 이전을 할 수 없습니다.(모두 일괄 이전하거나 두 개의 입주권 일부지분을 함께 이전은 가능)
③ 추가로 공급받은 주거전용면적 60제곱미터 이하의 주택은 이전고시일의 다음 날부터 3년이내에는 매매·증여를 할 수 없습니다.
④ 준공 후 먼저 양도하는 주택은 1세대 2주택 이상에 해당되어 양도소득세 중과세가 될 수 있습니다(이전고시일의 다음 날부터 3년이 지난 후에 양도차익이 적은 60㎡이하의 주택을 먼저 양도 후 나머지 주택은 1세대1주택 비과세 전략을 짜는 것이 유리함)(2026.5.9.까지 중과세 유예됨).
⑤ 규제지역(투기과열지구, 조정대상지역) 내 담보대출 불가

3-23. 조합원상가분양권의 신청

상가를 보유하고 있는 조합원은 원칙적으로 주택 또는 상가를 분양받을 수 있으며, 경우에 따라서는 주택과 상가를 동시에 공급받을 수 있습니다.

 상가 등 부대복리시설의 공급 순위는?

도시정비법에서는 분양대상자의 순위 등에 대하여 시·도 조례로 정하도록 하고 있습니다. 서울시 도시 및 주거환경정비조례(제38조②)에서는 재개발사업 과 주거환경개선사업에서의 상가 등 부대복리시설 공급 순위관련 규정을 아래 표와 같이 두고 있습니다.

순위	요 건	비 고
1순위	상가소유자 + 조합원사업자등록 　(인·허가·신고등 포함, 이하 동일) + 권리가액이 최소 분양상가금액 이상	아파트를 분양받았을 경우 권리가액에서 아파트분양가격 제외
2순위	상가소유자 + 권리가액이 최소 분양상가금액 이상	아파트를 분양받았을 경우 권리가액에서 아파트분양가격 제외
3순위	상가소유자 + 조합원사업자등록 + 권리가액 미달 + 아파트 미신청	-

순위	조건	
4순위	상가소유자 + 권리가액 미달 + 아파트 미신청	–
5순위	아파트 미신청 + 권리가액이 최소분양상가금액 이상	–
6순위	아파트 신청 + 권리가액이 최소분양상가금액 이상	–

상가조합원이 선택 가능한 경우의 수

상가조합원은 아래 표와 같이 다양한 사례를 선택할 수 있습니다.

사례	종전부동산(상가) 권리가액	공급받은 부동산(입체환지)		청산금	
		주택	상가	교부	징수
case1	20억원	6억원	10억원	4억원	–
case2	20억원		15억원	5억원	
case3	10억원	6억원		4억원	
case4	10억원		12억원		2억원
case5	5억원	6억원			1억원

3-24. 비례율 상승에 따른 분담금 감소 및 교부청산금 증가

부동산활황기에는 최초의 관리처분계획과는 달리 일반분양가액 상승으로 비례율이 증가합니다. 비례율 상승은 조합원권리가액이 높아져 결국 조합원 분담금을 감소시키거나 조합원에게 지급해야할 청산금을 증가시킵니다. 비례율을 수정하기 위해서는 관리처분계획 변경 총회를 통해 변경인가를 받아야 합니다. 오히려 부동산하락기에는 비례율이 감소하여 조합원 분담금이 증가되는 경우도 있으며, 투기과열지구의 경우 분양가 상한제로 비례율이 감소되는 경우도 있습니다. 조합입장에서는 불확실성이 해소된 후 비례율 변경을 하는 것이 좋습니다. 실무적으로는 입주 직전에 비례율 변경을 하여 관리처분계획변경을 하는 것이 좋습니다.

3-25. 재개발사업도 초과이익환수제가 있나요?

도정법상 재개발사업은 초과이익환수대상 사업이 아닙니다. 초과이익환수제는 도정법상 재건축사업 및 빈집정비법상 소규모재건축사업에만 있습니다. 재건축초과이익부담금의 납세의무자는 조합이며 조합해산 또는 납부할 금액이 부족한 경우에는 조합원이 제2차납세의무가 있습니다.

2017.12.31. 이전에 관리처분계획인가를 신청한 재건축사업의 경우 재건축초과이익부담금 부과를 유예해 왔습니다. 그러나 2018.1.1. 이후 도정법상 관리처분계획인가 및 빈집정비법상 사업시행계획인가를 신청한 재건축사업의 경우 재건축부담금을 부과하고 있으며 2024.3.27. 이후 부과분부터 재건축부담금을 경감하기 위한 법 개정(2023.12.26.)이 있었습니다.

3-26. 재건축초과이익부담금의 산정방법은?

재건축초과이익부담금은 "(재건축초과이익/조합원수) × 부과율"으로 산정됩니다. 재건축부담금의 부과기준금액인 재건축초과이익은 다음 산식에 따른 금액으로 산출합니다.

> 재건축초과이익부담금 부과기준금액(재건축초과이익)
> = 종료시점 주택가격(A) − [개시시점주택가액(B) + 정상주택가격상승분총액(C) + 개발비용등(D)]
>
> A: 종료시점(준공인가일) 부과대상 주택의 가격 총액
> B: 개시시점(최초로 조합설립인가를 받은 날 등) 부과대상 주택의 가격 총액
> C: 부과기간 동안의 개시시점 부과대상 주택의 정상주택가격상승분 총액
> D: 개발비용은 해당 재건축사업의 시행과 관련하여 지출된 공사비 등

> **부과율**
>
> 납부의무자가 납부하여야 할 재건축부담금은 산정된 재건축초과이익을 해당 조합원 수로 나눈 금액에 다음의 부과율을 적용하여 계산한 금액을 그 부담금액으로 한다. (2024.3.27. 이후 결정·부과 분부터 적용)

```
부담금 = (재건축초과이익/조합원수) × 부과율

[부과율]
1. 조합원 1인당 평균이익이 8천만원 이하 : 면제
2. 조합원 1인당 평균이익이 8천만원 초과 1억3천만원 이하 :
   8천만원을 초과하는 금액의 100분의 10 × 조합원수
3. 조합원 1인당 평균이익이 1억3천만원 초과 1억8천만원 이하 :
   500만원 × 조합원수 + 1억3천만원을 초과하는 금액의 100분의 20 × 조합원수
4. 조합원 1인당 평균이익이 1억8천만원 초과 2억3천만원 이하 :
   1천500만원 × 조합원수 + 1억8천만원을 초과하는 금액의 100분의 30 × 조합원수
5. 조합원 1인당 평균이익이 2억3천만원 초과 2억8천만원 이하 :
   3천만원 × 조합원수 + 2억3천만원을 초과하는 금액의 100분의 40 × 조합원수
6. 조합원 1인당 평균이익이 2억8천만원 초과 :
   5천만원 × 조합원수 + 2억8천만원을 초과하는 금액의 100분의 50 × 조합원수
```

3-27. 세금 측면에서 조합원입주권 또는 완공주택의 매각시점은 언제가 좋을까요?

2021.6.1. 이후에는 조합원입주권 또는 주택을 취득 후 1년 미만 보유 후 매매 시 70%의 양도세율이 적용되며, 2년 미만 보유 후 매매 시 60%의 양도세율이 적용됩니다. 다만, 1세대 다주택자로서 2년 이상 보유한 주택을 양도하는 경우 양도세 중과세율(일반세율 + 20% 또는 30%; 2026.5.9.까지 중과세 유예됨)이 적용되는 반면 조합원입주권을 양도하는 경우에는 일반세율이 적용됩니다. 따라서 다주택자의 경우, 양도차익이 동일하다는 전제하에 준공 후 주택을 양도하는 것보다는 준공 전에

조합원입주권을 양도하는 것이 세금측면에서 유리합니다.

3-28. 재개발지역 물건 투자 시 주의 사항

현행 도시정비법 기준으로 재개발지역 내에 있는 부동산 투자 시 특히 주의할 사항은 다음 두 가지입니다.

3-28-1. 지분 쪼개기 물건이 아닌가?

지분 쪼개기란, 조합설립인가 후 1인의 토지등소유자로부터 토지 또는 건축물의 소유권과 지상권을 양수하여 수인이 소유하게 되는 경우를 말합니다. 예를 들어, 50평의 토지를 두필지로 분할하여 수인이 각 필지를 소유하는 경우, 1필지를 수인이 지분으로 분할하여 공유하는 경우, 동일한 구역 내 다른 필지에 있는 건물(그 부속토지 포함)의 소유권을 수인이 분할하여 소유하는 경우 등 다양합니다.

조합설립인가 후 지분 쪼개기 물건을 취득한 경우에는 별도의 조합원입주권을 받을 수 없으니 주의하셔야 합니다.

3-28-2. 조합원입주권을 받을 수 있는가?

조합원으로부터 조합원자격을 취득하였는데 해당 물건에 대해 조합원입주권이 나오지 않는 경우가 있습니다. 조합원입주권을 받지 못하면 현금청산대상에 해당되어 높은 프리미엄을 주고 산 가격을 제대로 받을 수 없기에 막대한 피해를 감수하셔야 합니다. 대표적인 사례는 다음과 같습니다.

① 조합설립인가일 현재 동일한 구역 내 1인 또는 동일한 세대원이 2채의 주택(또는 부동산)을 소유하는 데 그 중 1채를 제3자가 구입한 경우
② 토지면적이 90㎡ 미만인 경우(서울시 등 조례에 따른 예외 있음)

③ 1982.1.1. 이후 생성된 무허가건축물인 경우 등

매수자 입장에서는 부동산중개업소의 말만 믿고 매수할 것이 아니라 관련 법(도시정비법, 각 지자체 조례)을 살펴보고, 조합에 입주권을 받을 수 있는지 여부를 반드시 문의하여야 합니다. 또한 매매계약서 특약사항에 "동일한 구역 내 매도자(세대)가 해당 물건 외에 다른 부동산이 있어 조합원입주권이 나오지 않는 경우 매도자가 책임져야한다"라는 내용을 반드시 기재하셔야 합니다.

3-29. 공공재개발사업이란?

법에서 정하는 일정 요건을 모두 갖추어 "시장·군수등, 토지주택공사등"이 시행하는 재개발사업을 "공공재개발사업"이라 합니다. LH가 진행하는 공공재개발사업의 예를 들어 보면 다음 그림과 같습니다.

[공공재개발사업의 요건](출처: LH 미래도시지원센터)

공공시행사 지정	임대주택 공급	투기방지대책 반영
☐ 공공 단독시행시 토지등소유자 2/3 이상 & 토지면적 1/2 이상 동의 ☐ 공공 & 조합 공동시행시 조합원 과반수 동의 * 조합 설립 시 조합원의 3/4 동의 필요	☐ 조합원 분양분 제외한 주택의 50% 이상 공공임대 등 공급 공공임대 + 수익형 전세임대 + 지분형 임대 ☐ 전체 세대 20% 이상 공공임대 주택 공급 * 수익형 전세 : 무주택자 대상 시세 80% 수준의 전세주택(공공지원민간임대) * 지분형 주택 : 분담금이 부족한 집주인과 공공시행자가 지분을 공유하는 주택	☐ 기존 정비구역 토지거래허가구역 지정 ☐ 신규 예정구역 권리 산정기준일 별도 산정 (공모 공고일) * 권리산정기준일 이후 양수한 조합원에 대해서는 분양가 차등 적용

[공공재개발 특례사항]

도시규제 완화	사업성 보장	신속한 인허가	사업비 지원
• 용도지역 상향 • 용적률 완화 • 기부채납 완화	• 관리처분시 분담금 확정 • 분양가 상한제 적용 예외	• 도시계획 수권소위 신설 • 사업계획 통합심의	• 사업비(총액의 50%), 이주비 (보증금의 70%) 저리융자 • 기반시설 국비 지원 (도시재생 연계시)

[공공재개발 사업구조](LH가 공공시행자로 참여시)

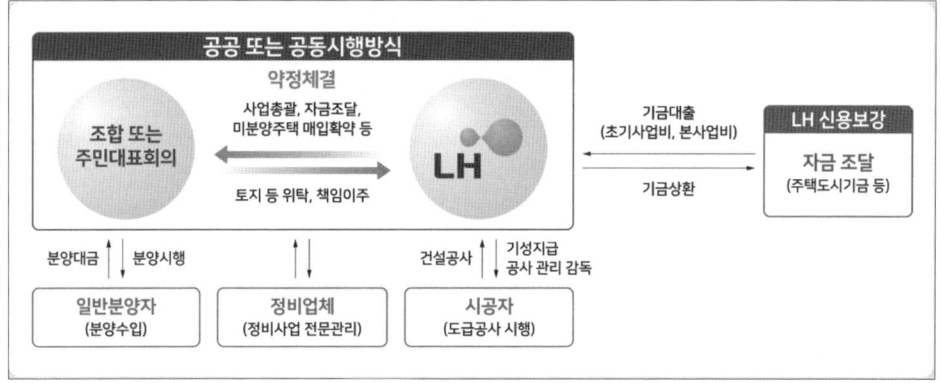

[공공재개발 절차](LH가 공공시행자로 참여시)

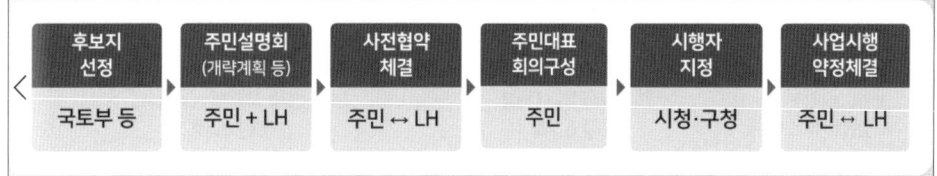

3-30. 공공재건축사업이란?

법에서 정하는 일정 요건을 모두 갖추어 "시장·군수등, 토지주택공사등"이 시행하는 재건축사업을 "공공재건축사업"이라 합니다. LH가 진행하는 공공재건축사업의 예를 들어 보면 다음 그림과 같습니다.

[공공재건축이란?] (출처: LH 미래도시지원센터)

구 분	민간재건축	공공재건축 (공동 또는 공공단독 시행방식은 주민이 결정)	
		공동시행	공공단독시행
사업시행 주체	조합	조합 + LH (LH는 인허가 및 사업관리 지원)	LH (조합해산 후 주민대표회의 구성)
주민동의 요건	구분소유자 3/4 이상 및 토지면적 3/4 이상	조합원 과반수 동의	토지 등 소유자 2/3 이상 (토지면적 1/2 이상)
의사결정 (시공사 결정, 마감재 선택 등)	조합총회	조합총회	주민대표회의 협의
사업계획 심의	개별심의	통합심의	
임대주택 비율	전체 세대수 대비 평균 6.7% ('20년 준공 단지 기준)	전체 세대수 대비 평균 6.5% (공공재건축 1차 사전컨설팅 결과)	
분담금	-	민간재건축 대비 평균 37% 감소 (공공재건축 1차 사전컨설팅 결과)	
기부채납 기준 (예시)	추가용적률의 50% +50% 기부채납 1/2, 일반분양 1/2 25% / 25% / 250% 조합원 및 일반 분양	추가용적률의 40~70% (최대 40%까지 완화 가능) +250% 150% / 100% / 250% 조합원 및 일반 분양 · 60% 일반분양 (조합 수익) · 40% 기부채납 (분양+임대)	

[공공재건축의 효과]

3-31. 모아주택이란?

모아주택은 서울특별시에서 추진하는 소규모 정비사업으로, 노후 저층 주거지역을 효율적으로 재개발하기 위한 사업입니다. 기존 주택을 헐고 새로운 주택을 건설하는 대규모 재개발과 달리, 모아주택은 비교적 규모가 작고, 일부 건물만 헐고 일부 건물은 보존하는 방식으로 진행됩니다. 가로주택정비사업 등 단독 사업장의 경우, 공원, 도로, 지하주차장 등 기반시설 확충이 어렵고 시공사나 각 협력업체 선정 시 용역비가 비싸지는 등 사업성이 매우 취약합니다. 이를 극복하기 위해 용적률 상향 등 건축법상 특혜와 시보조금을 지원하고 있습니다. 2개이상의 조합 또는 사업구역에서 모아주택을 진행하여 중·대 주택단지를 조성할 수 있는 장점이 있으나 각 조합 또는 구역의 토지등 소유자간 협의가 원활하지 않는 경우에는 오히려 사업기간이 증가되어 사업성이 악화될 수도 있기에 투자 시 주의할 필요가 있습니다.

3-32. 소규모주택정비관리지역이란?

노후·불량건축물에 해당하는 단독주택 및 공동주택과 신축 건축물이 혼재하여 광역적 개발이 곤란한 지역 등에서 정비기반시설과 공동이용시설의 확충을 통하여 소규모주택정비사업을 계획적·효율적으로 추진하기 위하여 소규모주택정비 관리계획이 승인·고시된 지역을 말합니다(빈집정비법 제43조의2).

> 참고 출처 : 한국부동산원
>
> 대상면적은 10만㎡ 미만이며 노후·불량건축물의 수는 해당 구역 내 전체건축물수의 1/2이상이어야 합니다. 국가등으로부터 지원금을 받아 사업을 진행할 수 있으며 거점사업 시행 시 연접한 사업시행구역을 통합하여 개발 가능하기에 중대형 건설사의 참여와 사업성 및 공공성을 동시에 확보할 수 있습니다.

[4] 리모델링사업과 세금

4-1. 리모델링사업이란?

주택법상 리모델링사업이란, 리모델링주택조합등이 시장·군수·구청장의 리모델링의 허가에 따라 건축물의 노후화 억제 또는 기능 향상 등을 위한 다음 (1) ~(3)의 어느 하나에 해당하는 행위를 하는 사업을 말합니다.

> (1) 대수선(大修繕)
> (2) 증축
> (3) 세대수 증가형 리모델링

4-1-1. 리모델링 시 증축방법은?

사용검사일 또는 사용승인일부터 15년[15년 이상 20년 미만의 연수 중 특별시·광역시·특별자치시·도 또는 특별자치도(이하 "시·도"라 한다)의 조례로 정하는 경우에는 그 연수로 한다]이 지난 공동주택을 각 세대의 주거전용면적의 30퍼센트 이내(세대의 주거전용면적이 85제곱미터 미만인 경우에는 40퍼센트 이내)에서 증축하는 행위를 말합니다. 이 경우 공동주택의 기능 향상 등을 위하여 공용부분에 대하여도 별도로 증축할 수 있습니다.

[증축방법에 따른 리모델링 요건 등]

구 분	내 용	
준공 후 경과 연수	15년 이상 ~20년 미만의 연수 중 시·도 조례로 정하는 연수 → 서울시, 경기도, 인천시 등은 15년 이상부터 가능	
주거전용면적의 증축가능면적	주거전용면적 85㎡ 이상	각 세대의 주거전용면적의 30%이내
	주거전용면적 85㎡ 미만	각 세대의 주거전용면적의 40%이내
공용부분	기능 향상 등을 위한 별도 증축 가능	

[증축방식의 리모델링 종류]

구 분		내 용	비 고
수평증축		수평으로 전용면적 확장	
세대수 증가형 리모델링	수직증축형	기존 15층이상 : 3개층 이내 증축 기존 14층이하 : 2개층 이내 증축	각 세대의 증축 가능면적의 합산면적 범위 이내 증축
	별동증축형	별도의 동을 증축하는 리모델링 (엄격히는 신축의 개념임)	

4-1-2. 세대수 증가형 리모델링이란?

위 "4-1-2"에 따른 각 세대의 증축 가능 면적을 합산한 면적의 범위에서 기존 세대수의 15퍼센트 이내에서 세대수를 증가하는 증축 행위를 "세대수 증가형 리모델링"이라 하며, 수직증축형과 별동증축형으로 구분합니다. 다만, 수직증축형 리모델링은 다음 1) ~ 2)의 요건을 모두 충족하는 경우로 한정합니다.

> 1) 최대 3개층 이하로서 다음 각 호의 구분에 따른 범위에서 증축할 것
>   ① 수직으로 증축하는 행위(이하 "수직증축형 리모델링"이라 한다)의 대상이 되는 기존 건축물의 층수가 15층 이상인 경우: 3개층
>   ② 수직증축형 리모델링의 대상이 되는 기존 건축물의 층수가 14층 이하인 경우: 2개층
> 2) 수직증축형 리모델링의 대상이 되는 기존 건축물의 신축 당시 구조도를 보유하고 있을 것

4-2. 리모델링사업을 진행하는 이유는?

4-2-1. 리모델링사업의 필요성은?

준공 후 15년~20년이 경과하면 유지관리 및 부수비용이 급격히 증가하기 시작하여 시설물의 편익과 효율성이 급격히 감소합니다. 또한 현재 건축법과는 달리 종전

의 건축법에 의해 건축된 리모델링대상 주택의 경우 주차공간협소, 내진설계 미흡, 실주거면적 협소 등 다양한 이유에서 리모델링사업이 필요합니다.

4-2-2. 리모델링사업에 따른 효과는?

리모델링에 따른 효과의 예시는 다음 표와 같습니다.

구 분	리모델링 전 예시	리모델링 후 예시
주거기능 향상	진부한 평면구조(2BAY)	더 넓은 평면구조(3BAY)
	협소한 주거공간(25평형대)	넓은 주거공간(30평형대)
	주차공간 협소(0.5대/세대) → 지상주차장만 있음	주차공간 확대(1.5대/세대) → 지상 및 지하주차장 확보
	지하연결 엘리베이터 없음	지하연결 엘리베이터 설치
	부대시설 협소	다양한 커뮤니티 시설 등 설치
	지상 녹지공간 미흡 (지상주차장으로 사용)	지상 녹지공간 확보 (지상주차장을 지하로 배치)
유지관리비 절감	에너지 효율 하락, 냉난방비 증가	냉난방비 절감(35%이상)
구조안정성 확보	95년이전 신축주택 내진설계 취약	내진설계 강화
자산가치증대	주변단지보다 저평가	신축아파트 수준으로 가치상승

4-2-3. 재건축 VS 리모델링사업은?

도정법상의 재건축정비사업은 30년 이상된 저층아파트단지에서 진행되는 사업으로 주거시설이 노후화 되었을 뿐 기반시설이 양호하고 교육, 교통 등 주거환경이 양호하여 전면철거방식으로 사업의 진행 시 자산가치 상승이 큰 사업입니다. 반면, 안전진단 통과(E등급, 조건부 D등급 이상)의 어려움, 재건축초과이익부담금, 재건축노후도의 최소 연한기준(30년 이상) 등 여러 제약으로 사업추진이 만만치 않은 것도 현실입니다. 반면, 리모델링사업은 용적율 상한 등 건축법상 제약으로 재건축이 불가능하거나 사업성 측면에서 비교우의가 있어 진행하는 사업입니다. 사회적 측면에서는 전면철거방식의 재건축보다는 부분철거를 통한 증축으로 자원을 효율적으로 이용할 수 있는 방안이기도 합니다.

[리모델링사업과 재건축사업의 비교]   (출처: 한국리모델링협회)

리모델링	구분	재건축
주택법	근거	도시 및 주거환경 정비법
건축물 노후화 억제 및 기능 향상	성격	노후불량 구조물 밀집지역 주거환경개선 및 주택공급
수직증축 B등급 이상 수평증축 C등급 이상	안전진단	최소 D등급 이하(D,E)
준공 후 15년 이상	최소 연한	준공 후 30년 이상
대수선 또는 부분철거 후 증축	공사방식	전면 철거 후 신축
기존 전용면적의 30% ~ 40% 이내	증축범위	용적률 범위 내
법적 상한 초과 (건축심의로 결정)	용적률	법정 상한 이하 (3종 일반 주거지역 300%)
건폐율, 용적률, 높이제한, 조경 등	건축기준 완화	없음
기존 구조를 보수·보강하여 현행기준에 맞는 내진설계 기준 적용	구조	현행 기준에 적합하게 설계 및 시공
의무비율 없음	임대주택 신축	의무비율 있음
규정 없음	재건축초과이익부담금	별도 규정 있음
없음	기부채납	도로, 공원, 녹지 등 제공

4-3. 리모델링사업의 절차는?

리모델링사업의 절차와 내용은 다음 표와 같습니다.

주요절차	주요내용
리모델링기본계획 수립·고시	특별시장·광역시장·대도시 시장 10년 단위로 리모델링 기본계획 수립
추진위원회 등 구성	임의 단체
조합설립인가	주택 단지 전체 리모델링 시 구분소유자와 의결권의 각 2/3이상 결의 및 각 동의 구분소유자와 의결권의 각 과반수의 결의 동 리모델링 시 2/3이상 결의
안전진단(1차)	시장 등 안전진단 실시(B·C등급)
권리변동계획수립	− 세대수가 증가되는 리모델링을 하는 경우에는 다음 각 호의 권리변동계획 수립 1. 리모델링 전후의 대지 및 건축물의 권리변동 명세 2. 조합원의 비용분담 3. 사업비 4. 조합원 외의 자에 대한 분양계획 5. 그 밖에 리모델링과 관련된 권리 등에 대하여 해당 시·도 또는 시·군의 조례로 정하는 사항
사업계획승인 (또는 행위허가)	권리변동계획수립 후 시장·군·구청장 등으로부터 승인
분담금확정총회	
이주	
안전진단(2차)	수직증축형 리모델링 허가 후 건축물 구조안정성 상세확인
착공	
준공	환지(구분소유자분), 체비지(일반분양분)
입주 및 청산	

4-4. 리모델링 시 내야할 분담금은?

각 조합원이 내야할 분담금은 도정법상 재건축사업과 유사한 다음의 비례율 방식을 사용합니다. 각 조합원의 종전자산 평가는 통상 2개의 감정평가법인을 선정하여 사업계획승인일(행위허가일)을 기준으로 진행합니다.

[비례율 방식]

분담금 = 조합원(개별)분양가액 − 권리가액

* 권리가액 = 종전자산평가액 × 비례율
* 비례율 = [(총수입 − 총비용) / 종전자산평가액] × 100%

4-5. 리모델링 전·후 내야할 세금은?

4-5-1. 리모델링 진행중인 주택의 취득 시 내야할 취득세는?

리모델링중인 공동주택 매매 시 추가분담금은 건축중인 리모델링에 대하여 매도인이 선지급한 건축비용에 대한 정산으로 보는 것이 타당하므로 매도인과 매수인 간 유상거래 취득세 과세표준에서는 제외하는 것이 타당합니다(부동산세제과-3666, 2020.12.30.).

> **사례**
> o 2021.6.20. 사업계획승인(행위허가)
> o 2023.3.1. 리모델링 착공
> o 2023.10.25. 리모델링 중인 APT 양도
>   − 총 양도가액 : 8억원(기불입 추가부담금 1억원 포함)
> o 매수인의 취득세 과세표준은?
>   : 총양도가액(8억원) − 기불입 추가분담금(1억원) = 7억원
>
> * 기불입 추가부담금은 향후 리모델링 건물 준공 시 건물취득세 과세표준에 반영함 (개수 및 원시취득 분)

4-5-2. 리모델링완료에 따라 내야할 취득세는?

리모델링에 따라 증축된 주택의 조합원은 리모델링전 주택의 개수분(대수선)에 대한 취득세와 증축분(원시취득)에 대한 취득세를 부담하여야 합니다.

구 분	취득세(농특세와 지방교육세 별도)
사 례	o 리모델링전 주택연면적(100㎡) o 리모델링후 주택연면적(130㎡) o 건축공사비/㎡(*) = 1,500,000원 　(*) [총건축공사비 / 총건물연면적]
개수분	건축공사비/㎡ × 리모델링전주택연면적 × 2% = 1,500,000원 × 100㎡ × 2%
증축분	건축공사비/㎡ × 리모델링으로 증가된 주택연면적 × 2.8% = 1,500,000원 × 30㎡ × 2.8%

4-5-3. 리모델링 진행중인 주택의 종합부동산세 과세 배제여부?

도정법상 재건축사업등 정비사업의 경우, 멸실 후에는 더 이상 주택이 아니기에 종합부동산세 과세대상에서 제외됩니다. 반면, 주택법상 리모델링사업의 경우, 벽체등 일부 철거가 이루어지나 지방세법상 주택의 형태는 그대로 유지되기에 종합부동산세 산정 시 주택 수에 포함됩니다. 이에 대한 정책적 배려(주택 수 배제)가 필요합니다.

4-6. 리모델링된 주택의 양도 시 양도세 산정방법은?

4-6-1. 리모델링 주택의 취득시기는?

주택법상 리모델링사업으로 준공된 주택의 취득시기는 당초 리모델링전 주택의 취득시기부터 기산합니다. 리모델링사업으로 주택면적이 증가된 경우(24평형→30평형)에도 증가된 면적(6평) 또한 리모델링전 주택의 취득시점부터 기산합니다(부동산거래관리-268, 2011.3.24.).

4-6-2. 리모델링 주택의 보유기간은?

위 "4-6-1"의 취득시기와 동일합니다. 따라서 리모델링전 주택면적보다 리모델링 후 주택면적이 증가된 경우에도 증가면적 또한 당초 리모델링전 주택의 취득시점부터 보유기간을 기산합니다.

4-6-3. 리모델링주택의 거주기간은?

리모델링전 주택에서의 거주기간과 리모델링으로 준공된 주택의 거주기간을 통산합니다. 따라서 리모델링으로 공사기간 중 이주한 기간은 거주기간에서 제외됩니다. 리모델링전 주택면적보다 증가된 주택면적분도 리모델링전주택의 거주시점부터 거주기간을 판단합니다.

[리모델링으로 주택면적이 증가된 경우의 거주기간]

구 분	주택면적	거주기간	비 고
리모델링 전	24평	포함	
이주 ~ 리모델링 준공 전	24평	불포함	
리모델링 준공 ~ 양도 (준공 후 즉시 입주 가정)	30평	24평 → 포함	리모델링 전 주택의 거주시점부터 기산
		5평 → 포함	

4-6-4. 리모델링으로 주택 위치변동(층, 별도동)이 있는 경우는?

일반적으로 리모델링 전 주택의 1층 부분을 리모델링 이후에 필로티 또는 커뮤니티 시설로 변경하면서 1개 층씩 층별 이동을 합니다.(101호 → 201호, 502호 → 602호 등) 또는 리모델링 후 주택이 리모델링 전 주택보다 조망권, 주택구조에서 다른 세대보다 불리해지는 경우에는 조합 정관으로 별동증축(=신축)한 주택을 분양받는 경우도 발생합니다.(101동 5층 502호 → 104동 15층 1502호) 이렇게 리모델링에 따라 위치변동이 생기는 경우 리모델링 후 주택의 취득시기, 보유기간, 거주기간의 판단을 어떻게 할지 의문이 생길 수 있습니다. 현재 국세청 해석은 없으나 당초 리모델링 전 주택의 취득시기 등과 동일하게 판단하면 문제없을 것으로 판단됩니다(이유는 주택법상 리모델링사업은 도정법상 재건축사업과 동일하게 도시개발법상 환지 규정을 준용하기 때문임).

4-6-5. 리모델링으로 증축한 고가주택에 대한 장기보유특별공제 및 양도소득세율 적용방법은?

1세대 1주택규정에서 고가주택(실지거래가액 12억원 초과)의 경우, 장기보유특별공제는 최대 80%까지 적용받을 수 있습니다. 이 경우 리모델링에 따라 증가된 주택면적에 대한 장기보유특별공제 및 세율적용 시 보유기간 및 거주기간의 판단은 리모델링전주택과 리모델링후주택의 기간을 통산합니다(기획재정부 재산세제과-429, 2023.03.10.).

4-6-6. 리모델링에 따라 소요된 비용은 양도세 산정 시 비용으로 인정되나요?

리모델링시 조합에 납부한 분담금과 준공 시 구청등에 납부하는 취득세(농특세와 지방교육세 포함), 준공 시 지급하는 법무사 등기비용(채권할인료 포함)은 양도세 산정 시 자본적지출로보아 필요경비에 산입할 수 있습니다.

2025
재개발 주택세금 길라잡이

2025 재개발 주택세금 길라잡이

제2장

재개발 단계별 주택세금

제2장
재개발 단계별 주택세금

[1] **관리처분계획인가 고시일 전 취득 및 양도**

재개발사업은 기본계획수립 → 정비구역지정 → 조합설립추진위원회 승인 → 조합설립인가 → 사업시행계획인가 → 관리처분계획인가 고시 → 이주 및 철거 → 착공 → 준공 → 이전고시 → 조합청산의 절차를 밟아 사업을 진행합니다. 관리처분계획인가 고시는 양도소득세 규정에서 종전부동산이 조합원입주권으로 전환되는 중요한 기준일이 됩니다. 반면, 취득세 규정에서는 멸실시점을 조합원입주권으로의 전환시점으로 봅니다. 이와 관련한 세법 내용을 살펴보겠습니다.

1-1. 취득세는?

관리처분계획인가고시일 전에 개인이 유상으로 주택을 취득하는 경우, 실제취득가액에 일반적인 취득세율(1%~3%)이 적용됩니다. 물론 1세대 다주택자의 경우 중과세율(8%, 12%)이 적용될 수 있으며, 시가표준액 1억 원 이하의 주택(재개발등 정비구역으로 지정된 경우 또는 빈집정비법에 따른 조합설립인가된 경우에는 제외)은 일반적인 취득세율이 적용됩니다.

참고적으로 법인이 유상으로 취득하는 주택은 원칙적으로 12%의 취득세율이 적용됩니다.(수도권과밀억제권역에서 1억 이하의 주택을 법인이 유상으로 취득하는 경우에도 특별한 사항이 아니라면 12%의 취득세율이 적용됨)

➡ 부동산 매매업을 영위하는 법인이 본점이나 지점 또는 사업장을 수도권과밀억제권 외의 지역에 둔 경우로서 수도권과밀억제권역에서 시가표준액 1억원이하의 주택(재고자산)을 유상으로 취득하는 경우에는 일반적인 취득세율(1%~3%)을 적용받을 수 있습니다.

1-2. 양도소득세는?

관리처분계획인가 고시일 전에 주택을 양도하는 경우에는 부동산(주택)의 양도로 보아 양도소득세를 적용합니다. 따라서 1세대 1주택자의 경우 일정요건(2년 이상 보유, 취득당시 조정대상지역의 경우 보유기간 중 2년이상 거주, 양도 시 1세대 1주택 등)을 충족하는 경우 비과세를 적용받을 수 있습니다. 다만, 1세대 다주택자인 경우 일반적인 양도세율(6%~45%)에 추가적인 세율(2주택자는 20%, 3주택 이상자는 30%의 세율; 2026.5.9.까지는 중과세 유예됨)을 합산하여 무거운 세금을 부과합니다. 특히, 1년 미만 보유 후 양도 시 70%, 2년 미만 보유 후 양도 시 60%의 세율을 적용하기에 주의하셔야 합니다(1세대 다주택자의 경우, 중과세율과 단기세율 비교 과세).

1-3. 재산세 및 종부세는?

관리처분계획인가 고시일 전까지 보유하고 있는 주택은 일반적인 주택의 재산세와 종합부동산세가 부과됩니다. 재산세와 종합부동산세는 매년 6월1일 현재 주택 소유자에게 부과되는 세금이며, 종합부동산세는 1세대 1주택자의 경우 공시가격 12억원까지는 세금이 없으며, 1세대 2주택자 이상의 경우 주택의 공시가격을 합산한 금액 9억원까지는 세금이 없습니다.

[종부세 과세대상 금액]

구 분	개인 소유	법인 또는 법인으로보는 단체 소유
일반적인 경우	공시가격 합산액 9억원초과 시(9억원까지 공제)	가액 관계없이 과세(공제액 없음)
1세대 1주택자	공시가격 합산액 12억원초과 시(12억원까지 공제)	–

6월1일 현재 1세대가 시가 13억원(공시가격 10억원)인 아파트 1채를 소유하고 있는 경우 종합부동산세가 부과되나요?

NO! 1세대가 공시가격이 12억원 이하인 1주택만 보유하고 있기에 종합부동산세는 부과되지 않습니다.

 남편이 주택을 2채소유하고, 아내가 주택 1채를 소유하고 있는 경우, 주택 3채의 공시가격을 합산하여 종합부동산세를 산정하나요?

NO! 각 개인이 소유하고 있는 주택가액만 합산합니다. 따라서 아내 입장에서는 본인이 소유하고 있는 주택가액의 공시가격이 9억원 이하라면 종합부동산세는 부과되지 않습니다.

1-4. 증여세 및 상속세는?

관리처분계획인가 고시일 전에 자식 등에게 증여하거나 사망에 따른 상속이 되는 경우, 해당 물건은 부동산(주택)으로 보아 증여일 또는 사망일 현재 주택에 대한 상속증여세법상 평가액을 기준으로 세금을 부과합니다.

[상속증여세법상 평가액]

구 분	증 여	상 속
시가	증여일 전 6개월 ~ 증여일 후 3개월의 기간 중 매매가액, 감정가액, 수용가액 등	사망일 전 6개월 ~ 사망일 후 6개월 의 기간 중 매매가액, 감정가액, 수용가액 등
기준 시가	증여일 현재 개별주택가격, 공동주택가격 등	사망일 현재 개별주택가격, 공동주택가격 등

➲ 아파트의 경우, 유사 매매사례가액이 많기에 기준시가로 신고 시 세금 추징이 많으니 주의 하셔야 합니다.

[2] 관리처분계획인가 고시일 ~ 멸실 전 취득 및 양도

2-1. 취득세는?

관리처분계획인가 고시가 되었으나 아직 주택건물을 멸실 하지 않은 경우, 취득세 측면에서는 조합원입주권의 취득이 아닌 주택의 취득에 해당됩니다. 따라서 1세대 다주택자의 경우 주택의 유상 취득 시 취득세가 중과세(8%, 12%)될 수 있기에 주의를 요합니다.

2-2. 양도소득세는?

관리처분계획인가 고시일 이후에는 부동산(주택)이 아닌 조합원입주권으로 보기에 1세대 다주택자인 경우에도 해당 조합원입주권을 먼저 양도 시 중과세율이 적용되지 않습니다. 다만, 취득 후 2년미만 보유 후 양도하는 경우에는 높은 단기세율(1년 미만 보유 시 70%, 2년 미만 보유 시 60%)이 적용되기에 주의하셔야 합니다.

▶ 절세 전략: 1세대 다주택자로서 보유기간이 2년이상된 경우, 관리처분계획인가 고시 이전에 주택으로 양도하는 것보다는 관리처분계획인가 고시 후 조합원입주권으로 양도하는 것이 양도세를 적게 내는 방법입니다.

2-3. 재산세 및 종부세는?

주택건물 멸실 전이기에 주택으로 보아 재산세 및 종합부동산세(기준시가 9억원·1세대 1주택자는 12억원 초과시, 법인은 가액무관)를 부과합니다.

2-4. 증여세 및 상속세는?

관리처분계획인가 고시 이후 증여하거나 사망에 따라 상속이 된 경우, 세금 부과 대상은 부동산(주택)이 아니라 "조합원입주권"으로 봅니다. 조합원입주권의 경우에도 해당 조합원입주권의 매매가액, 감정가액 등 시가를 평가액으로 하되 시가가 확인되지 않는 경우에는 보충적 평가액으로 증여세나 상속세를 신고합니다.

[조합원입주권의 평가액]

구 분	내 용
시 가	1) 증여 : "6개월 ~ 증여일 ~3개월"의 기간 중 매매가액, 감정가액, 수용가액 등 2) 상속 : "6개월~ 사망일 ~6개월"의 기간 중 매매가액, 감정가액, 수용가액 등
조합원입주권의 보충적 평가액	= 종전부동산의권리가액 + 청산금 납부액 + 프리미엄

◉ 조합원입주권의 보충적 평가액은 객관적인 프리미엄 가액을 알아야 산정할 수 있습니다. 객관적인 프리미엄 가액은 (유사)매매사례가액, 감정가액 등을 통해 확인할 수 있기에 납세자가 실무적으로 적용하기에는 한계가 있습니다. 결국, 시가인 (유사)매매가액을 확보하거나 감정평가를 받아 신고하는 것이 가장 합리적입니다.

[조합원입주권의 보충적 평가액 산출 예시]

구 분	내 용
사례1	1) 사실 관계 - 종전부동산 평가액(권리가액) : 3억원 - 분양받고자 하는 아파트 분양가액 : 4억원 - 추가 분담금 불입 예정액 : 1억원 - 증여일 현재까지 조합에 불입한 분담금 : 0.1억원 - 증여일 현재 형성된 프리미엄 : 2억원 2) 보충적 평가액 = 권리가액(3억원) + 납부한 분담금(0.1억원) + 프리미엄(2억원) = 5.1억원

사례2	1) 사실 관계
	  - 종전부동산 평가액(권리가액) : 5억원
	  - 분양받고자 하는 아파트 분양가액 : 4억원
	  - 조합에서 향후 받을 청산금 : 1억원
	  - 증여일 현재까지 조합에 불입한 분담금 : 0원
	  - 증여일 현재 형성된 프리미엄 : 2억원
	
	2) 보충적 평가액
	  = 조합원입주권 권리가액(5억원-1억원) + 납부한 분담금(0원)
	    + 프리미엄(2억원)
	  = 6억원
	
	◉ 조합원입주권을 증여하는 경우, 통상 원조합원(증여자)이 조합으로 부터 받을 청산금수령권(1억원)도 증여받는자에게 이전합니다. 조합원입주권과 청산금수령권이 사실상 수증자에게 이전된 경우, 저자의 견해는 아래 (가) 및 (나)와 같이 신고하는 것이 타당할 것으로 판단됩니다.
	(가) 조합원입주권 및 청산금수령권(종전부동산의 지분양도분)에 대한 증여세 신고 진행(수증자)
	(나) 조합으로부터 청산금 수령 시 수증자가 종전부동산의 지분양도분 양도세 신고 진행
	
	※ 해석 및 판례는 좀더 지켜볼 필요가 있으나, 청산금수령권 가액을 포함하여 조합원입주권만을 증여받은 것으로 본다면, 향후 조합으로부터 수증자가 청산금의 수령시 양도물건이 무엇인지 논란이 발생할 수 있습니다. 즉, 준공된 주택의 지분양도인지, 조합원입주권의 지분양도인지 논란이 발생합니다. 결국, 위 (가) 및 (나)에 따라 판단하는 것이 타당할 것으로 판단됩니다.

◉ 관리처분시 84B형의 조합원입주권을 배정받았으나 아직 동호수 추첨을 하지 않은 경우, 시가 확인 방법: 실무적으로는 매매사례가액을 확인하기가 대단히 어렵습니다. 배우자에게 증여한 경우에는 10년간 증여가액 6억원까지, 상속의 경우 배우자와 자녀가 있는 경우에는 10억원까지 상속세가 없으니 감정평가를 받아 신고하는 것이 유리합니다.

[3] 멸실 후 ~ 준공(사용승인 등) 전

3-1. 취득세는?

주택건물이 멸실된 이후 취득하는 경우에는 주택의 취득이 아닌 토지(대지)의 취득에 해당됩니다. 일반 토지의 취득이기에 1세대 다주택자의 경우에도 4%(농특세등 포함 4.6%)의 취득세율이 적용됩니다.

시점별 주택 유상 취득세율은?

구 분	멸실전 취득			멸실 후 취득 (토지; 대지)
	1주택 2주택(비조정)	2주택(조정) 3주택(비조정)	3주택(조정) 4주택(비조정)	
취득세율	1%~3%	8%	12%	4%

1세대 다주택자의 경우 취득세 측면에서 조합원입주권 취득시점으로 유리한 시기는?

조정대상지역 소재 주택을 유상 취득하는 경우 2주택(3주택)부터, 비조정대상지역 소재 주택을 유상 취득하는 경우 3주택(4주택)부터 8%(12%)의 취득세가 부과됩니다. 반면, 주택건물 멸실 후 취득하는 경우에는 일반 토지의 취득으로 보기에 4%의 취득세가 부과됩니다. 결국, 취득세 측면만 보면, 다주택자의 경우에는 주택건물 멸실 후 조합원입주권을 취득하는 것이 유리합니다. 반면, 무주택자 또는 1세대 1주택자의 경우에는 주택건물 멸실 전에 취득하는 것이 유리합니다.

조합원입주권을 유상 승계취득한 경우 취득세는?

구 분	내 용
취득가액	종전부동산의 권리가액(5억원) + 프리미엄(6억원) + 분담금 납부액(2억)
취득세는?	(5억원 + 6억원) × 4.6%(농특세, 지방교육세 포함) ➡ 지방세법상 토지의 취득에 해당되어 토지 취득세율이 적용됨
분담금은?	분담금 기 납부액 2억원은 토지의 취득세 과세표준에서는 제외됨. 향후 건물 준공 시 건물의 취득세 과세표준에 포함됨

3-2. 양도소득세는?

양도소득세 측면에서는 관리처분계획인가일 이후에는 부동산의 양도가 아닌 입주권의 양도로 보기에 멸실 전·후의 차이는 없습니다. 다만, 아래와 같이 조합원입주권 비과세 판단 시 예외 규정이 있으니 숙지하시기 바랍니다.

조합원입주권 비과세 판정 시 보유 및 거주기간 판정 시기의 예외는?

원조합원 1세대가 관리처분계획인가 고시일 현재 종전주택을 2년 이상 보유(취득당시 조정대상지역의 경우 2년 이상 거주요건 추가)하고 조합원입주권 양도 당시 다른 주택(새로운 주택 취득 후 3년 이내의 일시적 2주택은 제외)이 없는 경우 조합원입주권을 12억원까지 비과세해주는 제도가 있습니다. 다만, 관리처분계획인가 고시일 이후에도 해당 주택을 사실상 주거용으로 사용한 경우에는 해당 시점까지 보유 및 거주기간을 연장해 주는 예외가 있으니 실무상 이용해 보시기 바랍니다.

입주권 매매 시 양도가액은?

부동산중개사무소에서 작성한 매매계약서를 보면 실제 양도가액이 얼마인지를 구분하기 어려운 경우가 많습니다. 매매계약서상 해당 입주권의 실제 양도가액은 다음 산식으로 계산하시면 됩니다.

구 분	입주권 양도가액
조합원분양가 〉 권리가액	"권리가액 + 프리미엄 + 현재까지 분담금(청산금) 납부액"
권리가액 〉 조합원분양가	"조합원분양가 + 프리미엄" = "(권리가액 - 교부청산금) + 프리미엄"

3-3. 재산세 및 종합부동산세는?

정비사업조합에서 종전부동산을 멸실하여 주택건설사업에 제공되는 토지는 재산세가 낮은 세율(분리과세대상)로 부과되며, 종합부동산세도 부과되지 않습니다. 조합 실무상, 구역 내의 모든 건물이 멸실된 이후 구청등에 멸실신고를 일괄적으로 진행하기에 실제는 멸실 완료되었으나 공부상만 멸실신고가 되지 않은 경우 선의의 피해자가 발생하는 경우도 있었습니다. 그러나 세법개정 (2022.2.15.)에 따라 멸실목적으로 조합에서 취득한 주택의 경우 취득 후 3년내 주택은 종합부동산세가 과세대상에서 제외됩니다.

> **실제는 주택건물이 멸실되었으나 아직 조합에서 멸실신고를 하지 않아 종합부동산세가 부과된 경우에는 어떻게 해야 할까요?**
>
> 조합원 개인 입장에서 본인 소유의 주택건물이 사실상 멸실되었으나 공부(등기부, 건축물대장)상에서는 아직 살아 있어 종합부동산세가 주택으로 부과되는 사례가 있습니다. 이 경우 조합에 멸실된 현황자료를 요청하여 종합부동산세에 대한 경정청구를 통해 돌려받으실 수 있습니다. 조합에서는 종합부동산세 과세 기준일인 6월1일 전후 구청에 실제 멸실된 현황자료를 제출하여 조합 및 조합원에게 피해가 가지 않도록 사전 협의를 하는 것이 좋습니다.

3-4. 증여세 및 상속세는?

지방세와는 달리 관리처분계획인가고시일 이후에는 과세대상을 주택이 아닌 조합원입주권으로 봅니다. 따라서 증여 또는 상속받은 경우 아래 표에 따라 시가가 확인되는 경우에는 해당 금액을 평가액으로 증여세 또는 상속세를 신고하여야 하며 시가가 확인되지 않는 경우에는 보충적 평가액으로 증여세 또는 상속세를 신고하여야 합니다.

구 분	내 용
시 가	1) 증여 : "6개월 ~ 증여일 ~3개월"의 기간 중 매매가액, 감정가액, 수용가액 등 2) 상속 : "6개월~ 사망일~ 6개월"의 기간 중 매매가액, 감정가액, 수용가액 등
조합원입주권의 보충적 평가액	= 종전부동산의 권리가액 + 청산금 납부액 + 프리미엄

[4] 준공일 이후 ~ 이전고시일

4-1. 취득세는?

조합원입장에서는 준공시점(사용승인일 등)에 부동산을 원시 취득(신축)한 것으로 봅니다. 다만, 이전고시를 하지 않은 상태이기에 조합원명의로 소유권보존등기는 등기법상 할 수 없는 상태입니다. 조합원이 재개발등에 따른 주택의 원시 취득 시 취득세는 아래 표(*)와 같습니다. 표에서 원조합원은 지방세법상 원조합원으로 "정비구역 지정일 현재 부동산 소유자"를 말합니다.(참고적으로 양도소득세에서의 원조합원이란 관리처분계획서에 토지등소유자의 분양대상자로 등재된 조합원을 말함)

(*) 출처 : [2021 재개발·재건축 도시개발 세무실무, 더존테크윌(김영인 외 2인 공저)]

재개발사업 원조합원의 취득세 감면 (2022.12.31. 이전 관리처분 분)

구 분			감 면	
			2019.12.31. 이전	2020.1.1. 이후
대상 사업			재개발사업 中 ① 정비기반시설이 열악하고 노후·불량건축물이 밀집한 지역에서 주거환경개선을 하는 경우 → 구)도시환경정비사업은 대상에서 배제됨	재개발사업 中 ① 정비기반시설이 열악하고 노후·불량건축물이 밀집한 지역에서 주거환경개선을 하는 경우 ② 상업지역·공업지역 등에서 도시기능의 회복 및 상권활성화 등을 위하여 도시환경을 개선하기 위한 사업
관리처분계획에 따라 취득하는 주택 (청산금에 상당하는 부동산 포함)	권리가액 상당액		"100% 감면" (최저한 적용 없음)	"100% 감면" (최저한 적용 없음)
	불입청산금	~ 60㎡ 이하 (전용)	"100% 감면" (2019.1.1. 이후 85% 감면 한도 적용)	- 1가구 1주택 - 일시적 2주택자 (1가구 다주택인 경우에는 감면 없음)	75% 감면
		60㎡초과 ~ 85㎡이하			50% 감면
		85㎡초과	감면 없음	감면 없음	

시행 시기 및 대상	2019.12.31. 이전에 사업시행계획인가를 받은 사업에 적용	2020.1.1. 이후 사업시행계획 인가를 받는 사업부터 적용
	지방세특례제한법부칙[법률 제16865호] 제5조 (2020.1.15.)	

☞ 2023.1.1. 이후 관리처분계획인가를 받은 구역 내 조합원은 취득세 산정 시 과세표준이 "청산금"이 아닌 "세대당실제공사비"로 변경되었습니다.

[조합원 등의 취득세 과세표준 등]

구 분			과세대상	취득원인 (세율)	취득시기	과세표준
재개발 사업 (입체환지)	조합원		건축물 신축	원시취득 (2.8%)	신축 준공일 등	전체 공사비 등 신축비용을 조합원 취득 면적별로 안분 (2023.1.1. 이후 관리처분시)
			당초 토지 초과분(건축물 부속토지)	유상승계 취득 (4%)	잔금 지급일	o 23.3.13. 이전 관리처분 분 : 증가면적 × min(공시지가, 분양가액)/㎡ o 23.3.14. 이후 관리처분 분 : 증가면적 × 분양가액/㎡
	조합	체비지·보류지	건축물 신축	원시취득 (2.8%)	신축 준공일 등	전체 공사비 등 신축비용을 해당 면적 비율로 안분 (2023.1.1. 이후 관리처분시)
			건축물 부속토지	무상승계 취득 (3.5%)	이전고시일의 다음 날	o 23.3.13. 이전 관리처분 분 : 무상취득면적 × min(공시지가, 분양가액)/㎡ o 23.3.14. 이후 관리처분 분 : 무상취득면적 × 분양가액/㎡

참고 재개발사업 참여자의 취득세 부담률

납세의무자	주택 건물 면적	과세표준 및 세율	비 고
승계조합원	면적에 관계없음	청산금의 2.8% (22.12.31.이전 관리처분 분) 세대당공사비의 2.8%(23.1.1. 이후 관리처분 분)	〈부수토지 면적이 증가된 경우 증가된 토지 취득세과표〉 o 23.3.13. 이전 관리처분 분 : 증가면적 × min(공시지가, 분양가액)/㎡ o 23.3.14. 이후 관리처분 분 : 증가면적 × 분양가액/㎡
일반분양자	40㎡ 초과	분양가의 1%~3%(원칙)	다주택자는 중과세
	40㎡ 이하	㉠ 100% 감면 ㉡ 분양가의 1%~3%	1세대 1주택, 1억원 미만 ㉠외, 다주택자는 중과세

💡 지방세법에서의 승계조합원이란, 정비구역지정일 이후 원조합원으로부터 조합원자격을 승계취득한 자를 말합니다.

참고 재건축사업 참여자의 취득세 부담률

납세의무자	주택 건물 면적	과세표준 및 세율	비 고
원 조합원	면적에 관계없음	건물 : 세대당 공사비의 2.8%	cf : 재개발
		토지 : 증가분의 2.8%	cf : 재개발
승계조합원	면적에 관계없음	세대당 공사비 2.8%	cf : 재개발
일반분양자	40㎡ 초과	분양가의 1% ~ 3% (다주택자는 8%, 12%)	최초로 취득하는 분부터 적용
	40㎡ 이하	100% 감면	1세대 1주택, 1억원 미만

4-2. 양도소득세는?

조합원은 준공시점에 조합원입주권이 부동산(주택)으로 변환된 것으로 봅니다. 따라서 준공 후 양도하는 것은 조합원입주권의 양도가 아닌 주택의 양도로 보아야 합니다.

⊃ 다주택자의 경우 준공(사용승인) 후 조정대상지역 내 주택을 양도하는 경우에는 2주택은 일반세율(6%~45%)에 20%의 추가세율이 부과되며, 3주택자의 경우에는 일반세율(6%~45%)에 30%의 추가세율이 부과됩니다. 또한 다주택자의 경우 장기보유특별공제가 배제됩니다(다주택 중과세 규정은 2026.5.9.까지 유예됨). 준공전에 입주권상태에서 매각하는 경우에는 일반세율만 부과되기에 세금 측면에서는 입주권상태에서 매각하는 것이 좋습니다.

[5] 이전고시일 이후

이전고시일 이후에는 반드시 조합원의 경우 소유권보존등기를 한 이후에 매매를 하여야 합니다. 등기를 하지 않고 매매를 하는 경우에는 취득세, 양도소득세에서 미등기전매로 보아 불이익(취득세 중과세, 양도세 비과세 배제, 양도세 70% 중과세 등)을 받을 수 있기에 조심하셔야 합니다.

> **예판** 입주 후 소유권이전고시 전에 양도하는 경우 미등기양도자산 해당 여부(서면부동산 2015-1282, 2015.07.31./ 부동산거래관리-1231, 2010.10.07.)
>
> 「소득세법」제104조 제3항에 따른 "미등기양도자산"이란 같은 법 제94조 제1항 제1호 및 제2호에 규정하는 자산을 취득한 자가 그 자산의 취득에 관한 등기를 하지 아니하고 양도하는 것을 말하는 것이나, 법률의 규정 또는 법원의 결정에 따라 양도 당시 그 자산의 취득에 관한 등기가 불가능한 자산의 경우에는 미등기양도 자산으로 보지 아니하는 것입니다.

2025 재개발 주택세금 길라잡이

제3장

취득세 편

제3장
취득세 편

[1] 기본 사항

1-1. 주택 취득 시 내야하는 세금

주택을 취득하는 경우 내야할 세금은 취득세, 농어촌특별세(전용 국민주택규모 이하는 면제), 지방교육세가 있습니다.

[주택 취득 시 내야할 세금 및 세율]

구 분		취득세	농특세		지방교육세	합계(국민초과)
			국민이하	국민초과		
무상취득	상속	2.8%	–	0.2%	0.16	2.96%(3.16%)
	증여(*)	3.5%	–	0.2%	0.30	3.80%(4.00%)
일반유상취득 (**)		1%~3%	–	0.2%	0.1%~0.3%	1.1% ~ 3.3% (1.3%~3.5%)

> **(*) 조정대상지역 내에 있는 주택을 증여로 무상취득시 취득세가 많다고 하던데요?**
>
> 조정대상지역 내에 있는 주택으로서 취득당시 기준시가(지방세법상 시가표준액) 3억원 이상의 주택을 증여를 원인으로 무상취득하는 주택의 경우에는 12%의 취득세를 부과합니다. 다만, 1세대 1주택자가 소유한 주택을 배우자 또는 직계존속이 무상취득하는 경우에는 일반적인 증여를 원인으로 인한 취득세(3.5%)를 부과합니다.

(**) 1세대 다주택자의 경우 세금이 많다고 하던데요?

개인이 주택을 유상으로 취득하는 경우로서 조정대상지역의 주택을 취득하여 1세대 2주택(3주택)에 해당되는 경우 취득세율은 8%(12%)의 세율이 적용됩니다. 비조정대상지역의 주택을 유상으로 취득하여 1세대 3주택(또는 4주택)이 되는 경우 취득세율은 8%(12%)의 세율이 적용됩니다. 예외적으로 취득당시 기준시가 1억원(수도권 외의 지역 소재 주택은 2억원) 이하의 주택 등은 일반세율이 적용되며 이에 대한 구체적 내용은 이하의 취득세편에서 자세히 살펴보겠습니다. 1세대 다주택자 특히 조정대상지역에서 다주택을 보유하고 있는 경우 종합부동산세가 최대 5%까지 부과되기에 절세 전략이 필요합니다.

(**) 법인이 주택을 유상으로 취득하면 세금이 많다고 하던데요?

법인이 유상 취득하는 시가표준액 1억원(수도권 외의 지역 소재 주택은 2억원) 이하의 주택은 일반적인 취득세율(1%)이 부과되는 것이 원칙입니다. 다만, 해당 법인이 대도시 내에서 설립한지 5년 이내이고 해당 주택이 대도시 중과대상에 해당되는 경우에는 12%의 세율이 적용됩니다(둘 이상의 세율이 적용되는 경우 높은 세율 적용). 중과대상 주택이란, 법인을 설립하거나 지점 또는 분사무소를 설치하는 경우 및 법인의 본점, 주사무소, 지점 또는 분사무소를 대도시로 전입하는 경우, 사업소 또는 사업장(법인세법·부가가치세법 또는 소득세법상 사업장으로서 인적 및 물적 설비를 갖추고 계속하여 사무 또는 사업이 행하여지는 장소)의 설치 또는 전입하는 경우 5년 이내 취득하는 주택을 말합니다. 대도시 밖에서 법인설립 후 대도시 내에서 시가표준액 1억원(수도권 외의 지역 소재 주택은 2억원) 이하의 주택을 유상으로 취득 시 중과세 될 수 있으니 주의하시기 바랍니다.

법인의 주택 유상 취득	주택 규모 (전용면적)	취득세	농특세	지방교육세	합계
	국민주택 이하	12%	-	0.4%	12.4%
	국민주택 초과	12%	1%	0.4%	13.4%

 대도시(수도권과밀억제권역, 단, 산업단지 제외) 내에서 설립한지 5년이 지나지 않은 법인이 기준시가 1억원 이하의 주택을 유상으로 취득하는 경우에도 취득세가 중과 배제되는 지요?

법인이 유상 취득하는 시가표준액 1억원 이하의 주택은 일반적인 취득세율(1%)이 부과되는 것이 원칙입니다. 다만, 해당 법인이 대도시 내에서 설립한지 5년 이내이고 해당 주택이 대도시 중과대상에 해당되는 경우에는 12%의 세율이 적용됩니다(둘 이상의 세율이 적용되는 경우 높은 세율 적용). 중과대상 주택이란, 법인을 설립하거나 지점 또는 분사무소를 설치하는 경우 및 법인의 본점, 주사무소, 지점 또는 분사무소를 대도시로 전입하는 경우, 사업소 또는 사업장(법인세법·부가가치세법 또는 소득세법상 사업장으로서 인적 및 물적 설비를 갖추고 계속하여 사무 또는 사업이 행하여지는 장소)의 설치 또는 전입 하는 경우 5년 이내 취득하는 주택을 말합니다. 대도시 밖에서 법인설립 후 대도시 내에서 시가표준액 1억원 이하의 주택을 유상으로 취득 시 중과세 될 수 있으니 주의하시기 바랍니다.

1-1-1. 주택 취득세는 누가 내야 하나요?

취득세는 주택을 취득한 자에게 부과합니다. 주택을 상속받은 자, 증여에 의해 주택을 취득한 자, 매매 등을 통해 유상으로 주택을 취득한 자에게 취득세(농어촌특별세 및 지방교육세 포함)가 부과되며 개인, 법인 모두에게 세금이 부과됩니다.

1-1-2. 얼마를 기준으로 취득세를 내야하나요?

매매 등 원인으로 유상취득한 경우, 실제거래가액을 기준으로 취득세를 부과합니다. 무상(상속, 증여)으로 주택을 취득한 경우에는 무상 취득일(돌아가신 날 또는 증여계약일) 현재의 시가표준액(공동주택가격, 개별주택가격 등) 또는 시가인정액(상속은 제외)을 기준으로 취득세를 부과합니다.

[무상 취득 시 과세표준]

구 분	과세표준	비 고
원칙	시가인정액	1) 해당 물건의 매매사례가액, 감정가액, 공매가액, 경매가액 ① 취득일 전 6개월, 후 3개월 이내 ② 위 ①이 없는 경우 : 취득일 전 2년 ~ 취득세 신고납부기한 후 6개월 2) 유사부동산 매매 등 가액 ① 취득일 전 1년 ~취득세 신고납부기한 ② 위 ①이 없는 경우 : 취득일 전 2년~취득세 신고납부기한
예외	1) 상속 : 시가표준액 2) 시가표준액 1억이하의 부동산 등(상속은 제외) : 시가표준액과, 시가인정액 중 납세자가 정하는 가액 3) 위1) 및 2)외의 경우: 시가인정액으로 하되 확인이 어려운 경우에는 시가표준액	시가표준액은 공동주택가격, 개별주택가격, 행안부장관이 산정고시하는 건물신축가격기준액에 구조지수등을 반영하여 산출한 가액을 말함

 아파트를 실가 5억원에 매매를 원인으로 취득한 경우 취득세는 얼마인가요?

취득가액의 1%가 부과되기에 500만원(농특세 및 지방교육세는 별도)의 취득세가 나옵니다.

 부모님 중 한 분이 돌아가셔 시세 5억원인 아파트를 상속받은 경우 취득세는 얼마나 내나요?

시가가 5억원이라 하더라도 해당 아파트의 시가표준액(공동주택가격 등)이 3억원인 경우에는 3억원의 상속취득세율(2.8%)을 적용한 840만원(농특세 및 지방교육세는 별도)의 취득세가 나옵니다. 세무서에 해당 주택의 상속가액을 5억원에 신고하더라도 취득세는 시가표준액인 3억원을 기준으로 계산합니다(증여 취득의 경우에는 시가 5억원을 과세표준으로 함).

1-1-3. 언제까지 취득세를 내야하나요?

취득세 과세물건을 취득한 자는 그 취득한 날부터 60일 이내(증여 취득 또는 부담부증여 취득분은 취득일이 속하는 달의 말일부터 3개월 이내)에 취득세를 신고하고 납부하여야 합니다. 다만, 상속으로 인한 경우는 돌아가신 날이 속하는 달의 말일부터, 실종으로 인한 경우는 실종선고일이 속하는 달의 말일부터 각각 6개월(외국에 주소를 둔 상속인이 있는 경우에는 각각 9개월)내에 취득세를 신고 및 납부하여야 합니다. 해당 기한을 지나서 신고 및 납부하는 경우에는 가산세가 있으니 주의하세요.

1-1-4. 시·군·구에 실가신고는 언제까지 해야 하나요?

주택 등의 매매계약 거래당사자는 다음 중 어느 하나에 해당하는 계약을 체결한 경우 그 실제 거래가격 등을 거래계약의 체결일부터 30일 이내에 그 권리의 대상인 부동산등(권리에 관한 계약의 경우에는 그 권리의 대상인 부동산을 말한다)의 소재지를 관할하는 시장(구가 설치되지 아니한 시의 시장 및 특별자치시장과 특별자치도 행정시의 시장을 말한다)·군수 또는 구청장(이하 "신고관청"이라 한다)에게 신고하여야 합니다.

1. 부동산의 매매계약
2. 「택지개발촉진법」, 「주택법」 등 대통령령으로 정하는 법률에 따른 부동산에 대한 공급계약
3. 다음 각 목의 어느 하나에 해당하는 지위의 매매계약
   가. 제2호에 따른 계약을 통하여 부동산을 공급받는 자로 선정된 지위
   나. 「도시 및 주거환경정비법」에 따른 관리처분계획의 인가 및 「빈집 및 소규모주택 정비에 관한 특례법」에 따른 사업시행계획인가로 취득한 입주자로 선정된 지위

다만, 개업공인중개사가 거래계약서를 작성·교부한 경우에는 해당 개업공인중개사가 신고를 하여야 합니다.

1-2. 1세대의 범위

주택을 유상으로 취득하는 경우 1세대가 보유하고 있는 주택 또는 조합원입주권·주택분양권·주거용오피스텔의 수에 따라 취득세율이 달라집니다. 따라서 1세대를 구성하는 세대원들의 범위를 명확히 할 필요가 있습니다.

[1세대의 동일세대원 범위 : 세대별 주민등록표등에 함께 기재되어 있는 다음의 자]

> 주택을 취득하는 사람 + 배우자 + 30세미만의 자녀 + 부모(주택 취득자가 30세 미만의 자녀인 경우로 한정)

1-2-1. 1세대란?

1세대란 주택을 취득하는 사람과 세대별 주민등록표 또는 등록외국인기록표등에 함께 기재되어 있는 가족으로 구성된 세대를 말하며 동거인은 제외합니다. 가족의 범위는 아래 표의 내용으로 정리하시면 됩니다. 참고적으로 양도소득세에서 주택의 양도 시 1세대1주택 비과세 판단 또는 다주택 중과세 판단 시 1세대에 해당되는 가족의 범위와 동일합니다.

[가족이란?(민법 제779조)]

> ① 다음의 자는 가족으로 한다.
>   1. 배우자, 직계혈족(자기의 직계존속과 직계비속) 및 형제자매
>   ⇨ 직계존속 : 부모·조부모와 같이 본인을 출산하도록 한 친족을 말함
>   ⇨ 직계비속 : 자·손과 같이 본인으로부터 출산된 친족을 말함
>   2. 직계혈족의 배우자, 배우자의 직계혈족 및 배우자의 형제자매
>   ⇨ 친부모의 재혼등을 통한 배우자, 장인·장모, 시부모, 며느리, 사위, 처남·처제 등 배우자의 형제자매를 말함
>   ⇨ 형제자매의 배우자는 가족에 해당되지 않음
> ② 제1항제2호의 경우에는 생계를 같이 하는 경우에 한한다.

[동거인이란?]

> 가족에 속하지 아니하는 사람으로 세대별 주민등록표의 동거인란에 기재된 자를 말함

1-2-2. 주민등록표에 함께 기재되어 있지 않은 경우에도 동일한 세대원으로 보는 경우

다음의 가족들은 주택을 취득하는 사람과 같은 세대별 주민등록표 또는 등록외국인기록표등에 기재되어 있지 않더라도 1세대에 속한 것으로 봅니다.

> ① 주택을 취득하는 사람의 배우자
>   - 사실혼은 제외
>   - 법률상 이혼을 했으나 생계를 같이 하는 등 사실상 이혼한 것으로 보기 어려운 관계에 있는 사람을 포함
> ② 취득일 현재 미혼인 30세 미만의 자녀(단, 일정소득이 있거나 혼인한 경우는 제외)
> ③ 부모(주택을 취득하는 사람이 미혼이고 30세 미만인 경우로 한정한다)

- 주택 취득자의 배우자의 (생계를 같이하는) 부모님은 동일한 세대원으로 볼까요? YES!
- 법률상 배우자이나 별거중인 배우자는 동일한 세대원으로 볼까요? YES!
- 주택 취득자의 (생계를 같이하는) 형제자매는 동일한 세대원으로 볼까요? YES!

1-2-3. 따로 살고 있는 일정소득이 있는 30세 미만의 자녀

부모와 같은 세대별 주민등록표에 기재되어 있지 않은 30세 미만의 자녀로서 주택 취득일이 속하는 달의 직전 12개월 동안 발생한 소득으로서 행정안전부장관이 정하는 소득(*)이 「국민기초생활 보장법」에 따른 기준 중위소득을 12개월로 환산한 금액의 100분의 40 이상이고, 소유하고 있는 주택을 관리·유지하면서 독립된 생계를 유지할 수 있는 경우에는 별도세대로 봅니다. 다만, 미성년자인 경우는 제외합니다.

- (*) 행정안전부장관이 정하는 소득(소득세법 제4조)은 종합소득(이자소득·배당소득·사업소득·근로소득·연금소득·기타소득), 퇴직소득, 양도소득을 합한 금액을 말합니다.

전년도 소득이 있는 자는 소득금액증명원, 당해소득만 있는 자는 원천징수지급명세서, 사업자등록증, 재직증명서 등으로 확인하고 사후관리를 합니다.

[2025년 중위소득(보건복지부)]　　　　　　　　　　[단위: 원]

구분	1인 가구	2인 가구	3인 가구	4인 가구	5인 가구	6인 가구
중위소득(월)	2,392,013	3,932,658	5,025,353	6,097,773	7,108,192	8,064,805

1-2-4. 부모님을 모시기 위해 합가한 경우

자녀(*)가 주택 취득일 현재 65세 이상의 직계존속(배우자의 직계존속을 포함하며, 직계존속 중 어느 한 사람이 65세 미만인 경우를 포함한다)를 동거봉양(同居奉養)하기 위하여 합가(合家)한 경우에는 자녀 및 부모등 직계존속과 각각 별도세대원으로 보아 보유 주택 수를 산정합니다.

구 분	내 용
직계존속연세	주택 취득일 현재 한분이 65세 이상일 것
합가 목적	동거봉양 목적
자녀(*)	다음 중 어느 하나에 해당되는 자녀 ㉠ 30세이상인 자녀 ㉡ 혼인한 자녀 ㉢ 일정소득이 있는 성년인 　(중위소득을 12개월로 환산한 금액의 40% 이상의 소득이 있는 경우로 한정)

1-2-5. 출국 후 다른 가족의 주소로 거주지를 신고한 경우

취학 또는 근무상의 형편 등으로 세대전원이 90일 이상 출국하는 경우로서 해당 세대가 출국 후에 속할 거주지를 다른 가족의 주소로 신고한 경우에는 동일한 세대원으로 보지 않습니다.

1-2-6. 주택 취득한 날부터 60일 이내 세대 분리 위한 주소지 이전

별도의 세대를 구성할 수 있는 사람이 주택을 취득한 날부터 60일 이내에 세대를 분리하기 위하여 그 취득한 주택으로 주소지를 이전하는 경우에는 주택 취득당시부터 별도세대로 보아 주택 수를 산정합니다(2022.1.1. 이후 취득분부터 적용).

[부모(A주택 소유) + 30세이상 자녀]인 1세대가 B주택(조정대상지역내)을 자녀 명의로 취득한 경우 B주택의 취득세 중과세를 면할 수 있는 방법은?

➡ 다음 요건을 모두 충족하여야 합니다.
  ㉠ 자녀는 별도 세대를 구성할 수 있는 사람이어야 한다.
  ㉡ B주택으로 취득한 날부터 60일 이내에 주소지를 이전하여야 한다.
  ㉢ B주택을 취득한 날부터 60일 이내에 세대를 분리하여야 한다.
  (법에서는 60일 이내 세대 분리 목적이 있어야 하는 것으로 되어 있으나 실무적으로는 60일 이내에 세대분리를 완료해야 할 것으로 판단됩니다.)

1-2-7. [주택을 취득한 본인 + 주민등록표상 따로 기재된 배우자]

주택을 취득한 자의 배우자는 세대별 주민등록표에 따로 기재되어 있는 경우에도 동일한 세대로 봅니다. 따라서 부부가 주민등록표상 별도세대로 분리되어 있고 실질상 별거중인 경우라도 법률상 이혼한 상태가 아니라면 동일한 세대로 봅니다.

1-2-8. [주택을 취득한 본인 + 법률상 이혼한 배우자]

주택을 취득한 자와 법률상 이혼한 전(前) 배우자는 원칙적으로 동일한 세대에 해당되지 않습니다. 다만, 형식상 이혼하고 사실상 생계를 함께하는 경우에는 동일한 세대로 봅니다.

➡ 남편이 1주택, 그 배우자가 1주택을 소유하던 중 하나의 주택을 양도하기 전에 법률상 형식적으로 이혼을 한 후 1주택을 양도하는 경우 1세대 1주택 비과세를 적용받을 수 있습니다. 그러나 국세청 조사국에서는 이러한 사례에 대하여 남편 또는 배우자의 주소지를 탐문하여 사실상 함께 거주하고

있는 것이 확인되면 1세대 1주택 비과세를 배제하고 가산세를 포함하여 세금을 추징하는 사례가 많습니다. 취득세도 동일한 선상에서 이해하셔야 합니다.

1-2-9. [주택을 취득한 본인 + 사실혼인 배우자]

주택을 취득한 자와 법률상의 배우자는 아니나 주민등록표상 동거인으로 기재되어 있는 사실혼 관계에 있는 배우자는 동일한 세대로 볼 수 없습니다.

1-2-10. [주택을 취득한 본인 + 30세 미만인 자녀(주민등록표상 별도세대 구성)]

주택을 취득한 자와 주민등록표상 따로 기재되어 있는 30세 미만의 자녀는 동일한 세대로 봅니다. 다만, 다음의 경우에는 30세 미만인 자녀라도 별도세대로 봅니다.

㉠ 혼인한 경우(이혼한 경우 포함)
㉡ 일정소득이 있는 다음 요건을 모두 충족한 성년인 자녀
　- 국민기초생활보장법에 따른 기준 중위소득의 40% 이상이고
　- 주택을 관리·유지하면서 독립된 생계를 유지할 수 있는 경우

1-2-11. [주택을 취득한 본인 + 자녀(주민등록표상 함께 기재 됨)]

주택을 취득한 자와 주민등록표에 함께 기재되어 있는 자녀는 동일한 세대로 봅니다. 따라서 30세 이상인 자녀이든 30세 미만의 자녀이든 모두 동일한 세대원으로 봅니다.(동거봉양 합가인 경우는 제외)

▶ 주택을 취득하기 전에 30세이상인 자녀, 30세미만인 자녀로서 직장생활을 하고 있는 자녀, 30세미만으로 혼인한 자녀의 경우 주민등록표상 세대를 분리하는 경우 취득세 중과세를 면할 수 있습니다.

1-2-12. [주택을 취득한 본인(미혼인 30세 미만, 소득없음) + 부모(주민등록표상 따로 기재)]

주택을 취득한 본인이 결혼을 하지 않은 30세 미만인 경우에는 주민등록표상 따로 기재되어 있는 부모님의 경우 동일한 세대원으로 봅니다.

1-2-13. [주택을 취득한 본인 + 장인·장모님·처남·처제(주민등록표상 함께 기재됨)]

주택을 취득한 본인과 주민등록표상 함께 기재되어 있는 장인·장모님은 배우자의 직계비속에 해당되기에 동일한 세대원으로 봅니다. 또한 주민등록표상 함께 기재된 처남, 처제의 경우에도 배우자의 형제·자매에 해당되기에 동일한 세대원으로 봅니다.

1-2-14. [주택을 취득한 본인 + 시부모·시숙·시동생 등(주민등록표상 함께 기재됨)]

주택을 취득한 본인과 주민등록표상 함께 기재되어 있는 시부모님은 배우자의 직계존속에 해당되기에 동일한 세대원으로 봅니다. 또한 배우자의 형제·자매인 시숙, 시동생 등은 동일한 세대원으로 봅니다.

1-2-15. 주민등록표상 [주택을 취득한 본인 + 어머니(사실상 따로 살고 있음)]

세대별 주민등록표상 본인(1주택소유)과 어머니(1주택 소유)가 형식상 1세대를 구성하고 있던 중 본인이 새로운 주택을 취득한 경우 1세대 3주택에 해당되어 중과세(조정대상지역 8%, 비조정대상지역 12%)가 적용됩니다. 즉, 실질은 따로 살고 있는 어머니가 건강보험, 장애인 자동차 표지 발급, 복지카드 재발급 등 목적으로 자녀(본인)의 주민등록표상 등재되어 있는 경우에도 동일한 세대원으로 보아 취득세가 중과세 됩니다. 양도소득세(1세대 1주택 비과세, 다주택 중과세)에서는 실질과세원칙에 따라 따로 사는 경우 별도세대원으로 보고 있으나 취득세 규정에서는 사실판단을 하지 않습니다.(참조판례 : 조심 2021지1868, 2021.11.15.)

1-2-16. 만30세 미만 자녀를 부모의 이혼에 따라 부(모)에 속한 세대로 적용 여부

부모가 이혼을 하더라도 부모와 자녀와의 관계(직계존비속)에는 영향을 미치지 않아 자녀와 부모의 가족관계가 소멸된다고 할 수 없으므로, 친권을 행사할 수 있는 부모가 자녀의 양육비 등 부담을 하지 않았다 하여 달리 볼 수 없기에 주택을 취득하는 부(모)와 30세 미만 미혼 자녀는 동일 세대 구성 및 생계 여부와 관계없이 부모를 기준으로 한 1세대의 범위에 포함되므로, 그 자녀의 소유주택도 주택 수에 포함하여 취득세 중과세율을 적용합니다(부동산세제-1692, 2021.06.25.).

1-3. 주택등의 개념

2018.8.12. 이후 주택을 유상거래를 원인으로 법인이 취득하거나 또는 1세대가 여러 채의 주택을 취득하는 경우에는 높은 세율로 취득세를 부과하고 있습니다.

지방세법에서 말하는 주택 또는 주택 수에 산입하는 주택등에 대하여 살펴보겠습니다.

1-3-1. 주택의 종류

법인 또는 1세대 다주택자가 주택을 유상거래를 원인으로 취득하는 경우 취득세 중과세가 적용되는 주택은 다음의 요건을 모두 충족하여야 합니다.

① 주택법(제2조 제1호)에 따른 주택이어야 합니다.

② 「건축법」에 따른 건축물대장·사용승인서·임시사용승인서 또는 「부동산등기법」에 따른 등기부에 주택으로 기재되어야 합니다.

③ 주거용 건축물과 그 부속토지를 말합니다.

주택법(제2조 제1호)에 따른 주택이란?

구 분	세분류	비 고
단독주택	단독주택	
	다중주택	독립된 주거시설을 갖추지 않을 것 (각 호별 욕실 ○, 취사시설 ×) 학생, 직장인 등 장기간 거주 가능 시설 바닥면적 330㎡ 이하, 주택 사용 층수 3층 이하
	다가구주택	주택 사용 층수 3층 이하 바닥면적 660㎡ 이하, 19세대 이하
공동주택	아파트	주택 층수가 5층 이상
	연립주택	1동 바닥면적이 660㎡ 초과하고 주택 층수 4층 이하
	다세대주택	1동 바닥면적이 660㎡ 이하이고 주택 층수 4층 이하

건축물대장 또는 등기부에 주택으로 기재되기 전에도 주택으로 보는 경우는?

(임시)사용승인을 받은 신축주택으로서 사용승인서 또는 임시사용승인서에 주택으로 기재되어 있는 경우에는 건축물대장 또는 등기부에 등재되기 전에도 주택으로 봅니다.

건축물대장에 주택으로 기재된 것으로 보는 경우는?

건축물대장에 기재되지 않은 아래의 주택도 건축물대장에 주택으로 기재된 것으로 봅니다.

㉠ 바닥면적의 합계가 85제곱미터이내의 증축·개축 또는 재축
㉡ 농·어업을 영위하기 위하여 필요한 소규모주택·축사 또는 창고로서 대통령령이 정하는 지역 및 규모의 건축물의 건축 또는 대수선
㉢ 국토의계획및이용에관한법률에 의한 제2종지구단위계획구역안에 건축하는 건축물로서 연면적이 100제곱미터이하인 것

1-3-2. 공부상 상가이나 사실상 주거용으로 사용되는 건물의 경우

공부(건축물대장, 등기부등본)상 근린생활시설(상가)로 등재되어 있으나 건물주 또는 세입자가 주민등록표상 주소지를 이전하여 사실상 주택으로 사용하고 있는 경우가 많습니다. 이런 경우 취득세 중과세 판단 시 주택 사용여부에 불구하고 공부상 주택이 아니기에 주택으로 보지 않습니다. 참고로 양도소득세 규정에서 1세대 1주택 비과세 또는 1세대 다주택 중과세 판단 시 공부상 상가이나 사실상 주거용으로 사용하고 있는 건물을 주택으로 봅니다.

[사실상 주택으로 사용하는 건물의 주택 여부]

구 분	취득세 중과세(8%, 12%)	양도소득세 (1세대 1주택 비과세, 다주택 중과세)
공부 상	주택외의 용도(상가 등)	주택외의 용도(상가 등)
주택 여부	주택 아님	주택임

1-3-3. 주거용 오피스텔의 경우

오피스텔은 주택법상 주택에 해당되지 않습니다. 따라서 주거용 오피스텔을 취득하는 경우 취득세 중과세(8%, 12%) 적용대상이 아닙니다. 다만, 다른 주택을 취득하는 경우 주택을 취득하는 자가 보유하고 있는 2020.8.12. 이후 취득한 주거용오피스텔(소유주에게 재산세가 주택으로 부과된 경우로 한정)은 보유 주택 수에 산입합니다.

[주거용 오피스텔]

구 분	취득세 중과세	양도세 (1세대1주택비과세, 다주택 중과세)
해당 OP의 취득 또는 양도 시	주택 아님 – 중과 배제 ➡ 취득세등 4.6% 적용	주택으로 봄 – 비과세 또는 중과세 대상
다른 주택의 취득 또는 양도 시	1) 원칙 : 주택 아님 2) 예외 : OP 소유주에게 주택으로 재산세 부과된 경우 주택 수에 산입 (2020.8.12. 이후 취득 분)	보유 주택 수에 산입

1-3-4. 주택의 공유지분을 소유하거나 취득하는 경우

주택의 공유지분을 소유하거나 취득하는 경우에도 주택을 소유하거나 취득한 것으로 봅니다.

- [주택의 1/3 지분 소유 + 다른 주택 취득]한 경우 1/3지분만 소유하고 있는 주택의 경우에도 보유 주택 수에 산입합니다.
- [주택 + 새로운 주택의 1/10지분 취득]한 경우에도 주택을 취득한 것으로 봅니다.

1-3-5. 주택의 부속토지만을 소유하거나 취득한 경우

주택의 부속토지(주택 수 산정일 현재 시가표준액 1억원 이하의 부속토지는 제외)만을 소유하거나 취득하는 경우에도 주택을 소유하거나 취득한 것으로 봅니다. 이는 주택건물의 소유권은 타인이나 해당 주택의 부속토지만을 취득 또는 보유하고 있어도 주택의 취득 또는 주택을 보유하고 있는 것으로 봅니다.

- [A주택 + 새로운 B주택의 부속토지(시가표준액 1억원초과)만 유상으로 취득]한 경우 주택의 취득으로 보아 중과세 여부를 판단합니다.
- [A주택의 부속토지(시가표준액 1억원 초과)만 소유 + 새로운 B주택을 유상 취득]한 경우 A주택의 부속토지는 하나의 주택으로 보아 취득세 중과세 여부를 판단합니다.

[2] 소유 주택 수의 판단

1세대가 조정대상지역에서 두 번째이상의 주택을 취득하거나 조정대상지역 외의 지역에서 3번째 이상의 주택을 유상으로 취득하는 경우 취득세가 중과세(8%, 12%) 됩니다. 이 경우 소유 주택 여부를 판단할 때 다음 표의 어느 하나에 해당하는 경우에는 다음 표 각 호에서 정하는 바에 따라 세대별 소유 주택 수에 가산합니다.

> 1. 「신탁법」에 따라 신탁된 주택은 위탁자의 주택 수에 가산
> 2. 조합원입주권(승계조합원입주권 포함)은 주거용 건축물이 멸실된 경우에도 해당 조합원입주권 소유자의 주택 수에 가산
> 3. 주택분양권은 해당 주택분양권을 소유한 자의 주택 수에 가산
> 4. 주택으로 재산세가 과세되는 오피스텔은 해당 오피스텔을 소유한 자의 주택 수에 가산

2-1. 중과세율 적용 기준이 되는 1세대의 주택 수 판정 시점

2-1-1. 일반 주택을 취득하는 경우

주택의 유상 취득 시 취득세 중과세율(8%, 12%)을 적용할 때 세율 적용의 기준이 되는 1세대의 주택 수는 주택 취득일(잔금청산일과 등기접수일 중 빠른 날) 현재를 기준으로 판단합니다. 따라서 주택 취득일 현재를 기준으로 취득하는 주택을 포함하여 1세대가 국내에 소유하는 주택, 조합원입주권(2020.8.12. 이후 취득 분), 주택분양권(2020.8.12. 이후 취득 또는 분양계약 분)및 오피스텔(2020.8.12. 이후 취득 분)의 수를 판정합니다.

2-1-2. 조합원입주권 또는 주택분양권에 의하여 취득하는 주택의 경우

조합원입주권 또는 주택분양권에 의하여 취득하는 주택의 경우에는 조합원입주권 또는 주택분양권의 취득일(분양사업자로부터 주택분양권을 취득하는 경우에는 분양계약일을 말하고, 주택분양권의 매매·교환 및 증여를 통하여 1세대 내에서 동일한 주택분양권에 대한 취득일이 둘 이상이 되는 경우에는 가장 빠른 주택분양권의 취득일을 말한다)을 기준으로 해당 주택 취득 시의 세대별 주택 수를 산정합니다.

> **예판** 2주택자 상태에서 신규 분양권 취득 및 기존 아파트 처분시 세금 질문
> (행안부 부동산세제과, 2020.10.28.)
>
> 질의하신 사항과 관련하여, 「지방세법 시행령」 제28조의4제1항 후단 규정에 따라 분양권의 취득일을 기준으로 주택 취득시의 세대별 주택 수를 산정하는 것이 타당한데,
> – 다주택자가 다주택을 소유한 상태에서 분양권을 추가 취득한 경우, 해당 분양권에 의한 주택 취득시에는 종전 주택 등을 처분한다 하더라도 분양권 취득일 현재 주택 소유 수에 따라 중과세율 적용여부가 결정됨을 알려드립니다.

> **예판** 분양권의 소재지역 구분 여부, [분양권 + 신규주택취득] 시 일시적 2주택 기간
> (행안부 부동산세제과, 2020.09.17.)
>
> 주택 수에 포함하는 분양권은 소재지역, 즉 조정대상지역 해당여부와 관계 없이 주택 수에 포함하여 중과세율 적용 여부를 판단함을 알려드립니다.
> • 한편, 지방세법 시행령 제28조의5제2항에서 주택분양권을 1개 소유한 1세대가 그 주택분양권을 소유한 상태에서 신규 주택을 취득한 경우에는 해당 주택분양권에 의한 주택을 취득한 날부터 일시적 2주택 기간을 기산한다고 규정하고 있으므로,
> – 주택분양권 등에 의해 주택을 취득한 날부터 3년* 내에 신규 주택을 처분하는 경우 일시적 2주택을 적용받을 수 있음을 알려드립니다.

> **예판** 분양권에 따른 주택 취득 시 주택 수 판단 시점
> (조심 2021지2305, 2021.11.10.)
>
> 주택분양권에 의하여 취득하는 주택의 경우 주택분양권의 취득일을 기준으로 세대별 주택 수를 산정하도록 규정하면서 그에 대한 예외는 규정하고 있지 아니하므로 주택①과 주택②를 이미 보유한 상태라서 쟁점주택을 취득하였으므로 「지방세법」 제13조의2에 따른 중과세율 적용대상에 해당함

2-1-3. 동일 분양권을 세대 내 증여하는 경우나 타인에게 매매, 교환, 증여한 후 해당 분양권을 다시 취득하는 경우의 주택 수 판단은?

2025.1.1. 이후 1세대에 속한 자로부터 해당 주택분양권을 취득하는 경우에는 '가장 빠른 주택분양권의 취득일(분양권의 최초 취득일)'을 기준으로 판단하도록 법을 개정하였습니다. 구체적 사례는 다음과 같습니다.

'24.12.31.까지 분양권 최초 취득 ⇨종전규정 적용	'24.3. 남편 **분양권**계약 ※ 기존 소유 주택 2채	'25.6. 1개 주택 처분	'25.7. **분양권**증여 (남편→아내) **주택 수 판단 시점** 기존 소유 주택 1채 +아내 분양권 1	'26.12. 주택잔금지급일 (세대판단 시점) **세율 1%** **비조정 2주택 적용**
'25년 이후 최초 취득 ⇨개정규정 적용	'25.3. 남편 **분양권**계약 ※ 기존 소유 주택 2채 **주택 수 판단 시점** 기존 소유 주택 2채 +분양권 1	'25.6. 1개 주택 처분	'25.7. **분양권**증여 (남편→아내)	'26.12. 주택잔금지급일 (세대판단 시점) **세율 8%** **비조정 3주택 적용**

2-2. 소유하는 주택으로 보는 주택

1세대가 주택을 취득하는 경우, 소유하는 주택으로 보는 주택은 다음의 요건을 모두 충족하여야 합니다.

① 주택법(제2조 제1호)에 따른 주택이어야 합니다.

② 「건축법」에 따른 건축물대장·사용승인서·임시사용승인서 또는 「부동산등기법」에 따른 등기부에 주택으로 기재되어야 합니다.

③ 주거용 건축물과 그 부속 토지를 말합니다.

➡ 1세대가 [무허가 주택]을 보유하던 중 조정대상지역에서 새로운 주택을 유상으로 취득한 경우 무허가 주택은 건축물대장(*)또는 등기부에 주택으로 기재되어 있지 않아 주택 수에서 배제됩니다. 따라서 새롭게 취득한 주택은 일반세율(1%~3%)의 취득세가 부과됩니다.
 (*)「건축법」(법률 제7696호로 개정되기 전의 것을 말한다)에 따라 건축허가 또는 건축신고 없이 건축이 가능하였던 주택으로서 건축물대장에 기재되어 있지 아니한 주택의 경우에도 건축물대장에 주택으로 기재된 것으로 봅니다.

➡ 1세대가 [사실상 주택으로 사용하는 상가]를 보유 중 조정대상지역에서 새로운 주택을 유상으로 취득하는 경우, 사실상 주택으로 사용하는 상가는 보유 주택 수에서 배제됩니다. 그 이유는 건축물대장 또는 등기부등본에 주택으로 기재되어 있지 않기 때문입니다. 또한 주택법상 주택에 해당되지도 않습니다. 참고적으로 양도세의 경우 사실상 주택으로 사용되는 상가는 주택으로 봅니다.

➡ 1세대가 [주택(2020.8.11. 이전 취득)] 1채를 보유하던 중 조정대상지역에서 새로운 주택을 유상으로 취득한 경우, 2020.8.11. 이전에 취득한 주택의 경우라도 소유 주택수에 포함합니다. 조합원입주권이나 주택분양권, 재산세가 부과된 주거용오피스텔과는 달리 주택은 2020.8.12. 이전에 취득한 경우에도 소유주택 수에 포함합니다.

2-3. 소유하는 주택으로 보는 조합원입주권

2-3-1. 조합원입주권의 정의

　도정법에 따른 관리처분계획의 인가 및 빈집정비법에 따른 사업시행계획인가로 인하여 취득한 입주자로 선정된 지위를 말합니다. 다만, 도정법상 재건축사업 또는 재개발사업, 빈집정비법에 따른 소규모재건축사업을 시행하는 정비사업조합의 조합원으로서 취득한 것(그 조합원으로부터 취득한 것을 포함한다)으로 한정합니다. 조합원입주권은 해당 주거용 건축물이 멸실된 경우라도 해당 조합원입주권 소유자의 주택 수에 가산합니다.

구 분	내 용		
조합원입주권의 정의	다음 각 호의 구분에 따르며 원조합원으로부터 승계취득한 경우를 포함한다. (2020.8.12. 이후 취득분에 한함)		
	구 분	사업의 종류	조합원입주권 여부
	도정법	재개발사업	O
		재건축사업	O (주민합의체 방식 제외)
		주거환경개선사업	×
	빈집정비법 상 소규모주택 정비사업	자율주택정비사업	×
		가로주택정비사업	×
		소규모재건축사업	O
사례 1	[주거환경개선사업조합원입주권 + NEW주택(조정대상지역내)]의 경우 새로운 주택의 취득세율? 1% ~3%		
사례 2	[소규모재건축조합원입주권 + NEW주택(조정대상지역내)]의 경우 새로운 주택의 취득세율? 8% → if) 소규모재건축조합원입주권이 준공된 후 NEW주택을 3년내 양도 시 일시적 2주택에 따른 취득세 일반세율 당초 가능.		
사례 3	[도정법상 재개발사업조합원입주권(상가신청) + NEW주택(조정대상지역내)]의 경우 새로운 주택의 취득세율? 1% ~3%		

💡 양도소득세 규정에서는 조합원입주권의 범위에 2022.1.1. 이후 취득하는 빈집정비법상 자율주택정비사업, 가로주택정비사업, 소규모재개발사업에서 사업시행계획에 따라 조합원이 취득하는 입주권을 "조합원입주권"의 범위에 포함하였습니다.(승계조합원입주권 및 주민합의체방식에 따른 토지등소유자 포함) 반면, 지방세법(법인등 취득세 중과세)에서는 세법 개정 없이 종전 규정에 따르고 있기에 실무상 주의하셔야 합니다.

[재개발조합원입주권(조정대상지역) + 일반주택]의 보유 중 재개발조합원 입주권이 주택으로 준공된 경우 조합원이 내야할 주택의 취득세율은?

재개발사업은 헌집을 주고 새집을 받아오는 방식이며 환지규정이 적용되기에 청산금납부액(재건축은 해당 주택건축비, 2023.1.1. 이후 관리처분계획인가를 받은 재개발의 사업의 경우에는 재건축과 동일하게 해당 주택건축비를 건물 취득세 과표로 봄)의 2.8%(보존등기)의 취득세율이 적용됩니다. 즉, 유상 취득이 아닌 원시취득에 해당되기에 조정대상지역에서의 2주택 중과세(8%) 규정이 적용되지 않습니다.

2-3-2. 판단 방법

1세대가 유상으로 주택을 취득하는 경우, 소유하고 있는 조합원입주권을 주택 수에 포함할지 여부는 다음과 같이 판단합니다.

〈1단계〉 2020.8.12. 이후에 취득하였습니까?

- → NO! : 주택 수에 불포함

- → YES! : 아래 2단계로 ~

2020.8.11. 이전에 [계약 + 계약금 지급]한 경우로서 2020.8.12. 이후 취득한 조합원입주권의 경우 소유주택 수에서 배제가능한지요?

배제 가능합니다! 2020.8.11. 이전에 매매계약을 체결한 조합원입주권, 분양권, 주거용 오피스텔은 다른 주택의 취득세 중과 규정을 적용할 때 주택수에 포함하지 아니합니다.

〈2단계〉 소유 조합원입주권이 다음 사업 중 어느 하나에 해당되는 조합원입주권입니까?

> ① 도시정비법상 재개발정비사업의 원조합원입주권(승계조합원입주권 포함)
> ② 도시정비법상 재건축정비사업의 원조합원입주권(승계조합원입주권 포함)
> ③ 빈집정비법상 소규모재건축정비사업의 원조합원입주권(승계조합원입주권 포함)

- → NO! : 주택 수에 불포함

- → YES! : 아래 3단계로 ~

〈3단계〉 상속을 원인으로 취득한 조합원입주권입니까?

- → NO! : 주택 수에 산입

- → YES! : 다음 4단계로 ~

〈4단계〉 상속개시일부터 5년이 지난 조합원입주권입니까?

- → NO! : 주택 수에 불산입

- → YES! : 주택 수에 산입(20.8.12. 당시 이미 상속받은 경우에는 20.8.12.부터 5년간 주택 수에 불산입, 다만 입주권 등이 완공된 경우는 제외)

2-3-3. [주거환경개선사업의 입주권 + NEW 주택]

도시정비법상 주거환경개선사업의 입주권(원조합원 및 승계조합원)은 소유 주택 수에 산입하지 않는 것으로 판단됩니다. 주택 수에 산입되지 않는 경우 조정대상지역에서 새롭게 유상으로 취득하는 주택은 취득세 중과세(8%) 대상이 아닙니다. 즉, 취득가액의 1~3%의 취득세만 부담하면 됩니다(주택 수에서 배제되는 취지는 지방세법 2-4-1. 파트 참조).

2-3-4. [소규모재개발사업의 입주권 + NEW 주택]

　빈집정비법상 소규모재개발사업의 입주권은 소유 주택 수에 산입하지 않습니다. 주택 수에 산입되지 않는 경우 조정대상지역에서 새롭게 유상으로 취득하는 주택은 취득세 중과세(8%) 대상이 아닙니다. 즉, 취득가액의 1~3%의 취득세만 부담하면 됩니다.

2-3-5. [가로주택정비사업의 입주권 + NEW 주택]

　빈집정비법상 가로주택정비사업의 입주권(원조합원 및 승계조합원)은 소유 주택 수에 산입하지 않습니다. 주택 수에 산입되지 않기에 조정대상지역에서 새롭게 유상으로 취득하는 주택은 취득세 중과세(8%) 대상이 아닙니다. 즉, 취득가액의 1~3%의 취득세만 부담하면 됩니다.(주택 수에서 배제되는 취지는 지방세법 2-4-1. 파트 참조)

> 개정된 소득세법 규정에 따르면 2022.1.1. 이후 취득하는 가로주택정비사업·자율주택정비사업·소규모재개발사업의 입주권도 조합원입주권으로 봅니다. 반면, 취득세 규정에서는 주택 수에 산입하는 조합원입주권으로 보지 않습니다.

2-3-6. [소규모재건축정비사업의 입주권 + NEW 주택]

　빈집정비법상 소규모재건축정비사업의 입주권(원조합원 및 승계조합원)은 소유 주택 수에 산입합니다. 따라서 2020.8.12. 이후 취득한 소규모재건축정비사업의 조합원입주권을 보유하던 세대가 조정대상지역에서 새롭게 유상으로 취득하는 주택은 취득세 중과세(8%) 대상에 해당됩니다.

> 주민합의체를 구성하여 시행하는 소규모재건축정비사업의 토지등 소유자도 조합원입주권으로 볼 수 있나요?
>
> NO! 토지등소유자가 20명 미만인 소규모재건축사업의 경우에는 조합결성을 하지 않고 주민합의체를 구성하여 사업을 진행합니다. 지방세법에서는 시행자인 소규모재건축조합의 조합원으로서 취득한 것(승계조합원 포함)만 "조합원입주권"으로 보고 있기에 주민합의체를 구성하여 시행하는 경우(공동사업방식)에는 조합원입주권으로 볼 수 없습니다.

2-3-7. [리모델링사업의 입주권 + NEW 주택]

주택법상 리모델링사업을 통해 배정받은 입주권은 소유 주택 수에 포함하여야 합니다. 그 이유는 리모델링을 하는 경우 증축에 해당되기에 별도의 입주권으로 보는 것이 아니라 주택으로 보고 있기 때문입니다. 따라서 새롭게 유상으로 취득하는 주택은 취득세 중과세(8%) 대상에 해당됩니다.

2-4. 소유하는 주택으로 보는 주택분양권

2-4-1. 주택분양권의 개념

주택분양권이란 2020.8.12. 이후 취득한 「부동산 거래신고 등에 관한 법률」(제3조①2호) 따른 주택법 등에 따른 법률(*)에 따른 "부동산에 대한 공급계약"을 통하여 주택을 공급받는 자로 선정된 지위(해당 지위를 매매 또는 증여 등의 방법으로 취득한 것을 포함한다)를 말합니다.

◑ (*) [주택법 등에 따른 법률]

> 다음 각 호의 법률을 말합니다.
> 1. 「건축물의 분양에 관한 법률」
> 2. 「공공주택 특별법」
> 3. 「도시개발법」
> 4. 「도시 및 주거환경정비법」
> 4의2. 「빈집 및 소규모주택 정비에 관한 특례법」
> 5. 「산업입지 및 개발에 관한 법률」
> 6. 「주택법」
> 7. 「택지개발촉진법」

「부동산 거래신고 등에 관한 법률」 제3조 제1항 제2호

> 제3조(부동산 거래의 신고) ① 거래당사자는 다음 각 호의 어느 하나에 해당하는 계약을 체결한 경우 그 실제 거래가격 등 대통령령으로 정하는 사항을 거래계약의 체결일부터 30일 이내에 그 권리의 대상인 부동산등(권리에 관한 계약의 경우에는 그 권리의 대상인 부동산을 말한다)의 소재지를 관할하는 시장(구가 설치되지 아니한 시의 시장 및 특별자치시장과 특별자치도 행정시의 시장을 말한다)·군수 또는 구청장(이하 "신고관청"이라 한다)에게 공동으로 신고하여야 한다. 다만, 거래당사자 중 일방이 국가, 지방자치단체, 대통령령으로 정하는 자의 경우(이하 "국가등"이라 한다)에는 국가등이 신고를 하여야 한다.
>
> 1호. 부동산의 매매계약
> 2호. 「택지개발촉진법」, 「주택법」 등 대통령령으로 정하는 법률에 따른 부동산에 대한 공급계약
> 3호. 다음 각 목의 어느 하나에 해당하는 지위의 매매계약
> 가. 제2호에 따른 계약을 통하여 부동산을 공급받는 자로 선정된 지위
> 나. 「도시 및 주거환경정비법」 제74조에 따른 관리처분계획의 인가 및 「빈집 및 소규모주택 정비에 관한 특례법」 제29조에 따른 사업시행계획인가로 취득한 입주자로 선정된 지위

◑ 위 3호 가목(제2호에 따른 계약을 통하여 부동산을 공급받는 자로 선정된 지위; 해당 지위를 매매 또는 증여 등의 방법으로 취득한 것을 포함)은 "주택분양권"을 말합니다.
◑ 위 3호 나목은 재개발등 입주권으로 취득세 중과세 판단 시 주택 수 산입 여부는 다음과 같이 구분할 수 있습니다.

[여: ○ , 부: ×]

구 분	사업의 종류	조합원입주권 여부	주택분양권 여부
도정법	재개발사업	O	×
	재건축사업	O	×
빈집정비법 상 소규모주택 정비사업	주거환경개선사업	×	× (*)
	자율주택정비사업	×	× (*)
	가로주택정비사업	×	× (*)
	소규모재건축사업	O	×

(*) 주거환경개선사업·자율주택정비사업·가로주택정비사업에서 조합원이 관리처분계획등에 따라 취득한 입주자로 선정된 지위는 3호 나목에 해당되는 것으로 "주택분양권"(3호 가목)과는 구분됩니다. 결국, 해당 입주권은 법상 조합원입주권에도 해당되지 않으며 주택분양권에도 해당되지 않습니다.

➡ 소득세법의 개정에 따라 2022.1.1. 이후 취득하는 가로주택정비사업·자율주택정비사업·소규모재개발사업의 입주권도 조합원입주권으로 봅니다. 반면, 취득세 규정에서는 세법 개정이 없었기에 종전과 같이 가로주택정비사업등의 입주권은 조합원입주권에 해당되지 않습니다. (투기성이 없는 가로주택정비사업 등의 입주권은 정책적 취지상 취득세 중과세 여부 판정 시 주택수에서 배제하는 것으로 판단됨)

2-4-2. 2020.8.11. 이전에 취득한 주택분양권의 경우

일반주택의 유상 취득 시 소유하고 있는 주택분양권은 취득세 중과세(8%, 12%) 판단 시 주택 수에 포함합니다. 다만, 2020.8.11. 이전에 취득 또는 분양계약한 주택분양권은 소유 주택 수에서 제외됩니다.

구 분	2020.8.11. 이전 취득 분	2020.8.12. 이후 취득 분
보유 주택 수	불포함	포함

➡ 2020.8.11. 이전에 매매계약을 하고 계약금을 지급한 주택분양권으로서 2020.8.12. 이후 취득한 주택분양권은 소유 주택 수에서 제외되나요? : YES!
2020.8.11. 이전에 매매계약을 체결한 조합원입주권, 분양권, 주거용 오피스텔은 다른 주택의 취득세 중과 규정을 적용할 때 보유 주택 수에 포함하지 않습니다.

2-5. 소유하는 주택으로 보는 오피스텔

2-5-1. 오피스텔의 개념

오피스텔은 주택법상 준주택이며 건축법상 업무시설에 해당됩니다. 민간임대주택법에서는 임대주택으로 등록이 가능합니다. 1세대가 다른 주택을 유상으로 취득하는 경우 소유하고 있는 주택 수에 산입하는 오피스텔은 2020.8.12. 이후에 취득한 것으로서 주택으로 재산세가 부과된 것을 그 대상으로 합니다.

[오피스텔]

구 분		내 용
정의	주택법	주택 외의 건축물과 그 부속토지로서 주거시설로 이용가능한 시설을 갖춘 준주택으로서 아래 건축법에 따른 오피스텔을 말한다.
	건축법	업무를 주로하며, 분양하거나 임대하는 구획 중 일부 구획에서 숙식을 할 수 있도록 한 건축물로서 일정 기준에 적합한 업무시설을 말한다.(「건축법 시행령」 별표 1 제14호나목2)
취득 시기		2020.8.12. 이후 취득분에 한함
OP 취득 시 취득세 중과세 여부		1세대가 다른 주택을 보유 중 오피스텔을 유상으로 취득하는 경우 취득세가 중과세 되지 않음
소유 주택 수 포함 여부		1세대가 일반주택을 유상으로 취득 시 소유하고 있는 오피스텔은 다음에 따라 취득세 중과세 여부가 달라짐 - 현 소유자에게 재산세가 주택으로 부과된 경우 : 포함 - 현 소유자에게 재산세가 주택으로 부과되지 않은 경우 : 불포함

2-5-2. 오피스텔의 유상 취득 시 취득세 중과세 여부

주거용오피스텔을 유상으로 취득하는 경우 1세대의 주택 수에 관계없이 취득세 중과세가 적용되지 않습니다. 업무시설로 보아 취득세(농특세 및 지방교육세 포함)는 취득가액의 4.6%가 부과됩니다.

 2020.8.12. 이후 취득한 주거용오피스텔의 경우에도 취득세가 중과 배제되나요?

YES! (업무시설에 해당됨)

2-5-3. [오피스텔]을 보유하던 중 새로운 일반주택을 취득하는 경우

1세대가 일반주택을 새로이 취득하는 경우 소유하고 있던 오피스텔은 다음에 따라 소유하고 있는 주택 수에 포함할지 여부를 결정합니다.

〈1단계〉 2020.8.12. 이후 취득 분입니까?
- → NO! : 주택 수에 불포함
- → YES! : 다음 2단계로 ~

〈2단계〉 소유자 본인에게 재산세가 주택으로 부과되었습니까?
- → NO! : 주택 수에 불포함
- → YES! : 주택 수에 포함

 당초 오피스텔 취득 시 해당 오피스텔의 전 소유자에게 재산세가 주택으로 부과된 경우에도 소유하고 있는 주택 수에 포함되나요?
NO! (일반주택의 취득일 현재 오피스텔을 소유하고 있는 현 소유주에게 주택으로 재산세가 부과된 경우에만 주택 수에 포함함)

2-5-4. 사실상 주택으로 사용되는 오피스텔의 경우

다른 주택의 취득 시 소유하고 있는 오피스텔(2020.8.12. 이후 취득 분)이 사실상 주택으로 사용되고 있어도 현 소유주에게 재산세가 주택으로 부과되지 않은 경우에는 소유하고 있는 주택 수에 산입하지 않습니다. 이는 양도소득세와 구분되는 사항이니 주의하세요.

[사실상 주거용으로 사용하고 있는 오피스텔]

구 분	취득세	양도소득세
OP 취득(양도) 시	중과세 배제	주택으로 봄
소유 주택 수 판단 시 취득 시점	2020.8.12. 이후 취득분에 한함	취득 시점에 대한 구분 없음

2-5-5. [오피스텔분양권 + NEW주택]

1세대가 오피스텔분양권을 소유하던 중 새로운 주택을 취득한 경우 소유하고 있는 오피스텔분양권은 주택 수에 포함하지 않습니다.

2-6. 신탁법에 따라 신탁된 주택

1세대가 일반 주택을 유상으로 취득하는 경우 신탁법에 따라 신탁된 주택은 해당 신탁자의 소유 주택 수에 산입합니다. 신탁은 주택의 실질적 소유자(위탁자)가 강제경매등을 면하기 위하여 신탁사 등(위탁자)에게 소유권 등을 이전한 경우가 대표적입니다. 신탁의 경우 주택의 형식적 소유권은 신탁사 등에게 있으나 사실상 소유자는 위탁자이기에 소유주택 수의 판단 시 위탁자의 주택 수에 포함합니다.

2-7. 주택등을 동시에 2개 이상 취득하는 경우

주택, 조합원입주권, 주택분양권 또는 오피스텔을 동시에 2개 이상 취득하는 경우에는 납세의무자가 정하는 바에 따라 순차적으로 취득하는 것으로 봅니다.

1세대가 1채의 A주택 보유 중 조정대상지역에 있는 주택 2채(B, C)를 동시에 유상으로 취득한 경우 우선 순위

납세의무자가 C주택을 먼저 취득하고 B주택을 그 이후 취득한 것으로 정한 경우, C주택은 8%의 취득세를 부과하고, B주택은 12%의 취득세가 부과됩니다. B와 C주택 중 취득가액이 적은 것을 나중에 취득한 것으로 신고하는 것이 절세의 방법입니다.

[A주택 + (1+1)조합원입주권 취득]한 경우

1세대가 A주택을 보유하던 중 (1+1)재개발조합원입주권을 승계취득한 경우로서 (1+1)조합원입주권이 2개의 주택으로 전환(사용승인)된 경우 해당 (1+1)은 취득시기에 대한 납세자의 선택이 필요하지는 않습니다. 그 이유는 해당 조합원입주권을 통한 신축 주택의 취득은 유상취득이 아닌 원시취득(소유권보존)으로 2.8%의 취득세율이 적용되기 때문입니다.

2-8. 주택등을 동일 세대원이 공동으로 소유하는 경우

1세대 내에서 1개의 주택, 조합원입주권, 주택분양권 또는 오피스텔을 세대원이 공동으로 소유하는 경우에는 1개의 주택, 조합원입주권, 주택분양권 또는 오피스텔을 소유한 것으로 봅니다.

[A조합원입주권(남편 1/2, 아내 1/2) + 주택분양권(남편 100%) + NEW 주택 취득(비조정대상 지역 소재)]

> 비조정대상지역에 있는 새로운 주택을 유상으로 취득하는 경우, A조합원입주권은 동일세대원이 보유하고 있어 1채의 주택으로 봅니다. 따라서 1세대 3주택이 되어 8%의 취득세율만 부과됩니다.

2-9. 상속으로 여러 사람이 공동으로 주택등을 소유하는 경우의 소유자 판단

상속으로 여러 사람이 공동으로 1개의 주택, 조합원입주권, 주택분양권 또는 오피스텔을 소유하는 경우 다음 표 각 호의 순서에 따라 그 주택, 조합원입주권, 주택분양권 또는 오피스텔의 소유자를 판정합니다.

1순위 : 지분이 가장 큰 상속인
2순위 : 그 주택 또는 오피스텔에 거주하는 사람
3순위 : 나이가 가장 많은 사람(2020.08.12 신설)

이 경우, 미등기 상속 주택 또는 오피스텔의 소유지분이 종전의 소유지분과 변경되어 등기되는 경우에는 등기상 소유지분을 상속개시일에 취득한 것으로 봅니다.

2-10. 소유주택 수에서 제외하는 경우

아래 "2-10-1" ~ "2-10-17"까지의 주택은 다른 주택의 유상 취득 시 소유주택 수에서 제외합니다.

2-10-1. 시가표준액이 1억원(수도권 외 지역은 2억원) 이하인 주택

주택 수 산정일 현재 해당 주택의 시가표준액이 1억원(수도권 외의 지역에 소재하는 경우에는 2억원; 2025.1.2. 이후 취득분부터 적용)이하인 주택은 소유주택 수에서 제외합니다.

[지방령 제28조의2제1호]

구 분	내 용
요건	주택 수 산정일 현재 해당 주택의 시가표준액이 1억원(수도권 외의 지역에 소재하는 경우에는 2억원) 이하인 주택

시가표준액
(지방법 제4조)
	⊙ 원칙 : 공시된 가액
	  - 단독주택 : 개별주택가격
	  - 다세대·연립·아파트 : 공동주택가격
	⊙ 신축주택 : 아래의 건물기준시가(*) + 부수토지 개별공시지가
	(*) 건물신축가격기준액 × 건물의 구조별·용도별·위치별 지수 × 건물의 경과연수별 잔존가치율 × 가감산율

1억(수도권 외의 지역은 2억)원 이하의 예외 (소유 주택수에 포함)	다음의 정비구역 또는 사업시행구역에 소재하는 주택은 시가표준액 1억 이하인 경우에도 소유주택 수에 포함한다. ⊙ 도정법(제2조 제1호)상 정비구역(종전의 「주택건설촉진법」에 따라 설립인가를 받은 재건축조합의 사업부지를 포함한다)으로 지정·고시된 지역 ⊙ 「빈집 및 소규모주택 정비에 관한 특례법」(제2조①제4호)에 따른 사업시행구역에 소재하는 주택(사업시행구역의 지정은 조합설립인가일을 말함)
지분이나 부속토지만을	〈2023.3.13. 이전 납세의무 성립분〉 전체 주택의 시가표준액을 기준으로 한다.

취득한 경우 1억(수도권 외의 지역은 2억)원이하의 판단 기준	ex) APT의 1/3지분(시가표준액 4천만원)을 취득한 경우 시기표준액 1억이하 여부의 판단은 해당 APT 전체지분(1억2천만원)을 기준으로 판단함
	〈2023.3.14. 이후 납세의무 성립분〉 주택 수 산정일 현재 시가표준액이 1억원 이하인 부속토지만을 소유한 경우 해당 부속토지는 소유주택 수에서 배제함

2-10-2. 노인복지주택

주택 수 산정일 현재 해당 용도에 직접 사용하고 있는 다음의 노인복지주택은 소유 주택 수에서 제외합니다.

> 「노인복지법」(제32조①제3호)에 따른 노인복지주택으로 운영하기 위하여 취득하는 주택. 다만, 정당한 사유 없이 그 취득일부터 1년이 경과할 때까지 해당 용도에 직접 사용하지 않거나 해당 용도로 직접 사용한 기간이 3년 미만인 상태에서 매각·증여하거나 다른 용도로 사용하는 경우는 제외한다.

2-10-3. 공공지원민간임대주택

주택 수 산정일 현재 해당 용도에 직접 사용하고 있는 다음의 공공지원민간임대주택은 소유 주택 수에서 제외합니다.

> 「민간임대주택에 관한 특별법」(제2조 제7호)에 따른 임대사업자가 공공지원민간임대주택(동법 제4조 제4호)으로 공급하기 위하여 취득하는 주택. 다만, 정당한 사유 없이 그 취득일부터 2년이 경과할 때까지 공공지원민간임대주택으로 공급하지 않거나 공공지원민간임대주택으로 공급한 기간이 3년 미만인 상태에서 매각·증여하거나 다른 용도로 사용하는 경우는 제외한다.

2-10-4. 가정어린이집운영 주택

주택 수 산정일 현재 해당 용도에 직접 사용하고 있는 다음의 가정어린이집운영주택은 소유 주택 수에서 제외합니다.

「영유아보육법」(제10조 제5호)에 따른 가정어린이집으로 운영하기 위하여 취득하는 주택. 다만, 정당한 사유 없이 그 취득일부터 1년이 경과할 때까지 해당 용도에 직접 사용하지 않거나 해당 용도로 직접 사용한 기간이 3년 미만인 상태에서 매각·증여하거나 다른 용도로 사용하는 경우는 제외하되, 가정어린이집을 「영유아보육법」(제10조 제1호)에 따른 국공립어린이집으로 전환한 경우는 당초 용도대로 직접 사용하는 것으로 본다.(2021.12.31. 단서개정)

2-10-5. 사원임대용 주택

주택 수 산정일 현재 해당 용도에 직접 사용하고 있는 다음의 사원임대용주택은 소유 주택 수에서 제외합니다.

사원에 대한 임대용으로 직접 사용할 목적으로 취득하는 주택으로서 1구의 건축물의 연면적(전용면적을 말한다)이 60제곱미터 이하인 공동주택(「건축법 시행령」 별표 1 제1호 다목에 따른 다가구주택으로서 「건축법」 제38조에 따른 건축물대장에 호수별로 전용면적이 구분되어 기재되어 있는 다가구주택을 포함한다). 다만, 다음 각 목의 어느 하나에 해당하는 주택은 제외한다.(2023.03.14. 개정)

가. 취득하는 자가 개인인 경우
   다음의 친족관계(「지방세기본법 시행령」 제2조 제1항 각호)인 사람에게 제공하는 주택
   1. 6촌 이내의 혈족
   2. 4촌 이내의 인척
   3. 배우자(사실상의 혼인관계에 있는 사람을 포함한다)
   4. 친생자로서 다른 사람에게 친양자로 입양된 사람 및 그 배우자·직계비속

나. 취득하는 자가 법인인 경우
   과점주주(「지방세기본법」 제46조제2호)에게 제공하는 주택

다. 정당한 사유 없이 그 취득일부터 1년이 경과할 때까지 해당 용도에 직접 사용하지 않거나 해당 용도로 직접 사용한 기간이 3년 미만인 상태에서 매각·증여하거나 다른 용도로 사용하는 주택

2-10-6. 문화유산에 해당하는 주택·천연기념물등

다음 표 각 목의 어느 하나에 해당하는 주택은 소유 주택 수에서 제외합니다.

> 가. 「문화유산의 보존 및 활용에 관한 법률」에 따른 지정문화유산
> 나. 「근현대문화유산의 보존 및 활용에 관한 법률」에 따른 등록문화유산
> 다. 「자연유산의 보존 및 활용에 관한 법률」에 따른 천연기념물등

2-10-7. 멸실시킬 목적으로 취득하는 주택

다음 표 각 목의 어느 하나에 해당하는 주택으로서 멸실시킬 목적으로 취득하는 주택은 주택 수 산정일 현재 해당 용도에 직접 사용하고 있는 경우 소유 주택 수에서 제외합니다.

> 가. 공공기관등이 법에 따른 보상을 위해 취득하는 주택
> 「공공기관의 운영에 관한 법률」제4조에 따른 공공기관 또는 「지방공기업법」제3조에 따른 지방공기업이 「공익사업을 위한 토지 등의 취득 및 보상에 관한 법률」제4조에 따른 공익사업을 위하여 취득하는 주택
>
> 나. 도정법등 사업시행자가 주택건설사업을 위하여 취득하는 주택
> 다음 중 어느 하나에 해당하는 자가 주택건설사업을 위하여 취득하는 주택. 다만, 해당 주택건설사업이 주택과 주택이 아닌 건축물을 한꺼번에 신축하는 사업인 경우에는 신축하는 주택의 건축면적 등을 고려하여 행정안전부령으로 정하는 바에 따라 산정한 부분으로 한정한다.(2021.04.27 개정)
>
> 1) 「도시 및 주거환경정비법」 제2조 제8호에 따른 사업시행자
> 2) 「빈집 및 소규모주택 정비에 관한 특례법」 제2조 제1항 제5호에 따른 사업시행자
> 3) 「주택법」 제2조 제11호에 따른 주택조합(같은 법 제11조 제2항에 따른 "주택조합설립인가를 받으려는 자"를 포함한다)
> 4) 「주택법」 제4조에 따라 등록한 주택건설사업자
> 5) 「민간임대주택에 관한 특별법」 제23조에 따른 공공지원민간임대주택 개발사업 시행자
> 6) 주택신축판매업[한국표준산업분류에 따른 주거용 건물 개발 및 공급업과 주거용 건물 건설업(자영건설업으로 한정한다)을 말한다]을 영위할 목적으로 「부가가치세법」 제8조 제1항에 따라 사업자 등록을 한 자

다. 「공공주택 특별법」 제2조 제1호의3의 공공매입임대주택을 건설하려는 자(같은 법 제4조에 따른 공공주택사업자와 공공매입임대주택을 건설하여 양도하기로 약정을 체결한 자로 한정한다)가 해당 공공매입임대주택을 건설하기 위하여 취득하는 주택. 다만, 그 약정이 해제·해지된 경우 또는 그 약정에 따라 공공매입임대주택을 건설하지 않거나 양도하지 않은 경우는 제외한다.(2024.12.31 신설)

다만, 위 표 나목 5)의 경우에는 정당한 사유 없이 그 취득일부터 2년이 경과할 때까지 해당 주택을 멸실시키지 않거나 그 취득일부터 6년이 경과할 때까지 주택을 신축하지 않은 경우는 제외하고, 위 표 나목 6)의 경우에는 정당한 사유 없이 그 취득일부터 1년이 경과할 때까지 해당 주택을 멸실시키지 않거나 그 취득일부터 3년이 경과할 때까지 주택을 신축하지 않은 경우 또는 그 취득일부터 5년이 경과할 때까지 신축 주택을 판매하지 않은 경우는 제외[1]하며, 위 표 나목 5) 및 6) 외의 경우에는 정당한 사유 없이 그 취득일부터 3년이 경과할 때까지 해당 주택을 멸실시키지 않거나 그 취득일부터 7년이 경과할 때까지 주택을 신축하지 않은 경우는 당초 납부하였어야할 취득세(중과세)와 가산세를 추가로 납부하여야 합니다.

[기한 내 멸실 또는 신축 등을 하지 않은 경우 중과세 적용]

구분	멸실 기한 등
1) 공공지원민간임대주택 개발사업 시행자 (위 표 나목 5)의 경우)	취득일로부터 2년이 경과할 때까지 해당 주택을 멸실시키지 않거나 그 취득일로부터 6년이 경과할 때까지 주택을 신축하지 않은 경우
2) 주택신축판매업 목적 사업자등록자 (위 표 나목 6)의 경우)	그 취득일부터 1년이 경과할 때까지 해당 주택을 멸실시키지 않거나 그 취득일부터 3년이 경과할 때까지 주택을 신축 하지 않은 경우 또는 그 취득일부터 5년이 경과할 때까지 신축 주택을 판매하지 않은 경우
3) 위 1) 및 2)이외의 자 (재개발 조합 등)	3년이 경과할 때까지 해당 주택을 멸실시키지 않거나 그 취득일부터 7년이 경과할 때까지 주택을 신축하지 않은 경우

---

1) 개정규정은 2021년 4월 27일부터 2024년 12월 31일까지의 기간 동안 멸실시킬 목적으로 취득한 주택에 대해서도 적용합니다. 법 개정전에는 " 그 취득일부터 3년이 경과할 때까지 주택을 신축하여 판매하지 않은 경우"로 되어 있어 기한이 매우 촉박하였습니다.

[멸실 목적 취득 후 신축 및 판매기한의 소급 연장]

개정 전 (2024.12.31. 이전)	개정 후(2025.1.1. 이후)
그 취득일부터 3년이 경과할 때까지 주택을 신축하여 판매하지 않은 경우	그 취득일부터 3년이 경과할 때까지 주택을 신축하지 않은 경우 또는 그 취득일부터 5년이 경과할 때까지 신축 주택을 판매하지 않은 경우 ⇨ 개정규정은 2021년 4월 27일부터 2024년 12월 31일까지의 기간 동안 멸실시킬 목적으로 취득한 주택에 대해서도 적용

 주택건설사업자가 주택을 취득하여 해당 주택을 멸실 후 [주택과 오피스텔] 또는 [주택과 근린생활시설 등]을 함께 신축한 경우 취득세 중과세 배제 부분은?

도정법등 사업시행자가 주택건설사업을 위하여 멸실시킬 목적으로 취득하는 주택으로서 주택건설사업이 주택과 주택이 아닌 건축물을 한꺼번에 신축하는 사업인 경우 중과세 대상으로 보지 않는 부분은 다음과 같습니다.

구 분		중과세 배제 부분
① 「도시정비법」에 따른 정비사업 중 주거환경을 개선하기 위한 사업, 「주택법」에 따른 지역주택조합 및 직장주택조합이 시행하는 사업		해당 주택건설사업을 위하여 취득하는 주택의 100분의 100에 해당하는 부분
② 「도시정비법」 따른 재개발사업 중 도시환경을 개선하기 위한 사업		해당 주택건설사업을 위하여 취득하는 주택 중 다음의 비율(A·B)에 해당하는 부분 신축하는 주택의 연면적(A) 신축하는 주택 및 주택이 아닌 건축물 전체의 연면적(B)
③ 그 밖의 주택건설사업	신축하는 주택의 연면적이 신축하는 주택 및 주택이 아닌 건축물 전체 연면적의 100분의 50 이상인 경우	해당 주택건설사업을 위하여 취득하는 주택의 100분의 100에 해당하는 부분
	신축하는 주택의 연면적이 신축하는 주택 및 주택이 아닌 건축물 전체 연면적의 100분의 50 미만인 경우	해당 주택건설사업을 위하여 취득하는 주택 중 다음의 비율(A·B)에 해당하는 부분 신축하는 주택의 연면적(A) 신축하는 주택 및 주택이 아닌 건축물 전체의 연면적(B)

2-10-8. 주택 시공자가 공사대금으로 취득한 미분양 주택

다음 표의 요건에 해당되는 경우 주택 시공자가 공사대금으로 취득한 미분양 주택은 소유 주택 수에서 제외합니다.

구 분	내 용
요 건	① 주택의 시공자가 ② 사업시행자로부터 ③ 해당 주택의 공사대금으로 취득한 ④ 미분양주택일 것 　(단, 주택의 취득일부터 3년 이내의 기간으로 한정)
주택 시공자	「주택법」(제33조②)에 따른 시공자 및 「건축법」(제2조 제16호)에 따른 공사시공자를 말함.
사업시행자	가. 「건축법」(제11조)에 따른 허가를 받은 자 나. 「주택법」(제15조)에 따른 사업계획승인을 받은 자
미분양주택	「주택법」(제54조)에 따른 사업주체가 같은 조에 따라 공급하는 주택으로서 입주자모집공고에 따른 입주자의 계약일이 지난 주택단지에서 취득일 현재까지 분양계약이 체결되지 않아 선착순의 방법으로 공급하는 주택을 말함.
예외	건축법(제11조)에 따른 허가를 받은 자로부터 취득한 주택으로서 자기 또는 임대계약 등 권원을 불문하고 타인이 거주한 기간이 1년 이상인 경우는 제외

2-10-9. 농어촌주택

다음 각 호의 요건을 갖춘 농어촌주택은 주택 수 산정일 현재 소유 주택에서 제외합니다.

구 분	내 용
요건	다음 1) ~2)의 요건을 모두 충족한 주택일 것 1) 다음 각 호의 요건을 갖춘 농어촌주택일 것 　① 면적기준(대지 660㎡이내 + 건축물 연면적 150㎡이내) 　② 가액기준(건축물 시가표준액 6,500만원 이내) 　③ 지역기준(광역시 군지역, 수도권지역등 외의 지역 소재) 2) 주택 수 산정일 현재 "건축물의 가액(건물신축가격에 구조지수·용도지수등을 곱하여 산정된 가액을 말함)이 6천500만원 이내일 것"(지방령 제28조 제2항 제2호)

면적기준 [1]의 ①	대지면적이 660제곱미터 이내이고 건축물의 연면적이 150제곱미터 이내일 것
가액기준 [1]의 ②	건축물의 가액(건물신축가격에 구조지수·용도지수등을 곱하여 산정된 가액을 말함)이 6천500만원 이내일 것
지역기준 [1]의 ③	다음 각 목의 어느 하나에 해당하는 지역에 있지 아니할 것 1) 광역시에 소속된 군지역 또는 「수도권정비계획법」 제2조 제1호에 따른 수도권지역. 다만, 「접경지역 지원 특별법」 제2조 제1호에 따른 접경지역과 「수도권정비계획법」에 따른 자연보전권역 중 행정안전부령으로 정하는 지역은 제외한다. 2) 「국토의 계획 및 이용에 관한 법률」 제6조에 따른 도시지역 및 「부동산 거래신고 등에 관한 법률」 제10조에 따른 허가구역(토지거래허가구역) 3) 「소득세법」 제104조의2 제1항에 따라 기획재정부장관이 지정하는 지역(지정지역) 4) 「조세특례제한법」 제99조의4 제1항 제1호 가목5)에 따라 정하는 지역(관광진흥법 제2조에 따른 관광단지)

 건축물의 가액 6,500만원에는 건축물의 부속 토지 가액을 포함하는지?
포함하지 않음.(즉, 순수한 건축물의 시가표준액만을 말함)

2-10-10. 주거용 건물건설업 사업자의 신축 재고주택

「통계법」 (제22조)에 따라 통계청장이 고시하는 산업에 관한 표준분류에 따른 주거용 건물 건설업 또는 주거용 건물 개발 및 공급업(2025.1.1.이후 납세의무 성립분부터 적용)을 영위하는 자가 신축하여 보유하는 주택은 소유하는 주택 수에서 제외합니다. 다만, 자기 또는 임대계약 등 권원을 불문하고 타인이 거주한 기간이 1년 이상인 주택은 소유 주택 수에 포함합니다.

2-10-11. 상속주택·조합원입주권·주택분양권·오피스텔

상속을 원인으로 취득한 주택, 조합원입주권, 주택분양권 또는 오피스텔로서 상속개시일부터 5년이 지나지 않은 주택, 조합원입주권, 주택분양권 또는 오피스텔은 소유 주택 수에서 배제합니다.

2-10-12. 시가표준액 1억원 이하인 오피스텔

주택 수 산정일 현재 시가표준액(지분이나 부속토지만을 취득한 경우에는 전체 건축물과 그 부속토지의 시가표준액을 말한다)이 1억원 이하인 오피스텔은 소유 주택 수에서 제외합니다.

2-10-13. 시가표준액 1억 이하의 부속토지

주택 수 산정일 현재 시가표준액이 1억원 이하인 부속토지만을 소유한 경우 해당 부속토지는 소유 주택 수에서 배제합니다(2023.3.14. 이후 납세의무 성립분부터 적용함).

주택의 부속토지』(A)만 소유하고 있던 중 2023.3.14. 이후 조정대상지역 내에 있는 새로운 주택(B)을 취득하는 경우, A는 소유주택 수에서 배제되나요?

YES!(주택 수 산정일 현재 A의 시가표준액 1억원 이하인 경우로 한정). 참고적으로 주택의 지분으로 소유하고 있는 경우에는 소유하고 있는 주택(그 부속토지 포함) 전체의 시가표준액 1억원 이하인 경우에만 소유 주택 수에서 제외합니다.

2-10-14. 혼인 전 소유한 주택분양권으로 취득 시 배우자의 혼인 전 소유 주택

혼인한 사람이 혼인 전 소유한 주택분양권으로 주택을 취득하는 경우 다른 배우자가 혼인 전부터 소유하고 있는 주택은 소유 주택 수에서 배제합니다(2023.3.14. 이후 납세의무 성립분부터 적용함).

2-10-15. 특례기간 중 취득하는 소형 신축 주택, 소형 임대주택 또는 지방 미분양 아파트(지방세법 시행령 제28조의4②)

① 소형 신축 주택

2024년 1월 10일부터 2027년 12월 31일까지 「주택법」(제49조)에 따른 사용검사 또는 「건축법」(제22조)에 따른 사용승인(임시사용승인을 포함한다)을 받은 신축 주택을 같은 기간 내에 최초로 유상승계취득하는 주택으로서 다음 표 각 목의 요건을 모두 갖춘 주택은 소유 주택 수에서 배제합니다.

> 가. 「주택법 시행령」에 따른 다가구주택(「건축법」에따른 건축물대장에 호수별로 전용면적이 구분되어 기재되어 있는 다가구주택으로 한정한다.), 연립주택, 다세대주택 또는 도시형 생활주택 중 어느 하나에 해당할 것
> 나. 전용면적이 60제곱미터 이하이고 취득당시가액이 3억(수도권에 소재하는 경우에는 6억원으로 한다) 이하일 것

② 소형 임대주택

2024년 1월 10일부터 2027년 12월 31일까지 유상승계취득하는 주택(신축 후 최초로 유상승계취득한 주택은 제외한다)으로서 다음 표 각 목의 요건을 모두 갖춘 주택은 소유 주택 수에서 제외합니다.

> 가. 다가구주택, 연립주택, 다세대주택 또는 도시형 생활주택 중 어느 하나에 해당할 것
> 나. 전용면적이 60제곱미터 이하이고 취득당시가액이 3억원(수도권에 소재하는 경우에는 6억원) 이하일 것
> 다. 임대사업자가 해당 주택을 취득한 날부터 60일 이내에 「민간임대주택에 관한 특별법」 제5조에 따라 임대주택으로 등록하거나 임대사업자가 아닌 자가 해당 주택을 취득한 날부터 60일 이내에 같은 조에 따라 임대사업자로 등록하고 그 주택을 임대주택으로 등록할 것

Q : 임대 외의 용도로 사용 또는 매각·증여하거나 임대사업자 말소 시에는?

A :
「민간임대주택에 관한 특별법」 제2조 제7호에 따른 임대사업자(이하 "임대사업자"라 한다)가 같은 법 제43조 제1항에 따른 임대의무기간에 가목에 해당하는 주택을 임대 외의 용도로 사용하는 경우 또는 매각·증여하는 경우나 같은 조 제4항 각 호의 경우가 아닌 사유로 같은 법 제6조에 따라 임대사업자 등록이 말소된 경우 해당 주택은 본문에 따른 위 표 각 목의 요건을 모두 갖춘 주택에서 제외합니다.(주택 수에 포함하여 취득세 중과세 소급 적용)

③ 지방 미분양아파트

「주택법」(제54조 제1항)에 따른 사업주체가 사용검사를 받은 후 분양되지 않은 같은 법 시행령 제3조 제1항 제1호에 따른 아파트(이하 "아파트"라 함)를 2024년 1월 10일부터 2025년 12월 31일까지 최초로 유상승계취득하는 아파트로서 다음 표 각 목의 요건을 모두 갖춘 아파트는 보유 주택 수에서 배제합니다(본 규정은 2027.12.31.까지로 연장되지 않았습니다).

> 가. 「수도권정비계획법」 제2조 제1호에 따른 수도권 외의 지역에 있을 것
> 나. 전용면적 85제곱미터 이하이고 취득당시가액이 6억원 이하일 것

2-10-16. 특례기간 중 준공된 소형오피스텔

특례기간(2024년 1월 10일부터 2027년 12월 31일까지) 중 「건축법」 제22조에 따른 사용승인(임시사용승인을 포함한다)을 받은 신축 오피스텔을 같은 기간 내에 최초로 유상승계취득하는 오피스텔로서 전용면적이 60제곱미터 이하이고 취득당시가액이 3억(수도권에 소재하는 경우에는 6억원) 이하에 해당하는 오피스텔은 보유 주택 수에서 배제합니다.

2-10-17. 특례기간 중 유상승계취득하는 임대사업자등록 소형오피스텔

2024년 1월 10일부터 2027년 12월 31일까지 유상승계취득하는 오피스텔(신축 후 최초로 유상승계취득한 오피스텔은 제외한다)로서 다음 표 각 목의 요건을 모두 갖춘 오피스텔은 소유 주택 수에서 배제합니다.

> 가. 전용면적이 60제곱미터 이하이고 취득당시가액이 3억원(「수도권정비계획법」제2조 제1호에 따른 수도권에 소재하는 경우에는 6억원으로 한다) 이하일 것
>
> 나. 임대사업자가 해당 오피스텔을 취득한 날부터 60일 이내에 「민간임대주택에 관한 특별법」제5조에 따라 임대주택으로 등록하거나 임대사업자가 아닌 자가 해당 오피스텔을 취득한 날부터 60일 이내에 같은 조에 따라 임대사업자로 등록하고 그 오피스텔을 임대주택으로 등록할 것

Q : 다른 용도로 사용하거나 매각·증여 또는 등록 말소된 경우에는?

> A :
> 임대사업자가 「민간임대주택에 관한 특별법」(제43조 제1항)에 따른 임대의무기간에 가목에 해당하는 오피스텔을 임대 외의 용도로 사용하는 경우 또는 매각·증여하는 경우나 같은 조 제4항 각 호의 경우가 아닌 사유로 같은 법 제6조에 따라 임대사업자 등록이 말소된 경우 해당 오피스텔은 본문에 따른 위 표 각 목의 요건을 모두 갖춘 오피스텔에서 제외합니다.(주택 수에 포함하여 취득세 중과세 소급 적용)

2-11. 특례 기간 중 취득하는 주택의 주택 수 제외 특례

2024년 1월 10일부터 2027년 12월 31일까지 소형 신축 주택, 소형 임대주택 또는 지방 미분양 아파트 중 어느 하나를 취득하는 경우 취득세율 적용의 기준이 되는 1세대의 주택 수는 주택 취득일 현재 취득하는 주택을 제외하고 1세대가 소유한 주

택, 조합입주권, 주택분양권 및 오피스텔의 수로 중과세 여부를 판단하도록 하였습니다. 특례 주택의 구체적 내용은 "2-10-17"과 동일합니다.

[3] 취득 시 무조건 중과세 배제되는 주택

다음 표 각 호의 어느 하나에 해당하는 주택은 유상 취득 시 취득세 중과세(8%, 12%) 대상으로 보지 않습니다. 즉, 일반세율(1% ~ 3%)의 취득세가 부과되며 개인 및 법인 모두에게 적용됩니다.

연번	중과세 배제 주택	중과세 배제 제외
①	시가표준액 1억원 이하인 주택(수도권 외의 지역 소재 주택은 2억원 이하)	재개발등 정비구역 또는 사업시행구역 내 주택은 가액 기준 없음
②	공공주택사업자가 공공매입임대주택을 공급하기 위하여 취득하는 주택 등	- 취득일부터 2년내 미공급 - 공급기간이 3년 미만인 상태에서 매각·증여하거나 다른 용도로 사용 시 제외
②	공공주택사업자(「공공주택 특별법」 제4조 제1항)가 지분적립형 분양주택이나 이익공유형 분양주택을 분양받은 자로부터 환매하여 취득하는 주택	-
②	토지등소유자(「공공주택 특별법」 제40조의7 제2항 제2호)가 공공주택사업자로부터 현물보상으로 공급받아 취득하는 주택	-
③	노인복지주택으로 운영하기 위하여 취득하는 주택	- 취득일부터 1년이 이내 해당 용도에 직접 미사용 - 해당 용도로 직접 사용한 기간이 3년 미만인 상태에서 매각·증여하거나 다른 용도로 사용
③	「도시재생 활성화 및 지원에 관한 특별법」 제55조의3에 따른 토지등소유자가 같은 법 제45조 제1호에 따른 혁신지구사업시행자로부터 현물보상으로 공급받아 취득하는 주택	-
④	문화유산 주택 등	-

⑤	공공지원민간임대주택으로 공급 목적으로 취득하는 주택	- 취득일부터 2년이 경과할 때까지 미공급 - 공공지원민간임대주택으로 공급한 기간이 3년 미만인 상태에서 매각·증여하거나 다른 용도로 사용하는 경우
⑥	가정어린이집으로 운영하기 위하여 취득하는 주택	- 취득일부터 1년이 경과할 때까지 해당 용도에 직접 미사용 - 해당 용도로 직접 사용한 기간이 3년 미만인 상태에서 매각·증여하거나 다른 용도로 사용, 다만, 가정어린이집을 「영유아보육법」 제10조 제1호에 따른 국공립어린이집으로 전환한 경우는 당초 용도대로 직접 사용하는 것으로 본다.
⑦	주택도시기금등이 출자 설립한 투자회사가 취득하는 주택	-
⑧	재개발등으로 멸실시킬 목적으로 취득하는 주택	취득일부터 일정기한이 경과할 때까지 해당 주택을 멸실시키지 않은 경우
⑨	주택의 시공자가 공사대금으로 취득한 미분양 주택	주택법에 따른 건축허가 받은 자로부터 취득한 주택으로 타인이 거주한 기간이 1년 이상인 경우
⑩	저당권의 실행 또는 채권변제로 취득하는 주택	취득일부터 3년이 경과할 때까지 해당 주택을 처분하지 않은 경우
⑪	농어촌주택	-
⑫	사원에 대한 임대용으로 직접 사용할 목적으로 취득하는 주택	- 특수관계가 있는 사람에게 제공하는 주택 - 과점주주에게 제공하는 주택 - 취득일부터 1년이 경과할 때까지 해당 용도에 직접 미사용한 경우 - 해당 용도로 직접 사용한 기간이 3년 미만인 상태에서 매각·증여하거나 다른 용도로 사용한 경우
⑬	물적분할로 인하여 분할신설법인이 분할법인으로부터 취득하는 미분양 주택	분할등기일부터 3년 이내에 「법인세법」 제47조 제3항 각 호의 어느 하나에 해당하는 사유가 발생한 경우
⑭	「주택법」에 따른 리모델링주택조합이 같은 법 제22조 제2항(미동의자 매도청구)에 따라 취득하는 주택	-
⑮	한국토지주택공사 또는 지방공사가 취득하는 토지임대부 분양주택을 공급하기 위하여 취득하는 주택 등	-

3-1. 시가표준액 1억원(수도권 외의 지역은 2억원) 이하인 주택

3-1-1. 원칙

유상으로 취득한 주택의 시가표준액이 1억원(수도권 외의 지역 소재 주택은 2억원) 이하인 주택은 1세대 다주택 여부에 불구하고 취득세를 중과세하지 않습니다. 즉, 취득실가의 1%의 취득세율이 적용됩니다.

3-1-2. 시가표준액 1억원(수도권 외의 지역은 2억원) 이하인 경우에도 취득세를 중과세하는 경우

「도시 및 주거환경정비법」따른 정비구역(종전의 「주택건설촉진법」에 따라 설립인가를 받은 재건축조합의 사업부지를 포함한다)으로 지정·고시된 지역 또는 「빈집 및 소규모주택 정비에 관한 특례법」에 따른 사업시행구역에 소재하는 주택은 시가표준액이 1억원(수도권 외의 지역 소재 주택은 2억원) 이하인 경우에도 취득세가 중과세 될 수 있습니다.

 수도권과밀억제권역(산업단지제외) 내에서 설립(전입) 후 5년 이내 법인이 시가표준액 1억원이하의 주택을 유상으로 취득하는 경우에도 무조건 일반세율(1%)의 취득세가 적용되나요?

취득한 주택에 대해 둘 이상의 세율이 해당되는 경우에는 그 중 높은 세율을 적용하도록 하고 있습니다. 따라서 수도권과밀억제권역(산업단지제외) 내에서 설립(전입) 후 5년 이내 법인이 취득한 주택은 원칙적으로 12%의 취득세율이 적용됩니다.
➡ 수도권과밀억제권역 외의 지역에 법인본점이 있으면서 수도권과밀억제권역 안의 시가표준액 1억원이하(재개발등 정비구역 제외)의 주택을 취득하는 경우에는 1%의 취득세율이 부과될 수 있습니다. (인적, 물적 설비가 없는 단순한 재고자산인 경우에 한함)

3-1-3. 지분이나 부속토지만을 취득한 경우 시가표준액 1억원(수도권 외의 지역은 2억원)의 판단은?

전체 주택의 시가표준액으로 판단합니다.

구 분	내 용
요건	해당 주택의 시가표준액이 1억원(수도권 외의 지역에 소재하는 경우에는 2억원) 이하인 주택

시가표준액
(지방법 제4조)
	㉠ 원칙 : 공시된 가액
	  – 단독주택 : 개별주택가격
	  – 다세대·연립·아파트 : 공동주택가격
	㉡ 신축주택 : 국토부의 주택가격조사산정지침의 비준표에 따라 계산한 가액

1억이하의 예외 (소유 주택수에 포함)	다음의 정비구역 또는 사업시행구역에 소재하는 주택은 시가표준액 1억 이하인 경우에도 소유주택 수에 포함한다. ㉠ 도정법(제2조 제1호)상 정비구역(종전의 「주택건설촉진법」에 따라 설립인가를 받은 재건축조합의 사업부지를 포함한다)으로 지정·고시된 지역 ㉡ 「빈집 및 소규모주택 정비에 관한 특례법」(제2조①제4호)에 따른 사업시행구역에 소재하는 주택
지분이나 부속토지만을 취득한 경우 1억이하의 판단 기준	전체 주택의 시가표준액을 기준으로 한다. ex) 주택의 1/3지분(시가표준액 4천만원)을 취득한 경우 시가표준액 1억이하 여부의 판단은 해당 주택 전체지분(1억2천만원)을 기준으로 판단한다.

2023.3.14. 이후 일반주택 보유 중 조정대상지역 내에 있는 주택의 부속토지(시가표준액 1억원이하)만 취득 시에도 중과세 배제되나요?

NO! 주택의 부속토지만을 취득하는 경우에는 부속토지의 시가표준액 1억원 이하 여부에 불구하고 해당 주택(그 부속토지 포함)의 전체 시가표준액을 기준으로 판단합니다. 참고적으로 2023.3.14. 이후부터는 새로운 주택의 취득 시 이미 소유하고 있는 주택부속토지(시가표준액이 1억원 이하인 경우에 한함)를 소유주택 수에서 배제합니다.

3-2. 공공주택사업자등이 취득하는 주택

3-2-1. 공공주택사업자가 공급하기 위하여 취득하는 주택

「공공주택 특별법」(제4조 제1항)에 따라 지정된 공공주택사업자가 다음 각 목의 어느 하나에 해당하는 주택을 공급(가목의 경우 신축·개축하여 공급하는 경우를 포함한다)하기 위하여 취득하는 주택은 중과세를 배제합니다.

> 가. 「공공주택 특별법」 제43조 제1항에 따라 공급하는 공공매입임대주택
> 나. 「공공주택 특별법」에 따른 지분적립형 분양주택이나 이익공유형 분양주택

다만, 공공매입임대주택(위 "가목")의 경우, 정당한 사유 없이 그 취득일부터 2년이 경과할 때까지 공공매입임대주택으로 공급하지 않거나 공공매입임대주택으로 공급한 기간이 3년 미만인 상태에서 매각·증여하거나 다른 용도로 사용하는 경우는 제외합니다.

3-2-2. 공공주택사업자가 환매하여 취득하는 주택

「공공주택 특별법」(제4조 제1항)에 따라 지정된 공공주택사업자가 "3-2-1" 나목의 주택을 분양받은 자로부터 환매하여 취득하는 주택은 중과세를 배제합니다.

3-2-3. 공공주택사업자로부터 현물보상으로 공급받아 취득하는 주택

「공공주택 특별법」(제40조의7 제2항 제2호)에 따른 토지등소유자가 같은 법 (제40조의10 제3항)에 따라 공공주택사업자로부터 현물보상으로 공급받아 취득하는 주택은 중과세를 배제합니다.

3-3. 노인복지주택으로 운영하기 위하여 취득하는 주택

o 원칙: 중과세 배제

「노인복지법」에 따른 노인복지주택으로 운영하기 위하여 유상으로 취득하는 주택은 취득세를 중과세하지 않습니다.

o 예외(1년 내 미사용 또는 직접 사용기간이 3년 미만 매각 등)

다만, 정당한 사유 없이 그 취득일부터 1년이 경과할 때까지 해당 용도에 직접 사용하지 않거나 해당 용도로 직접 사용한 기간이 3년 미만인 상태에서 매각·증여하거나 다른 용도로 사용하는 경우는 제외합니다.

3-4. 혁신지구사업시행자로부터 현물보상으로 공급받아 취득하는 주택

「도시재생 활성화 및 지원에 관한 특별법」(제55조의3)에 따른 토지등소유자가 같은 법(제45조 제1호)에 따른 혁신지구사업시행자로부터 현물보상으로 공급받아 취득하는 주택은 중과세를 배제합니다.

3-5. 문화재에 해당하는 주택

다음 각 목의 어느 하나에 해당하는 주택은 중과세를 제외합니다.

> 가. 「문화유산의 보존 및 활용에 관한 법률」에 따른 지정문화유산
> 나. 「근현대문화유산의 보존 및 활용에 관한 법률」에 따른 등록문화유산
> 다. 「자연유산의 보존 및 활용에 관한 법률」에 따른 천연기념물등

3-6. 공공지원민간임대주택으로 공급하기 위하여 취득하는 주택

● 원칙

「민간임대주택에 관한 특별법」에 따른 임대사업자가 공공지원민간임대주택으로 공급하기 위하여 유상으로 취득하는 주택은 취득세를 중과세하지 않습니다.

● 예외

정당한 사유 없이 그 취득일부터 2년이 경과할 때까지 공공지원민간임대주택으로 공급하지 않거나 공공지원민간임대주택으로 공급한 기간이 3년 미만인 상태에서 매각·증여하거나 다른 용도로 사용하는 경우는 제외합니다.

3-7. 가정어린이집으로 운영하기 위하여 취득하는 주택

● 원칙

「영유아보육법」따른 가정어린이집으로 운영하기 위하여 유상으로 취득하는 주택은 취득세를 중과세(8%, 12%) 하지 않습니다.

● 예외

정당한 사유 없이 그 취득일부터 1년이 경과할 때까지 해당 용도에 직접 사용하지 않거나 해당 용도로 직접 사용한 기간이 3년 미만인 상태에서 매각·증여하거나 다른 용도로 사용하는 경우는 제외하되, 가정어린이집을 「영유아보육법」(제10조 제1호)에 따른 국공립어린이집으로 전환한 경우는 당초 용도대로 직접 사용하는 것으로 봅니다.

3-8. 주택도시기금등이 출자하여 설립한 부동산투자회사가 취득하는 일정한 주택

「주택도시기금법」에 따른 주택도시기금과 「한국토지주택공사법」에 따라 설립된 한국토지주택공사가 공동으로 출자하여 설립한 부동산투자회사 또는 「한국자산관리공사 설립 등에 관한 법률」에 따라 설립된 한국자산관리공사가 출자하여 설립한 부동산투자회사가 유상으로 취득하는 주택으로서 취득 당시 다음 표 각 목의 요건을 모두 갖춘 주택은 취득세를 중과세하지 않습니다.

> 가. 해당 주택의 매도자(이하 이 호에서 "매도자"라 한다)가 거주하고 있는 주택으로서 해당 주택 외에 매도자가 속한 세대가 보유하고 있는 주택이 없을 것
> 나. 매도자로부터 취득한 주택을 5년 이상 매도자에게 임대하고 임대기간 종료 후에 그 주택을 재매입할 수 있는 권리를 매도자에게 부여할 것
> 다. 시가표준액(지분이나 부속토지만을 취득한 경우에는 전체 주택의 시가표준액을 말한다)이 5억원 이하인 주택일 것

3-9. 멸실시킬 목적으로 취득하는 주택

3-9-1. 원칙

다음 표 각 호의 어느 하나에 해당하는 주택으로서 멸실시킬 목적으로 유상으로 취득하는 주택은 취득세를 중과세하지 않습니다.

가. 공공기관 또는 지방공기업이 공익사업을 위해 취득하는 주택

나. 다음 중 어느 하나에 해당하는 자가 주택건설사업을 위하여 취득하는 주택. 다만, 해당 주택건설사업이 주택과 주택이 아닌 건축물을 한꺼번에 신축하는 사업인 경우에는 신축하는 주택의 건축면적 등을 고려하여 행정안전부령으로 정하는 바에 따라 산정한 부분으로 한정한다.(2021.04.27. 개정)
1) 도정법상 사업시행자(조합등)가 주택건설사업을 위하여 취득하는 주택
2) 빈집정비법상 사업시행자(조합등)가 주택건설사업을 위하여 취득하는 주택
3) 주택법에 따른 주택조합이 주택건설사업을 위하여 취득하는 주택
4) 주택법에 따라 등록한 주택건설사업자가 주택건설사업을 위하여 취득하는 주택
5) 「민간임대주택에 관한 특별법」 따른 공공지원민간임대주택 개발사업 시행자가 취득하는 주택
6) 주택신축판매업[한국표준산업분류에 따른 주거용 건물 개발 및 공급업과 주거용 건물 건설업(자영건설업으로 한정한다)을 말한다]을 영위할 목적으로 「부가가치세법」 제8조 제1항에 따라 사업자등록을 한 자가 취득하는 주택

다. 「공공주택 특별법」 제2조 제1호의3의 공공매입임대주택을 건설하려는 자(같은 법 제4조에 따른 공공주택사업자와 공공매입임대주택을 건설하여 양도하기로 약정을 체결한 자로 한정한다)가 해당 공공매입임대주택을 건설하기 위하여 취득하는 주택. 다만, 그 약정이 해제·해지된 경우 또는 그 약정에 따라 공공매입임대주택을 건설하지 않거나 양도하지 않은 경우는 제외한다.(2024.12.31. 신설)

주택법에 따라 등록한 주택건설사업자가 주택건설사업을 위하여 유상으로 취득한 주택을 멸실한 후 상가만 신축한 경우?

상가만 신축한 경우에는 당초 멸실목적으로 취득한 주택에 대한 취득세를 중과세합니다.

 주택법에 따라 등록한 주택건설사업자가 주택건설사업을 위하여 유상으로 취득한 주택을 멸실한 후 주택과 주택외의 건물(오피스텔, 상가 등)을 함께 신축한 경우 당초 멸실 목적으로 취득한 주택에 한해 다시 취득세를 중과세하나요?

- 아래 표에 따라 판단합니다. -

구 분		중과세 배제 부분
①「도시정비법」에 따른 정비사업 중 주거환경을 개선하기 위한 사업,「주택법」에 따른 지역주택조합 및 직장주택조합이 시행하는 사업		해당 주택건설사업을 위하여 취득하는 주택의 100분의 100에 해당하는 부분
②「도시정비법」따른 재개발사업 중 도시환경을 개선하기 위한 사업		해당 주택건설사업을 위하여 취득하는 주택 중 다음의 비율(A·B)에 해당하는 부분 신축하는 주택의 연면적(A) 신축하는 주택 및 주택이 아닌 건축물 전체의 연면적(B)
③ 그 밖의 주택건설사업	신축하는 주택의 연면적이 신축하는 주택 및 주택이 아닌 건축물 전체 연면적의 100분의 50 이상인 경우	해당 주택건설사업을 위하여 취득하는 주택의 100분의 100에 해당하는 부분
	신축하는 주택의 연면적이 신축하는 주택 및 주택이 아닌 건축물 전체 연면적의 100분의 50 미만인 경우	해당 주택건설사업을 위하여 취득하는 주택 중 다음의 비율(A·B)에 해당하는 부분 신축하는 주택의 연면적(A) 신축하는 주택 및 주택이 아닌 건축물 전체의 연면적(B)

 주택법에 따라 등록한 주택건설사업자외의 자(미등록업자)가 주택건설사업을 위하여 유상 취득하는 주택은 취득세가 중과세 되나요?

2021.4.27. 지방세법 시행령의 개정으로 주택신축판매업[한국표준산업분류에 따른 주거용 건물 개발 및 공급업과 주거용 건물 건설업(자영건설업으로 한정한다)을 말한다]을 영위할 목적으로 「부가가치세법」 제8조 제1항에 따라 사업자 등록을 한 자라면 중과세가 배제됩니다.

3-9-2. 예외

정당한 사유 없이 그 취득일부터 일정 기한이 경과할 때까지 해당 주택을 멸실시키지 않은 경우 등은 제외합니다.

[기한 내 멸실 또는 신축 등을 하지 않은 경우 중과세 적용]

구분	멸실 기한 등
1) 공공지원민간임대주택 개발사업 시행자 (위 표 나목 5)의 경우)	취득일로부터 2년이 경과할 때까지 해당 주택을 멸실시키지 않거나 그 취득일로부터 6년이 경과할 때까지 주택을 신축하지 않은 경우
2) 주택신축판매업 목적 사업자등록자 (위 표 나목 6)의 경우)	그 취득일부터 1년이 경과할 때까지 해당 주택을 멸실시키지 않거나 그 취득일부터 3년이 경과할 때까지 주택을 신축하지 않은 경우 또는 그 취득일부터 5년이 경과할 때까지 신축 주택을 판매하지 않은 경우(2021년 4월 27일부터 2024년 12월 31일까지의 기간 동안 멸실시킬 목적으로 취득한 주택에 대해서도 적용)
3) 위 1) 및 2) 이외의 자 (재개발 조합 등)	3년이 경과할 때까지 해당 주택을 멸실시키지 않거나 그 취득일부터 7년이 경과할 때까지 주택을 신축하지 않은 경우

3-9-3. 공동명의로 등록된 주택건설사업자가 취득하는 멸실목적주택 중과 여부 질의 회신

주택건설사업자를 공동명의로 등록한 경우 멸실목적 주택을 공동명의로 취득해야 한다고 규정되지 않은 이상, 「주택법」에 따라 주택건설사업자로 등록된 자가 주택 설을 위해 멸실목적으로 취득하는 주택이라면 중과세 예외 대상에 해당됩니다(부동산세제-1585, 2021.06.15.).

3-10. 주택 시공자가 건축주로부터 공사대금으로 취득한 미분양주택

● 원칙

주택의 시공자가 다음 각 목의 어느 하나에 해당하는 자로부터 해당 주택의 공사대금으로 취득한 미분양 주택(「주택법」 제54조에 따른 사업주체가 같은 조에 따라 공급하는 주택으로서 입주자모집공고에 따른 입주자의 계약일이 지난 주택단지에서 취득일 현재까지 분양계약이 체결되지 않아 선착순의 방법으로 공급하는 주택을 말한다)은 취득세를 중과세하지 않습니다.

가. 「건축법」에 따른 허가를 받은 자

나. 「주택법」에 따른 사업계획승인을 받은 자(2020.08.12. 신설)

● 예외

「건축법」에 따른 허가를 받은 자로부터 취득한 주택으로서 자기 또는 임대계약 등 권원을 불문하고 타인이 거주한 기간이 1년 이상인 경우는 제외합니다.

[공사대금으로 취득한 미분양 주택]

구 분	내 용
요 건	① 주택의 시공자가 ② 사업시행자로부터 ③ 해당 주택의 공사대금으로 취득한 ④ 미분양주택일 것 (단, 주택의 취득일부터 3년 이내의 기간으로 한정)
주택 시공자	「주택법」(제33조②)에 따른 시공자 및 「건축법」(제2조 제16호)에 따른 공사시공자를 말한다.
사업시행자	가. 「건축법」(제11조)에 따른 허가를 받은 자 나. 「주택법」(제15조)에 따른 사업계획승인을 받은 자
미분양주택	「주택법」(제54조)에 따른 사업주체가 같은 조에 따라 공급하는 주택으로서 입주자모집공고에 따른 입주자의 계약일이 지난 주택단지에서 취득일 현재까지 분양계약이 체결되지 않아 선착순의 방법으로 공급하는 주택을 말한다.
예외	건축법(제11조)에 따른 허가를 받은 자로부터 취득한 주택으로서 자기 또는 임대계약 등 권원을 불문하고 타인이 거주한 기간이 1년 이상인 경우는 제외

3-11. 금융기관이 저당권 실행 또는 채권변제로 취득하는 주택

다음 표 각 목의 어느 하나에 해당하는 자가 저당권의 실행 또는 채권변제로 취득하는 주택은 취득세 중과세를 배제합니다. 다만, 취득일부터 3년이 경과할 때까지 해당 주택을 처분하지 않은 경우는 중과세를 적용합니다.

> 가. 「농업협동조합법」에 따라 설립된 조합
> 나. 「산림조합법」에 따라 설립된 산림조합 및 그 중앙회
> 다. 「상호저축은행법」에 따른 상호저축은행
> 라. 「새마을금고법」에 따라 설립된 새마을금고 및 그 중앙회
> 마. 「수산업협동조합법」에 따라 설립된 조합
> 바. 「신용협동조합법」에 따라 설립된 신용협동조합 및 그 중앙회
> 사. 「은행법」에 따른 은행

3-12. 농어촌주택

● 요건

다음 각 호의 요건을 모두 갖춘 농어촌주택과 그 부속토지를 취득하는 경우 취득세 중과세를 배제합니다(지방령 제28조②).

① 면적기준 : 대지660㎡이내 + 건축물 연면적150㎡이내
② 가액기준 : 건축물 시가표준액이 6,500만원 이내
③ 지역기준(광역시 군지역, 수도권지역등 외의 지역 소재)

• 면적기준 : 아래 표의 각 기준(A 및 B)을 모두 충족하여야 합니다.

대지면적 기준 (A)	건축물 연면적(B)
660㎡ 이내	150㎡이내

• 가액기준

건축물의 가액(건물신축가격에 구조지수·용도지수 등을 곱하여 산정된 가액을 말함)이 6천 500만원 이내이어야 합니다.

> 건축물의 가액기준 6,500만원은 건축물의 부속 토지 가액을 포함하는지요?
> 포함하지 않습니다. 즉, 순수한 건축물의 시가표준액만을 말합니다.

• 지역기준

다음 각 목의 어느 하나에 해당하는 지역에 있지 않아야 합니다.

> 가. 광역시에 소속된 군지역 또는 「수도권정비계획법」에 따른 수도권지역. 다만, 「접경지역지원법」에 따른 접경지역과 「수도권정비계획법」에 따른 자연보전권역 중 행정안전부령으로 정하는 지역은 제외한다.
> 나. 「국토의 계획 및 이용에 관한 법률」에 따른 도시지역 및 「부동산 거래신고 등에 관한 법률」에 따른 허가구역(토지거래허가구역)
> 다. 「소득세법」에 따라 기획재정부장관이 지정하는 지역(지정지역)
> 라. 「조세특례제한법」 제99조의4 제1항 제1호 가목5)에 따라 정하는 지역 (「관광진흥법」 제2조에 따른 관광단지)

3-13. 사원임대용으로 직접 사용할 목적으로 취득하는 주택

사원에 대한 임대용으로 직접 사용할 목적으로 취득하는 주택으로서 1구의 건축물의 연면적(전용면적을 말한다)이 60제곱미터 이하인 공동주택(「건축법 시행령」 별표 1 제1호다목에 따른 다가구주택으로서 「건축법」 제38조에 따른 건축물대장에 호수별로 전용면적이 구분되어 기재되어 있는 다가구주택을 포함한다)은 취득세를 중과세 하지 않습니다. 다만, 다음 각 목의 어느 하나에 해당하는 주택은 취득세를 중과세 합니다.

> 가. 취득하는 자가 개인인 경우로서 특수관계인(지방세기본법 제46조 제2호) 사람에게 제공하는 주택
> 나. 취득하는 자가 법인인 경우로서 과점주주에게 제공하는 주택
> 다. 정당한 사유 없이 그 취득일부터 1년이 경과할 때까지 해당 용도에 직접 사용하지 않거나 해당 용도로 직접 사용한 기간이 3년 미만인 상태에서 매각·증여하거나 다른 용도로 사용하는 주택

3-14. 물적분할법인으로부터 취득하는 미분양주택

다음의 원인으로 유상취득하는 주택은 중과세를 배제합니다.

3-14-1. 물적분할로 분할신설법인이 분할법인으로부터 취득하는 미분양 주택 등

물적분할[「법인세법」 제46조 제2항 각 호의 요건(같은 항 제2호의 경우 전액이 주식등이어야 한다)을 갖춘 경우로 한정한다]로 인하여 분할신설법인이 분할법인으로부터 취득하는 미분양 주택 및 분양계약을 체결한 주택

3-14-2. 적격분할로 분할신설법인이 분할법인으로부터 취득하는 미분양 주택 등

「법인세법」 제46조 제2항에 따른 적격분할로 인하여 분할신설법인이 분할법인으로부터 취득하는 미분양 주택 및 분양계약을 체결한 주택. 다만, 분할등기일부터 3년 이내에 「법인세법」 제46조의3 제3항 각 호의 어느 하나에 해당하는 사유가 발생하는 경우(같은 항 각 호 외의 부분 단서에 해당하는 경우는 제외한다)는 제외

3-14-3. 법인의 합병으로 취득하는 주택

법 제15조 제1항 제3호에 따른 세율의 특례가 적용되는 법인의 합병으로 취득하는 주택

3-15. 리모델링조합이 취득하는 주택

「주택법」에 따른 리모델링주택조합이 리모델링의 허가를 신청하기 위한 동의율을 확보한 경우 그 리모델링 결의에 찬성하지 아니하는 자의 주택 및 토지에 대하여 매도청구를 통해 취득하는 주택

3-16. 주택법상 사업주체가 취득하는 주택

「주택법」(제2조 제10호 나목; 한국토지주택공사 또는 지방공사)의 사업주체가 취득하는 다음 각 목의 주택은 취득세 중과세를 배제합니다.

> 가. 「주택법」에 따른 토지임대부 분양주택을 공급하기 위하여 취득하는 주택
> 나. 「주택법」에 따른 토지임대부 분양주택을 분양받은 자로부터 환매하여 취득하는 주택
> 다. 「주택법」제57조의2 제3항에 따른 거주의무자등의 매입신청을 받거나 거주의무자등의 거주의무 위반으로 취득하는 분양가상한제 적용주택 및 토지임대부 분양주택
> 라. 「주택법」제64조 제2항 단서에 따라 우선 매입하는 분양가상한제 적용주택. 같은 조 제3항에 따라 전매제한 위반으로 취득하는 주택 및 같은 법 제78조의2 제3항에 따라 취득한 것으로 보는 토지임대부 분양주택
> 마. 「주택법」제65조 제3항에 따라 취득한 것으로 보는 주택(2024.12.31. 신설)

4 무주택자인 개인이 주택을 유상으로 취득 시 내는 세금과 세율

개인이 주택을 유상으로 취득하는 경우 내야하는 세금은 다음 표와 같습니다.

[과세: ○, 비과세: ×]

구 분	국민주택규모 이하	국민주택규모 초과
취득세	○	○
농어촌특별세	×	○
지방교육세	○	○

[주택 취득세 등 세율]

구 분			조정대상지역			비조정대상지역		
			취득세	농특세	지방교육세	취득세	농특세	지방교육세
1세대1주택 (일시적 2주택)	6억 이하	국민 이하(*)	1%	0	0.1%	1%	–	0.1%
		국민 초과	1%	0.2%	0.1%	1%	0.2%	0.1%
	6억 초과 ~ 9억 이하	국민 이하	1%~3% (**)	–	0.1%초과 ~ 0.3%미만	1% 초과 ~3% 미만 (**)	–	0.1% ~ 0.3%
		국민 초과		0.2%			0.2%	
	9억 초과	국민 이하	3%	–	0.3%	3%	–	0.3%
		국민 초과	3%	0.2%	0.3%	3%	0.2%	0.3%
1세대 2주택		국민 이하	8%	–	0.4%	1%	–	0.1%
		국민 초과	8%	0.6%	0.4%	1%	0.2%	0.1%
1세대 3주택		국민 이하	12%	–	0.4%	8%	–	0.4%
		국민 초과	12%	1%	0.4%	8%	0.6%	0.4%
1세대 4주택		국민 이하	12%	–	0.4%	12%	–	0.4%
		국민 초과	12%	1%	0.4%	12%	1%	0.4%

(*) "국민주택규모"란 주거의 용도로만 쓰이는 면적(이하 "주거전용면적"이라 한다)이 1호(戶) 또는 1세대당 85제곱미터 이하인 주택(「수도권정비계획법」 제2조제1호에 따른 수도권을 제외한 도시지역이 아닌 읍 또는 면 지역은 1호 또는 1세대당 주거전용면적이 100제곱미터 이하인 주택을 말한다)을 말한다.

(**) (해당 주택의 취득당시가액 × 2/3억원 – 3) × 1/100

4-1. 국민주택규모 이하 취득시 내야 하는 세금과 세율

구분		취득세	농어촌특별세	지방교육세	합계
세율	~ 6억원 이하	1%	–	0.1%	1.1%
	6억원 초과 ~ 9억원 이하	1%~3%(*)	–	0.1%~0.3%	1.1% ~ 3.3%
	9억원 초과 ~	3%	–	0.3%	3.3%

(*) (해당 주택의 취득당시가액 × 2/3억원 − 3) × 1/100

4-2. 국민주택규모 초과 취득시 내야 하는 세금과 세율

구분		취득세	농어촌특별세	지방교육세	합계
세율	~ 6억원 이하	1%	0.2%	0.1%	1.3%
	6억원 초과 ~ 9억원 이하	1% ~ 3%(*)	0.2%	0.1%~0.3%	1.3% ~ 3.5%
	9억원 초과 ~	3%	0.2%	0.3%	3.5%

(*) (해당 주택의 취득당시가액 × 2/3억원 − 3) × 1/100

4-3. 생애 최초 주택구입에 대한 취득세 감면(지특법 제36조의 3)

주택 취득일 현재 본인 및 배우자(가족관계등록부에서 혼인이 확인되는 외국인 배우자를 포함)가 주택을 소유한 사실이 없는 경우로서 취득 당시의 가액이 12억원 이하인 주택을 유상거래(부담부증여는 제외)로 취득하는 경우에는 2025.12.31.까지 취득세를 100%(한도있음) 감면합니다.

4-3-1. 취득세 감면 요건

다음 요건을 모두 충족하여 취득한 주택의 경우 2025년 12월 31일까지 일정액의 취득세를 감면하며, 이 경우 1세대 다주택자 중과세 규정을 적용하지 않습니다. 취득자가 미성년자인 경우는 제외합니다.

① 주택 취득일 현재 본인 및 배우자가 주택을 소유한 사실이 없는 경우일 것

② 취득당시의 가액이 12억원 이하인 주택을 취득할 것

③ 취득원인은 유상거래(부담부증여는 제외한다)일 것

➡ 위 요건 ①에서 "주택"이란 「지방세법」 제11조 제1항 제8호에 따른 주택을 말합니다. 그 내용을 보면, "주택[「주택법」에 따른 주택으로서 「건축법」에 따른 건축물대장·사용승인서·임시사용승인서 또는 「부동산등기법」에 따른 등기부에 주택으로 기재{「건축법」(법률 제7696호로 개정되기 전의 것을 말한다)에 따라 건축허가 또는 건축신고 없이 건축이 가능하였던 주택(법률 제7696호 건축법 일부개정법률 부칙 제3조에 따라 건축허가를 받거나 건축신고가 있는 것으로 보는 경우를 포함한다)으로서 건축물대장에 기재되어 있지 아니한 주택의 경우에도 건축물대장에 주택으로 기재된 것으로 본다}된 주거용 건축물과 그 부속토지를 말한다."로 풀이하고 있습니다.

위 요건 ①에서 "주택을 소유한 사실이 없는 경우"란?

다음 표 각 호의 어느 하나에 해당하는 경우를 말합니다.

1. 상속으로 주택의 공유지분을 소유(주택 부속토지의 공유지분만을 소유하는 경우를 포함한다)하였다가 그 지분을 모두 처분한 경우

2. 「국토의 계획 및 이용에 관한 법률」 제6조에 따른 도시지역(취득일 현재 도시지역을 말한다)이 아닌 지역에 건축되어 있거나 면의 행정구역(수도권은 제외한다)에 건축되어 있는 주택으로서 다음 각 목의 어느 하나에 해당하는 주택을 소유한 자가 그 주택 소재지역에 거주하다가 다른 지역[해당 주택 소재지역인 특별시·광역시·특별자치시·특별자치도(관할 구역 안에 지방자치단체인 시·군이 없는 특별자치도를 말한다) 및 시·군 이외의 지역을 말한다]으로 이주한 경우. 이 경우 그 주택을 감면대상 주택 취득일 전에 처분했거나 감면대상 주택 취득일부터 3개월 이내에 처분한 경우로 한정한다.(2024.12.31 개정)

   가. 사용 승인 후 20년 이상 경과된 단독주택
   나. 85제곱미터 이하인 단독주택
   다. 상속으로 취득한 주택

3. 전용면적 20제곱미터 이하인 주택을 소유하고 있거나 처분한 경우. 다만, 전용면적 20제곱미터 이하인 주택을 둘 이상 소유했거나 소유하고 있는 경우는 제외한다.

4. 취득일 현재 「지방세법」 제4조 제2항에 따라 산출한 시가표준액이 100만원 이하인 주택을 소유하고 있거나 처분한 경우

5. 전세사기피해주택(지특법 제36조의4)을 소유하고 있거나 처분한 경우(2023.06.01. 신설)

6. 제1항 제1호 각 목의 주택 중 취득당시가액이 2억원(수도권은 3억원으로 한다) 이하이고 임차인으로서 1년 이상 상시 거주(「주민등록법」에 따른 전입신고를 하고 계속하여 거주하는 것을 말한다)한 주택을 2024년 1월 1일부터 2025년 12월 31일까지의 기간 중에 취득하여 제1항에 따른 감면을 받은 경우. 다만, 제4항에 따라 추징된 경우는 제외한다.(2024.12.31 신설)

4-3-2. 감면 한도

(1) 세액 300만원 한도 적용되는 경우

다음 각 목의 어느 하나에 해당하는 주택에 대해서는 주택유상거래시 취득세율을 적용하여 산출한 취득세액(이하 '산출세액'이라 함)이 300만원 이하인 경우에는 취득세를 면제하고, 산출세액이 300만원을 초과하는 경우에는 산출세액에서 300만원을 공제합니다.

> 가. 전용면적이 60제곱미터 이하이고 취득당시가액이 3억원(수도권은 6억원으로 한다) 이하인 공동주택(아파트는 제외한다)
> 나. 전용면적이 60제곱미터 이하이고 취득당시가액이 3억원(수도권은 6억원으로 한다) 이하인 「주택법」 제2조 제20호에 따른 도시형 생활주택
> 다. 취득당시가액이 3억원(수도권은 6억원으로 한다) 이하인 「주택법」 제2조 제2호에 따른 단독주택 중 다가구주택으로서 「건축법」 제38조에 따른 건축물대장에 호수별로 전용면적이 구분되어 기재되어 있는 다가구주택(전용면적이 60제곱미터 이하인 호수 부분으로 한정한다)

(2) 세액 200만원 한도 적용되는 경우

위 (1) 외의 주택에 대해서는 산출세액이 200만원 이하인 경우에는 취득세를 면제하고, 산출세액이 200만원을 초과하는 경우에는 산출세액에서 200만원을 공제합니다.

(3) 2인 이상이 공동으로 주택을 취득하는 경우

2인 이상이 공동으로 주택을 취득하는 경우에는 해당 주택에 대한 위 (1)에 따른 총 감면액은 300만원 이하로 하고, 위 (2)에 따른 총 감면액은 200만원 이하로 합니다.

4-3-3. 감면된 취득세의 추징

취득세를 감면받은 사람이 다음 중 어느 하나에 해당하는 경우에는 감면된 취득세를 추징합니다.

① 정당한 사유 없이 주택을 취득한 날부터 3개월 이내에 상시 거주(취득일 이후 「주민등록법」에 따른 전입신고를 하고 계속하여 거주하거나 취득일 전에 같은 법에 따른 전입신고를 하고 취득일부터 계속하여 거주하는 것을 말한다. 이하 이 조에서 같다)를 시작하지 아니하는 경우

② 주택을 취득한 날부터 3개월 이내에 추가로 주택을 취득(주택의 부속토지만을 취득하는 경우를 포함한다)하는 경우. 다만, 상속으로 인한 추가 취득은 제외한다.

③ 해당 주택에 상시 거주한 기간이 3년 미만인 상태에서 해당 주택을 매각·증여(배우자에게 지분을 매각·증여하는 경우는 제외한다)하거나 다른 용도(임대를 포함한다)로 사용하는 경우

4-4. 상시 거주할 목적으로 취득하는 서민주택(1가구 1주택)

상시 거주할 목적으로 서민주택을 취득[상속·증여로 인한 취득 및 원시취득(原始取得)은 제외한다]하여 1가구 1주택에 해당하는 경우 취득세를 2027년 12월 31일까지 면제합니다(지방세특례제한법 제33조②).

4-4-1. 상시 거주할 목적이란?

상시 거주, 즉, "취득일 이후 「주민등록법」에 따른 전입신고를 하고 계속하여 거주하거나 취득일 전에 같은 법에 따른 전입신고를 하고 취득일부터 계속하여 거주하는 것"을 목적으로 취득하는 것을 말합니다. 즉, 실거주목적으로 취득하여야 하고 임대를 주면 안 됩니다.

4-4-2. 서민주택이란?

연면적 또는 전용면적이 40제곱미터 이하인 주택으로서 취득가액이 1억원 미만인 것을 말한다. 주택은 「주택법」(제2조 제1호)에 따른 주택으로서 「건축법」에 따른 건축물대장·사용승인서·임시사용승인서 또는 「부동산등기법」에 따른 등기부에 주택으로 기재(*)된 주거용 건축물과 그 부속토지를 말합니다.

(*) {「건축법」(법률 제7696호로 개정되기 전의 것을 말한다)에 따라 건축허가 또는 건축신고 없이 건축이 가능했던 주택(법률 제7696호 건축법 일부개정법률 부칙 제3조에 따라 건축허가를 받거나 건축신고가 있는 것으로 보는 경우를 포함한다)으로서 건축물대장에 기재되어 있지 않은 주택의 경우에도 건축물대장에 주택으로 기재된 것으로 봅니다.}

[서민주택 취득세 면제]

구 분	내 용
면적 기준	연면적 또는 전용면적이 40제곱미터 이하의 주택
가액 기준	취득가액 1억원 미만
취득 원인	매매(분양 포함) 취득. (상속·증여·원시취득은 배제)
1가구 주택 수	1주택. 단, 일시적 2주택의 경우 취득 후 60일 이내 증여 외의 사유로 매각 시 면제
취득 시점	2027.12.31. 까지

4-4-3. 취득원인

취득은 상속·증여로 인한 취득 및 원시취득(原始取得)은 제외합니다. 따라서 매매(분양 포함)에 따른 취득을 하여야 합니다.

4-4-4. 일시적 2주택의 취득세 면제

1가구 1주택에 해당하는 경우(해당 주택을 취득한 날부터 60일 이내에 종전 주택을 증여 외의 사유로 매각하여 1가구 1주택이 되는 경우를 포함한다)에는 취득세를 면제합니다.

"1가구 1주택"이란, 취득일 현재 취득자와 같은 세대별 주민등록표에 기재되어 있는 가족(동거인은 제외한다)으로 구성된 1가구가 국내에 1개의 주택을 소유하는 것을 말하며, 주택의 부속토지만을 소유하는 경우에도 주택을 소유한 것으로 봅니다.

 주민등록표에 세대원으로 기재되어 있지 않아도 동일한 1가구로 판정하는 경우?

취득자의 배우자, 취득자의 미혼인 30세 미만의 직계비속 또는 취득자가 미혼이고 30세 미만인 경우 그 부모는 각각 취득자와 같은 세대별 주민등록표에 기재되어 있지 아니하더라도 같은 가구에 속한 것으로 보기에 주의하셔야 합니다.

 주민등록표에 세대원으로 기재되어 있어도 동일한 1가구로 판정하지 않는 경우?

65세 이상인 직계존속, 「국가유공자 등 예우 및 지원에 관한 법률」에 따른 국가유공자(상이등급 1급부터 7급까지의 판정을 받은 국가유공자만 해당한다)인 직계존속 또는 「장애인복지법」에 따라 등록한 장애인(장애의 정도가 심한 장애인만 해당한다)인 직계존속을 부양하고 있는 사람은 같은 세대별 주민등록표에 기재되어 있더라도 같은 가구에 속하지 아니하는 것으로 봅니다.

4-4-5. 면제된 취득세의 추징

다음 각 호의 어느 하나에 해당하는 경우에는 면제된 취득세를 추징하기에 주의를 요합니다.

① 정당한 사유 없이 그 취득일부터 3개월이 지날 때까지 해당 주택에 상시 거주를 시작하지 아니한 경우

② 해당 주택에 상시 거주를 시작한 날부터 2년이 되기 전에 상시 거주하지 아니하게 된 경우

③ 해당 주택에 상시 거주한 기간이 2년 미만인 상태에서 해당 주택을 매각·증여하거나 다른 용도(임대를 포함한다)로 사용하는 경우

4-5. 전세사기피해자지원을 위한 감면(지특법 제36조의 4)

4-5-1. 전세사기피해주택의 취득 시 취득세 감면

「전세사기피해자 지원 및 주거안정에 관한 특별법」에 따른 전세사기피해자(이하 "전세사기피해자"라 한다)가 같은 법에 따른 전세사기피해주택(이하 이 조에서 "전세사기피해주택"이라 한다)을 취득하는 경우에는 다음 표 각 호의 구분에 따라 2026년 12월 31일까지 취득세를 감면합니다.

구 분	감면액
취득세 산출세액 200만원 이하인 경우	100% 면제
취득세 산출세액 200만원 초과하는 경우	200만원

> **공공주택사업자의 전세가기피해주택 취득 시 취득세 감면**
>
> 공공주택 특별법」 제4조에 따른 공공주택사업자가 「전세사기피해자 지원 및 주거안정에 관한 특별법」 제25조 제3항에 따라 전세사기피해주택을 취득하는 경우에는 해당 전세사기피해주택에 대한 취득세의 100분의 50을 2026년 12월 31일까지 경감합니다.

4-5-2. 전세사기피해주택의 재산세 감면

전세사기피해자가 전세사기피해주택을 보유하고 있는 경우에는 재산세 납세의무가 최초로 성립하는 날부터 3년간 다음 표 각 호에서 정하는 바에 따라 재산세를 경감합니다.

구 분	재산세 경감액
전용면적 60제곱미터 이하인 전세사기피해주택	50/100
전용면적 60제곱미터 초과인 전세사기피해주택	25/100

4-5-3. 등록면허세 면제

전세사기피해자가 본인의 임차권 보호를 위하여 신청한 임차권등기명령의 집행에 따른 임차권등기에 대해서는 등록면허세를 2026년 12월 31일까지 면제합니다.

4-6. 출산·양육을 위한 주택 취득에 대한 취득세 감면(지특법 제36조의 5)

4-6-1. 감면 요건

다음 요건을 모두 충족하여 취득하는 주택에 대한 취득세를 최대 500만원까지 감면해 줍니다.

① 2025년 12월 31일까지 자녀를 출산한 부모(미혼모 또는 미혼부를 포함한다)가

② 해당 자녀와 상시 거주할 목적으로 출산일부터 5년 이내에

③ 「지방세법」 제10조에 따른 취득 당시의 가액이 12억원 이하인 1주택을 취득하는 경우(출산일 전 1년 이내에 주택을 취득한 경우를 포함한다)로서

④ 다음 각 호의 요건을 모두 충족하는 경우일 것

 1. 가족관계등록부에서 자녀의 출생 사실이 확인될 것
 2. 해당 주택이 대통령령으로 정하는 1가구 1주택(*)에 해당할 것(해당 주택을 취득한 날부터 3개월 이내에 1가구 1주택이 되는 경우를 포함한다)

> **대통령령으로 정하는 1가구 1주택(*)이란?**
>
> 주택 취득자와 같은 세대별 주민등록표에 기재되어 있는 가족(동거인은 제외한다)으로 구성된 1가구(취득자의 배우자, 취득자의 미혼인 30세 미만의 직계비속은 각각 취득자와 같은 세대별 주민등록표에 기재되어 있지 않더라도 같은 가구에 속한 것으로 본다)가 국내에 1개의 주택을 소유하는 것을 말한다. 이 경우 주택의 부속토지만을 소유하고 있는 경우에도 주택을 소유한 것으로 본다.(지특령 제17조의4①)

4-6-2. 감면액

취득세 산출세액이 500만원 이하인 경우에는 취득세를 면제하고, 500만원을 초과하는 경우에는 산출세액에서 500만원을 공제합니다.

4-6-3. 감면 취득세의 추징 사유

취득세를 감면받은 사람이 다음 각 호의 어느 하나에 해당하는 경우에는 감면된 취득세를 추징합니다.

> 1. 대통령령으로 정하는 정당한 사유(*) 없이 주택의 취득일(출산일 전에 취득한 경우에는 출산일)부터 3개월 이내에 해당 자녀와 상시 거주를 시작하지 아니하는 경우
> 2. 해당 자녀와의 상시 거주기간이 3년 미만인 상태에서 주택을 매각·증여(배우자에게 지분을 매각·증여하는 경우는 제외한다)하거나 다른 용도(임대를 포함한다)로 사용하는 경우

"대통령령으로 정하는 정당한 사유"(*)란?

다음 각 호의 어느 하나에 해당하는 경우를 말한다.(2021.12.31. 신설)

1. 기존 거주자의 퇴거가 지연되어 주택을 취득한 자가 법원에 해당 주택의 인도명령을 신청하거나 인도소송을 제기한 경우(2021.12.31. 신설)
2. 주택을 취득한 자가 기존에 거주하던 주택에 대한 임대차 기간이 만료되었으나 보증금 반환이 지연되어 대항력을 유지하기 위하여 기존 거주지에 「주민등록법」에 따른 주소를 유지하는 경우(「주택임대차보호법」 제3조의3에 따른 임차권등기가 이루어진 경우는 제외한다)(2021.12.31. 신설)
3. 주택을 취득한 사람이 「주택임대차보호법」 제3조 제4항에 따라 임대인의 지위를 승계한 경우로서 해당 주택의 임대차계약(같은 법 제6조 및 제6조의3에 따라 임대차계약이 갱신된 경우를 포함한다)에 따른 임차인이 그 주택에 계속 거주하고 있는 경우(해당 주택의 취득일을 기준으로 남아 있는 임대차기간이 1년 이내인 경우로 한정한다)(2023.05.16. 신설)

5. 하나의 주택등 보유 중 두번째 집을 살 때 내야하는 세금

5-1. 조정대상지역에서 주택을 유상으로 취득하는 경우

국내에 주택, 조합원입주권, 주택분양권 또는 주거용오피스텔을 1개 소유한 1세대가 조정대상지역에 있는 새로운 주택을 유상으로 취득하는 경우 1세대 2주택에 해당되어 취득세 중과세율(8%)이 적용됩니다.

> **조정대상지역 지정고시일 이전에 주택 계약등을 한 경우 중과 배제**
>
> 조정대상지역 지정고시일 이전에 주택에 대한 매매계약(공동주택 분양계약을 포함한다)을 체결한 경우(다만, 계약금을 지급한 사실 등이 증빙서류에 의하여 확인되는 경우에 한정한다)에는 조정대상지역으로 지정되기 전에 주택을 취득한 것으로 봅니다.

5-1-1. [1주택보유 중 새로운 주택을 취득하는 경우]

1세대가 하나의 주택을 보유하던 중 조정대상지역 내에 있는 새로운 주택을 유상으로 취득하는 경우 새로운 주택은 "실제 취득가액의 8%"의 취득세가 부과됩니다. 다만, 법에서 정하는 1세대 일시적 2주택에 해당되는 경우에는 중과세(8%)하지 않고 일반세율(1%~3%)을 적용합니다.

[조정대상 지역 내 1세대 2주택 취득세율 등]

주택취득세율 = 4%(표준세율)+ 2%(중과기준세율) × 200/100
= 8%

➡ 취득세 등(취득세, 농특세, 지방교육세의 합계) 세율

구 분	전용 면적	취득세	농특세	지방교육세	합계
1세대2주택	국민 이하	8%	-	0.4%	8.4%
	국민 초과	8%	0.6%	0.4%	9%

➡ 보령에 A주택 보유 중 서울 송파구의 B주택(국민주택규모 이하)을 실가 8억원에 매매로 취득한 경우 내야할 취득세 등은 ? 8억원 × 8.4% = 6,720만원

보유하고 있던 종전주택도 새로운 주택 취득 당시 조정대상지역에 있어야만 새로 취득하는 주택에 대해 중과세(8%)가 적용되나요?

NO! 종전주택이 어디에 있는지에 불구하고 새로 취득하는 주택이 조정대상지역에 있으면 중과세가 됩니다.

 일시적 2주택이란?

"일시적 2주택"이란 국내에 주택, 조합원입주권, 주택분양권 또는 오피스텔을 1개 소유한 1세대가 그 주택, 조합원입주권, 주택분양권 또는 오피스텔(이하에서 '종전 주택등'이라 한다)을 소유한 상태에서 이사·학업·취업·직장이전 및 이와 유사한 사유로 다른 1주택(이하에서 "신규 주택"이라 한다)을 추가로 취득한 후 3년 이내에 종전 주택등(신규 주택이 조합원입주권 또는 주택분양권에 의한 주택이거나 종전 주택등이 조합원입주권 또는 주택분양권인 경우에는 신규 주택을 포함한다)을 처분하는 경우 해당 신규 주택을 말한다(2020.08.12. 신설)(지방령 제28조의5①).
조합원입주권 또는 주택분양권을 1개 소유한 1세대가 그 조합원입주권 또는 주택분양권을 소유한 상태에서 신규 주택을 취득한 경우에는 해당 조합원입주권 또는 주택분양권에 의한 주택을 취득한 날부터 일시적 2주택 기간을 기산한다.(2020.08.12 신설) (지방령 제28조의5②)

5-1-2. 1조합원입주권 보유 중 새로운 주택을 취득하는 경우

1세대가 하나의 1조합원입주권(2020.8.12.이후 취득 분)을 보유하던 중 조정대상지역 내에 있는 새로운 주택을 유상으로 취득하는 경우 새로운 주택은 "실제 취득가액의 8%"의 취득세가 부과됩니다. 다만, 법에서 정하는 1세대 일시적 2주택에 해당되는 경우에는 중과세(8%)하지 않고 일반세율(1%~3%)을 적용합니다.

일시적 2주택 처분 기한

종 전	개 정(2023.1.12. 이후 양도분)
□ 일시적 1세대 2주택자에 대한(*) 요건 : 1주택자가 신규주택 취득 시 양도기한 내 종전 주택 양도하는 경우 1세대 1주택으로 보아 취득세 중과세 배제	□ 주택 소재지 구분없이 종전주택 양도 기한을 3년으로 완화
(종전주택 양도기한) - (조정 → 조정) 신규주택 취득일부터 2년 이내 - (그 외) 신규주택 취득일부터 3년 이내	○ 신규주택 취득일부터 3년 이내

➡ 조합원입주권은 도시정비법상 재개발조합원입주권, 재건축조합원입주권, 소규모주택정비법상 소규모재건축조합원입주권으로서 2020.8.12. 이후 취득한 것만을 말하며, 2020.8.11. 이전에 취득한 조합원입주권은 주택 수에 포함하지 않습니다. 다만, 2020.8.12. 이후 취득하였으나 2020.8.11. 이전에 [계약 + 계약금 지급]한 경우에는 보유 주택 수에서 배제합니다.

 관리처분계획인가고시일(재개발·재건축) 또는 사업시행계획인가고시일(소규모재건축) 이전부터 종전부동산을 소유하고 있던 자가 관리처분계획등에 따라 조합원입주권을 배정받은 경우 조합원입주권의 취득시기는 언제로 볼 것인지?

기존 조합원의 조합원입주권 취득시점은 관리처분계획인가 후 주택이 멸실된 시점이고, 승계조합원의 조합원입주권 취득시점은 기존 조합원 소유의 조합원입주권(기존 주택 멸실 이후 토지 등 취득)을 취득한 시점입니다.
(인용: 주택과 세금 p39, 국세청·행정안전부, 2021.3.4.)

 일시적 2주택 기간의 기산일은?

• 신규 주택을 먼저 양도하는 경우 : 조합원입주권을 1개 소유한 1세대가 그 조합원입주권 을 소유한 상태에서 신규 주택을 취득한 경우에는 해당 조합원입주권에 의한 주택을 취득한 날부터 일시적 2주택 기간을 기산합니다. 일시적 2주택 기산일부터 3년 이내에 신규주택을 양도하는 경우 일반세율(1% ~ 3%)이 적용됩니다.

• 보유하고 있던 조합원입주권을 먼저 양도하는 경우 : 조합원 입주권이 주택으로 전환된 날로부터 3년이 처분기한이기에 신규주택은 일반세율이 적용됩니다.

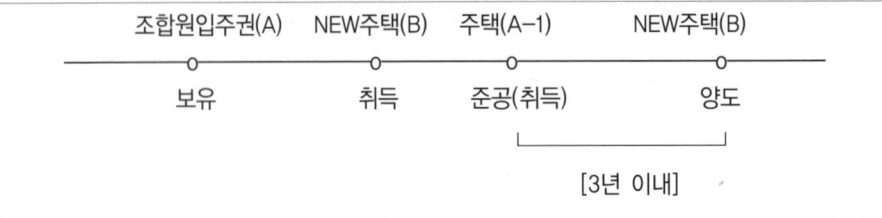

case1) 조합원입주권(A)으로 주택(A-1) 취득 후 3년 이내에 NEW주택(B)을 양도하는 경우 일시적 2주택으로 보아 중과세를 배제하며, 일시적 2주택 기간의 기산일은 조합원입주권(A)으로 주택(A-1)을 취득한 날부터 적용합니다.

case2) NEW주택(B) 취득 후 종전 조합원입주권(A)을 먼저 양도하는 경우 조합원입주권이 주택으로 전환된 날로부터 3년이 처분기한이기에 NEW주택(B)은 일반세율이 적용됩니다.

> **예규** [조합원입주권(멸실 후) + 신규주택], [멸실전 재개발등 주택 + 신규주택] 보유 시 취득세 중과 여부(행안부 부동산세제과, 2020.09.21.)
>
> 지방세법 시행령 제28조의5제2항에서 조합원입주권 또는 주택분양권을 1개 소유한 1세대가 그 조합원입주권 또는 주택분양권을 소유한 상태에서 신규 주택을 취득한 경우에는 해당 조합원입주권 또는 주택분양권에 의한 주택을 취득한 날부터 일시적 2주택 기간을 기산한다고 규정하고 있으므로, 조합원입주권 등에 의해 주택을 취득한 날부터 3년 내에 신규 주택을 처분하는 경우 일시적 2주택을 적용받을 수 있음을 알려드립니다.
>
> • 특히, 귀하께서 질의하신 지침사항에 대하여는 추가설명을 금번 추가지침에 통보하였는 바, 만약 멸실되지 않은 재개발 대상 주택 등을 소유한 상태에서 신규주택을 취득한 경우, 일시적 2주택 기간 내에 종전 주택이 처분(멸실 포함)등이 완료되어야 함을 알려드립니다.
>   – 한편, 취득세와 관련하여 거주요건은 별도로 두지 않음을 참고하시기 바랍니다. 만약 멸실되지 않은 재개발 대상 주택 등을 소유한 상태에서 신규주택을 취득한 경우, 일시적 2주택 기간 내에 종전 주택이 처분(멸실 포함)등이 완료되어야 함을 알려드립니다.

> **[재개발 등 멸실예정주택 + NEW주택] 보유 시 일시적 2주택 여부의 판단**
>
> 도시정비법상 재개발등 멸실예정주택의 보유 중 새로운 주택을 취득한 경우 일시적 2주택이 되기 위해서는 새로운 주택 취득 후 재개발 등에 따른 멸실예정주택을 3년 이내 양도하여야 합니다.

> [종전 주택 + NEW주택(재개발 등 멸실예정주택)] 보유 중 종전 주택의 양도 시 일시적 2주택이 되기 위한 요건?(행정안전부 지방재정경제실 지방세정책관 부동산세제과, 2021.1.9.)
>
> 신규주택이 재개발 등에 의해 멸실이 예정된 주택인 경우, 종전 주택을 신규주택의 취득일부터 3년내에 종전주택을 처분(멸실 포함)해야 하고, 종전주택이 아닌 신규주택의 멸실은 일시적 2주택의 요건을 성립한 것으로 볼 수 없으며, 멸실예정 주택을 취득하는 것은 이사 등으로 인해 '일시적'으로 2주택이 되는 경우로 보기 어려움을 알려드립니다.
>
> 또한, 종전주택이 재개발 등에 의해 멸실이 예정됨에 따라 대체주택을 취득하는, 즉 실거주 목적의 이사 등을 위한 일시적 2주택과 동일시할 수 없음을 알려드립니다. 양도세는 양도하는 주택의 양도차익에 대해 과세하고 취득세는 취득행위에 과세하는 등 세목의 성격이 서로 상이하여 일시적 2주택 성립요건이 동일하지 않은데, 양도세는 전입·거주요건을 두고, 종전 주택 취득 후 1년 이후에 신규 주택을 취득해야 하는 등 일정 요건을 충족해야 하는 반면, 취득세는 거주요건 등 별도 요건이 존재하지 않는 점 등을 고려하여 소득세법령과 동일한 규정을 두지 않았음을 알려드립니다.

5-1-3. [주거환경개선사업입주권 + 새로운 주택] 취득한 경우

도시정비법상 주거환경개선사업(관리처분방식)입주권 보유 중 조정대상지역에서 새로운 주택을 유상으로 취득하는 경우 해당 (멸실이후)입주권은 보유 주택 수에 포함하지 않습니다. 따라서 새로운 주택은 취득세 중과세 대상이 아닙니다. 참고적으로 주거환경개선사업이 관리처분방식이 아닌 수용방식인 경우로서 구역 내 주민이 일반분양가보다 낮게 분양받은 분양권은 법상 주택 수에 산입하는 일반적인 "(주택)분양권"에 해당되니 구분이 필요합니다.

> ● 주거환경개선사업에서 조합원이 관리처분계획에 따라 받은 입주권이 아니라 일반인이 분양받은 주택분양권(2020.8.12. 이후 취득 분에 한함)은 보유 주택 수에 포함합니다.

5-1-4. [가로주택정비사업입주권 + 새로운 주택] 취득한 경우

소규모주택정비법상 가로주택정비사업의 입주권을 보유하던 중 조정대상지역 내에 있는 새로운 주택을 유상으로 취득한 경우 해당 (멸실이후)입주권은 보유 주택 수에 포함하지 않습니다. 따라서 새로운 주택은 취득세 중과세 대상이 아닙니다.

- 가로주택사업의 조합원이 사업시행계획에 따라 받은 입주권이 아니라 일반인이 분양받은 주택분양권(2020.8.12. 이후 취득 분에 한함)은 보유 주택 수에 포함합니다.
- 2021년 12월에 개정된 소득세법에서는 2022.1.1. 이후 취득하는 가로주택정비사업·자율주택정비사업·소규모재개발사업의 입주권도 조합원입주권(주민합의체 방식의 토지등소유자 및 승계조합원 포함)으로 봅니다. 반면, 2021년 12월 말에 개정된 지방세법에서는 개정된 내용이 없기에 가로주택정비사업 등의 입주권은 종전과 동일하게 취득세 중과세 판단 시 주택 수에 산입하지 않습니다.

5-1-5. [자율주택정비사업입주권 + 새로운 주택] 취득한 경우

소규모주택정비법상 자율주택정비사업의 (멸실이후)입주권을 보유하던 중 조정대상지역 내에 있는 새로운 주택을 유상으로 취득한 경우 해당 입주권은 보유 주택 수에 포함하지 않습니다. 따라서 새로운 주택은 취득세 중과세 대상이 아닙니다.

5-1-6. [소규모재개발사업입주권 + 새로운 주택] 취득한 경우

소규모주택정비법상 소규모재개발사업의 (멸실이후)입주권을 보유하던 중 조정대상지역 내에 있는 새로운 주택을 유상으로 취득한 경우 해당 입주권은 보유 주택 수에 포함하지 않습니다. 따라서 새로운 주택은 취득세 중과세 대상이 아닙니다.

5-1-7. [주택분양권 + 새로운 주택]을 취득한 경우

1세대가 하나의 주택분양권(2020.8.12. 이후 취득 분)을 보유하던 중 조정대상지역 내에 있는 새로운 주택을 유상으로 취득하는 경우 새로운 주택은 "실제 취득가액의 8%"의 취득세가 부과됩니다. 다만, 법에서 정하는 1세대 일시적 2주택에 해당되는 경우에는 중과세(8%)하지 않고 일반세율(1%~3%)을 적용합니다.

5-1-8. [주거용오피스텔 + 새로운 주택]을 취득한 경우

재산세가 주택으로 과세된 오피스텔(2020.8.12. 이후 취득 분에 한함)을 보유하던 중 조정대상지역에 있는 새로운 주택을 유상으로 취득하는 경우 해당 오피스텔은 보유 주택 수에 포함합니다. 따라서 새로운 주택은 취득세가 중과세(8%) 됩니다. 다만, 일시적 2주택에 해당되는 경우에는 일반세율(1%~3%)의 세율이 적용됩니다.

- 주거용오피스텔을 2020.8.12. 이전에 취득한 경우에는 보유 주택 수에서 배제됩니다. 또한 사실상 주거용으로 사용되고 있으나 현 소유주에게 재산세가 주택으로 부과되지 않은 경우에는 해당 오피스텔은 취득세 중과세 판정 시 보유 주택 수에서 제외합니다.
- 일시적 2주택이란? 1세대가 주거용오피스텔 보유 중 새로운 주택 취득 후 3년이내 주거용오피스텔을 처분하는 경우를 말합니다.

5-1-9. 이혼 등으로 세대를 분리하는 경우

일시적 2주택 적용 시 종전 주택등 "처분"은 단순히 이혼 등으로 세대를 분리하는 것은 해당하지 않으나, 처분 유예기간 이내에 종전 주택의 소유자가 같은 세대원이 아닌 자에게 소유권을 이전하는 경우는 "처분"에 해당하므로, 종전 주택 처분일 현재에 이혼으로 세대가 분리된 前 배우자에게 재산분할로 종전 주택의 소유권을 이전하는 경우는 "처분"에 해당(행정안전부 부동산세제과-1190, 2022.4.26.)합니다.

따라서, 본 질의에서와 같이 종전 주택(甲 50%, 乙 50%)의 처분일에 甲이 이혼으로 세대가 분리된 乙에게 재산분할로 종전 주택의 소유권(지분 50%)을 이전하는 것은 같은 세대원이 아닌 자에게 그 소유권을 이전하는 것이므로 "처분"으로 보는 것이 타당하다고 판단됩니다.

다만, 이는 질의 당시 사실관계만을 바탕으로 판단한 것으로 과세권자인 해당 자치단체에서 구체적인 사실관계를 확인하여 최종 결정할 사안입니다(부동산세제-2469, 2024.07.17.).

5-2. 비조정대상지역의 주택을 취득하는 경우

　국내에 주택, 조합원입주권, 주택분양권 또는 주거용오피스텔을 1개 소유한 1세대가 비조정대상지역에 있는 새로운 주택을 유상으로 취득하는 경우에도 1세대 2주택까지는 취득세 중과세가 적용되지 않습니다. 즉, 일반세율(1%~3%)의 취득세가 부과됩니다.

[6] 두 개의 주택등 보유 중 세번째 주택을 취득하는 경우

2개의 주택등 보유 중 세 번째 주택을 취득하는 경우에는 조정대상지역 내 주택 취득시 12%의 취득세가 부과되며, 비조정대상지역 내 주택 취득 시 8%의 취득세가 부과됩니다. "주택 등"은 주택, 2020.8.12. 이후 취득한 조합원입주권(재개발, 재건축, 소규모재건축), 2020.8.12. 이후 취득한 주택분양권, 2020.8.12. 이후 취득한 주거용오피스텔을 말합니다.

[2개의 주택 등 + NEW주택]

구 분	조정대상 지역 내 주택	비조정대상 지역 내 주택
취득세율	12%	8%

6-1. 조정대상지역에서 주택을 취득하는 경우

1세대 3주택 이상에 해당하는 주택으로서 조정대상지역에 있는 주택을 유상으로 취득하는 경우에는 아래 표에 따른 취득세율이 적용됩니다.

[조정대상 지역 내 3주택자 취득세율]

주택취득세율 = 4%(표준세율) + 2%(중과기준세율) × 400/100 = 12%

[조정대상 지역 내 1세대 3주택 취득세율 등]

- 취득세 등(취득세, 농특세, 지방교육세의 합계) 세율

구 분	전용 면적	취득세	농특세	지방교육세	합계
1세대2주택	국민 이하	12%	–	0.4%	12.4%
	국민 초과	12%	1%	0.4%	13.4%

- 부산에 [1주택 + 조합원입주권(2020.8.12. 이후 취득)] 보유 중 서울 강남구의 B주택(국민주택규모 이하)을 실가 8억원에 매매로 취득한 경우 내야할 취득세 등은 ? 8억원 × 12.4% = 9,920만원

[조정대상지역 내 주택 유상 취득 시 취득세율 등]

구 분	전용 면적	취득세	농특세	지방교육세	합계
1세대2주택	국민 이하	8%	-	0.4%	8.4%
	국민 초과	8%	0.6%	0.4%	9%
1세대3주택	국민 이하	12%	-	0.4%	12.4%
	국민 초과	12%	1%	0.4%	13.4%
1세대4주택	국민 이하	12%	-	0.4%	12.4%
	국민 초과	12%	1%	0.4%	13.4%

6-1-1. (주택 + 주택) + NEW주택

1세대가 2개의 주택을 보유 중 조정대상지역 내 신규주택을 유상으로 취득한 경우 취득세는 12%의 세율이 적용됩니다.

6-1-2. (주택 + 조합원입주권) + NEW주택

1세대가 [1주택 + 1조합원입주권]의 보유 중 조정대상지역 내 신규주택을 유상으로 취득한 경우 취득세는 12%의 세율이 적용됩니다. 조합원입주권은 2020.8.12. 이후 취득한 조합원입주권을 말하며, 그 전에 취득한 조합원입주권은 보유 주택 수에서 배제합니다.

> 조합원입주권: 도시정비법상 재개발조합·재건축조합, 소규모주택정비법상 소규모재건축조합의 조합원입주권만을 말합니다. 2021년 12월에 개정된 소득세법에서는 2022.1.1. 이후 취득하는 가로주택정비사업·자율주택정비사업·소규모재개발사업의 입주권도 조합원입주권(승계조합원입주권을 포함하며, 주민합의체방식의 경우 토지등소유자를 포함)으로 봅니다. 반면, 지방세법(취득세)에서는 별도의 개정내용이 없기에 종전과 동일하게 가로주택정비사업등의 입주권은 "조합원입주권"에 해당되지 않습니다.

구 분	내 용
조합원입주권의 정의	다음 각 호의 구분에 따르며 원조합원으로부터 승계취득한 경우를 포함한다.

구 분	사업의 종류	조합원입주권 여부
도정법	재개발사업	○
	재건축사업	○
	주거환경개선사업	×
빈집정비법 상 소규모주택 정비사업	자율주택정비사업	×
	가로주택정비사업	×
	소규모재개발사업	×
	소규모재건축사업	○

[조합원입주권의 국세(소득세)와 지방세(취득세)법상 구분]

사업 진행 단계	관리처분등 멸실 준공 ~~ A ~~ | ~~ B ~~ | ~~ C ~~ | ~~ D ~~ 관리처분등 이전에 주택을 취득하여 조합원입주권을 받은 후 이주, 멸실, 착공, 준공 후 새로운 주택을 환지받음		
구 분	국세(양도소득세)		지방세(취득세)
A 보유 기간	부동산(주택)		부동산(주택)
B 보유 기간	법적 성격	조합원입주권 (소득법 제88조 제9호)	부동산(주택)
	과세 대상	부동산을 취득할 수 있는 권리 (조합원입주권)	부동산(주택) → 1~3%, 8%, 12%
C 보유기간		부동산을 취득할 수 있는 권리 (조합원입주권)	부동산(토지) → 4% (과표: 권리가액 +P)
D 보유기간		부동산(주택)	부동산(주택)

6-1-3. (조합원입주권 + 조합원입주권) + NEW주택

1세대가 2개의 조합원입주권(2020.8.12. 이후 취득분) 보유 중 조정대상지역 내 신규주택을 유상을 취득한 경우 취득세는 12%의 세율이 적용됩니다.

6-1-4. (조합원입주권 + 가로주택사업입주권) + NEW주택

1세대가 조합원입주권(2020.8.12. 이후 취득분)과 가로주택사업의 입주권 보유 중 조정대상지역 내 새로운 주택을 유상으로 취득한 경우에는 1세대 2주택으로 보아 8%의 취득세율을 적용합니다. 가로주택사업의 입주권은 보유 주택 수에 산입하지 않기 때문입니다.

6-1-5. (주거용오피스텔 + 주거용오피스텔) + NEW주택

1세대가 2개의 주거용오피스텔(2020.8.12. 이후 취득 분) 보유 중 조정대상지역 내 신규주택을 유상으로 취득한 경우에는 1세대 3주택으로 보아 취득세를 12% 부과합니다.

6-2. 비조정대상지역에서 주택을 취득하는 경우

2개 이상의 주택등을 보유하던 중 비조정대상지역 내에 있는 신규주택을 유상으로 취득하는 경우에는 8%의 취득세를 부과합니다.

6-2-1. (주택 + 주택) + NEW주택

1세대가 2개의 주택을 보유 중 비조정대상지역 내 신규주택을 유상으로 취득한 경우 취득세는 8%의 세율이 적용됩니다.

6-2-2. [(주택 + 조합원입주권) + NEW주택]

1세대가 [1주택 + 1조합원입주권]의 보유 중 비조정대상지역 내 신규주택을 유상으로 취득한 경우 취득세는 8%의 세율이 적용됩니다. 조합원입주권은 2020.8.12. 이후 취득한 조합원입주권을 말하며, 그 전에 취득한 조합원입주권은 보유 주택 수에서 배제합니다.

6-2-3. (조합원입주권 + 조합원입주권) + NEW주택

1세대가 2개의 조합원입주권(2020.8.12. 이후 취득 분) 보유 중 비조정대상지역 내 신규주택을 유상을 취득한 경우 취득세는 8%의 세율이 적용됩니다.

6-2-4. (조합원입주권 + 가로주택사업입권) + NEW주택

1세대가 조합원입주권(2020.8.12. 이후 취득분)과 가로주택사업의 입주권 보유 중 비조정대상지역 내 새로운 주택을 유상으로 취득한 경우에는 1세대 2주택으로 보아 일반취득세율(1%~3%)을 적용합니다. 가로주택사업의 입주권은 보유 주택 수에 산입하지 않기 때문입니다.

6-2-5. (주거용오피스텔 + 주거용오피스텔) + NEW주택

1세대가 2개의 주거용오피스텔(2020.8.12. 이후 취득분) 보유 중 비조정대상지역 내 신규주택을 유상으로 취득한 경우에는 1세대 3주택으로 보아 취득세를 8% 부과합니다.

[7] 3개의 주택 등 보유 중 비조정대상지역 내에 있는 네 번째 집을 살 때 내야하는 세금

1세대가 3개의 주택 등 보유 중 네 번째 집을 유상으로 취득하는 경우 비조정대상지역의 경우에도 12%의 취득세율이 적용됩니다. 참고적으로 조정대상지역 내 주택을 취득하는 경우에는 3주택부터 12%의 취득세율이 적용됩니다.

[비조정대상 지역 내 4주택자 취득세율]

주택취득세율 = 4%(표준세율) + 2%(중과기준세율) × 400/100 = 12%

[비조정대상 지역 내 1세대 4주택 취득세율 등]

◆ 취득세 등(취득세, 농특세, 지방교육세의 합계) 세율

구 분	전용 면적	취득세	농특세	지방교육세	합계
1세대4주택	국민 이하	12%	–	0.4%	12.4%
	국민 초과	12%	1%	0.4%	13.4%

◆ 인천에 [1주택 + 조합원입주권(2020.8.12. 이후 취득) + 주택분양권(2020.8.12. 이후 취득)] 보유 중 서울 영등포구의 B주택(국민주택규모 이하)을 실가 15억원에 매매로 취득한 경우 내야할 취득세 등은? 15억원 × 12.4% = 1억8,600만원

7-1-1. (주택 + 주택 + 주택) + NEW주택

1세대가 [주택 + 주택 + 주택]을 보유 중 비조정대상지역 내에 있는 신규주택을 유상으로 취득하는 경우 1세대 4주택에 해당되어 12%의 취득세율이 적용됩니다.

7-1-2. (주택 + 주택 + 조합원입주권) + NEW주택

1세대가 [주택 + 주택 + 조합원입주권]을 보유 중 비조정대상지역 내에 있는 신규주택을 유상으로 취득하는 경우 1세대 4주택에 해당되어 12%의 취득세율이 적용됩니다. 조합원입주권은 2020.8.12. 이후 취득한 조합원입주권을 말합니다.

> 2020.8.12. 전에 취득(또는 분양계약)한 조합원입주권(주택분양권, 오피스텔 포함)은 취득세 중과세 판정 시 보유 주택 수에 포함하지 않습니다.

7-1-3. (주택 + 조합원입주권 + 조합원입주권) + NEW주택

1세대가 [주택 + 조합원입주권 + 조합원입주권]을 보유 중 비조정대상지역 내에 있는 신규주택을 유상으로 취득하는 경우 1세대 4주택에 해당되어 12%의 취득세율이 적용됩니다. 조합원입주권은 2020.8.12. 이후 취득한 조합원입주권을 말합니다.

7-1-4. (주택 + 조합원입주권 + 가로주택사업입주권) + NEW주택

1세대가 [주택 + 조합원입주권 + 가로주택사업입주권]을 보유 중 비조정대상지역 내에 있는 신규주택을 유상으로 취득하는 경우 1세대 3주택에 해당되어 8%의 취득세율이 적용됩니다. 가로주택사업입주권은 취득세 중과세 판단 시 보유 주택 수에 포함하지 않습니다. 조합원입주권은 2020.8.12. 이후 취득한 조합원입주권을 말합니다.

7-1-5. (주택 + 조합원입주권 + 주택분양권) + NEW주택

1세대가 [주택 + 조합원입주권 + 주택분양권]을 보유 중 비조정대상지역 내에 있는 신규주택을 유상으로 취득하는 경우 1세대 4주택에 해당되어 12%의 취득세율이 적용됩니다. 조합원입주권과 주택분양권은 2020.8.12. 이후 취득(또는 분양계약)한 것을 말합니다.

7-1-6. (주택분양권 + 조합원입주권 + 주거용오피스텔) + NEW주택

1세대가 [주택 + 조합원입주권 + 주거용오피스텔]을 보유 중 비조정대상지역 내에 있는 신규주택을 유상으로 취득하는 경우 1세대 4주택에 해당되어 12%의 취득세율이 적용됩니다. 조합원입주권과 주택분양권 및 주거용오피스텔은 2020.8.12. 이후 취득(또는 분양계약)한 것을 말합니다. 그 전에 취득한 조합원입주권등은 취득세 중과세 판정 시 보유 주택 수에 포함하지 않습니다.

[8] 개인이 주택을 무상으로 취득하는 경우 취득세 등

주택의 무상취득은 증여에 의한 취득과 상속에 의한 취득이 있습니다. 증여에 의한 취득은 다시 조정대상지역 내 주택의 증여 취득과 조정대상지역 외 주택의 증여 취득이 있습니다. 상속에 의한 취득은 피상속인(돌아가신 분)으로부터 무상으로 취득하는 경우를 말합니다.

구 분	조정대상지역	비조정대상지역
상속 취득	2.8%	2.8%
증여 취득	12%(예외 3.5%)	3.5%

8-1. 조정대상지역 내 주택의 증여 취득에 따른 취득세 중과세

8-1-1. 원칙(취득세 중과세)

조정대상지역에 있는 주택으로서 일정가액(시가표준액 3억원)이상의 주택을 증여를 원인으로 무상으로 취득하는 경우에는 일반적인 증여에 따른 취득세율(3.5%)에 불구하고 중과세에 따른 취득세율(12%)을 적용합니다. 이는 2020.7.10. 부동산대책 발표에 따라 2020.8.12. 이후 취득분부터 적용하고 있습니다. 2025.5.1. 현재 조정대상지역은 서울시의 강남구, 서초구, 송파구, 용산구만 지정되었고 서울 그 외 지역과 서울 외의 모든 지역이 조정대상지역에서 제외되어 있습니다.

2023.1.1. 이후 증여취득분에 대해서는 취득세 과세표준이 "시가표준액"에서 원칙적 "시가인정액"으로 변경되었으며 그 구체적 내용은 아래 박스 내용에 따릅니다.

① 원칙: 증여 취득시 과세표준을 법인·개인 모두 '시가인정액(*)'을 적용
② 예외: 시가인정액을 알 수 없는 경우 시가표준액을 시가로 적용
③ 부담부증여: 채무부담액은 유상으로 취득한 것으로 보고, 취득물건의 시가인정액에서 채무부담액을 뺀 잔액은 무상취득으로 봄

(*) 불특정 다수인 사이에 자유롭게 거래가 이루어져 통상적으로 성립된다고 인정되는 가액으로서 "취득일로부터 6월내 거래된 해당물건 매매가액, 감정가액, 경·공매가액 및 유사매매사례가액 중 가장 최근 거래가액을 시가로 인정하는 가액"을 '시가인정액'이라 함

시가표준액이란?

시가표준액은 지방세법상 재산세등을 과세할 목적으로 산정하는 가액으로 주택별로 다음의 가액을 말합니다.

[지방세법상 시가표준액]

시가표준액 (지방법 제4조)	㉠ 원칙: 공시된 가액 　- 단독주택 : 개별주택가격 　- 다세대·연립·아파트: 공동주택가격 ㉡ 신축주택: 국토부의 주택가격조사산정지침의 비준표에 따라 계산한 가액

주택 지분이나 부속토지만을 취득할 경우 가액 판단은?

취득 당시 시가표준액(지방법 제4조)이 3억원 이상인 주택을 말하며, 지분이나 부속토지만을 취득한 경우에는 전체 주택의 시가표준액을 말합니다. 예를 들어, A아파트의 전체 시가표준액(공동주택고시가격)이 5억인 경우 1/2 지분(2.5억원)만을 증여 취득하는 경우에도 전체 주택의 시가표준액이 3억원 이상에 해당되어 증여에 대한 취득세를 중과세(12%)합니다.

조정대상지역 내 시가표준액 3억원 미만의 주택을 무상 증여 하는 경우 취득세율?

증여에 따른 일반 취득세율(3.5%)을 적용합니다. 농특세와 지방교육세를 합하면 다음 표의 세율이 적용됩니다.

구 분	취득세	농특세	지방교육세	합계
국민이하	3.5%	–	0.3%	3.8%
국민초과	3.5%	0.2%	0.3%	4.0%

[조정대상지역 내 주택의 증여 취득세율]

구 분	내 용
취득원인	증여에 따른 무상취득
취득대상	"조정대상지역 내 주택(지분이나 부속토지만을 취득하는 경우 포함)" 단, 취득당시 전체 주택 시가표준액 3억원 미만은 제외
중과 취득세율 등	중과취득세율 = [4%(표준세율) + 2%(중과기준세율) × 400/100] = 12% [증여취득 시 취득세 등] <table><tr><td>구 분</td><td>취득세</td><td>농특세</td><td>지방교육세</td><td>합계</td></tr><tr><td>국민이하</td><td>12%</td><td>–</td><td>0.4%</td><td>12.4%</td></tr><tr><td>국민초과</td><td>12%</td><td>1%</td><td>0.4%</td><td>13.4%</td></tr></table>
중과 예외	1세대 1주택을 소유한 사람으로부터 해당 주택을 배우자 또는 직계존비속이 증여로 취득하는 경우 등

 조정대상지역 지정고시일 이전에 주택 계약등을 한 경우 중과 배제

조정대상지역 지정고시일 이전에 주택에 대한 매매계약(공동주택 분양계약을 포함한다)을 체결한 경우(다만, 계약금을 지급한 사실 등이 증빙서류에 의하여 확인되는 경우에 한정한다)에는 조정대상지역으로 지정되기 전에 주택을 취득한 것으로 봅니다.

8-1-2. 1세대 1주택자의 배우자·직계존비속 무상증여 시

1세대 1주택자가 소유한 조정대상지역 내에 있는 시가표준액 3억원 이상이 되는 주택을 배우자 또는 직계존비속이 증여로 무상취득 하는 경우에는 취득세를 중과세(12%)하지 않습니다. 즉, 증여 시 일반 취득세율(3.5%)을 적용합니다.

[증여취득 시 일반 취득세율 등]

구 분	취득세	농특세	지방교육세	합계
국민이하	3.5%	-	0.3%	3.8%
국민초과	3.5%	0.2%	0.3%	4.0%

▶ 배우자는 원칙적으로 법률상 배우자를 말하나 허위이혼 후 함께 살고 있는 배우자를 포함합니다. 직계존속은 이해하기 쉽게 말씀드리면 증여자의 부모 또는 할아버지·할머니 등 직계 윗분들을 말하며, 직계비속이란 증여자의 아들·딸, 손자·손녀 등 아래 직계 자손들을 말합니다.

8-2. 비조정대상지역 내 주택의 증여 취득에 따른 취득세 중과세

조정대상지역 내 시가표준액 3억원 이상이 되는 주택을 무상증여하는 경우에만 취득세를 중과세(12%) 합니다. 따라서 비조정대상지역 내에 있는 주택을 무상증여 하는 경우에는 가액에 관계없이 일반 취득세율(3.5%)을 적용합니다.

[9] 중과세 규정과 다주택 등 취득세 중과세 규정이 동시에 적용되는 경우 세율 적용

고급주택의 취득 시 중과세 규정(지방세법 제5항)과 1세대 다주택 취득세 중과세 규정(또는 조정대상지역 내 주택의 무상 증여시 중과세)이 동시에 적용되는 과세물건에 대한 취득세율은 아래 표에 따른 세율을 적용합니다.

구 분		조정대상지역의 경우	비조정대상지역의 경우
유상 취득	1세대 2주택	8% + 2% × 4 = 16%	(1% ~ 3%) + 2% × 4
	1세대 3주택	12% + 2% × 4 = 20%	8% + 2% × 4 = 16%
	1세대 4주택	12% + 2% × 4 = 20%	12% + 2% × 4 = 20%
조정대상지역내 주택 증여취득(시가표준액 3억이상)		12% + 2% × 4 = 20%	12% + 2% × 4 = 20%

[10] 장기일반민간임대주택 등에 대한 감면(지특법 제31조의 3)

10-1. 임대할 목적으로 공동주택을 건축하는 경우 취득세 감면

법에서 정한 임대사업자가 임대할 목적으로 임대형기숙사 또는 공동주택을 건축하기 위하여 취득하는 토지와 임대할 목적으로 건축하여 취득하는 임대형기숙사 또는 공동주택에 대해서는 취득세를 2027년 12월 31일까지 감면(100% 또는 50%)합니다.

10-1-1. 임대사업자란?

「민간임대주택에 관한 특별법」에 따른 임대사업자를 말하며, 임대용 부동산 취득일부터 60일 이내에 공공지원민간임대주택(「민간임대주택에 관한 특별법」 제2조 제4호) 또는 장기일반민간임대주택(「민간임대주택에 관한 특별법」 제2조 제5호)을 임대용 부동산으로 하여 임대사업자로 등록한 경우를 말하되, 토지에 대해서는 사업계획승인(주택법 제15조)을 받은 날 또는 건축허가(건축법 제11조)를 받은 날부터 60일 이내로서 토지 취득일부터 1년 6개월 이내에 공공지원민간임대주택 또는 장기일반민간임대주택을 임대용 부동산으로 하여 임대사업자로 등록한 경우를 포함합니다.

◯ [임대목적물 중 감면대상 임대주택에서 배제되는 주택]

구 분	내 용
① 장기일반민간임대주택 중 민간매입임대주택 (아파트에 한함)	2020년 7월 11일 이후 「민간임대주택에 관한 특별법」(법률 제17482호로개정되기 전의 것을 말한다) 제5조에 따른 임대사업자등록 신청(임대할주택을 추가하기 위하여 등록사항의 변경 신고를 한 경우를 포함한다)을 한 같은 법 제2조 제5호에 따른 장기일반민간임대주택 중 아파트를 임대하는 민간매입임대주택
② 단기민간임대주택	민간임대주택에 관한 특별법(제2조 제6호)에 따른 단기민간민간임대주택
③ 2020.7.11. 이후 장기임대주택등으로 변경한 단기민간임대주택	2020년 7월 11일 이후 공공지원민간임대주택이나 장기일반민간임대주택으로 변경 신고한 단기민간임대주택

[임대사업자의 구분]

구 분		내 용
임대사업자 (「민간임대주택에 관한 특별법」)		주택을 임대하려는 자는 특별자치시장·특별자치도지사·시장·군수 또는 구청장(구청장은 자치구의 구청장을 말하며, 이하 "시장·군수·구청장"이라 한다)에게 등록을 신청할 수 있다.
임대사업자등록기간	원칙	임대용부동산 취득일부터 60일 이내
	토지	「주택법」 제15조에 따른사업계획승인을 받은 날 또는 건축법」 제11조에 따른 건축허가를받은 날로부터 60일 이내 + 토지 취득일부터 1년 6개월 이내

> **건설임대주택사업자의 경우 건물준공 후 임대사업자등록을 하여야 하나요?**
>
> 공동주택 신축 목적으로 먼저 취득하는 토지의 경우, 주택법에 따른 사업계획승인을 받은 날 또는 건축법에 따른 건축허가를받은 날로부터 60일 이내에 반드시 임대사업자등록을 하여야 하며, 추가적으로 토지 취득일부터 1년 6개월 이내에 임대사업자등록을 하여야 합니다. 해당 요건을 충족하지 못하면 토지에 대한 취득세 감면을 적용 받을 수 없습니다.

10-1-2. 감면대상

임대형기숙사 또는 공동주택을 건축하기 위하여 취득하는 토지와 임대할 목적으로 건축하여 취득하는 임대형기숙사 또는 공동주택을 감면대상으로 합니다.

10-1-3. 취득세 감면

(1) 취득세 면제

다음 각 목의 경우에는 취득세를 면제합니다.

> 가. 임대형기숙사 또는 전용면적 60제곱미터 이하인 공동주택을 건축하기 위하여 토지를 취득하는 경우(2024.12.31. 개정)
> 나. 임대형기숙사 또는 전용면적 60제곱미터 이하인 공동주택을 건축하여 취득하는 경우 (2024.12.31. 개정)

(2) 취득세 50% 경감

다음 각 목의 경우에는 취득세의 100분의 50을 경감합니다.

> 가. 「민간임대주택에 관한 특별법」에 따라 10년 이상의 장기임대 목적으로 전용면적 60제곱미터 초과 85제곱미터 이하인 임대주택(이하에서 "장기임대주택"이라 한다)을 20호 이상 건축하기 위하여 토지를 취득하는 경우
> 나. 장기임대주택을 20호 이상 건축하여 취득하는 경우
> 다. 20호 이상의 장기임대주택을 보유한 임대사업자가 추가로 장기임대주택을 건축하기 위하여 토지를 취득하는 경우(추가로 취득한 결과로 20호 이상을 건축하기 위한 토지를 보유하게 되었을 때에는 그 20호부터 초과분까지를 건축하기 위한 토지를 포함한다)
> 라. 20호 이상의 장기임대주택을 보유한 임대사업자가 추가로 장기임대주택을 건축하여 취득하는 경우(추가로 취득한 결과로 20호 이상을 보유하게 되었을 때에는 그 20호부터 초과분까지를 포함한다)

10-1-4. 감면된 취득세의 추징

「민간임대주택에 관한 특별법」 또는 「공공주택 특별법」에 따른 임대의무기간에 다음 각 호의 어느 하나에 해당하는 경우에는 감면된 취득세를 추징합니다.

① 임대 외의 용도로 사용하거나 매각·증여하는 경우

② 「민간임대주택에 관한 특별법」(제6조)에 따라 임대사업자 등록이 말소된 경우

> **감면된 취득세를 추징하지 않는 경우는?**
> ㉠ 임대사업자가 임대의무기간이 지난 후 민간임대주택을 양도하려는 경우
> ㉡ 공공주택사업자가 경제적 사정 등으로 공공임대주택에 대한 임대를 계속할 수 없는 경우로서 공공주택사업자가 국토교통부장관의 허가를 받아 임차인에게 분양전환하는 경우, 이 경우 법에서 정한 임차인에게 우선적으로 분양전환하여야 한다.
> ㉢ 임대 개시 후 해당 주택의 임대의무기간의 2분의 1이 지난 분양전환공공임대주택에 대하여 공공주택사업자와 임차인이 해당 임대주택의 분양전환에 합의하여 공공주택사업자가 임차인에게 법에 따라 분양전환하는 경우

> **「민간임대주택에 관한 특별법」(제6조)에 따라 임대사업자 등록 말소 사유?**
> 1. 거짓이나 그 밖의 부정한 방법으로 등록한 경우
> 2. 임대사업자가 등록한 후 일정 기간 안에 민간임대주택을 취득하지 아니하는 경우
> 3. 등록한 날부터 3개월이 지나기 전(임대주택으로 등록한 이후 체결한 임대차계약이 있는 경우에는 그 임차인의 동의가 있는 경우로 한정한다) 또는 임대의무기간이 지난 후 등록 말소를 신청하는 경우
> 4. 5조제6항의 등록기준을 갖추지 못한 경우
> 5. 제43조제2항 또는 제6항에 따라 민간임대주택을 양도한 경우
> 6. 제43조제4항에 따라 민간임대주택을 양도한 경우
> 7. 제44조에 따른 임대조건을 위반한 경우
> 8. 제45조를 위반하여 임대차계약을 해제·해지하거나 재계약을 거절한 경우
> 9. 제50조의 준주택에 대한 용도제한을 위반한 경우
> 10. 제48조제1항제2호에 따른 설명이나 정보를 거짓이나 그 밖의 부정한 방법으로 제공한 경우

11. 제43조에도 불구하고 종전의 「민간임대주택에 관한 특별법」(법률 제17482호 민간임대주택에 관한 특별법 일부개정법률에 따라 개정되기 전의 것을 말한다. 이하 이 조에서 같다) 제2조제5호의 장기일반민간임대주택 중 아파트를 임대하는 민간매입임대주택 또는 제2조제6호의 단기민간임대주택에 대하여 임대사업자가 임대의무기간 내 등록 말소를 신청(신청 당시 체결된 임대차계약이 있는 경우 임차인의 동의가 있는 경우로 한정한다)하는 경우
12. 임대사업자가 보증금 반환을 지연하여 임차인의 피해가 명백히 발생하였다고 대통령령으로 정하는 경우
13. 그 밖에 민간임대주택으로 계속 임대하는 것이 어렵다고 인정하는 경우로서 대통령령으로 정하는 경우

민간임대주택법상 의무임대기간?

구 분		2020.8.17. 이전	2020.8.18. 이후
공공지원민간임대주택의 임대기간		8년 이상	10년 이상
장기일반민간 임대주택	임대기간	8년 이상	10년 이상
	대상주택	단독, 다가구, 연립, 아파트, 오피스텔(준주택)	좌동(단, 매입임대주택의 경우 아파트는 제외)

10-2. 임대형기숙사·공동주택 또는 오피스텔을 최초로 분양받은 경우 지방세 감면

10-2-1. 요건

임대사업자가 임대할 목적으로 건축주로부터 실제 입주한 사실이 없는 임대형기숙사, 공동주택 또는 오피스텔을 최초로 유상거래(부담부증여는 제외한다)로 취득하는 경우에는 다음 각 호에서 정하는 바에 따라 취득세를 2027년 12월 31일까지 감면합니다. 다만, 취득 당시의 가액(지방세법 제10조의 3)이 3억원(수도권은 6억원으로 한다)을 초과하는 공동주택과 오피스텔은 감면 대상에서 제외합니다.

10-2-2. 취득세 감면

(1) 취득세 면제

다음 각 목의 경우에는 취득세를 면제합니다.

> 가. 임대형기숙사를 취득하는 경우
> 나. 전용면적 60제곱미터 이하인 공동주택 또는 오피스텔을 취득하는 경우

(2) 취득세 50% 경감

다음 각 목의 경우에는 취득세의 100분의 50을 경감합니다.

> 가. 장기임대주택을 20호 이상 취득하는 경우
> 나. 20호 이상의 장기임대주택을 보유한 임대사업자가 추가로 장기임대주택을 취득하는 경우(추가로 취득한 결과로 20호 이상을 보유하게 되었을 때에는 그 20호부터 초과분까지를 포함한다)

[매입임대주택 임대사업자에 대한 취득세 감면]

구 분	내 용		
대상자	임대사업자 (민간임대주택법)		
임대사업자 등록	임대용 부동산 취득일부터 60일 이내 시장·군수·구청장에 등록		
대상 주택	- 건축주로부터 실제 입주한 사실이 없는 최초로 분양받은 임대형기숙사·공동주택 또는 오피스텔일 것 - 취득당시의 가액이 3억원(수도권은 6억원) 이하일 것 ☞ 취득당시 가액: 지방세법(제10조의 3)상 취득세 과세표준을 말함 (실제 분양받은 가액, 연부취득가액 등)		
취득세 감면	임대형기숙사		100% 감면
	공동주택 또는 오피스텔	전용면적 60㎡ 이하	100% 감면
		전용면적 60㎡ 초과 ~ 85㎡ 이하	20호 이상 취득하거나 20호 이상 보유한 상태에서 추가로 취득하는 경우 50% 경감

[「민간임대주택에 관한 특별법」 개정 내용]

구 분		2020.8.17. 이전	2020.8.18. 이후
임대주택의 종류		① 공공지원민간임대주택 ② 장기일반민간임대주택 ③ 단기민간임대주택	① 공공지원민간임대주택 ② 장기일반민간임대주택 ③ - 삭제 -. 단, 2025.6.4. 이후 단기임대주택 부활
공공지원민간임대주택의 임대기간		8년 이상	10년 이상
장기일반민간임대주택	임대기간	8년 이상	10년 이상
	대상주택	단독, 다가구, 연립, 아파트, 오피스텔(준주택)	좌동(단, 매입임대주택의 경우 아파트는 제외)
단기민간임대주택		4년이상 임대할 목적으로 취득하여 임대하는 민간임대주택	- 삭제- 단, 2025.6.4. 이후 "단기민간임대주택"이란 임대사업자가 6년 이상 임대할 목적으로 취득하여 임대하는 민간임대주택[아파트(「주택법」 제2조제20호의 도시형 생활주택이 아닌 것을 말한다)는 제외한다]을 말한다.

10-3. 감면액의 추징

"10-1" 및 "10-2"의 규정을 적용할 때 다음 표 각 호의 어느 하나에 해당하는 경우에는 감면된 취득세를 추징합니다.

1. 해당 토지를 취득한 날부터 정당한 사유 없이 2년 이내에 임대형기숙사 또는 공동주택을 착공하지 아니한 경우(2024.12.31. 개정)
2. 「민간임대주택에 관한 특별법」 제43조 제1항에 따른 임대의무기간에 대통령령으로 정하는 경우가 아닌 사유로 다음 각 목의 어느 하나에 해당하는 경우(2024.12.31. 개정)
   가. 임대형기숙사, 공동주택 또는 오피스텔을 임대 외의 용도로 사용하거나 매각·증여하는 경우
   나. 「민간임대주택에 관한 특별법」 제6조에 따라 임대사업자 등록이 말소되는 경우

10-4. 장기일반임대주택으로 등록하는 경우 취득세 감면 및 중과세여부

예규 "신축분양주택을 장기일반임대주택으로 등록 시 취득세 감면 문의 등" 다주택자 취득세 중과와 신축분양주택(빌라) 장기일반임대주택 등록시 취득세감면 가능한지? (행안부 지방세특례제도과, 2020.10.26.)

「지방세특례제한법」 제31조제2항에 따라 임대사업자가 임대할 목적으로 건축주로부터 공동주택(60제곱미터 이하 & 취득가액 3억원(수도권 6억원) 이하)을 최초로 분양·취득하는 경우에는 취득세를 면제하도록 규정하고 있으며, 면제액이 200만원을 초과하는 경우에는 최소납부세제가 적용되어 면제액의 15%를 납부해야 합니다(지방세특례제한법 제177조의 2).

귀하께서 질의하신 내용에 비추어볼 때, 귀하가 분양받으신 빌라는 조정대상지역 내 3주택 취득에 따른 취득세율 12% 적용 대상으로서, 면제액이 200만원을 초과하는 경우라면 납부금액은 주택가액*12%*15%에 해당하는 금액입니다.(면제액이 200만원 이하일 경우는 전액 면제) 또한, 지방교육세는 「지방세법」 제151조제1항제1호에 따라서 취득세 과세표준의 0.06%(2%*20%*15%)가 부과됨을 안내드립니다.

[11] 재개발 등 주택의 취득세

11-1. 관리처분계획인가 고시일 전 유상 취득

취득세 규정에서 멸실 전에 취득하는 경우에는 주택의 취득으로 봅니다. 다만, 붕괴 등의 위험이 있어 미리 주택건물을 멸실한 경우에는 토지의 취득으로 봅니다. 주택을 매매 등 유상으로 취득한 경우에는 실제 취득가액의 1%~3%의 취득세율이 적용되며 다주택자의 경우에는 중과세율(8%, 12%)이 적용됩니다.

○○재개발구역 내 주택을 개인이 유상 취득한 경우 취득세(농특세, 지방교육세는 별도)는?

구 분	조정대상지역 내 주택	비조정대상지역 내 주택
1세대 1주택	1% ~ 3%	1% ~ %
1세대 2주택	8%	1% ~ 3%
1세대 3주택	12%	8%
1세대 4주택	12%	12%

11-2. 관리처분계획인가 고시일 이후 ~ 멸실 전 유상 취득

양도소득세에서 관리처분계획인가 고시일을 기준으로 종전부동산이 조합원입주권으로 전환됩니다. 반면, 취득세 규정에서는 주택건물이 멸실되지 않았다면 주택으로 봅니다. 따라서 주택 건물을 멸실하기 전에 취득한 경우에는 주택의 취득으로 보아 실제 취득가액의 1% ~ 3%의 취득세율이 적용되며 다주택자의 경우에는 중과세율(8%, 12%)이 적용됩니다.

11-3. 멸실 후 ~ 준공일 전 취득

취득세 규정에서는 주택건물을 멸실한 경우 토지의 취득으로 봅니다. 따라서 취득세는 4%(농특세 및 지방교육세 포함 4.6%)의 세율이 적용됩니다. 1세대 다주택자의 경우 주택건물 멸실 후 조합원입주권을 취득하는 경우 다주택 중과세(8%, 12%)를 면할 수 있습니다.

개인이 ㅇㅇ재개발구역 내 조합원입주권을 건물멸실 후 10억원(권리가액 4억원 + 프리미엄 5억원+ 기납부 분담금 1억원)에 취득한 경우 취득세는?

- 토지의 취득으로 봅니다.
- 원조합원이 조합에 납부한 분담금 1억원은 토지 취득세 과세표준에 포함하지 않습니다. (기불입한 분담금과 앞으로 승계조합원이 내야할 추가 분담금은 건물 준공시 건물에 대한 취득세 과세표준에 산입됩니다.)
  납부해야할 토지 취득세(농특세등 포함) = (4억원 + 5억원) × 4.6%
- 2023.1.1. 이후 관리처분계획인가를 받는 구역의 조합원이 내야할 준공 시 건물에 대한 취득세 과세표준은 "분담금"이 아닌 "세대당건축공사비"로 개정되었습니다.

조합원입주권(권리가액 4억원 + 프리미엄 5억원+ 기납부 분담금 1억원)을 증여받은 경우 취득세는?

- 건물 멸실 후 취득은 토지의 취득으로 봅니다.
- 원조합원이 조합에 납부한 분담금 1억원은 토지 취득세 과세표준에 포함하지 않습니다.
- 기불입한 분담금과 앞으로 승계조합원이 내야할 추가 분담금은 건물 준공시 건물에 대한 취득세 과세표준에 산입됩니다(2022.12.31. 이전 관리처분계획인가를 받은 구역의 조합원에 한함).
- 납부해야할 토지 취득세(농특세등 포함)
  = [증여당시 시가인정액] × 3.5%(4%)

ex) 증여당시 입주권 감정평가액이 10억원인 경우로서 기불입 분담금이 1억원인 경우의 토지 취득세는?
  = [10억원 -1억원] × 3.5%(4%)

11-4. 준공일 이후 ~ 이전고시일 전 취득

관리처분계획에 따라 조합원이 취득하는 주택건물은 원시취득에 해당됩니다. 취득시기는 준공일입니다. 2022.12.31. 이전에 관리처분계획인가를 받은 구역의 조합원은 "청산금납부액(추가부담금)에 2.8%(원시취득)"의 세율을 곱하여 준공일로부터 60일 이내에 취득세(농특세 및 지방교육세 별도)를 신고·납부하여야 합니다. 2023.1.1. 이후 관리처분계획인가를 받은 조합원은 "세대당건축공사비 × 2.8%"를 건물의 취득세로 납부하게 됩니다.

[준공 시 조합원의 건물취득세 과세표준 개정사항]

구 분	개정 전 (2022.12.31. 이전 관리처분 분)	개정 후 (2023.1.1. 이후 관리처분 분)
원조합원	- 건축물 및 토지 구분없이 면제 - 다만, 청산금은 과세	"총건축공사비" × 분양건축물면적 / 총건축물면적
승계조합원	승계취득 가액을 제외하고 과세	

이전고시일 전에 준공된 주택을 매매하는 경우, 매수자는 주택(그 부수토지 포함)의 취득에 해당되며 매매금액에 1~3% 취득세율을 곱한 금액을 취득세로 신고 및 납부하여야 합니다. 이전고시일 전이기에 건물등기는 할 수 없으나 토지 등기는 매수인명의로 변경하여야 합니다. 향후 이전고시가 나는 경우에는 조합원명의가 아닌 매수인 명의로 보존등기를 진행합니다.

[준공일 이후 ~ 이전고시일 전 취득 시 등기 및 취득세]

구 분	준공 시		매매 시	
	등기사항	취득세	등기사항	취득세
조합원	-없음-	'청산금납부액 × 2.8%' (22.12.31.이전 관처분) '세대당건축공사비 × 2.8%' (23.1.1.이후 관처분)	-	
매수인		-	토지이전 등기	매매금액 × 세율(*)
비 고	(*) 유상취득 세율(1~3%), 또는 다주택 중과세율(8%,12%)			

사례

〈거래내역〉

OO재개발구역 건물 사용승인일(준공일): 2021.6.30.

이전고시일: 21.9.30.

원조합원 김원빈씨의 종전부동산권리가액: 5억원

원조합원 김원빈씨의 조합원분양가액: 8억원

청산금(추가분담금) 납부액: 3억원(잔금 불입일: 2021.7.31.)

김나래씨는 원조합원 김원빈씨로부터 2021.9.4.에 해당 조합원입주권을 14억원에 유상 취득함

〈조합원 김원빈씨의 준공 시 건물의 취득세〉

- 원시취득에 해당되며, 건물의 취득세는 다음과 같이 산정됩니다.(22.12.31. 이전 관리처분계획인가를 받은 구역의 조합원에 해당됨)

> 청산금납부액(3억원) × 2.8%(농특세 및 지방교육세 별도)

- 이전고시일 이전에 양도하였기에 원조합원 김원빈씨는 건물의 보존등기없이 양도함

전용 면적	취득세	농특세	지방교육세	합계
국민주택 이하	2.8%	−	0.16%	2.96%
국민주택 초과	2.8%	0.2%	0.16%	3.16%

〈매수자 김나래씨의 취득세〉

- 승계조합원 김나래씨는 사용승인 이후에 조합원으로부터 주택(그 부수토지 포함)을 유상 취득한 것입니다. 주택 유상 취득에 대한 취득세(농특세와 지방교육세 별도)는 다음과 같습니다.

> 취득가액(14억원) × 세율[3%, 다주택자의 경우(8%,12%)]

☞ 재개발구역 조합원의 건축물 및 증가된 부속토지의 취득시기 및 과세표준은?

과세대상	취득원인 (세율)	취득시기	과세 표준
건축물 신축	원시취득 (2.8%)	신축준공일 등	〈2022.12.31. 이전 관리처분인가분〉 청산금납부액
			〈2023.1.1. 이후 관리처분인가〉 전체 공사비 등 신축비용을 조합원 취득면적별로 안분
당초 토지 초과지분 ※건축물 부속토지	유상승계취득 (4%)	잔금지급일	〈23.3.14. 이후 관리처분인가〉 : 증가면적×분양가액/㎡
			〈23.3.14. 前 관리처분인가〉 : 증가면적×min(분양가액, 공시지가)/㎡

11-5. 이전고시일 이후 취득

이전고시 이후에는 관리처분계획에 따라 조합원은 주택건물을 보존등기하여야 합니다. 주택건물의 취득시기는 건물준공일(사용승인일 등)입니다. 실무적으로 이전고시일 이후 조합원명의로 보존등기를 하기까지는 1개월~3개월 이상이 소요됩니다. 이는 조합에서 등기용역을 진행하는 법무사무소의 업무량이 많기 때문입니다. 이전고시 이후 등기를 하지 않고 매매하는 경우가 있는데 이는 미등기전매에 해당될 수 있기에 조심하셔야 합니다.

> **재건축사업의 경우, 주택건물 소유권보존등기 시 조합원의 취득세 산정 방법이 재개발사업과 동일한가요?**
>
> 차이가 납니다! 재개발사업의 경우 조합원이 조합에 납부한 청산금을 취득세 산정기준가액(과세표준)으로 봅니다. 반면, 재건축은 조합에서 발생한 공사비 등 총건축비용 중 조합원이 분양받는 주택건물상당액(=세대당건물건축공사비)을 기준으로 취득세를 산정합니다. 따라서 재건축조합원의 경우 건물 준공 전에는 주택건물에 대한 취득세가 정확히 얼마가 나올지 알 수는 없습니다. 다만, 재개발사업처럼 조합에 납부한 청산금(분담금)을 기준으로 취득세 산출액을 예상해 볼 수 있을 뿐입니다.
> → 2023.1.1. 이후 관리처분계획인가를 받는 재개발구역의 조합원도 재건축과 동일하게 취득세 과세표준을 "세대당건물건축공사비"로 통일하였습니다.

[재개발사업의 조합원 vs 재건축사업의 조합원]

분양 내역	- 조합원 박호동의 종전부동산 권리가액 : 5억원 - 조합원 분양가액 : 8억원 - 추가 납부한 청산금(분담금) : 3억원
재개발 사업	조합원 박호동의 건물취득세 = 3억원 × 2.8%(농특세등 별도)
재건축 사업	조합원 박호동의 건물취득세 = 3.33억원(*) × 2.8%(농특세등 별도) (*) 조합의 총건물신축공사비(5,000억원) × 140㎡(조합원분양면적)/ 210,000㎡(건물전체연면적)

11-6. 재개발 등 취득세 감면

재개발사업은 조합등이 시행사이나 법적으로는 시장·구청장 등을 대신하여 정비사업을 진행하는 공익사업에 해당됩니다. 반면, 재건축사업은 민간사업에 해당됩니다. 지방세법에는 공익사업에 해당되는 재개발사업의 경우 원조합원에게 취득세 감면 등 혜택을 주고 있으나 재건축사업은 원조합원에 대한 취득세 감면 규정이 없습니다.

주택의 취득세 감면 규정에서 원조합원이란?

정비구역지정 고시일 현재 부동산을 소유하고 있는 자를 원조합원이라 합니다.

재개발조합의 원조합원이 관리처분계획에 따라 취득한 주택의 취득세 감면액은?

재개발사업 원조합원의 취득세 감면

구 분			감 면	
			2019.12.31. 이전 취득	2020.1.1. 이후 취득
대상 사업			재개발사업 中 ① 정비기반시설이 열악하고 노후·불량건축물이 밀집한 지역에서 주거환경개선을 하는 경우 → 구)도시환경정비사업은 대상에서 배제됨	재개발사업 中 ① 정비기반시설이 열악하고 노후·불량건축물이 밀집한 지역에서 주거환경개선을 하는 경우 ② 상업지역·공업지역 등에서 도시기능의 회복 및 상권활성화 등을 위하여 도시환경을 개선하기 위한 사업
관리처분계획에 따라 취득하는 주택 (청산금에 상당하는 부동산 포함)	권리가액 상당액		"100% 감면" (최저한 적용 없음)	"100% 감면" (최저한 적용 없음)
	납입 청산금	~60m² 이하 (전용)	"100% 감면" (2020.1.1. 이후 85% 감면 한도 적용)	-1가구1주택 -일시적2주택자 @1가구 다주택인 경우에는 감면 없음	75% 감면
		60m²초과 ~ 85m²이하			50% 감면
		85m²초과	감면 없음	감면 없음	
시행 시기 및 대상			2019.12.31 이전에 사업시행계획인가를 받은 사업에 적용	2020.1.1 이후 사업시행계획 인가를 받는 사업부터 적용
			지방세특례제한법부칙[법률 제16865호] 제5조 (2020.1.15.)	

2025 재개발 주택세금 길라잡이

제4장

양도소득세 편

제4장
양도소득세 편

[1] 기본 사항

1-1. 양도세 기본상식

1-1-1. 양도 시 내야할 세금

소득세법에서 정한 아래 표의 과세 대상을 양도하는 경우 내야하는 세금이 양도소득세입니다.

과세 대상	구체적 사례
토지·건물의 양도소득	- 토지: 농지, 대지, 임야 등 - 건물: 주택, 상가건물, 공장건물 등
부동산에 관한 권리의 양도소득	- 부동산을 취득할 수 있는 권리 : 조합원입주권, 분양권 등 - 지상권 전세권과 등기된 부동산 임차권
기타자산의 양도소득	- 부동산(권리포함)과 함께 양도하는 영업권 - 시설물이용권 - 부동산과다보유법인등의 주식 - 부동산과 함께 양도하는 이축권(감정평가하여 양도하는 이축권은 제외)
파생상품 등의 양도소득	파생상품, 파생결합증권 등 대통령령으로 정하는 금융투자상품
신탁수익권의 양도소득	신탁의 이익을 받을 권리

1-1-2. 양도세는 누가 내야하는가?

비사업자인 개인(법인이 아닌 단체 포함)이 주택, 조합원입주권, 주택분양권 등을 양도하는 경우 양도소득세를 내야 합니다. 법인이 주택, 조합원입주권, 주택분양권 등을 양도하는 경우에는 양도소득세가 아닌 법인세가 부과됩니다.

[양도의 정의]

> "양도"란 자산에 대한 등기 또는 등록과 관계없이 매도, 교환, 법인에 대한 현물출자 등을 통하여 그 자산을 유상으로 사실상 이전하는 것을 말한다. 이 경우 부담부증여 시 수증자가 부담하는 채무액(전세금, 보증금, 은행 대출금 등)에 해당하는 부분은 양도로 본다.

 부동산매매업으로 개인사업자등록을 내어 주택 매매를 하는 경우 절세효과가 있을까요?

부동산매매업자가 분양권, 비사업용토지, 미등기양도자산, 중과세대상 조정대상지역내 주택의 양도 시엔 양도소득세방식으로 계산한 세액과 종합소득세 방식으로 계산한 세액 중 큰 금액을 세금으로 내도록 하고 있기에 큰 실익이 없습니다. 다만, 부동산매매업의 재고주택은 1세대 1주택 판단 시 보유주택에서 배제하기에 비과세 전략 시 유용한 방법이 될 수도 있습니다.

1-1-3. 주택의 양도 시 얼마의 양도세를 내나요?

주택의 양도 시 1세대 1주택 비과세 대상자라면 세금은 없습니다. 그러나 비과세 대상자가 아닌 경우에는 세법에서 정한 산식에 따라 양도소득세를 내야 합니다. 최종적으로 내야 할 세금은 양도소득세와 지방소득세(양도소득세의 10%)를 합한 금액을 냅니다. 양도소득세를 직접 계산하여 신고할 수도 있으나 계산방법이 복잡하기에 반드시 가까운 세무회계사무소에서 신고할 것을 권합니다.

[간단한 양도소득세 계산 산식(주택)]

구 분	내 용	비 고
양도가액	양도한 실제 거래가액	
−) 필요경비	취득당시 취득가액, 취득세·등록세등, 법무사비용, 중개사비용, 자본적지출(확장, 새시, 보일러교체, 배관교체, 리모델링비 등)	씽크대, 도배, 장판, 페인트, 방수공사 등 단순 유지관리비는 경비처리 불가, 이자비용도 경비처리 불가
=) 양도차익	−	−
−) 장기보유특별공제	3년 이상 보유한 부동산등: 6% ~ 30% 3년 이상 보유 및 2년이상 거주한 고가주택의 경우 : 20% ~ 80%	1세대 다주택중과세대상 주택은 배제(단, 2026.5.9. 까지는 장특공제 가능)
=) 양도소득금액	−	−
−) 기본공제	1년에 250만원 공제	
=) 과세표준	−	−
×) 세 율	"1-1-4(주택 양도소득세율) 참조"	
=) 산출세액		
−) 감면세액		
=) 납부할 세액	납부할 세액(양도소득세)	양도소득세의 10% 지방소득세 추가 있음

1-1-4. 주택의 양도소득세 세율

1) 토지·건물, 부동산에 관한 권리및 기타자산의 양도소득

　　(가) 1년 미만 보유 토지·건물 및 부동산에 관한 권리의 양도소득
　　　　 : 50% 세율 적용
　　　　단, 주택, 조합원입주권 및 주택분양권 : 70% 세율 적용

(나) 1년 이상 ~2년 미만 보유 토지·건물 및 부동산에 관한 권리의 양도소득

: 40% 세율 적용

단, 주택, 조합원입주권 및 주택분양권 : 60% 세율 적용

(다) 2년 이상 보유 토지·건물 및 부동산에 관한 권리의 양도소득

: 기본누진세율(6% ~ 45%)

단, 분양권은 60% 세율 적용

➡ 2년이상 보유한 주택 및 조합원입주권 : 기본누진세율 적용

☞ 다음 표와 같이 소득세 과세표준 구간을 변경하였습니다.(2023.1.1. 이후 발생 소득 분부터 적용)

종 전(2022.12.31. 이전)		개 정(2023.1.1. 이후)	
과세표준	세율	과세표준	세율
1,200만원 이하	6%	1,400만원 이하	6%
1,200만원 ~ 4,600만원이하	15%	1,400만원 ~ 5,000만원이하	15%
4,600만원 ~ 8,800만원이하	24%	5,000만원 ~ 8,800만원이하	24%
8,800만원 ~ 1.5억원 이하	35%	8,800만원 ~ 1.5억원 이하	35%
1.5억원 ~ 3억원 이하	38%	1.5억원 ~ 3억원 이하	38%
3억원 ~ 5억원 이하	40%	3억원 ~ 5억원 이하	40%
5억원 ~ 10억원 이하	42%	5억원 ~ 10억원 이하	42%
10억원 초과	45%	10억원 초과	45%

2) 조정대상지역에 있는 1세대 2주택·조합원입주권·주택분양권 또는 1세대 3주택·조합원입주권·주택분양권에 해당되는 주택의 양도소득

2022.5.10. ~ 2026.5.9.의 기간 중 2년이상 보유한 조정대상지역 내 주택의 양도 시 중과세 규정을 유예하고 있습니다.

[다주택자등의 주택 양도소득세 세율 인상 및 주택분양권 주택 수 포함]

1세대 주택등 보유 현황	2021.1.1. ~ 2021.5.31.의 기간 중 주택 양도	2021.6.1. 이후 주택 양도
[2주택]	10% 추가세율 적용	20% 추가세율 적용
[1주택 + 조합원입주권]	10% 추가세율 적용	20% 추가세율 적용
[1주택 + 주택분양권(*)]	10% 추가세율 적용	20% 추가세율 적용
[3주택]	20% 추가세율 적용	30% 추가세율 적용
[2주택 + 조합원입주권]	20% 추가세율 적용	30% 추가세율 적용
[1주택+1주택+조합원입주권]	20% 추가세율 적용	30% 추가세율 적용
[1주택+조합원입주권+조합원입주권]	20% 추가세율 적용	30% 추가세율 적용
[1주택+조합원입주권+주택분양권(*)]	20% 추가세율 적용 － 주택분양권(*)도 주택 수에 포함	30% 추가세율 적용
[1주택+주택분양권+주택분양권(*)]		

（*) 2021년 1월 1일 이후 공급계약, 매매 또는 증여 등의 방법으로 취득한 주택분양권부터 적용

(가) 다음 ① ~ ②에 해당되는 경우의 세율

① 1세대 2주택에 해당되는 조정대상지역내 주택의 양도소득

② 1세대가 주택과 조합원입주권 또는 주택분양권을 각각 1개씩 보유한 경우의 조정대상지역 내 해당 주택의 양도소득

> 세율 = MAX [(가), (나)]
>
> (가) 기본누진세율(6%~45%) + 20%
> <u>(2026.5.9. 까지 20% 추가세율 미적용)</u>
> (나) 단기세율(1년 미만 70%, 1년 이상 2년 미만 60%)

(나) 다음 ③~④에 해당되는 경우의 세율

③ 1세대 3주택에 해당하는 조정대상지역내 주택의 양도소득

④ 1세대가 주택과 조합원입주권 또는 주택분양권의 보유 수가 3 이상인 경우로서 조정대상지역내 주택의 양도소득

> 세율 = MAX [(가), (나)]
>
> (가) 기본누진세율(6%~45%) + 30%
>   (2026.5.9. 까지 30% 추가세율 미적용)
> (나) 단기세율(1년 미만 70%, 1년 이상 2년 미만 60%)

 토지를 보유한 자가 재개발 관리처분계획에 따라 주택을 분양받아 단기 양도 시 세율은?

토지를 보유한 자가 「도시 및 주거환경정비법」에 따른 '주택재개발사업의 관리처분계획'에 따라 분양받은 신축주택을 양도한 경우로서 신축주택의 보유기간이 1년 미만인 경우 건물부분 양도소득과세표준에 「소득세법」 제104조 제1항 제2호의2의 양도소득세율(단기양도세율)을 적용하여 계산한 금액을 그 세액으로 하는 것입니다 (재산-624, 2009.11.03.). 즉, 토지는 당초 취득시기부터 세율을 적용하고 건축물은 준공시점부처 취득시기를 적용하겠다는 해석입니다.

 겸용주택(주택면적≤상가면적)의 재개발로 인한 새로운 아파트 전체에 대한 장기보유특별공제 80% 적용여부는?

이 사건 주택(상가면적이 주택면적보다 큰 경우임) 중 종전 겸용주택의 주택부분에 상응한 부분은 1세대 1주택으로 보아 종전 겸용주택의 주택부분과 그 보유기간을 통산하여 소득세법 제95조 제2항의 표2에 규정된 1세대 1주택의 장기보유특별공제율을 적용하여야 하고, 이 사건 주택 중 종전 겸용주택의 상가부분에 상응한 부분은 종전 겸용주택의 상가부분과 각각 그 보유기간을 계산하여 소득세법 제95조 제2항의 표1과 표2에 규정된 장기보유특별공제율을 별도로 적용하여야 한다(대법 2012두28025, 2014.09.04.).

겸용주택이 재개발·신축되어 양도된 경우 장기보유특별공제액 산정시 상가부분의 보유기간은?

상가 면적이 주택 면적보다 큰 겸용주택이 재개발사업으로 신축되어 양도되고, 신축주택이 1세대 1주택에 해당될 경우 관리처분계획인가 전 양도차익 중 종전상가 부분은 1세대 1주택 장기보유특별공제(별표2; 80%)를 적용하지 않으나 보유기간은 종전 겸용주택 취득일부터 신축주택 양도일까지로 보아야 합니다(서울고법 2012누15168, 2012.11.14.).

1-1-5. 언제까지 신고 및 납부를 하나요?

주택(조합원입주권, 주택분양권 포함)을 양도한 자는 양도일이 속하는 달의 말일부터 2개월 이내에 양도소득세 예정신고를 관할세무서에 신고 및 납부를 하여야 합니다. 다만, 부담부증여의 채무액에 해당하는 부분으로서 양도로 보는 경우에는 그 양도일이 속하는 달의 말일부터 3개월 이내에 신고 및 납부를 하여야 합니다. 만약, 같은 해에 여러 건의 양도가 있는 경우에는 그 다음 연도 5월 31일까지 여러 건의 양도에 대한 양도차익을 합산하여 양도소득세 확정신고를 별도로 하여야 합니다.

 양도일은 계약일인지 아니면 잔금청산일 또는 등기접수일인지?

양도소득세 산정 시 양도일은 원칙적으로 잔금청산일과 등기접수일 중 빠른 날을 말합니다. 따라서 계약일은 양도일과 전혀 관련 없습니다.

 홍길동씨는 본인 소유의 아파트를 매매(2021년 6월 5일에 잔금을 받고 등기접수함)하였습니다. 언제까지 양도소득세를 신고 및 납부하여야 하나요?

양도일(6월 5일)이 속하는 달의 말일(6월 30일)부터 2개월이 되는 날인 2021년 8월 31일까지 양도소득세를 신고 및 납부하여야 합니다. 많은 분들이 양도일(6월5일)부터 2개월이 되는 날(8월 4일)까지 신고 및 납부하는 것으로 오해하시는데 이는 잘못된 정보입니다.

양도소득세에 추가로 부과되는 세금은 없나요?

양도소득세의 10%에 상당하는 지방소득세를 양도자의 주소지 관할 지방자치단체 (시, 군·구)에 신고서를 별도로 작성하여 신고 및 납부하여야 합니다. 지방소득세의 신고 및 납부는 양도세 신고기한(양도일이 속하는 달의 말일부터 2개월)에 추가로 2개월을 더한 시점까지입니다. 예를 들어, 양도세 신고 납부기한이 6월 30일이면 지방소득세의 신고납부기한은 8월 31일까지입니다. 지방소득세는 양도소득세와는 달리 나누어서 낼 수 없으며 일시에 납부하여야 합니다.

 홍길동은 아버지로부터 최근 매매사례가액(시세) 15억원인 아파트를 채무인수(해당 아파트에 은행 근저당 채무 8억원 설정됨) 조건으로 2021년 8월 20일에 증여받았습니다. 홍길동의 아버지는 언제까지 해당 채무에 대한 양도소득세를 신고 및 납부하여야 하나요?

아버지는 부담부증여를 한 날이 속하는 달의 말일(2022년 8월 31일)부터 3개월이 되는 날(2022년 11월 30일)까지 양도소득세를 신고 및 납부를 하여야 합니다. 참고적으로 홍길동은 증여받은 가액(15억원 - 8억원)에 대한 증여세를 증여받은 날이 속하는 달의 말일부터 3개월이 되는 날(2022년 11월 30일)까지 신고 및 납부를 하여야 합니다.

 양도소득세 신고 시 관할세무서는 어디인가요?

양도소득세 신고의무자의 주소지 관할세무서입니다. 예를 들면, 양도한 주택의 소재지는 서울 은평구에 있으나 양도한 사람의 집 주소지가 제주인 경우에는 제주세무서에 양도소득세 신고를 하는 것입니다.

1-1-6. 양도소득세를 나눠서 낼 수는 없는지요?

양도소득세는 원칙적으로 양도한 날이 속하는 달의 말일부터 2개월(부담부증여의 경우에는 3개월)이내에 납부하여야 합니다. 다만, 납부하여야할 양도소득세가 1,000만원을 초과하는 경우에는 납부기한(예를 들어 4월 30일)이 지난 날부터 2개월이내(6월 30일) 분할하여 납부할 수 있습니다.

납부할 세액	당초 납기	분 납
1,000만원 이하	전액 납부	-
2,000만원 이하	1,000만원	당초 납기 + 2개월이 되는 날까지 "1,000만원을 초과하는 세액"
2,000만원 초과	납부할 세액의 1/2	당초 납기 + 2개월이 되는 날까지 "납부할 세액의 1/2"분납

부담부증여란?

주택등을 무상으로 이전해 줄 때 해당 주택등에 설정되어 있는 은행 채무나 세입자의 전세보증금 등 관련 채무를 증여받는 자가 승계하는 조건의 증여를 말합니다. 예를 들어 아버지 소유의 주택(시가 6억원)을 자녀에게 무상으로 이전 하되, 해당 주택의 세입자 전세금 4억원을 자녀가 승계하는 경우가 대표적인 사례입니다. 이 경우, 아버지는 해당 주택 중 4억원은 유상으로 자녀에게 이전하였기에 양도세 신고를 하면 되며, 자녀는 2억원(6억원 - 4억원)은 무상으로 증여 받은 것이기에 증여세 신고를 하면 됩니다. 이 경우, 증여세와 양도세 신고는 증여등기접수 한 날이 속하는 달의 말일부터 3개월 내에 신고 및 납부를 하면 됩니다.

1-2. 1세대의 개념

양도소득세에서 "1세대"의 개념이 매우 중요합니다. 주택의 양도 시 비과세 판단은 세대별로 판단하며, 다주택 중과세 판단 시에도 세대별로 판단합니다. 즉, 사람별로 판단하는 것이 아니라 밥을 함께 먹고, 함께 자고, 함께 생활하는 하나의 가족단위인 1세대별로 판단하기에 잘 알아두셔야 합니다.

1-2-1. 1세대의 정의

"1세대"란 거주자 및 그 배우자(법률상 이혼을 하였으나 생계를 같이 하는 등 사실상 이혼한 것으로 보기 어려운 관계에 있는 사람을 포함한다. 이하 이 호에서 같다)가 그들과 같은 주소 또는 거소에서 생계를 같이 하는 자와 함께 구성하는 가족단위를 말합니다. 다만, 일정한 경우에는 배우자가 없어도 1세대로 봅니다.

비과세 판단 시 1세대의 판정 시점은 언제인가요?

1세대 1주택 비과세의 1세대에 해당하는지 여부는 주택 양도일 현재를 기준으로 판정하는 것이며, 같은 장소에서 생계를 같이하는 가족의 주민등록상 현황과 사실상 현황이 다른 경우에는 사실상 현황에 따릅니다.

서류로만 이혼하고 실제는 함께 거주하고 있는 경우의 배우자는 동일세대원인가요?

사실상 함께 거주하고 있는 경우에는 법상 이혼한 경우라도 동일한 세대원으로 봅니다. 예를 들어 남편이 1주택, 그 배우자가 1주택을 보유하여 [1세대 2주택]에 해당되는 경우, 먼저 양도하는 주택은 비과세를 적용받지 못하고 조정대상지역의 경우 오히려 다주택 중과세를 적용받습니다. (2년 이상 보유 주택의 경우 '26.5.9.까지 중과세 유예)의뢰인 중에 위장이혼 후 1주택을 비과세 받겠다는 분들이 간혹 있습니다만 이는 아주 위험한 생각입니다. 국세청은 주택을 양도하기 전에 이혼 후 1주택을 비과세 신청한 분들에 대하여 사후 확인을 합니다. 실제 이혼 여부를 조사하여 함께 사실상 거주하고 있는 경우 양도세 및 무거운 가산세를 추징하고 있으니 지양하셔야 합니다.

1-2-2. [거주자 + 배우자]와 같은 주소 또는 거소에서 생계를 같이 하는 자의 범위

거주자 및 그 배우자의 직계존비속(그 배우자를 포함한다) 및 형제자매를 말하며, 취학, 질병의 요양, 근무상 또는 사업상의 형편으로 본래의 주소 또는 거소에서 일시 퇴거한 사람을 포함합니다.

형제자매의 배우자도 동일한 세대원으로 보나요?

NO! 형제자매의 배우자는 동일한 세대원으로 보지 않습니다. 따라서 [본인 + 배우자 + 동생 + 동생의 배우자]가 함께 같은 주소에서 생계를 같이 하는 경우로서 동생의 배우자가 보유하고 있는 주택은 본인 주택의 양도 시 보유 주택 수에서 배제합니다.

친구가 주민등록상 동거인으로 기재되어 있고 함께 동일한 주소지에서 살고 있는 경우 친구는 양도세 판단 시 동일세대원에 해당되나요?

NO! 친구는 세법상 동일세대원에 해당되지 않습니다.

1-2-3. 배우자가 없는 경우에도 1세대로 보는 경우

1세대를 구성하기 위하여는 원칙적으로 거주자의 그 배우자가 있어야 합니다. 다만, 다음 중 어느 하나에 해당하는 경우에는 배우자가 없는 경우에도 1세대를 구성할 수 있습니다.

㉠ 해당 거주자의 나이가 만 30세 이상인 경우
㉡ 배우자가 사망하거나 이혼한 경우
㉢ 일정한 소득이 있는 경우

 위 ㉢의 일정한 소득이란?

소득세법상 소득(종합소득, 양도소득, 퇴직소득)이 「국민기초생활 보장법」 따른 기준 중위소득을 12개월로 환산한 금액의 100분의 40 수준 이상으로서 소유하고 있는 주택 또는 토지를 관리·유지하면서 독립된 생계를 유지할 수 있는 경우를 말합니다. 다만, 미성년자의 경우를 제외하되, 미성년자의 결혼, 가족의 사망의 사유로 1세대의 구성이 불가피한 경우에는 미성년자의 경우에도 단독 세대를 구성할 수 있습니다.

 소득확인 방법은?

전년도 소득이 있는 자는 소득금액증명원, 당해소득만 있는 자는 원천징수지급명세서, 사업자등록증, 재직증명서 등으로 확인하고 사후관리를 합니다.

[2025년 중위소득(보건복지부)] [단위: 원]

구분	1인 가구	2인 가구	3인 가구	4인 가구	5인 가구	6인 가구
중위소득(월)	2,392,013	3,932,658	5,025,353	6,097,773	7,108,192	8,064,805

미성년자의 범위?

미성년자는 만19세 미만의 자를 말합니다.(민법 제4조)

나이가 29세 미만의 미혼인 학생(단순 아르바이트 소득만 있음)이 부모세대와 별도로 살고 있는 경우 해당 학생은 부모세대의 세대원으로 볼 수 있나요?

기준 중위소득을 12개월로 환산한 금액의 40% 이상으로서 소유하고 있는 주택 또는 토지를 유지 관리하면서 독립된 생계를 유지할 수 있을 정도가 아니라면 부모 세대와 동일한 세대원으로 보는 것이 타당합니다.

1-2-4. 가족의 판단 사례

● [거주자(1주택) + 배우자 + 母(1주택)]

생계를 함께하는 경우, 모(母)는 거주자의 직계존속이기에 동일세대원인 가족에 해당됩니다.(1세대 2주택)

● [거주자(1주택) + 배우자 + 장인(1주택)]

생계를 함께하는 경우, 장인은 거주자의 배우자 직계존속에 해당되어 동일세대원인 가족에 해당됩니다.(1세대 2주택)

● [거주자(1주택) + 배우자 + 조부(1주택)]

생계를 함께하는 경우, 조부는 거주자의 직계존속에 포함되어 동일세대원인 가족에 해당됩니다.(1세대 2주택)

● [거주자(1주택) + 형제(1주택) + 형제의 배우자(형수 또는 제수)]

생계를 함께하는 경우 형제는 동일세대원인 가족에 해당됩니다. 다만, 형제의 배우자는 동일세대원에 포함되지 않습니다.(1세대 2주택)

- [거주자(1주택) + 형제 + 형제의 배우자(형수 또는 제수; 1주택)]

생계를 함께하는 경우라 하더라도 형제의 배우자는 거주자의 가족에 해당되지 않습니다.(1세대 1주택)

- [거주자(1주택) + 형제 + 형제의 자식(조카; 1주택)]

생계를 함께하는 경우라 하더라도 형제의 직계비속은 거주자의 가족에 해당되지 않습니다.(1세대 1주택)

- [거주자(1주택) + 형제(1주택)]

생계를 함께하는 경우에는 동일한 세대원인 가족에 해당됩니다(1세대 2주택). 생계를 함께하지 않는 경우에는 사안별로 판단하여야 합니다. 즉, 생계를 함께하지 않는 형제가 독립세대구성요건을 충족한 경우에는 동일한 세대원으로 보는 가족에 해당되지 않습니다.(1세대 1주택) 그러나 독립세대요건을 충족하지 못한 경우에는 동일한 세대원으로 보는 가족에 해당됩니다.(1세대 2주택)

1-2-5. 동일한 지번의 단독주택에서 층을 달리하여 생활하고 있는 경우

"생계를 같이하는 동거가족"이란 현실적으로 생계를 같이하는 것을 의미하며, 반드시 주민등록표상 세대를 같이함을 요하지는 않으나, 일상생활에서 볼 때 동일한 생활자금에서 생활하는 단위를 의미합니다. 생계를 같이 하는 동거가족 여부의 판단은 그 주민등록지가 같은가의 여부에 불구하고 현실적으로 한 세대 내에 거주하면서 생계를 함께하고 동거하는가의 여부에 따라 판단되어야 합니다. 따라서 동일한 지번의 단독주택에서 층을 달리하여 1층은 부모세대가 거주하고 2층은 자녀세대가 거주하는 경우로서 부모세대와 자녀세대가 각각 경제활동을 하면서 생활자금을 별도로 하여 생활하는 경우에는 별도세대로 보아야 합니다.

1-2-6. 주민등록상 주소지만 세대원으로 등재된 경우

거주자가 [거주자(1주택) + 배우자 + 母(1주택)]의 상태에서 동일한 주소지에서 함께 모(母)를 모시고 사는 경우에는 1세대 2주택에 해당되어 비과세를 적용받을 수 없습니다. 그러나 母가 건강보험 등을 이유로 주민등록상 주소지만 거주자와 동일세대원으로 되어 있을 뿐 사실상 주거는 달리 하는 경우 母는 동일세대원에 해당되지 않아 비과세를 적용 받을 수 있습니다. 이 경우 母가 동일세대원이 아니라는 것을 증명할 경우 필요한 증빙서류는 다음과 같습니다.

㉠ 실제 거주 지역에서의 카드사용내역
㉡ 병의원 및 약국 이용내역서
㉢ 전화·수도요금 등 영수증
㉣ 신문구독 영수증, 우편물상 주소, 아파트등 입주자 카드,
㉤ 인우확인서 등

1-3. 주택의 개념

1-3-1. 주택법, 건축법상의 구분

주택법상 "주택"이라 함은 세대의 세대원이 장기간 독립된 주거생활을 영위할 수 있는 구조로 된 건축물의 전부 또는 일부 및 그 부속 토지를 말하며, 이를 단독주택과 공동주택으로 구분합니다.

구 분	소분류	내 용
단독주택	단독주택	
	다중주택	다음의 요건 모두를 갖춘 주택을 말한다. 1) 학생 또는 직장인 등 다수인이 장기간 거주할 수 있는 구조로 되어 있을 것 2) 독립된 주거의 형태가 아닐 것 3) 연면적이 330제곱미터 이하이고 층수가 3층 이하일 것

	다가구 주택	다음 요건 모두를 갖춘 주택으로서 공동주택에 해당하지 아니하는 것을 말한다. 1) 주택으로 쓰이는 층수(지하층을 제외한다)가 3개층 이하일 것. 다만, 1층 바닥면적의 2분의1 이상을 피로티 구조로 하여 주차장으로 사용하고 나머지 부분을 주택 외의 용도로 사용하는 경우에는 해당 층을 주택의 층수에서 제외한다. 2) 1개 동의 주택으로 쓰이는 바닥면적(지하주차장 면적을 제외한다)의 합계가 660제곱미터 이하일 것 3) 19세대 이하가 거주할 수 있을 것
	공관	
공동 주택	아파트	주택으로 쓰이는 층수가 5개층 이상인 주택
	연립주택	주택으로 쓰이는 1개 동의 바닥면적(지하주차장 면적을 제외)의 합계가 660제곱미터를 초과하고, 층수가 4개층 이하인 주택
	다세대 주택	주택으로 쓰이는 1개 동의 바닥면적(지하주차장 면적을 제외)의 합계가 660제곱미터 이하이고, 층수가 4개층 이하인 주택
	기숙사	학교 또는 공장 등의 학생 또는 종업원 등을 위하여 사용되는 것으로서 공동취사 등을 할 수 있는 구조이되, 독립된 주거의 형태를 갖추지 아니한 것

1-3-2. 소득세법상 주택의 정의

"주택"이란 허가 여부나 공부(公簿)상의 용도구분과 관계없이 세대의 구성원이 독립된 주거생활을 할 수 있는 구조로서 다음 박스 내용의 구조를 갖추어 사실상 주거용으로 사용하는 건물을 말합니다.(소득법 제88조 제7호)

> 세대별로 구분된 각각의 공간마다 별도의 출입문, 화장실, 취사시설이 설치되어 있는 구조

공부상 근린생활시설로 표기되어있으나 위 박스의 구조를 갖추어 실질적으로 주거용으로 사용되는 경우에는 주택으로 보는 것이며 반대로 공부상 주택이나 음식점 등 주거용 이외로 사용되는 경우에는 주택으로 보지 않습니다.

1-3-3. 주택에 딸린 토지

주택에는 주택에 딸린 토지를 포함합니다. 주택에 딸린 토지는 전체 토지면적에 주택의 연면적이 건물의 연면적에서 차지하는 비율을 곱하여 계산합니다. 비과세 판단 시 주택에 딸린 토지로서 건물정착면적에 지역별 배율을 곱하여 산정한 면적이내의 토지('주택부수토지'라 함)에 한해 비과세를 적용합니다.

구 분	내 용
주택에 딸린 토지	전체 토지면적 × (주택의 연면적 / 건물 전체 연면적)
주택부수토지 (비과세 범위)	MIN(㉠, ㉡) ㉠ 주택에 딸린 토지 ㉡ 건물정착면적 × 지역별 배율

[지역별 배율]

구 분		2021.12.31. 이전 양도	2022.1.1. 이후 양도
도시지역 내	• 주거지역 • 상업지역 • 공업지역	5배	3배
	• 녹지지역	5배	5배
도시지역 밖	-	10배	10배

1-3-4. 상가건물을 사실상 주거용으로 용도변경하여 사용하는 경우

공부(건축물대장, 등기부등본)상 상가(근린생활시설)이나 사실상 상시 주거용으로 용도변경하여 주택으로 사용하는 경우에는 "주택"으로 봅니다.

1-3-5. 오피스텔

오피스텔은 건축법상 업무시설에 해당됩니다. 다만, 사실상 주거용으로 사용하는 경우에는 주택으로 봅니다.

 공실로 보유하고 있는 오피스텔의 주택 여부

주택 양도일 현재 공실로 보유하는 오피스텔의 경우 내부시설 및 구조 등을 주거용으로 사용할 수 있도록 변경하지 아니하고 건축법상의 업무용으로 사용승인된 형태를 유지하고 있는 경우에는 주택으로 보지 않으며, 내부시설 및 구조 등을 주거용으로 변경하여 항상 주거용으로 사용 가능한 경우에는 주택으로 봅니다.

 세무서에서는 오피스텔을 주거용으로 사용하는지 어떻게 알 수 있나요?

세입자가 해당 오피스텔에 주소지를 이전한 경우에는 당연히 알 수 있습니다. 세입자의 주소지 이전이 안 된 경우에도 전기 및 수도 사용내역(주택용 부과), 관리실 탐문을 통한 세입자카드 등 확보, 재산세 과세 내역, 세입자의 사업자등록 여부 등을 통해 확인해 볼 수 있습니다.

1-3-6. 무허가주택

건축허가를 받지 않거나, 불법으로 건축된 주택이라 하더라도 주택으로 사용할 목적으로 건축된 건축물인 경우에는 건축에 관한 신고여부, 건축완성에 대한 사용검사나 사용승인에 불구하고 주택에 해당되며, 1주택만 소유한 경우에는 1세대 1주택 비과세 규정을 적용받을 수 있습니다.

1-4. 보유주택 수의 판단

1-4-1. 국내소재 주택

1세대 1주택 비과세 및 1세대 다주택 중과세 여부의 판정 시 주택은 국내 소재 주택만 보유 주택으로 봅니다. 따라서 외국에 있는 주택은 보유 주택 수에 포함하지 않습니다.

1-4-2. 조합원입주권

1세대 1주택 비과세 및 1세대 다주택 중과세 여부의 판정 시 조합원입주권은 다른 주택의 처분 시 보유 주택 수에 산입합니다. 2021년 12월 세법 개정으로 조합원입주권의 범위가 각 사업의 종류, 취득시기(2021.12.31. 이전 또는 2022.1.1. 이후)에 따라 다르기에 면밀한 검토가 필요합니다.

1) 조합원입주권의 정의

"조합원입주권"이란 도시정비법(제74조)에 따른 관리처분계획의 인가 및 빈집정비법(제29조)에 따른 사업시행계획인가로 인하여 취득한 입주자로 선정된 지위를 말합니다. 이 경우 도시정비법에 따른 재건축사업 또는 재개발사업, 빈집정비법에 따른 자율주택정비사업, 가로주택정비사업, 소규모재건축사업 또는 소규모재개발사업을 시행하는 정비사업조합의 조합원(주민합의체를 구성하는 경우에는 같은 토지등소유자를 말한다)으로서 취득한 것(그 조합원으로부터 취득한 것을 포함한다)으로 한정하며, 이에 딸린 토지를 포함합니다.

다만, 빈집정비법상 자율주택정비사업, 가로주택정비사업, 소규모재개발사업의 경우 2022.1.1. 이후 취득분부터 조합원입주권으로 봅니다.

[조합원입주권의 범위(승계조합원입주권 포함)] (포함: ○, 불포함: ×)

구 분	사업의 종류		2021.12.31. 이전 취득 분	2022.1.1. 이후 취득 분
도시 정비법	재개발사업		○	○
	재건축사업		○	○
	주거환경개선사업		×	×
빈집 정비법	빈집정비사업		×	×
	자율주택정비사업		×	○ (*)
	가로주택정비사업		×	○ (*)
	소규모재개발사업		×	○ (*)
	소규모재 건축사업	조합방식	○	○
		주민합의체 구성 방식	×	○ (*)

◎ (*) 빈집정비법상 주민합의체를 구성하는 경우에는 토지등소유자를 조합원으로 봅니다.

2) 조합원입주권 범위 개정사항

2021.12.31. 이전에는 도시정비법상 재개발사업·재건축사업, 빈집정비법상 소규모재건축사업을 시행하는 정비사업조합의 조합원으로서 취득한 것(그 조합원으로부터 취득한 것을 포함한다)으로 한정하여 '조합원입주권'으로 보았습니다.

그러나, 2022.1.1. 이후에 취득하는 다음 각 호 사업의 입주권은 세법 개정에 따라 '조합원입주권'의 범위에 포함됩니다.

㉠ 빈집정비법상 자율주택정비사업
㉡ 빈집정비법상 가로주택정비사업
㉢ 빈집정비법상 소규모재개발사업
㉣ 빈집정비법상 소규모재건축사업(주민합의체 구성방식에 한함)(*)

● (*) 2021.12.31. 이전 취득 분 중 소규모재건축사업의 경우 "정비사업조합의 조합원으로 취득한 것(승계취득 포함)"으로 한정하였기에 조합을 설립하지 않고 주민합의체를 구성하여 시행한 경우(토지등소유자 20명 미만인 경우 적용)에는 법상 '조합원입주권'으로 볼 수 없었습니다. 그러나 세법 개정 시 2022.1.1. 이후 취득 분의 경우 주민합의체를 구성한 경우의 토지등소유자도 조합원으로 보도록 법에서 명시하였기에 위 ㉣도 적용됩니다.

[가로주택정비사업 등 입주권의 조합원입주권으로의 편입]

2021.12.31. 이전	2022.1.1. 이후
□ 조합원입주권*이 인정되는 정비사업의 범위 　* 정비사업 시행에 따라 조합원으로서 취득한 입주자로 선정된 지위	□ 정비사업의 범위 확대
○ 재건축사업, 재개발사업 ○ 소규모 재건축사업	○ (좌 동) ○ 소규모 재건축사업 　(주민합의체 방식의 토지등 소유자 포함)
〈추 가〉	○ 소규모 재개발사업 및 가로·자율주택 정비사업

개정 이유 : 주택공급 활성화 지원
시행 시기 : '22.1.1. 이후 취득하는 조합원입주권부터 적용

1-4-3. 주택분양권

1세대 1주택 비과세 및 1세대 다주택 중과세 여부의 판정 시 2021.1.1. 이후 취득 또는 분양계약한 주택분양권은 보유 주택 수에 산입합니다. 따라서 2020.12.31. 이전에 취득 또는 분양계약한 주택분양권은 보유 주택 수에 산입하지 않습니다.

[주택분양권의 정의]

"분양권"이란 「주택법」 등 다음 각 호에서 정하는 법률에 따른 주택에 대한 공급계약을 통하여 주택을 공급받는 자로 선정된 지위(해당 지위를 매매 또는 증여 등의 방법으로 취득한 것을 포함한다)를 말합니다.(소득령 제152조의 5)

1. 「건축물의 분양에 관한 법률」(2021.02.17. 신설)
2. 「공공주택 특별법」(2021.02.17. 신설)
3. 「도시개발법」(2021.02.17. 신설)
4. 「도시 및 주거환경정비법」(2021.02.17. 신설)
5. 「빈집 및 소규모주택 정비에 관한 특례법」(2021.02.17. 신설)
6. 「산업입지 및 개발에 관한 법률」(2021.02.17. 신설)
7. 「주택법」(2021.02.17. 신설)
8. 「택지개발촉진법」(2021.02.17. 신설)

1-4-4. 주거환경개선사업의 입주권

관리처분계획에 따라 조합원이 받는 도시정비법상 주거환경개선사업의 입주권은 "조합원입주권"에 해당되지 않으며 또한 주택분양권에도 해당되지 않습니다. 결국 1세대 1주택 비과세 또는 다주택 중과세 판단 시 보유 주택 수에 포함되지 않습니다.

1-4-5. 가로주택정비사업·자율주택정비사업·소규모재개발사업의 입주권

도시정비법상 가로주택정비사업·자율주택정비사업·소규모재개발사업(이하 '가로주택정비사업 등'이라 함)의 입주권은 취득시기에 따라 다음과 같이 '조합원입주권' 여(○)부(×)를 판단합니다.

2021.12.31. 이전 취득 분	2022.1.1. 이후 취득 분
×	○

- 승계조합원입주권 포함
- 조합원에는 주민합의체 구성에 따른 토지등소유자 포함
※ 원조합원의 조합원입주권 취득시점은 사업시행계획인가고시일을 말함
 (종전 주택의 취득시기가 아님)

가로주택정비사업에 따라 부동산을 취득할 수 있는 권리로 전환된 주택이 멸실된 경우 남은 주택의 비과세 여부?

'21.12.31. 이전에 가로주택정비사업의 사업시행계획인가로 취득한 입주자로 선정된 지위는 분양권이 아닌 소득법§94①(2)가목의 부동산을 취득할 수 있는 권리이며, 2주택을 보유한 1세대가 그 중 1주택이 부동산을 취득할 수 있는 권리로 전환된 후 멸실된 경우, 나머지 1주택은 소득령§154①을 적용받을 수 있는 것입니다(서면법규재산2021-411, 2022.12.07.).

가로주택정비사업을 시행하는 정비사업조합의 조합원으로서 2022.1.1. 전에 취득한 입주자로 선정된 지위가 소득세법 상 분양권에 해당하는지 여부?

가로주택정비사업을 시행하는 정비사업조합의 조합원으로서 2022.1.1. 전에 취득한 입주자로 선정된 지위는 「소득세법」 제94조제1항제2호가목에 따른 부동산을 취득할 권리에는 해당하나 「소득세법」 제88조제10호에 따른 분양권에는 해당하지 않는 것입니다(기획재정부 재산-1424, 2022.11.14.).

[가로주택정비사업의 입주권(2021.12.31. 이전 취득 분) + 종전주택]의 보유 중 종전주택의 양도 시 비과세 여부?

2021.12.31. 이전에 취득한 가로주택정비사업의 입주권은 종전주택 양도 시 보유 주택 수에 포함하지 않습니다. 따라서 종전주택(2년 이상 보유, 취득 시 조정대상지역의 경우 2년이상 거주)의 양도 시 1세대 1주택 비과세가 가능합니다.

> [가로주택정비사업의 입주권(2022.1.1. 이후 승계 취득 분) + 종전주택]의 보유 중 종전주택의 양도 시 비과세 여부?
>
> 2022.1.1. 이후 취득한 가로주택정비사업의 입주권은 '조합원입주권'에 해당됩니다. 따라서 종전주택의 양도 시 원칙적으로 비과세 되지 않습니다(예외적으로 일시적 2주택 등의 경우 비과세 특례 규정 있음).

1-4-6. 지역주택조합의 입주권, 직장지역주택조합의 입주권,

주택법상 (직장)지역주택조합의 조합원이 보유하고 있는 입주권을 1세대 1주택 비과세 또는 다주택 중과세 판단 시 보유 주택 수에 포함하는 "분양권 여부"에 대한 쟁점이 많았습니다. 최근 국세청(서면법규 재산 2021-4466, 2022.02.11.)에서는 "지역주택조합원의 조합원이 주택법에 따른 주택에 대한 공급계약을 통하여 주택을 공급하는 자로 선정된 지위(해당 지위를 매매 또는 증여 등의 방법으로 취득한 것을 포함함)는 분양권(소득세법 제88조 제10호)에 해당되는 것"으로 해석하였습니다.

> **예규**
>
> 〈사실관계〉
> ○ '15년 ○○시 소재 지역주택조합에 가입
> ○ '15.10. ○○시 소재 A주택 취득   * '20.12.18. ○○시가 조정대상지역으로 지정
> ○ '21.10. 지역주택조합 사업계획승인
>
> 〈질의내용〉
> ○ 1주택 보유자가 지역주택조합의 조합원인 경우 해당 1주택의 1세대 1주택 비과세 적용 여부
>
> 〈회신내용〉
> 지역주택조합의 조합원이 「주택법」에 따른 주택에 대한 공급계약을 통하여 주택을 공급받는 자로 선정된 지위(해당 지위를 매매 또는 증여 등의 방법으로 취득한 것으로 포함함)는 「소득세법」 제88조제10호에 따른 분양권에 해당하는 것입니다. 그리고, 1세대가 주택과 분양권을 보유하다 그 주택을 양도하는 경우 1세대 1주택 비과세 적용 여부에 대하여는 「소득세법」 제89조제2항의 규정을 참고하시기 바랍니다.

2 주택의 양도 시 비과세(소득법 제89조①제3호)

2-1. 요건(소득령 제154조①본문)

거주자가 1세대 1주택 양도소득세 비과세를 적용받기 위해서는 아래의 요건을 모두 충족하여야 합니다.

① 1세대가 양도일(주택의 매매계약을 체결한 후 해당 계약에 따라 주택을 주택 외의 용도로 용도변경하여 양도하는 경우에는 해당 주택의 매매계약일을 말한다. 이하 이 항에서 같다) 현재 국내에 1주택을 보유하고 있을 것

⇨ 밑줄친 부분은 2025.2.28. 이후 매매계약을 하는 경우부터 적용함.
 (주의사항: 멸실조건으로 매매계약을 하는 경우에는 본 규정이 적용되지 않음)

② 해당 주택의 보유기간이 2년 이상일 것.

③ 취득 당시 조정대상지역에 있는 주택의 경우에는 해당 주택의 보유기간이 2년 이상이고 그 보유기간 중 거주기간이 2년 이상일 것.

④ 고가주택이 아닐 것.(단, 실지거래가액 12억원까지는 비과세 적용)

▶ 비거주자의 경우에는 1세대 1주택 비과세를 적용받을 수 없습니다. 다만, 비거주자가 해당 주택을 3년 이상 계속 보유하고 그 주택에서 거주한 상태로 거주자로 전환된 경우에는 해당 주택에 대한 보유기간은 3년 이상이어야 하고 취득당시 조정대상지역 내에 있는 경우에는 해당 보유기간 중 거주기간이 3년 이상이어야 합니다.

> **예판** 매매특약에 따라 잔금청산 전에 주택을 멸실한 경우 양도물건의 판정기준일
> (서면법규 재산 2021-1587, 2022.12.21.)
> 매매특약에 따라 잔금청산 전에 주택을 멸실한 경우 양도물건의 판정기준일은 양도일(잔금청산일)이며, '22.12.20. 이후 매매계약을 체결한 분부터 적용

2-2. 보유 및 거주기간(소득령 제154조⑤)

2-2-1. 보유기간 요건

양도세 1세대 1주택 비과세를 적용받기 위해서는 양도하는 주택의 보유기간은 2년 이상이어야 합니다. 2년 이상 보유는 주택 및 그에 딸린 토지를 각각 2년 이상 보유한 것을 말하는 것이며, 보유기간은 해당 자산의 취득일(초일 산입)부터 양도일까지로 합니다. 다만, 배우자 또는 직계존비속 이월과세가 적용되는 경우에는 증여한 배우자 또는 직계존비속이 해당 자산을 취득한 날부터 기산(起算)하고, 가업상속공제가 적용된 비율에 해당하는 자산의 경우에는 피상속인이 해당 자산을 취득한 날부터 기산합니다.

[1세대1주택 비과세 판정 시 보유기간의 계산]

구 분		1세대 1주택 비과세 판정 시 보유기간 기산일
2020.12.31. 이전 양도 분		양도한 주택의 취득일
2021.1.1. ~ 22.5.30. 양도 분	원칙	최종적으로 1주택만 보유하게 된 날
	일시적 2주택	양도한 주택의 취득일. 다만, 2주택 이상을 보유한 1세대가 1주택 외의 주택을 모두 양도한 후 신규주택을 취득한 경우에는 원칙에 따름
22.5.31. 이후 양도 분		양도한 주택의 취득일

주택이 아닌 건물을 사실상 주거용으로 사용하거나 공부상의 용도를 주택으로 변경하는 경우 그 보유기간은?

해당 자산을 사실상 주거용으로 사용한 날(사실상 주거용으로 사용한 날이 분명하지 않은 경우에는 그 자산의 공부상 용도를 주택으로 변경한 날)부터 양도한 날까지로 주택의 보유기간을 계산합니다.

[일시적 2주택 규정]

구 분	내 용
1세대1주택의 특례 (소득령 제155조)	1) 신규주택 취득 후 종전주택 3년 내 양도 시 비과세 특례 2) 상속주택(조합원입주권 또는 분양권)의 소유 주택 배제 특례 3) 공동상속주택의 소유 주택 배제 특례 4) 합가 후 10년이내 양도하는 동거봉양 주택 특례 5) 혼인 후 10년이내 양도하는 주택 특례 6) 지정문화재주택 또는 국가등록문화재주택의 소유 주택 배제 특례 7) 농어촌주택의 소유 주택 배제 특례 8) 부득이한 사유로 취득한 수도권 밖의 주택 배제 특례 9) 이농주택의 소유 주택 배제 10) 귀농주택의 소유 주택 배제 특례 11) 장기임대주택보유 중 2년이상 거주주택 양도 시 비과세 특례
장기저당담보주택에 대한 1세대1주택의 특례 (소득령 제155조의 2)	1) 장기저당담보주택을 소유하고 있는 직계존속을 동거봉양목적으로 합가하여 1세대 2주택이 된 경우 소유 주택 배제 특례
주택과 조합원입주권(또는 분양권)을 소유한 경우 1세대1주택의 특례 (소득령 제156조의2) (소득령 제156조의3)	1) 조합원입주권(또는 분양권) 취득 후 3년 내 종전주택의 양도 시 비과세 특례 2) 조합원입주권(또는 분양권) 취득 후 3년 경과 후 종전주택의 양도 시 비과세 특례 3) [조합원입주권+ 대체주택] 보유 중 대체주택 양도 시 비과세 특례 4) [상속조합원입주권(또는 분양권) + 일반주택] 보유 중 일반주택 양도 시 상속조합원입주권(또는 분양권)의 소유 주택 배제 특례 5) [상속주택 또는 상속조합원입주권(또는 분양권) + (일반주택 + 상속외 조합원입주권(또는 분양권)] 보유 중 일반주택 양도 시 비과세 특례 6) 동거봉양으로 1) ~3)에 따른 주택의 10년 이내 양도 시 비과세 특례 7) 혼인으로 1)~3)에 따른 주택의 10년 이내 양도 시 비과세 특례 8) [문화재주택+(일반주택 +조합원입주권(또는 분양권))] 보유 중 일반주택 양도 시 비과세 특례 9) [농어촌주택 +(일반주택 +조합원입주권(또는 분양권))] 보유 중 일반주택 양도 시 비과세 특례

상가가 2017.8.2. 이전에 주택조합원입주권으로 전환되어 신축된 주택의 비과세 거주요건 적용여부는?

거주자가 보유한 상가가 「도시 및 주거환경정비법」에 따른 재개발사업 정비조합에 제공되고, 2017.8.2. 이전에 관리처분계획인가 및 주택에 대한 공급계약을 체결하여 취득한 신축주택을 양도하는 경우에는 「소득세법 시행령」(2017.9.19. 제28293호로 개정된 것) 부칙 제2조제2항에 따라 같은 령 제154조제1항의 1세대1주택 비과세 거주요건을 적용하지 않는 것입니다(서면법령해석 재산2018-1711, 2019.05.15.).

 재개발 지역내 주택이 점유하고 있는 시유지를 취득한 경우 보유기간은?

도정법에 따른 주택재개발역내 주택 부수토지로 장기간 사용·수익한 시유지를 불하받아 구주택과 함께 주택재개발조합에 제공하고 받은 조합원입주권이 주택으로 완성된 후 양도하는 경우 1세대1주택 비과세 적용을 위한 보유기간은 해당 시유지 취득분에 상관없이 주택의 보유기간으로 판정합니다(서면부동산2015-1886, 2015.12.24.).

 재개발전 나대지를 소유한 조합원이 재개발로 취득한 주택의 1세대1주택 보유기간 계산은?

도시재개발법에 의한 재개발조합의 조합원이 재개발사업으로 취득한 재개발주택을 양도하는 경우 1세대1주택 판정시 보유기간은 소득세법시행령 제154조 제8항의 규정에 의하여 기존 주택의 보유기간 및 재개발공사기간과 재개발한 주택의 보유기간을 통산하는 것이나, 재개발전 나대지를 소유한 조합원이 재개발로 취득한 주택의 1세대1주택 보유기간 계산은 도시재개발법 제38조에서 규정하는 준공검사필증 교부일(준공검사전에 사실상 사용하거나 사용승인을 얻은 경우에는 그 사용일 또는 사용승인일)부터 양도일까지로 하는 것입니다(재산 46014-228, 2000.02.29.).

2-2-2. 거주기간 요건

거주기간 계산은 해당 주택의 취득일 이후 보유기간 중 실제 거주한 기간에 따릅니다. 다만, 거주기간이 불분명한 경우에는 주민등록상 전입일부터 전출일까지의 기간으로 판단합니다. 거주기간요건은 원칙적으로 취득당시 조정대상지역에 있는 주택만을 그 대상으로 하며, 양도한 주택을 취득한 이후 보유기간 중 거주기간을 원칙으로 합니다.

● 취득당시 비조정대상지역에 있었던 주택을 양도한 경우

보유기간 중 거주기간 요건은 필요 없습니다. 즉, 양도한 주택에서 전혀 살지 않은 상태에서 매각하여도 비과세를 적용받을 수 있습니다.

> **취득당시 비조정대상지역이었으나 양도당시 조정대상지역으로 지정된 경우**
>
> 1세대1주택 양도세 비과세 판단 시 거주요건은 "취득당시 조정대상지역"에 있는 주택에만 적용됩니다. 따라서 양도당시 조정대상지역으로 지정된 경우라도 취득당시 비조정대상지역이었다면 "보유기간 중 2년이상의 거주요건"은 필요 없습니다.

● 취득 당시 조정대상지역에 있었던 주택을 양도한 경우

취득 당시 조정대상지역에 있는 주택의 경우에는 해당 주택의 보유기간(2년이상) 중 거주기간이 2년 이상이어야 합니다. 다만, 아래의 어느 한 사례에 해당되는 경우에는 취득당시 조정대상 지역에 있던 주택을 양도하는 경우에도 2년이상 거주기간 요건이 필요 없습니다.

① 조정대상지역 지정 공고 이전[매매계약체결 + 계약금 지급 + 무주택자]

거주자가 조정대상지역의 공고가 있은 날 이전에 매매계약을 체결하고 계약금을 지급한 사실이 증빙서류에 의하여 확인되는 경우로서 해당 거주자가 속한 1세대가 계약금 지급일 현재 주택을 보유하지 아니하는 경우

② 2019.12.16. 이전 임대사업자등록한 1주택자

1세대가 조정대상지역에 1주택을 보유한 거주자로서 2019년 12월 16일 이전에 해당 주택을 임대하기 위해 사업자등록(소득법 제168조①)과 「민간임대주택에 관한 특별법」(제5조①)에 따른 임대사업자로 등록을 신청한 경우

취득당시에는 조정대상지역이었으나 양도당시에는 비조정대상지역으로 지정된 경우

1세대 1주택 양도세 비과세 판단 시 거주요건은 "취득당시 조정대상지역"에 있는 주택에만 적용됩니다. 따라서 양도당시 비조정대상지역으로 지정된 경우라도 취득당시 조정대상지역이었다면 반드시 "보유기간 중 2년 이상의 거주요건"이 필요합니다.

[1세대1주택 비과세 판단 시 거주기간 요건]

구 분		거주기간 요건 (필요: ○, 불필요: ×)
취득 시	양도 시	
조정대상지역(*)	조정대상지역	○
조정대상지역(*)	비조정대상지역	○
비조정대상지역	조정대상지역	×
비조정대상지역	비조정대상지역	×

(*) 취득당시 조정대상지역이나 조정대상지역의 공고가 있은 날 이전에 매매계약을 체결하고 계약금을 지급한 사실이 증빙서류에 의하여 확인되는 경우로서 해당 거주자가 속한 1세대가 계약금 지급일 현재 주택을 보유하지 아니하는 경우 제외.

2-3. 보유 및 거주기간의 제한을 받지 않는 경우

1세대가 양도일 현재 국내에 1주택을 보유하고 있는 경우로서 다음 「2-3-1」부터 「2-3-5」까지의 어느 하나에 해당하는 경우에는 그 보유기간 및 거주기간의 제한을 받지 않습니다.

2-3-1. 거주기간이 5년 이상인 [민간건설임대주택 또는 공공건설임대주택·공공매입임대주택]

「민간임대주택에 관한 특별법」에 따른 민간건설임대주택이나 「공공주택 특별법」에 따른 공공건설임대주택 또는 공공매입임대주택(2022.2.15. 이후 양도 분부터 적용)을 취득하여 양도하는 경우로서 해당 임대주택의 임차일부터 양도일까지의 기간 중 세대전원이 거주한 기간이 5년 이상인 경우 그 보유기간(2년 이상 보유) 및 거주기간(보유기간 중 2년 이상 거주)의 제한을 받지 않습니다.

다만, 세대의 구성원 중 일부가 다음 표 각 호의 어느 하나에 해당하는 사유로 다른 시(특별시, 광역시, 특별자치시, 제주특별자치도의 행정시 포함)·군으로 주거를 이전하는 경우로서 함께 거주하지 못하는 경우에는 세대전원이 거주한 것으로 봅니다.

1. 「초·중등교육법」에 따른 학교(초등학교 및 중학교를 제외한다) 및 「고등교육법」에 따른 학교에의 취학
2. 직장의 변경이나 전근 등 근무상의 형편
3. 1년 이상의 치료나 요양을 필요로 하는 질병의 치료 또는 요양
4. 「학교폭력예방 및 대책에 관한 법률」에 따른 학교폭력으로 인한 전학(같은 법에 따른 학교폭력대책자치위원회가 피해학생에게 전학이 필요하다고 인정하는 경우에 한한다)

다른 시·군으로 주거를 이전하는 경우에는, 광역시지역 안에서 구지역과 읍·면지역 간에 주거를 이전하는 경우와 특별자치시, 「지방자치법」에 따라 설치된 도농복합형태의 시지역 및 「제주특별자치도 설치 및 국제자유도시 조성을 위한 특별법」에 따라 설치된 행정시 안에서 동지역과 읍·면지역 간에 주거를 이전하는 경우를 포함합니다.

[민간임대주택법상 임대주택의 종류]

구 분		2020.8.17. 이전	2020.8.18. 이후
임대주택의 종류		① 공공지원민간임대주택 ② 장기일반민간임대주택 ③ 단기임간임대주택	① 공공지원민간임대주택 ② 장기일반민간임대주택 ③ - 삭제 - 단, 2025.6.4. 이후 부활
공공지원민간임대주택의 임대기간		8년 이상	10년 이상
장기일반민간임대주택	임대기간	8년 이상	10년 이상
	대상주택	단독, 다가구, 연립, 아파트, 오피스텔(준주택)	좌동(단, 매입임대주택에서 아파트는 제외)
단기민간임대주택		4년이상 임대할 목적으로 취득하여 임대하는 민간임대주택	- 삭제 -(2020.8.18. ~2025.6.3.) -2025.6.4. 이후 : 임대사업자가 6년 이상 임대할 목적으로 취득하여 임대하는 민간임대주택[아파트(「주택법」 제2조제20호의 도시형 생활주택이 아닌 것을 말한다)는 제외한다].

[공공주택 특별법상 공공주택]

공공주택	① 공공임대주택	㉠ 공공건설임대주택	공공주택사업자가 직접 건설하여 공급하는 주택
		㉡ 공공매입임대주택	공공주택사업자가 직접 건설하지 아니하고 매매 등으로 취득하여 공급하는 주택
	② 공공분양주택		분양을 목적으로 공급하는 주택으로서 국민주택규모 이하의 주택

2-3-2. 주택 및 부수토지가 법에 따른 수용등이 되는 경우

주택 및 그 부수토지(사업인정 고시일 전에 취득한 주택 및 그 부수토지에 한한다)의 전부 또는 일부가「공익사업을 위한 토지 등의 취득 및 보상에 관한 법률」에 의한 협의매수·수용 및 그밖의 법률에 의하여 수용되는 경우 그 보유기간(2년 이상 보유) 및 거주기간(보유기간 중 2년 이상 거주)의 제한을 받지 않습니다. 이 경우 양도일 또는 수용일부터 5년 이내에 양도하는 그 잔존주택 및 그 부수토지를 포함합니다.

2-3-3. 해외이주로 세대전원이 출국하는 경우

「해외이주법」에 따른 해외이주로 세대전원이 출국하는 경우 그 보유기간(2년 이상 보유) 및 거주기간(보유기간 중 2년이상 거주)의 제한을 받지 않습니다. 다만, 출국일 현재 1주택을 보유하고 있는 경우로서 출국일부터 2년 이내에 양도하는 경우에 한합니다.

2-3-4. 취학 또는 근무상의 형편으로 세대전원이 출국하는 경우.

1년 이상 계속하여 국외거주를 필요로 하는 취학 또는 근무상의 형편으로 세대전원이 출국하는 경우 그 보유기간(2년 이상 보유) 및 거주기간(보유기간 중 2년 이상 거주)의 제한을 받지 않습니다. 다만, 출국일 현재 1주택을 보유하고 있는 경우로서 출국일부터 2년 이내에 양도하는 경우에 한합니다.

2-3-5. 1년 이상 거주한 주택을 취학·근무·질병등을 원인으로 양도하는 경우

1년 이상 거주한 주택을 세대전원이 다음 표 각 호의 어느 하나에 해당하는 사유로 다른 시(특별시, 광역시, 특별자치시, 제주특별자치도의 행정시 포함)·군으로 주거를 이전하게 되어 양도하는 경우를 말합니다.

> 1. 「초·중등교육법」에 따른 학교(초등학교 및 중학교를 제외한다) 및 「고등교육법」에 따른 학교에의 취학
> 2. 직장의 변경이나 전근 등 근무상의 형편
> 3. 1년 이상의 치료나 요양을 필요로 하는 질병의 치료 또는 요양
> 4. 「학교폭력예방 및 대책에 관한 법률」에 따른 학교폭력으로 인한 전학(같은 법에 따른 학교폭력대책자치위원회가 피해학생에게 전학이 필요하다고 인정하는 경우에 한한다)

다른 시·군으로 주거를 이전하는 경우에는, 광역시지역 안에서 구지역과 읍·면지역 간에 주거를 이전하는 경우와 특별자치시, 「지방자치법」에 따라 설치된 도농복합형태의 시지역 및 「제주특별자치도 설치 및 국제자유도시 조성을 위한 특별법」에 따라 설치된 행정시 안에서 동지역과 읍·면지역 간에 주거를 이전하는 경우를 포함합니다.

2-4. 거주기간의 제한을 받지 않는 경우

2-4-1. 비조정대상지역의 주택을 취득한 경우

1세대1주택 비과세 판단 시 보유기간 중 2년이상 거주요건은 취득당시 조정대상지역에 있는 주택만 적용됩니다. 따라서 취득당시 비조정대상지역에 있는 주택은 거주를 하지 않아도 됩니다.

2-4-2. 조정대상지역의 공고가 있은 날 이전에 매매계약을 체결한 경우 등

거주자가 조정대상지역의 공고가 있은 날 이전에 매매계약을 체결하고 계약금을 지급한 사실이 증빙서류에 의하여 확인되는 경우로서 해당 거주자가 속한 1세대가 계약금 지급일 현재 주택을 보유하지 아니하는 경우에는 거주를 하지 않아도 됩니다.

> 요 건 (아래 ㉠ ~ ㉣의 요건 모두 충족할 것)
> ㉠ 거주자가
> ㉡ 조정대상지역의 공고가 있은 날 이전에 매매계약을 체결할 것
> ㉢ 계약금을 지급한 사실이 증빙서류에 의하여 확인될 것
> ㉣ 계약금 지급일 현재 주택을 보유하지 아니할 것

2-4-3. 2019.12.16. 이전에 임대사업자로 등록한 경우

1세대가 조정대상지역에 1주택을 보유한 거주자로서 2019년 12월 16일 이전에 해당 주택을 임대하기 위해 관할세무서에 사업자등록과 「민간임대주택에 관한 특별법」에 따른 임대사업자로 등록을 신청한 경우에는 거주하지 않아도 됩니다.

2-4-4. 상생임대주택에 대한 1세대1주택의 특례

일정요건을 충족한 상생임대주택은 1세대1주택비과세, 거주주주택비과세특례, 장기보유특별공제 적용 시 거주기간의 제한을 받지 않습니다. 상생임대주택 특례에 대한 자세한 내용은 제5장의 "2-14" 규정을 참조하시기 바랍니다.

2-5. 거주기간 또는 보유기간을 통산하는 경우

2-5-1. 노후 등으로 멸실되어 재건축한 주택

1세대 1주택비과세 판단 시 거주하거나 보유하는 중에 소실·무너짐·노후 등으로 인하여 멸실되어 재건축한 주택인 경우에는 그 멸실된 주택과 재건축한 주택에 대한 거주기간 및 보유기간을 통산합니다.

2-5-2. 비거주자의 주택

1세대 1주택비과세 판단 시 비거주자가 해당 주택을 3년 이상 계속 보유하고 그 주택에서 거주한 상태로 거주자로 전환된 경우에는 해당 주택에 대한 거주기간 및 보유기간을 통산합니다.

2-5-3. 동일세대원으로부터 상속받은 주택

1세대 1주택비과세 판단 시 상속받은 주택으로서 상속인과 피상속인이 상속 개시 당시 동일세대인 경우에는 상속개시 전에 상속인과 피상속인이 동일세대로서 거주하고 보유한 기간을 통산합니다.

2-6. 일시적 1세대 2주택 비과세

2-6-1. 일시적 1세대 2주택 비과세 요건

다음 각 호의 규정을 모두 충족하는 종전의 주택은 1세대1주택 비과세규정을 적용합니다.

① 국내에 1주택을 소유한 1세대가
② 종전주택을 양도하기 전에
③ 신규주택을 취득함으로써
④ 일시적으로 2주택이 된 경우
⑤ 종전의 주택을 취득한 날부터 1년 이상이 지난 후 신규 주택을 취득하고
⑥ 3년 이내 종전의 주택을 양도할 것

2-6-2. 새로운 주택의 취득 후 종전의 주택 양도 기한과 입주시점

새로운 주택을 취득한 후 종전 주택을 3년 이내에 양도하면 됩니다. 이 경우 새로운 주택으로의 입주의무는 없습니다.

● 새로운 주택의 취득 후 기한 이내 종전 주택을 양도하지 않아도 되는 사유
  (소득령 제155조⑱)

새로운 주택을 취득한 날부터 3년이 되는 날 현재 다음 각 호의 어느 하나에 해당하는 경우로서 해당 각 호의 매각 등의 방법으로 양도하는 경우에도 일시적 1세대 2주택 비과세 규정을 적용합니다.

㉠ 「금융회사부실자산 등의 효율적 처리 및 한국자산관리공사의 설립에 관한 법률」에 따라 설립된 한국자산관리공사에 매각을 의뢰한 경우

㉡ 법원에 경매를 신청한 경우

㉢ 「국세징수법」에 따른 공매가 진행 중인 경우

㉣ 재개발사업, 재건축사업 또는 소규모재건축사업등의 시행으로 「도시 및 주거환경정비법」(제73조) 또는 「빈집 및 소규모주택 정비에 관한 특례법」(제36조)에 따라 현금으로 청산을 받아야 하는 토지등소유자가 사업시행자를 상대로 제기한 현금청산금 지급을 구하는 소송절차가 진행 중인 경우 또는 소송절차는 종료되었으나 해당 청산금을 지급받지 못한 경우

㉤ 재개발사업, 재건축사업 또는 소규모재건축사업등의 시행으로 「도시 및 주거환경정비법」 또는 「빈집 및 소규모주택 정비에 관한 특례법」에 따라 사업시행자가 「도시 및 주거환경정비법」 또는 「빈집 및 소규모주택 정비에 관한 특례법」에 따른 토지등소유자(이하 이 호에서 "토지등소유자"라 한다)를 상대로 신청·제기한 수용재결 또는 매도청구소송 절차가 진행 중인 경우 또는 재결이나 소송절차는 종료되었으나 토지등소유자가 해당 매도대금 등을 지급받지 못한 경우

2-7. 일시적 1세대 3주택 비과세

● 관련 집행기준 : 89-155-26[일시적 1세대 3주택 비과세특례 적용 사례] 등 참조

유 형	비과세특례 적용 요건
일반주택(A) + 상속주택(B) + 다른주택(C)	C주택 취득일부터 3년 이내 양도하는 A주택
일시적 2주택 + 혼인합가주택(C) (A,B)	① B주택 취득일부터 3년 이내 양도하는 A주택 ② A주택 양도 후 합가일부터 10년이내 양도하는 B주택 또는 C주택
일시적 2주택 + 동거봉양합가주택(C) (A,B)	
혼인합가2주택(A,B) + 다른주택(C)	합가일부터 10년이내 및 C주택 취득일부터 1년 이내 양도하는 A주택 또는 B주택
동거봉양합가2주택(A,B) + 다른주택(C)	

2-8. 비과세 판단 시 소유주택에서 배제하는 주택

2-8-1. 일시적 1세대 2주택(대체주택)

국내에 1주택을 소유한 1세대가 그 주택(이하에서 "종전의 주택"이라 한다)을 양도하기 전에 다른 주택(이하에서 "신규 주택"이라 한다)을 취득(자기가 건설하여 취득한 경우를 포함한다)함으로써 일시적으로 2주택이 된 경우 종전의 주택을 취득한 날부터 1년 이상이 지난 후 신규 주택을 취득하고 종전의 주택을 3년 이내 양도하는 경우 등 법에서 정한 요건 충족 시 1세대 1주택으로 보아 양도소득세를 비과세 합니다.

● 대체주택 비과세 요건

구 분	내 용
요건	① 양도일 현재 1세대가 국내에 [종전주택 + 신규 주택] 보유 ② 신규 주택은 종전주택 취득 후 1년 이상 지난 후 취득 ③ 신규주택 취득 후 종전주택을 3년 이내 양도할 것
종전주택 양도일 현재 상황	- 종전주택 양도일 현재 신규주택외에 다른 주택 등(*)이 없을 것 (*) 주택 등 : 주택, 조합원입주권, 주택분양권 　　　　　(21.1.1. 이후 취득, 또는 분양계약분에 한함)
종전주택 요건	양도일 현재 종전주택은 비과세 요건을 충족할 것 - 취득시 비조정대상지역: 2년이상 보유 - 취득시 조정대상지역: 2년이상 보유, 보유기간 중 2년이상 거주

● 종전주택의 양도 기한 등

원칙적으로 신규 주택을 취득한 날부터 3년 이내에 종전의 주택을 양도하여야 합니다.

● 종전주택 취득 후 1년이상 지난 후 다른 주택 취득 요건 미적용

다음 표 각 호의 어느 하나에 해당하는 경우에는 종전의 주택을 취득한 날부터 1년 이상이 지난 후 다른 주택을 취득하는 요건을 적용하지 않습니다.

구 분	내 용
소득령 제154①제1호	임차일부터 해당 주택의 양도일까지의 기간 중 거주한 기간이 5년이상인 건설임대주택을 양도하는 경우
소득령 제154①제2호가목	주택 및 그 부수토지(사업인정 고시일 전에 취득한 주택 및 그 부수토지에 한한다)의 전부 또는 일부가 「공익사업을 위한 토지 등의 취득 및 보상에 관한 법률」에 의한 협의매수·수용 및 그 밖의 법률에 의하여 수용되는 경우
소득령 제154①제3호	1년 이상 거주한 주택을 취학, 근무상 형편, 질병의 요양 등 부득이한 사유로 양도하는 경우

● 수용등에 따른 잔존 주택 및 그 부수토지를 5년 내 양도한 경우

종전의 주택 및 그 부수토지의 일부가 다음 표의 사유에 따라 협의매수되거나 수용되는 경우로서 해당 잔존하는 주택 및 그 부수토지를 그 양도일 또는 수용일부터 5년 이내에 양도하는 때에는 해당 잔존하는 주택 및 그 부수토지의 양도는 종전의 주택 및 그 부수토지의 양도 또는 수용에 포함되는 것으로 봅니다.

> 주택 및 그 부수토지(사업인정 고시일 전에 취득한 주택 및 그 부수토지에 한한다)의 전부 또는 일부가 「공익사업을 위한 토지 등의 취득 및 보상에 관한 법률」에 의한 협의매수·수용 및 그 밖의 법률에 의하여 수용되는 경우

2-8-2. 상속받은 주택

상속받은 주택과 그 밖의 주택(이하에서 "일반주택"이라 한다)을 국내에 각각 1개씩 소유하고 있는 1세대가 일반주택을 양도하는 경우에는 국내에 1개의 주택을 소유하고 있는 것으로 보아 1세대 1주택 비과세규정을 적용합니다.

● 일반주택의 비과세 요건

다음 요건을 모두 충족하여야 합니다.

① 상속받은 주택과 일반주택의 보유 중 일반주택을 먼저 양도하여야 한다.

② 상속받은 주택은 별도세대원으로부터 상속받아야 한다.(동거봉양목적 상속주택은 제외)

③ 일반주택은 상속개시 당시 소유하고 있던 주택으로서 양도당시 비과세 요건(2년이상 보유, 취득 시 조정대상지역 내 주택은 2년이상 거주)을 충족하여야 한다.

● 상속받은 주택의 요건

원칙적으로 별도세대를 구성하는 피상속인으로부터 상속받은 주택만을 말합니다. 상속받은 주택에는 조합원입주권(도정법상 재개발·재건축, 빈집정비법상 소규모재건축, 2022.1.1. 이후 상속으로 취득한 자율주택정비사업·가로주택정비사업·소규모재개발사업) 또는 주택분양권을 상속받아 사업시행 완료 후 취득한 신축주택을 포함하며, 피상속인이 상속개시 당시 2 이상의 주택(*)을 소유한 경우에는 다음 표의 각 순위에 따른 1주택을 말합니다.

구 분	내 용
〈1순위〉	피상속인이 소유한 기간이 가장 긴 1주택
〈2순위〉	피상속인이 거주한 기간이 가장 긴 1주택
〈3순위〉	피상속인이 상속개시당시 거주한 1주택
〈4순위〉	기준시가 가장 높은 1주택
〈5순위〉	상속인이 선택하는 1주택

➡ 상속받은 1주택이「도시 및 주거환경정비법」에 따른 재개발사업, 재건축사업 또는「빈집 및 소규모주택 정비에 관한 특례법」에 따른 소규모재건축사업, 2022.1.1. 이후 상속으로 취득한 자율주택정비사업·가로주택정비사업·소규모재개발사업의 시행으로 2 이상의 주택이 된 경우를 포함합니다.

➡ 상속받은 1주택(종전부동산)이 관리처분계획등에 따라 [1+1]주택으로 전환 된 경우 [1+1]주택은 피상속인이 상속개시 당시부터 소유하고 있던 2개의 주택으로 봅니다. 따라서 위 표에 따른 순위 선정 시 기준시가가 가장 높은 1주택(4순위) 또는 상속인이 선택하는 1주택(5순위)으로 그 순위가 결정되는 것으로 보아야 합니다.

[상속받은 1주택이 재개발사업 등으로 (1+1)주택이 된 경우 상속주택의 판정]

> **사실관계**
> - 부의 사망으로 A주택(단독주택)을 별도세대인 홍길동이 상속 취득
> - 상속개시일 현재 홍길동은 B주택 소유
> - 상속받은 A주택이 도정법상 재개발사업으로 (1+1)원조합원입주권을 취득하여 준공 후(a + b)주택 취득
> - a주택은 34평형 아파트(기준시가 8억원), b주택은 24평형 아파트(기준시가 6억원) 임
> - 홍길동은 [(a+b)주택 + B주택] 보유 중

> **질문 1**
>
> – b주택(조정대상지역 소재)을 먼저 양도 시 중과세 여부?
>   : a주택과 b주택 중 기준시가가 높은 a주택이 상속주택에 해당된다.
>   : b주택은 상속주택에 해당되지 않아 양도 시 1세대 3주택 중과대상에 해당됨.
>
> **질문 2**
>
> – b주택 양도 후 B주택에서 2년이상 보유 및 거주 후 B주택 양도(2021.1.1. 이후) 시 비과세?
> – [a주택(상속주택) + B주택] 보유 중 B주택 양도 시 비과세 가능함.

● 동일세대원으로부터 상속받은 주택

동일세대원으로부터 상속받은 주택은 일반주택의 비과세 판단 시 상속주택으로 보지 않습니다. 즉, 보유주택 수에 포함합니다. 다만, 상속인과 피상속인이 상속개시 당시 1세대인 경우에는 1주택을 보유하고 1세대를 구성하는 자가 직계존속을 동거봉양하기 위하여 세대를 합침에 따라 2주택을 보유하게 되는 경우로서 합치기 이전부터 보유하고 있었던 주택만 상속받은 주택으로 봅니다. 직계존속은 배우자의 직계존속을 포함하며, 세대를 합친 날 현재 직계존속 중 어느 한 사람 또는 모두가 60세 이상으로서 1주택을 보유하고 있는 경우만 해당합니다.

> ▶ 상속개시일 이전에 [일반주택]을 보유하던 1세대가 다른 1주택을 보유하던 직계존속을 동거봉양목적으로 세대합가한 상태에서 상속개시되어 동일세대원으로부터 1주택을 상속받아 1세대 2주택인 경우에도 해당 상속받은 주택은 보유 주택 수에서 배제함(상속주택으로 봄)

> • 세대합가 전 : [자녀세대(A주택)] + [직계존속세대(B주택)]
> • 세대합가 후 : 동일세대 구성 [A주택 + B주택(동거봉양)]
> • 상속개시 후 : [A주택 + B주택(동거봉양, 상속주택)]
>   → A주택의 양도 시 B주택은 보유 주택에서 배제 (상속주택)

● 양도하는 일반주택의 요건

원칙적으로 상속개시 당시 보유한 주택 또는 상속개시 당시 보유한 조합원입주권이나 주택분양권에 의하여 사업시행 완료 후 취득한 신축주택만 해당합니다.

> 2022.1.1. 전에 상속받은 빈집정비법상 자율주택정비사업·가로주택정비사업·소규모재개발사업의 입주권으로 사업시행 완료 후 취득한 신축주택도 해당되는가?
>
> 현행법상 불가능합니다. 다만, 향후 국세청에서 확장해석 할지 여부는 지켜볼 필요가 있습니다.

다만, 2018.2.13. 이후 주택 또는 조합원입주권을 증여받은 경우에는 상속개시일부터 소급하여 2년 이내에 피상속인으로부터 증여받은 주택 또는 증여받은 조합원입주권이나 주택분양권에 의하여 사업시행 완료 후 취득한 신축주택은 일반주택에서 제외합니다.

[(상속받은 주택 + 일반주택)보유 중 일반주택 양도 시 비과세 판정 순서]

- 상속받은 주택
  : 동일세대원으로부터 상속 받았는가?
    → YES! → 동거봉양목적으로 합가한 주택인가?
        → YES! : 상속주택에 해당.(보유 주택에서 배제)
        → NO! : 상속주택에 해당되지 않음.(보유 주택에 포함)
    → NO! : 상속주택에 해당.(보유 주택에서 배제)
- 일반주택
  : 양도일 현재 비과세 요건을 충족하였는가?
    → YES! → 상속개시일 현재 소유하고 있던 주택인가?
        → YES!
            → 2018.2.13. 이후 상속개시일부터 소급하여 2년 이내 증여받은 주택등인가?
                → YES! : 과세
                → NO! : 비과세
        → NO!
            → 2013.2.14. 이전 취득한 주택인가?
                → YES! : 비과세
                → NO! : 과세

2-8-3. 공동상속주택

1세대 1주택 비과세 판단 시 상속주택은 일반주택의 양도 시 보유주택에서 제외합니다. 또한 여러 명이 공동으로 상속받은 주택은 [상속지분이 큰 상속인 〉 당해 주택에 거주하는 자 〉 최연장자]의 순서에 따라 해당 상속인의 상속주택으로 봅니다.

따라서 소수지분권자등이 보유하고 있는 공동상속주택은 일반주택의 양도 시 해당 거주자의 주택으로 보지 않습니다.

● 공동상속주택의 정의

공동상속주택은 상속으로 여러 사람이 공동으로 소유하는 1주택을 말하며, 피상속인이 상속개시 당시 2 이상의 주택(상속받은 1주택이 재개발사업, 재건축사업 또는 소규모재건축사업. 2022.1.1. 이후 상속으로 취득한 자율주택정비사업·가로주택정비사업·소규모재개발사업 의 시행으로 2 이상의 주택이 된 경우를 포함한다)을 소유한 경우에는 다음 표 각 호의 순위에 따른 1주택을 말합니다.

구 분	내 용
〈1순위〉	피상속인이 소유한 기간이 가장 긴 1주택
〈2순위〉	피상속인이 거주한 기간이 가장 긴 1주택
〈3순위〉	피상속인이 상속개시당시 거주한 1주택
〈4순위〉	기준시가가 가장 높은 1주택
〈5순위〉	상속인이 선택하는 1주택

● 특례

1세대 1주택 비과세 규정(소득령 제154조①)을 적용할 때 공동상속주택외의 다른 주택을 양도하는 때에는 해당 공동상속주택은 해당 거주자의 주택으로 보지 않습니다. 다만, 상속지분이 가장 큰 상속인의 경우에는 그러하지 아니하며, 상속지분이 가장 큰 상속인이 2명 이상인 경우에는 그 2명 이상의 사람 중 다음 각 호의 순서에

따라 해당 각 호에 해당하는 사람이 그 공동상속주택을 소유한 것으로 봅니다.

① 당해 주택에 거주하는 자
② 최연장자

[공동상속주택의 소유자 판정 순서]

구 분	내 용
〈1순위〉	상속지분이 가장 큰 상속인
〈2순위〉	당해 주택에 거주하는 자
〈3순위〉	최연장자

● 동일세대원으로부터 상속받은 공동상속주택

동일세대원으로부터 상속받은 최고지분권자등이 보유하고 있는 공동상속주택은 일반주택의 비과세 판단 시 상속주택으로 보지 않습니다. 즉, 보유주택 수에 포함합니다. 다만, 상속인과 피상속인이 상속개시 당시 1세대인 경우에는 1주택을 보유하고 1세대를 구성하는 자가 직계존속을 동거봉양하기 위하여 세대를 합침에 따라 2주택을 보유하게 되는 경우로서 합치기 이전부터 보유하고 있었던 주택만 상속받은 주택으로 봅니다. 직계존속은 배우자의 직계존속을 포함하며, 세대를 합친 날 현재 직계존속 중 어느 한 사람 또는 모두가 60세 이상으로서 1주택을 보유하고 있는 경우만 해당합니다.

[(공동으로 상속받은 주택 + 일반주택)보유 중 일반주택을 양도하는 경우 법적 판단]

- 공동으로 상속받은 주택
  : [상속지분이 큰 상속인〉당해 주택에 거주하는 자〉최연장자]의 순서에 따른 상속인인가?
    → NO! : 공동상속주택에 해당(보유주택에서 배제)
    → YES! : 상속주택에 해당
        (상속주택 판단 규정에 따라 보유주택 배제 여부 판정)

사례1

- 사실관계
  - 모친 사망(모친세대는 A주택만 소유)
  - A주택을 자녀가 상속을 원인으로 취득(갑:3/5, 을:1/5, 병:1/5)
  - 상속개시일 현재 "갑"의 세대는 B주택만 소유하고 있음
  - 상속개시일 현재 "을"의 세대는 C주택만 소유하고 있음
- 질문 사항
1) 모친의 상속개시일 현재 모친과 갑은 별도세대원인 경우로서 갑의 세대가 [A(3/5) + B주택] 보유 중 B주택 양도 시 비과세 여부?
    → 갑이 소유하고 있는 A주택은 최고지분권자에 해당되어 갑의 상속주택으로 봄
      다만, [일반주택 + 상속주택] 규정에 따라 일반주택 양도 시 A주택은 보유 주택에서 배제함.
2) 모친의 사망전에 모친세대와 갑세대는 동거봉양목적으로 합가한 경우인 경우
    (가) A주택은 동거봉양합가 이전에 모친세대가 보유하고 있던 주택인 경우
        → 갑이 상속을 원인으로 취득한 A주택(3/5)은 상속주택에 해당되어 일반주택의 양도 시 보유주택에서 배제함.
    (나) A주택은 동거봉양합가 이후 모친명의로 취득한 경우
        → 갑이 상속을 원인으로 취득한 A주택(3/5)은 동거합가 후 취득한 주택에 해당되어 법상 상속주택에 해당되지 않음.
        → 일반주택의 양도 시 보유주택 수에 산입.
3) 자녀 "을"세대가 상속을 원인으로 취득한 A주택(1/5) 보유 중 C주택 양도 시 비과세 판단?
    → A주택(1/5)은 공동상속주택(소수지분권자등)에 해당되어 보유주택에서 배제함
    → 모친의 상속개시일 현재 동일세대원인 경우에도 공동상속주택으로 보아 보유주택 수에서 배제함(조심2018-중-0424, 2018.04.19.)

2-8-4. 동거봉양 목적의 주택

● 비과세 특례

1주택을 보유하고 1세대를 구성하는 자가 1주택을 보유하고 있는 60세 이상의 직계존속(배우자의 직계존속포함)을 동거봉양하기 위하여 세대를 합침으로써 1세대가 2주택을 보유하게 되는 경우 합친 날부터 10년 이내에 먼저 양도하는 주택은 이를 1세대 1주택으로 보아 양도소득세를 비과세합니다.

● 동거봉양으로 세대합가 시 보유주택 배제

구 분	내 용
요 건	다음 요건을 모두 충족하여야 한다. ① 1주택을 보유하는 직계비속세대와 1주택을 보유하는 직계존속세대의 합가 ② 합가일 현재 직계존속(배우자의 직계존속 포함)(*)중 어느 한 사람이 60세 이상이어야 한다. ③ 합친 날부터 10년 이내에 합가일 현재 소유하던 주택의 양도 ④ 양도일 현재 양도하는 주택과 동거봉양목적의 1주택외에 다른 주택(조합원입주권, 2021.1.1. 이후 취득 또는 분양계약한 주택분양권 포함)이 없어야 한다.
(*)직계존속	위 요건의 직계존속(*)은 배우자의 직계존속을 포함하며 다음 각 호의 사람을 말함. 1. 배우자의 직계존속으로서 60세 이상인 사람 2. 직계존속(배우자의 직계존속을 포함한다) 중 어느 한 사람이 60세 미만인 경우 3. 「국민건강보험법 시행령」 별표 2 제3호 가목3), 같은 호 나목2) 또는 같은 호 마목에 따른 요양급여를 받는 60세 미만의 직계존속(배우자의 직계존속을 포함한다)으로서 기획재정부령(**)으로 정하는 사람
(**) 기획재정부령으로 정하는 사람	「국민건강보험법 시행령」 제19조 제1항에 따라 보건복지부장관이 정하여 고시하는 기준에 따라 중증질환자, 희귀난치성질환자 또는 결핵환자 산정특례 대상자로 등록되거나 재등록된 자를 말한다.(소득세법 시행규칙 제61조의4)

☞ 합가일 이후 취득한 주택도 비과세 특례 적용대상이 되나요?

NO! 합가일 이전에 취득한 주택만 비과세 특례 적용대상이 됩니다.

☞ 합가로 3주택이 된 경우에도 비과세 특례를 적용받을 수 있나요?

YES! 1주택을 소유한 1세대가 2주택(A, B)을 소유한 60세 이상의 직계존속을 동거봉양하기 위하여 합가한 이후 A주택을 양도하고 합가일로부터 10년 이내에 양도하는 1주택은 비과세특례를 적용받을 수 있습니다(법규-654, 2010.04.20).

● 직계존속의 연령 기준일

동거봉양을 위한 세대합가에 따른 1세대1주택 비과세 특례를 적용할 때 직계존속의 연령(60세 이상)은 세대합가일을 기준으로 판정합니다.

☞ (일반주택 + 상속주택) 보유 중 동거봉양목적으로 세대합가로 1세대 3주택이 된 경우, 일반주택 양도 시 비과세특례가 적용되나요?

YES! 1주택(A)을 보유하고 1세대를 구성하는 자가 1채의 일반주택과 상속주택(「소득세법 시행령」 제155조제2항에 따른 1채의 상속주택을 말함)을 보유하고 있는 60세 이상의 직계존속을 동거봉양하기 위하여 세대를 합침으로써 1세대가 3주택을 보유하게 되는 경우 합친 날부터 10년 이내에 먼저 양도하는 A주택은 이를 1세대1주택으로 보아 비과세 여부를 판정합니다(부동산거래관리-609, 2011.07.14.).

2-8-5. 혼인 후 10년 이내의 주택

● 혼인으로 1세대 2주택이 된 경우

1주택을 보유하는 자가 1주택을 보유하는 자와 혼인함으로써 1세대가 2주택을 보유하게 되는 경우 혼인한 날부터 10년 이내에 먼저 양도하는 주택은 이를 1세대 1주택으로 보아 양도소득세를 비과세합니다. 1세대 1주택 비과세 특례 규정이 적용되는 혼인합가의 혼인한 날은 「가족관계의 등록 등에 관한 법률」에 따라 관할지방관서에 혼인신고한 날을 말합니다.

[혼인 후 10년내 양도하는 주택의 비과세]

구 분	내 용
비과세 요건	다음 각 호의 요건을 모두 충족하여야 한다. ① [1주택 보유하는 자] + [1주택을 보유하는 자]의 혼인으로 1세대 2 주택 보유 ② 혼인한 날부터 10년 이내 먼저 양도하는 주택이어야 한다. ③ 양도하는 주택은 2년이상 보유하여야 한다. ④ 취득 시 조정대상지역 내 있는 주택은 2년이상 거주하여야 한다. (단, 조정대상지역 지정 전 계약 + 계약금 지급한 경우로서 계약금 지급일 현재 무주택세대인 경우 2년이상 거주요건 없음)
혼인 후 취득한 주택의 비과세 여부	혼인 전부터 소유하고 있던 주택만 비과세 특례적용. 따라서 혼인 후 취득한 주택은 비과세 특례대상에 해당되지 않음

➡ [무주택자(배우자)] + [1주택자(본인)]의 세대가 혼인으로 동일세대가 된 후 배우자가 1주택을 취득하여 [1주택자(배우자)] + 1주택자(본인)]이 된 상태에서 본인이 보유하던 주택을 혼인 후 10년 이내 양도 시 비과세 특례를 적용받을 수 없습니다.

 [일반주택(A) + 새로운 주택(B)소유자] + [일반주택(C) 소유자]가 혼인으로 일시적 3주택이 된 경우로서 새로운 B주택 취득 후, A주택을 3년 이내 양도 시 비과세 가능한가?

→ YES!(부동산거래관리과-499, 2010.04.01.)

 A주택의 양도 후 혼인 합가 후 10년 내 B주택 또는 C주택의 양도 시 비과세 가능한가?

→ YES!(재산-610, 2009.10.30.)

> **혼인 후 같은 세대원에게 양도하는 경우**
>
> 국내에 1주택을 보유하는 거주자가 1주택을 보유하는 자와 혼인하여 1세대가 2주택을 보유하게 된 상태에서 1주택을 같은 세대원에게 양도하는 경우에는 혼인합가로 인한 1세대1주택 비과세 특례 규정이 적용되지 않습니다.(소득집행기준 89-155-21)

● 직계존속을 동거봉양하는 무주택자가 혼인으로 1세대 2주택이 된 경우

1주택을 보유하고 있는 60세 이상의 직계존속을 동거봉양하는 무주택자가 1주택을 보유하는 자와 혼인함으로써 1세대가 2주택을 보유하게 되는 경우, 혼인한 날부터 10년 이내에 먼저 양도하는 주택은 이를 1세대 1주택으로 보아 양도소득세를 비과세 합니다.

[동거봉양 무주택자(직계존속이 1주택 보유)가 혼인으로 2주택이 된 경우 비과세 특례]

구 분	내 용
비과세 요건	다음 각 호의 요건을 모두 충족하여야 한다. ① [1주택을 보유하고 있는 60세 이상의 직계존속을 동거봉양하는 무주택자] + [1주택을 보유하는 자]의 혼인으로 1세대 2주택 보유 ② 혼인한 날부터 10년 이내에 먼저 양도하는 주택이어야 한다. ③ 먼저 양도하는 주택은 2년 이상 보유하여야 한다. ④ 취득 시 조정대상지역에 있던 주택의 경우 2년이상 거주하여야 한다. (단, 조정대상지역 지정 전 계약 + 계약금 지급한 경우로서 계약금 지급일 현재 무주택 세대인 경우 2년이상 거주요건 없음)

2-8-6. 문화재로 지정된 주택

다음 각 호의 어느 하나에 해당하는 주택과 그밖의 주택(이하에서 "일반주택"이라 한다)을 국내에 각각 1개씩 소유하고 있는 1세대가 일반주택을 양도하는 경우에는 국내에 1개의 주택을 소유하고 있는 것으로 보아 1세대 1주택 비과세규정을 적용합니다.

① 「문화유산의 보존 및 활용에 관한 법률」에 따른 지정문화유산

② 「근현대문화유산의 보존 및 활용에 관한 법률」에 따른 국가등록문화유산

③ 「자연유산의 보존 및 활용에 관한 법률」에 따른 천연기념물등

2-8-7. 농어촌주택

일정요건을 충족한 농어촌주택과 일반주택을 국내에 각각 1개씩 소유하고 있는 1세대가 일반주택을 양도하는 경우에는 국내에 1개의 주택을 소유하고 있는 것으로 보아 1세대1주택 비과세규정을 적용합니다.

● 비과세 특례 요건

다음 ① ~ ④의 요건을 모두 충족하여야 합니다.

① 농어촌주택은 다음 표 각 호의 어느 하나에 해당하는 주택이어야 함

> 1. 상속받은 주택(피상속인이 취득 후 5년 이상 거주한 사실이 있는 경우에 한한다)
> 2. 이농인(어업에서 떠난 자를 포함한다. 이하에서 같다)이 취득일 후 5년이상 거주한 사실이 있는 이농주택
> 3. 영농 또는 영어의 목적으로 취득한 귀농주택

② 농어촌주택은 수도권 밖의 지역 중 읍지역(도시지역 제외) 또는 면지역에 소재하여야 한다.

③ 농어촌주택과 일반주택 각각 1개씩 소유하고 있는 1세대가 일반주택을 먼저 양도하여야 한다.(귀농주택을 보유하는 경우 귀농주택 취득 후 5년 이내 일반주택 양도하는 경우에 한정)

④ 먼저 양도하는 일반주택은 양도일 현재 비과세 요건(2년 이상 보유, 조정대상지역 2년 이상 거주)을 충족하여야 한다.

[농어촌주택보유 중 일반주택 양도 시 비과세 특례]

구 분	내 용
비과세 요건	① 법에서 정한 다음 어느 하나에 해당되는 농어촌주택일 것 　- 상속받은 주택(피상속인이 취득 후 5년 이상 거주) 　- 이농주택(이농인이 취득 후 5년이상 거주) 　- 귀농주택 ② 수도권 밖에 있는 읍지역(도시지역 제외) 또는 면지역 소재하는 농어촌주택일 것 ③ [농어촌주택 + 일반주택]보유 중 일반주택을 먼저 양도할 것 　(농어촌주택이 귀농주택인 경우 귀농주택 취득 후 5년이내 일반주택을 양도할 것) ④ 양도하는 일반주택은 비과세 요건을 충족할 것(2년이상 보유 등)

● 상속받은 농어촌주택

상속받은 주택으로서 수도권 밖의 지역 중 읍지역(도시지역 제외) 또는 면지역에 있고 피상속인이 취득 후 5년 이상 거주한 사실이 있는 주택을 말합니다.

상속받은 주택은 원칙적으로 상속개시 당시 1세대(동일세대)가 아닌 자로부터 상속을 받은 주택만을 말합니다. 다만, 상속인과 피상속인이 상속개시 당시 1세대인 경우에는 1주택을 보유하고 1세대를 구성하는 자가 직계존속(배우자의 직계존속을 포함하며, 세대를 합친 날 현재 직계존속 중 어느 한 사람 또는 모두가 60세 이상으로서 1주택을 보유하고 있는 경우만 해당)을 동거봉양하기 위하여 세대를 합침에 따라 2주택을 보유하게 되는 경우로서 합치기 이전부터 보유하고 있었던 주택만 상속받은 주택으로 봅니다.

[농어촌주택 중 상속받은 주택의 범위]

구 분	내 용
요 건	① 상속을 원인으로 취득한 주택일 것 ② 동일한 세대에 속하지 않은 자로부터 상속받은 주택일 것 　(단, 동거봉양 상속주택(*)은 제외) ③ 수도권 밖의 지역에 있는 읍(도시지역 제외) 또는 면 지역 소재할 것 ④ 피상속인이 취득 후 5년 이상 거주한 사실이 있는 주택일 것
(*) 동거봉양 상속주택	60세이상인 직계존속(배우자의 직계존속 포함)을 동거봉양할 목적으로 세대합가함에 따라 2주택을 보유한 상태에서 세대합가 이전부터 보유하고 있었던 주택을 말함.

먼저 양도하는 일반주택은 상속개시당시 보유하고 있던 주택만을 말하는가?

NO! (상속개시 후 취득한 일반주택도 비과세 특례가 가능함)

[상속받은 주택 등의 비교]

구 분	상속받은 주택	공동상속주택	농어촌주택 중 상속받은 주택
관련 규정	소득법 제155조②	소득법 제155조③	소득법 제155조⑦1호
1세대로부터 상속 시 (동일세대원 상속)	대상 아님. 단, 동거봉양 중 상속주택은 가능	대상.	대상 아님. 단, 동거봉양 중 상속주택은 가능

 상속받은 주택을 멸실하고 새로운 주택을 신축한 경우 상속받은 주택 여부

상속받은 주택을 멸실하고 새로운 주택을 신축한 경우 그 새로운 주택은 상속받은 주택으로 봅니다(서면부동산 2017-2045, 2017.08.28.).

 일반주택을 수차례 취득·양도해도 비과세 가능 여부

상속받은 농어촌주택을 소유한 상태에서 일반주택을 수차례 취득·양도해도 1세대1주택 비과세 계속 적용이 가능합니다(서면부동산 2017-2045, 2017.08.28.).

● 농어촌주택 중 이농주택

"이농주택"이라 함은 영농 또는 영어에 종사하던 자가 전업으로 인하여 다른 시(특별자치시와 「제주특별자치도 설치 및 국제자유도시 조성을 위한 특별법」(제10조②)에 따라 설치된 행정시를 포함한다)·구(특별시 및 광역시의 구를 말한다)·읍·면으로 전출함으로써 거주자 및 그 배우자와 생계를 같이하는 가족 전부 또는 일부가 거주하지 못하게 되는 주택으로서 이농인이 소유하고 있는 주택을 말합니다.

● 농어촌주택 중 귀농주택

"귀농주택"이란 영농 또는 영어에 종사하고자 하는 자가 취득(귀농 이전에 취득한 것을 포함한다)하여 거주하고 있는 주택으로서 다음 ① ~ ⑤호의 요건을 모두 갖춘 것을 말합니다.

① 연고지에 소재할 것(삭제; 2016.02.16. 이전 취득 분에 한함)

② 취득 당시에 고가주택(실가 12억원초과)에 해당하지 아니할 것

③ 대지면적이 660제곱미터 이내일 것

④ 영농 또는 영어의 목적으로 취득하는 것으로서 다음 각 목의 어느 하나에 해당할 것

　㉠ 1,000제곱미터 이상의 농지를 소유하는 자 또는 그 배우자가 해당 농지소재지에 있는 주택을 취득하는 것일 것

　㉡ 1,000제곱미터 이상의 농지를 소유하는 자 또는 그 배우자가 해당 농지를 소유하기 전 1년 이내에 해당 농지소재지에 있는 주택을 취득하는 것일 것

　㉢ 기획재정부령이 정하는 어업인이 취득하는 것일 것

⑤ 세대전원이 이사(기획재정부령으로 정하는 취학, 근무상의 형편, 질병의 요양, 그 밖에 부득이한 사유로 세대의 구성원 중 일부가 이사하지 못하는 경우를 포함한다)하여 거주할 것

[농어촌주택의 1세대 1주택 비과세 요건]

구 분	상속주택·이농주택	귀농주택
대상지역	서울·인천·경기도를 제외한 읍(도시지역 밖), 면지역	
규 모	제한없음	• 고가주택(실가2억원초과) 제외 • 대지면적 660㎡ 이내
거주요건	피상속인 및 이농인이 5년 이상 거주	연고지1) 소재 주택을 1,000㎡이상의 농지와 함께 취득
비과세대상	일반주택	세대전원이 이사하여 최초로 양도하는 1주택
사후관리	해당없음	귀농하여 3년 이상 영농에 종사

1) 연고지는 영농 또는 영어에 종사하고자 하는 자(배우자 및 직계존속 포함)의 본적 또는 원적이 있거나 5년 이상 거주한 사실이 있는 곳을 말함.
* 2016.2.17. 이후 귀농주택을 취득하는 분부터 "연고지 소재"요건은 충족하지 않아도 됨

● 비과세 특례

귀농으로 인하여 세대전원이 농어촌주택으로 이사하는 경우에는 귀농 후 최초로 양도하는 1개의 일반주택에 한하여 비과세특례 규정을 적용합니다.

● 양도소득세 추징

[귀농주택 + 일반주택]의 보유 중 일반주택을 양도하여 비과세 특례를 적용받은 귀농주택 소유자가 귀농일(*)부터 계속하여 3년 이상 영농 또는 영어에 종사하지 아니하거나 그 기간 동안 해당 주택에 거주하지 아니한 경우 그 양도한 일반주택은 1세대 1주택으로 보지 아니하며, 해당 귀농주택 소유자는 3년 이상 영농 또는 영어에 종사하지 아니하거나 그 기간 동안 해당 주택에 거주하지 아니하는 사유가 발생한 날이 속하는 달의 말일부터 2개월 이내에 다음 계산식에 따라 계산한 금액을 양도소득세로 신고·납부하여야 합니다. 이 경우 3년의 기간을 계산함에 있어 그 기간 중에 상속이 개시된 때에는 피상속인의 영농 또는 영어의 기간과 상속인의 영농 또는 영어의 기간을 통산합니다.

> 납부할 양도소득세 = 일반주택 양도 당시 비과세 특례를 적용하지 아니하였을 경우에 납부하였을 세액 − 일반주택 양도 당시 제7항을 적용받아 납부한 세액

➲ (*) 귀농일 : 귀농주택에 주민등록을 이전하여 거주를 개시한 날을 말하며, 「1,000제곱미터 이상의 농지를 소유하는 자 또는 그 배우자가 해당 농지를 소유하기 전 1년 이내에 해당 농지소재지에 있는 주택을 취득」(제10항 제4호 나목)한 후 해당 농지를 취득하는 경우에는 귀농주택에 주민등록을 이전하여 거주를 개시한 후 농지를 취득한 날을 말함.

2-8-8. 취학등 부득이한 사유로 취득한 수도권 밖에 소재하는 주택

● 특례 내용

"취학등 부득이한 사유"로 취득한 수도권 밖에 소재하는 주택과 그 밖의 주택(이하에서 "일반주택"이라 한다)을 국내에 각각 1개씩 소유하고 있는 1세대가 부득이한 사유가 해소된 날부터 3년 이내에 일반주택을 양도하는 경우에는 국내에 1개의 주택을 소유하고 있는 것으로 보아 1세대 1주택 비과세 규정을 적용합니다.

구 분	내 용
특례 요건	① [취학등 부득이한 사유로 취득한 수도권 밖 소재 주택 + 일반주택] 보유 중 ② 부득이한 사유 해소 후 3년 이내에 일반주택을 먼저 양도 ③ 일반주택 양도일 현재 비과세 요건 충족(2년이상 보유, 취득당시 조정대상지역은 보유기간 중 2년이상 거주)

● 취학등 부득이한 사유

세대전원이 다음 각 호의 어느 하나에 해당하는 사유로 다른 시(특별시, 광역시, 특별자치시 및 「제주특별자치도 설치 및 국제자유도시 조성을 위한 특별법」 제10조 제2항에 따라 설치된 행정시를 포함한다.)·군으로 주거를 이전하는 경우(광역시지역 안에서 구지역과 읍·면지역 간에 주거를 이전하는 경우와 특별자치시, 「지방자치법」에 따라 설치된 도농복합형태의 시지역 및 「제주특별자치도 설치 및 국제자유도시 조성을 위한 특별법」에 따라 설치된 행정시 안에서 동지역과 읍·면지역 간에 주거를 이전하는 경우를 포함한다.)를 말합니다.

① 「초·중등교육법」에 따른 학교(초등학교 및 중학교를 제외한다) 및 「고등교육법」에 따른 학교에의 취학
② 직장의 변경이나 전근 등 근무상의 형편
③ 1년 이상의 치료나 요양을 필요로 하는 질병의 치료 또는 요양
④ 「학교폭력예방 및 대책에 관한 법률」에 따른 학교폭력으로 인한 전학(같은 법에 따른 학교폭력대책자치위원회가 피해학생에게 전학이 필요하다고 인정하는 경우에 한한다)

2-9. 다가구주택

● 다가구주택의 정의

건축법상 다가구주택은 다음 요건을 모두 충족한 공동주택에 해당하지 않는 주택을 말합니다. 따라서 건축법상 단독주택으로 분류됩니다.

① 주택으로 쓰이는 층수(지하층을 제외한다)가 3개 층 이하일 것
② 1개 동의 주택으로 쓰이는 바닥면적(지하주차장 면적을 제외한다)의 합계가 660제곱미터 이하일 것
③ 19세대 이하가 거주할 수 있을 것

● 다가구주택의 세법상 판단

세법상 다가구주택은 한 가구가 독립하여 거주할 수 있도록 구획된 부분을 각각 하나의 주택으로 보고 있습니다. 따라서 세법에서 다가구주택은 건축법의 정의를 그대로 차용하되 주택의 분류는 건축법과 달리 공동주택으로 보고 있습니다. 다만, 다가구주택을 가구별로 양도하지 아니하고 당해 다가구주택을 하나의 매매단위로 하여 양도하는 경우에는 이를 단독주택으로 볼 수 있도록 하여 납세자가 비과세를 받을 수 있도록 하였습니다.

구 분		건축법	소득세법
정 의		아래 요건을 모두 충족한 공동주택외의 주택 ① 주택으로 쓰이는 층수(지하층을 제외한다)가 3개층 이하일 것 ② 1개 동의 주택으로 쓰이는 바닥면적(지하주차장 면적을 제외한다)의 합계가 660제곱미터이하일 것 ③ 19세대 이하가 거주할 수 있을 것	좌 동
주택분류	원칙	단 독 주 택	공 동 주 택
	예외	-	다가구주택을 가구별로 양도하지 아니하고 당해 다가구주택을 하나의 매매단위로 하여 양도하는 경우에는 이를 단독주택으로 볼 수 있음
관련 법령		건축법 시행령 별표1호 다목	소득령 제155조 제15항, 소득칙 제74조

2-10. 고가주택

2-10-1. 건물 연면적에 따른 비과세 판단

● 일반 겸용주택의 경우(실가 12억원이하)

1세대 1주택 비과세 규정을 적용할 때 하나의 건물이 주택과 주택 외의 부분으로 복합되어 있는 경우와 주택에 딸린 토지에 주택 외의 건물이 있는 경우에는 그 전부를 주택으로 봅니다. 다만, 주택의 연면적이 주택 외의 부분의 연면적보다 적거나 같을 때에는 주택 외의 부분은 주택으로 보지 않습니다.

구 분	비과세 판단 부분	고가주택판단 시
주택면적(84㎡) ≤ 주택 외의 면적(150㎡)	주택면적(84㎡) + 그 부수토지	[주택 및 그 부수토지] 가액만으로 판단
주택면적(84㎡) > 주택 외의 면적 (80㎡)	전체면적164㎡) + 그 부수토지	[전체건물 및 그 부수토지] 가액으로 판단

● 실지거래가액 12억원을 초과하는 고가겸용주택의 경우

(가) "주택면적 > 주택외면적"인 경우

2021.12.31. 이전에 양도하는 고가겸용주택의 경우에는 주택외의 부분까지 주택으로 보아 9억원(2021.12.8.이후 양도 분은 12억원)까지는 비과세를 적용합니다. 그러나 2022.1.1. 이후 양도하는 고가겸용주택의 경우 주택부분만 주택으로 보아 비과세를 적용합니다.

2021.12.31. 이전 양도 분	2022.1.1. 이후 양도 분

• 주택면적 > 주택외 면적
  : 전부를 주택으로 봄
• 주택면적 ≤ 주택외 면적
  : 주택부분만 주택으로 봄
	• 주택면적 > 주택외 면적
	  : <u>주택부분만 주택으로 봄</u>
	• 주택면적 ≤ 주택외 면적
	  : 주택부분만 주택으로 봄

(나) "주택면적 ≤ 주택외면적"인 경우

주택부분만 주택으로 보아 비과세를 적용합니다.

2-11. 겸용주택의 경우(주택 + 상가등)

1) 건물 연면적에 따른 비과세 판단

① 일반 겸용주택의 경우(실가 12억원이하)

1세대 1주택 비과세 규정(소득법 제89①3호)을 적용할 때 하나의 건물이 주택과 주택 외의 부분으로 복합되어 있는 경우와 주택에 딸린 토지에 주택 외의 건물이 있는 경우에는 그 전부를 주택으로 봅니다. 다만, 주택의 연면적이 주택 외의 부분의 연면적보다 적거나 같을 때에는 주택 외의 부분은 주택으로 보지 않습니다.

구 분	비과세 판단 부분	고가주택판단 시
주택면적(84㎡) ≤ 주택 외의 면적(150㎡)	주택면적(84㎡) + 그 부수토지	[주택 및 그 부수토지] 가액만으로 판단
주택면적(84㎡) 〉 주택 외의 면적 (80㎡)	전체면적(164㎡) + 그 부수토지	[전체건물 및 그 부수토지] 가액으로 판단

② 실지거래가액 12억원을 초과하는 고가겸용주택의 경우

(가) "주택면적 〉 주택외면적"인 경우

2021.12.31. 이전에 양도하는 고가겸용주택의 경우에는 주택외의 부분까지 주택으로 보아 12억원(2021.12.8. 전 양도분은 9억원)까지는 비과세를 적용합니다. 그러나 2022.1.1. 이후 양도하는 고가겸용주택의 경우 주택부분만 주택으로 보아 비과세를 적용합니다.

2021.12.31. 이전 양도 분	2022.1.1. 이후 양도 분

• 주택면적 〉 주택외 면적
  : 전부를 주택으로 봄
• 주택면적 ≤ 주택외 면적
  : 주택부분만 주택으로 봄
	• 주택면적 〉 주택외 면적
	  : 주택부분만 주택으로 봄
	• 주택면적 ≤ 주택외 면적
	  : 주택부분만 주택으로 봄

(나) "주택면적 ≦ 주택외면적"인 경우

주택부분만 주택으로 보아 비과세를 적용합니다.

2-12. 주택에 딸린 토지

주택에 딸린 토지는 전체 토지면적에 주택건물의 연면적이 전체건물의 연면적에서 차지하는 비율을 곱하여 계산합니다.

구 분	내 용
주택에 딸린 토지	"전체 토지면적 × 주택건물의 연면적/전체건물의 연면적"

계산 사례	- 전체 토지면적 330㎡
	- 주택건물의 연면적 84㎡
	- 전체건물 연면적 234㎡
	
	• 주택에 딸린 토지
	  = 330㎡ × 84㎡ / 234㎡
	  = 118.46㎡

2-13. 비과세 대상 주택부수토지

비과세 판단 시 "주택부수토지"라 함은 [주택에 딸린 토지로서 건물이 정착된 면적에 지역별로 정하는 배율을 곱하여 산정한 면적 이내의 토지]로 정의하고 있다. 따라서 주택에 딸린 토지 중 지역별로 정한 배율을 곱한 면적으로 한정하고 있습니다.

지역별로 정한 배율은 다음과 같습니다.

(가) 2021.12.31. 이전 양도 분

㉠ 도시지역 내의 토지 : 5배

㉡ 그 밖의 토지 : 10배

도시지역 : 국토의 계획 및 이용에 관한 법률에 의거 도시지역은 주거지역, 상업지역, 공업지역, 녹지지역으로 구분된다.

(나) 2022.1.1. 이후 양도 분

㉠ 도시지역 내의 토지: 다음 각 목에 따른 배율

    가. 수도권 내의 토지 중 주거지역·상업지역 및 공업지역 내의 토지: 3배

    나. 수도권 내의 토지 중 녹지지역 내의 토지: 5배

    다. 수도권 밖의 토지: 5배

㉡ 그 밖의 토지: 10배

[비과세 대상 주택 부수토지의 배율]

구 분			2021.12.31. 이전 양도	2022.1.1. 이후 양도
도시지역 내	수도권 내	주거지역 상업지역 공업지역	5배	3배
		녹지지역		5배
	수도권 밖	–		5배
도시지역 밖			10배	10배

③ 배율산정의 원칙
- 건물의 수평투영면적(처마끝, 지하실)을 기준으로 함

[주택부수토지 및 계산사례]

구 분			내 용
주택부수토지			MIN [주택에 딸린 토지, (주택건물정착면적 × 지역별배율)]
계산사례	일반주택	사실관계	- 1층 단독주택(연면적 84㎡) - 주택건물정착면적(84㎡) - 건물에 딸린 토지 (수도권 도시지역 내 주거지역 소재, 1,000㎡) - 2024.2.2. 양도

		계산	• 주택건물에 딸린 토지
			  = 1,000㎡ × 84㎡/84㎡
			  = 1,000㎡
			• 비과세대상 주택부수토지
			  = MIN(1,000㎡, 84㎡ × 3배)
			  = 252㎡
			⇨ 748㎡의 토지는 비과세 대상에서 배제

	겸용주택	사실관계	- 2층 겸용주택(1층 상가 :연면적 84㎡, 2층 주택 80㎡) - 건물정착면적(84㎡) - 건물에 딸린 토지 (수도권 도시지역내 주거지역 소재, 1,000㎡) - 2024.2.2. 양도

		계산	• 주택건물에 딸린 토지
			  = 1,000㎡ × 80㎡/(84㎡ + 80㎡)
			  = 487.80㎡
			• 주택건물정착면적
			  = 84㎡ × 80㎡/(84㎡ + 80㎡)
			  = 40.97㎡
			• 비과세대상 주택부수토지
			  = MIN(487.80㎡, 40.97㎡ × 3배)
			  = 122.91㎡
			⇨ 877.09㎡(1,000㎡-122.91㎡)의 토지는 비과세 대상에서 배제

2-14. 상생임대주택에 대한 1세대1주택의 특례(소득령 제155조의3)

2-14-1. 상생임대주택 특례란?

국내에 1주택을 소유한 1세대가 법에서 정한 상생임대주택을 양도하는 경우 다음 박스 내용을 적용할 때 해당 규정에 따른 거주기간의 제한을 받지 않습니다.

① 1세대1주택 비과세 규정(취득당시 조정대상지역은 2년이상 거주)
② 거주주택비과세 특례(보유기간 중 2년이상 거주)
③ 장기보유특별공제 적용(표2; 20%~80% 적용 시 2년이상 거주)

2-14-2. 상생임대주택이란?

다음 각 호의 요건을 모두 갖춘 주택(이하 "상생임대주택"이라 한다)을 말합니다.

① 상생임대차계약을 2021.12.20.~ 2026.12.31.까지 체결하고 임대개시 할 것
② 직전임대차계약에 따라 임대한 기간이 1년 6개월 이상일 것
③ 상생임대차계약에 따라 임대한 기간이 2년 이상일 것

> **상생임대차계약이란?**
>
> 1세대가 주택을 취득한 후 해당 주택에 대하여 임차인과 체결한 직전 임대차계약(해당 주택의 취득으로 임대인의 지위가 승계된 경우의 임대차계약은 제외하며, 이하에서 "직전임대차계약"이라 한다) 대비 임대보증금 또는 임대료의 증가율이 100분의 5를 초과하지 않는 임대차계약을 말합니다.

임대차계약 체결 및 임대개시기한은?

2021년 12월 20일부터 2026년 12월 31일까지의 기간 중에 체결하고 임대를 개시하여야 합니다. 계약 체결은 계약금을 지급받은 사실이 증빙서류에 의해 확인되는 경우로 한정합니다.

 직전임대차계약이란?

1세대가 주택을 취득한 후 해당 주택에 대하여 임차인과 체결한 직전 임대차계약을 말하며, 해당 주택의 취득으로 임대인의 지위가 승계된 경우의 임대차계약은 제외합니다.

 임대기간이 1개월 미만인 경우는?

직전임대차계약 및 상생임대차계약에 따른 임대기간은 월력에 따라 계산하며, 1개월 미만인 경우에는 1개월로 봅니다.

2-14-3. 임대보증금과 월임대료를 서로 전환하는 경우 5% 판단

상생임대차계약을 체결할 때 임대보증금과 월임대료를 서로 전환하는 경우에는 「민간임대주택에 관한 특별법」 제44조 제4항에서 정하는 기준에 따라 임대보증금 또는 임대료의 증가율을 계산합니다.

2-14-4. 임차인의 사정으로 임대를 계속할 수 없는 경우

직전임대차계약 및 상생임대차계약에 따른 임대기간을 계산할 때 임차인의 사정으로 임대를 계속할 수 없어 새로운 임대차계약을 체결하는 경우로서 "종전 임대차계약과 비교하여 새로운 임대차계약에 따른 임대보증금 또는 임대료가 증가하지 않은 경우"에는 새로운 임대차계약의 임대기간을 합산하여 계산합니다.

❙ 상생임대주택 양도세 특례 요건 완화 ❙

종 전	개 정(2023.2.28. 이후 양도분)

☐ 상생임대주택에 대한 양도세 특례(*)
 임대기간
 (*) 1세대 1주택 비과세 및 장특공제 거주 요건 2년 면제
 ○ 상생임대차계약(*)에 따른 임대기간
  : 2년 이상
 (*)① 직전 계약 대비 임대보증금 또는 임대료 증가율 5% 이하
   ② 주택 매수 후 체결
   ③ 주택 매수 시 승계받은 계약 제외
   ④ 2021.12.20~2024.12.31. 체결
 ○ 직전 계약에 따른 임대기간
  : 1년 6개월 이상
 	
☐ 임대기간 계산 특례
 ○ 임대기간이 1개월 미만인 경우 1개월로 간주
	○ (좌 동)

〈추 가〉	☐ 특례사유 추가 ○ (좌 동) ○ 임차인의 사정으로 임대를 계속할 수 없는 경우로서 기획재정부령으로 정하는 요건(*)에 해당하는 경우 종전계약과 신규 계약 임대기간 합산 (*)종전임대차계약과 비교하여 새로운 임대차 계약에 따른 임대보증금 또는 임대료가 증가 하지 않았을 것

2-14-5. 상생임대주택 거주기간 특례관련 신고서 제출

특례를 적용받으려는 자는 양도소득세 과세표준 신고기한까지 상생임대주택에 대한 특례적용신고서에 해당 주택에 관한 직전임대차계약서 및 상생임대차계약서를 첨부하여 납세지 관할 세무서장에게 제출해야 합니다.

■ 소득세법 시행규칙 [별지 제83호의4서식](2023.03.20 개정)

상생임대주택에 대한 특례적용신고서

※ 뒤쪽의 작성방법을 읽고 작성하시기 바랍니다.   (앞쪽)

접수번호		접수일	

신고인 (양도자)	① 성명		② 주민등록번호
	③ 주소		
	(전화번호 :)		

상생임대주택 (양도주택)	④ 소 재 지	
	⑤ 취득일	⑥ 양도일
	⑦ 거주기간(년 월 일 ~ 년 월 일)	⑧ 상생임대차계약 체결일(년 월 일)

임대내역(⑨)

구 분	임차인		임대료		임대기간		
	성명	생년월일	보증금	월세	개시일	종료일	기간
⑩ 직전 임대차계약							
⑪ 상생 임대차계약							

「소득세법 시행령」 제155조의3제5항에 따라 상생임대주택에 대한 특례적용신고서를 제출합니다.

년 월 일

신고인   (서명 또는 인)
세무대리인   (서명 또는 인)
(관리번호)

세무서장   귀하

첨부서류	신고인 제출 서류	1. 직전임대차계약서 사본 1부 2. 상생임대차계약서 사본 1부	수수료 없음
	담당공무원 확인사항	토지·건물 등기사항증명서	

210mm×297mm[백상지80g/㎡ 또는 중질지80g/㎡]

참고: 상생임대주택 양도세 특례 확대·개편 관련 10문 10답

– 2022.6.24.(금) 기획재정부 배포내용

1. "상생임대주택"으로 운영된 모든 보유주택이 양도세 비과세 거주요건 2년 + 장특공제 거주요건 2년이 면제되는 것인가요?

> 아닙니다. 상생임대주택으로 운영된 주택으로서 최종적으로 양도되는 1주택의 거주요건만 면제되는 것입니다.

□ 이번 개정으로 임대개시일 기준 1세대 1주택 요건을 삭제하여 다주택자도 상생임대차계약을 체결할 수는 있으나,

  ○ 양도세 비과세 거주요건 2년은 양도 시점에 1세대 1주택인 경우 적용되므로,
  ○ 임대개시일 기준 다주택자는 상생임대주택 양도 시 필히 1주택자로 전환하여야 거주요건 2년 면제혜택을 받을 수 있음

〈조정대상지역 1세대 3주택자인 임대인인 경우〉

구 분	주택A	주택B	주택C
취득 시점	2018년	2019년	2020년
양도 시점	2022년	2024년	2026년
과세 여부	과 세	과 세	2년 거주 시 비과세(1세대 1주택)
양도 시 2년 거주요건	–	–	상생임대주택인 경우 2년 거주요건 면제

2. "상생임대차계약"으로 인정받기 위해서는 "직전 임대차계약" 대비 '임대료 5% 이하' 인상을 준수해야 하는데, 이 때 "직전 임대차계약"이 무엇인가요?

> "직전 임대차계약"이란 거주자甲이 주택을 취득한 후, 임차인과 새로이 체결한 계약을 의미합니다. 즉, 甲이 주택을 취득하기 전 종전 임대인乙과 임차인丙 사이에 체결된 계약을 甲이 승계받은 경우는 "직전 임대차계약"에 해당하지 않습니다.

※ 이미 임차인이 있는 주택을 구입하여 임대차계약을 승계받는 경우까지 세제지원을 하는 것은 임대주택 순증효과 등 감안 시 부적절

〈주택을 매입하면서 승계받은 임대차계약은 직전 임대차계약으로 不인정〉

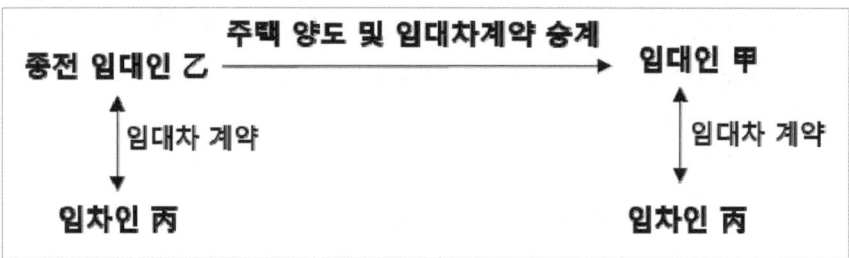

〈 주택 매입 후 체결한 임대차계약은 직전 임대차계약으로 인정 〉

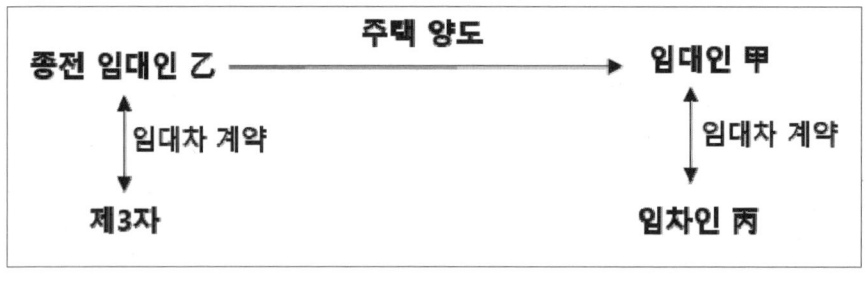

3. "직전 임대차계약"과 "상생임대차계약"의 임차인이 동일해야 하나요?

> 아닙니다. "직전 임대차계약"과 "상생임대차계약"의 임대인은 동일해야 하지만 임차인은 달라도 무방합니다.
> 즉, 임차인이 변경되어도 임대료 5% 이하 인상을 준수하면 됩니다.

※ 임대료 5% 이하 인상을 준수하여 임대차 시장에 상대적으로 저렴한 임대주택 공급을 유도하는 취지상 임차인의 동일성은 불요

〈직전 임대차계약과 상생 임대차계약의 계약주체: 임대인 동일, 임차인 상이한 경우〉

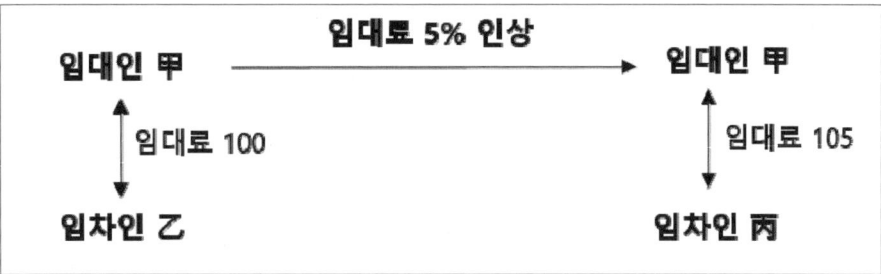

〈직전 임대차계약과 상생 임대차계약의 계약주체: 임대인 동일, 임차인 동일한 경우〉

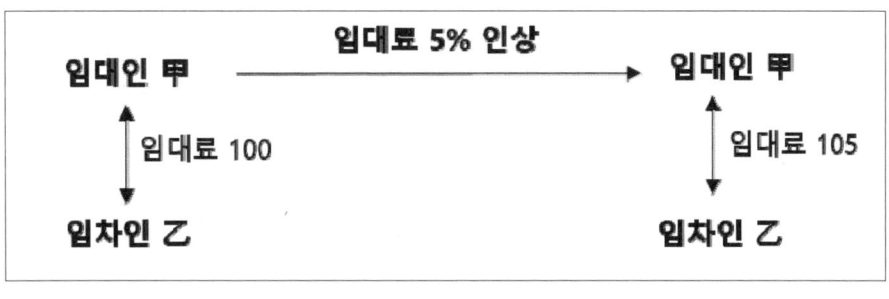

4. "직전 임대차계약"과 "상생임대차계약" 사이에 시간적 공백(임대인이 직접 거주, 공실 등)이 있어도 되나요?

그렇습니다. 두 계약에 따른 임대가 공백없이 계속하여 유지될 필요는 없습니다.

〈 직전 임대차계약과 상생임대차계약 사이에 공백이 있는 경우 〉

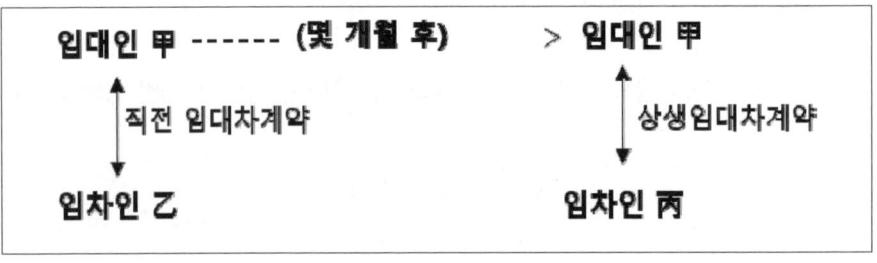

5. "상생임대차계약"을 언제까지 체결해야 "상생임대주택"으로 인정받을 수 있나요?

2021년 12월 20일부터 2026년 12월 31일까지의 기간 중 체결해야 하며, 계약금을 실제로 지급받은 사실이 확인되어야 합니다.

※ 금년 중 임대를 시작하는 임대주택의 경우 2024년 중 계약기간이 종료(일반적 임대기간이 2년인 점 감안)되므로, 이러한 주택도 2024년에 상생임대차계약을 체결하여 임차인이 안정적으로 거주할 수 있도록 적용기한을 2022년 12월 31일에서 2024년 12월 31일로 2년 연장하였고 추가로 2026.12.31. 까지 연장함)

〈 상생임대차계약 체결 기간 〉

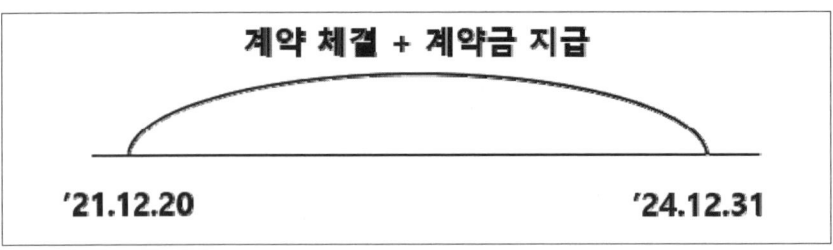

6. 계약갱신청구권 행사에 따른 계약도 "상생임대차계약"으로 인정되나요?

가능합니다.

※ 1세대 1주택 양도소득세 비과세를 받기 위한 2년 거주요건을 채우기 위해 계약갱신을 거부하고 임대인이 입주하는 경우 등을 방지

7. 등록임대주택사업자의 임대주택도 "상생임대주택"이 될 수 있나요?

가능합니다.

※ 등록임대주택사업자는 임대료 5% 이하 인상뿐만 아니라, 장기간의 의무임대(10년) 등 각종 공적의무 부담하는 점 감안 시 상생임대주택 특례를 제한하지 않는 것이 형평에 부합

8. 임대주택이 다가구주택*인 경우 "상생임대주택"으로 인정받기 위해 각 호(세대)별로 "상생임대차계약"을 체결해야 하나요?

* 세대 수가 19세대 이하 등 건축법 시행령 별표1제1호 다목에 해당하는 주택

추후 양도계획에 따라 다릅니다. 다가구주택 전체를 양도할 계획인 경우 모든 호와 상생임대차계약을 체결해야 합니다. 그러나 다가구주택을 호별로 양도할 계획인 경우 각 호별로 상생임대차계약 체결 여부에 따라 상생임대주택으로 인정받을 수 있습니다.

※ 다가구주택은 주택 전체를 양도하는 경우 일반적인 주택과 같이 다가구주택 자체를 1주택으로 보고, 독립구획별 양도 시 해당 양도 구획을 1주택으로 봄

Q&A

9. "직전 임대차계약"에 따른 의무임대기간 1년 6개월과 "상생임대차계약"에 따른 의무임대기간 2년은 어떻게 판정하나요?

해당 계약에 따라 실제 임대한 기간을 기준으로 판정합니다.

☐ "직전 임대차계약 따라 임대한 기간이 1년 6개월 이상"이어야 하므로, 계약기간과 실제 임대기간이 상이한 경우 실제 임대기간을 기준으로 판정

〈직전 임대차계약에 따른 의무임대기간 인정 사례〉

구 분	사례❶	사례❷	사례❸
계약 기간	2년	2년	1년
실제 임대기간	1년 7개월	2년 2개월	2년
의무 임대기간	인 정	인 정	인 정

❶ 2년 계약하였으나, 서로 합의 등을 통해 1년 7개월만 실제 임대한 경우
❷ 2년 계약하였으나, 서로 합의 등을 통해 2개월 더 임대한 경우
❸ 1년 계약하였으나, 묵시적 갱신(주택임대차보호법 제6조) 등으로 신규 계약 체결 없이 실제 2년 임대한 경우

〈직전 임대차계약에 따른 의무임대기간 불인정 사례〉

구 분	사례❹	사례❺	사례❻
계약 기간	2년	1년	1년
실제 임대기간	1년	8개월	1년 2개월
의무 임대기간	불인정	불인정	불인정

❹~❻ 실제 임대기간이 1년 6개월에 미치지 못하는 경우

☐ "상생임대차계약 따라 임대한 기간이 2년 이상"이어야 하므로, 계약기간과 임대기간이 상이한 경우 실제 임대기간을 기준으로 판정

< 상생 임대차계약에 따른 의무임대기간 인정 사례 >

구 분	사례❶	사례❷	사례❸
계약 기간	3년	2년	1년
실제 임대기간	2년 6개월	2년 2개월	2년
의무 임대기간	인 정	인 정	인 정

❶ 3년 계약하였으나, 서로 합의 등을 통해 2년 6개월만 실제 임대한 경우
❷ 2년 계약하였으나, 서로 합의 등을 통해 2개월 더 임대한 경우
❸ 1년 계약하였으나, 묵시적 갱신(주택임대차보호법 제6조) 등으로 신규 계약체결 없이 실제 2년 임대한 경우

< 직전 임대차계약에 따른 의무임대기간 불인정 사례 >

구 분	사례❹	사례❺	사례❻
계약 기간	2년	1년 6개월	1년
실제 임대기간	1년	1년	1년 6개월
의무 임대기간	불 인 정	불 인 정	불 인 정

❹~❻ 실제 임대기간이 2년에 미치지 못하는 경우

10. "상생임대차계약"을 체결하면서 전세에서 월세로, 또는 월세에서 전세로 전환하는 경우 임대료 5% 이하 인상 여부를 어떻게 판정하나요?

민간임대주택특별법 제44조 제4항에 따른 산정률(전세 ↔ 월세 전환율)*을 활용하여 계산합니다.

* "연 10%"와 "기준금리(6.23일 현재 연 1.75%)+연 2%" 중 낮은 비율

☐ 예1*) 전세보증금 3억원인 주택을 월세보증금 5천만원으로 전환하면서 임대료 5% 이하 인상을 충족하기 위해서는, 월세를 82만 8,125원 이하로 설정해야 함

☐ 예2*) 월세보증금 2,000만원 + 월세 50만원인 주택을 전세로 전환하면서 임대료 5% 이하 인상을 충족하기 위해서는, 전세보증금을 1억 8천 9백만원 이하로 설정해야 함

* 출처: www.renthome.go.kr(임대등록시스템)

[3] 거주주택 양도 시 비과세 특례

3-1. [장기임대주택 + 거주주택]보유 중 거주주택 양도 시 비과세 특례

3-1-1. 일반규정

장기임대주택과 거주주택을 국내에 소유하고 있는 1세대가 일정요건을 충족하고 거주주택을 양도하는 경우에는 국내에 1개의 주택을 소유하고 있는 것으로 보아 1세대 1주택 비과세 규정을 적용합니다. 다만, 2019.02.12. 이후 취득하여 2025.2.27. 까지 양도하는 거주주택은 최초로 양도하는 경우에 한정하여 생애 한차례 양도세를 비과세 하며, 2025.2.28. 이후 양도하는 거주주택은 횟수의 제한 없이 비과세 합니다.

● 거주주택 양도 시 비과세 요건

구 분	내 용
특례	거주주택의 양도 시 1세대1주택 비과세 적용
거주주택 요건	- 보유기간 중 거주기간(직전거주주택보유주택의 경우에는 관할세무서 사업자등록과 시·군·구에 임대사업자 등록을 한 날 또는「영유아보육법」에 따른 인가를 받은 날 이후의 거주기간을 말한다)이 2년 이상일 것
장기임대주택 요건	㉠ 양도일 현재 관할세무서에 사업자등록을 하고 ㉡ 민간임대주택법에 따라 민간임대주택으로 등록하여 임대하고 있으며 ㉢ 임대보증금 또는 임대료의 증가율이 100분의 5를 초과하지 않을 것 (2019.02.12 이후 주택 임대차계약을 체결하거나 기존 계약을 갱신하는 분부터 적용). 이 경우 임대료등의 증액 청구는 임대차계약의 체결 또는 약정한 임대료 등의 증액이 있은 후 1년 이내에는 하지 못하고, 임대사업자가 임대료등의 증액을 청구하면서 임대보증금과 월임대료를 상호 간에 전환하는 경우에는 「민간임대주택에 관한 특별법」(제44조④)의 전환 규정을 준용한다.

● 장기임대주택이란?

구 분		임대 호수	임대 기간 등	기준시가			면적	임대료 등 상한
				수도권	수도권 밖	기준일		
민간매입임대주택	기존사업자 (2003.10.29 이전등록)(*)	2호 이상	5년 이상	3억원 이하	3억원 이하	취득 시	국민주택 규모 이하	–
	신규사업자 (2020.7.10. 이전에 임대주택법상 임대사업자등록 신청등)	1호 이상	5년 이상	6억원 이하	3억원 이하	임대 개시일	–	5% 이하
	장기임대주택 등(공공지원,장기일반) (***)	1호 이상	8년(10년) 이상	6억원 이하	3억원 이하	임대 개시일	–	5% 이하
	미분양주택 (2008.6.10 ~2009.6.30)	5호 이상 (같은 시·군)	5년 이상	– (대상 제외)	3억원 이하	취득 시	• 대지 : 298㎡ 이하 • 연면적 (공동주택은 전용면적) : 149㎡ 이하	–
민간건설임대주택	건설임대주택 (2020.7.10. 이전에 임대주택법상 임대사업자등록 신청등)	2호 이상	• 5년이상 임대 • 분양전환 – 임대사업자 매각 (**)	6억원 이하		임대 개시일		5% 이하
	장기임대주택 등 (공공지원,장기일반)	2호 이상	• 8년(10년) 이상 임대 • 분양전환 – 임대사업자 매각 (**)	6억원 이하		임대 개시일		5% 이하
비고	(*) 2003년 10월 29일(이하 "기존사업자기준일"이라 한다) 현재 「민간임대주택에 관한 특별법」 제5조에 따른 임대사업자등록을 하였으나 관할세무서에 사업자등록을 하지 아니한 거주자가 2004년 6월 30일까지 사업자등록을 한 때에는 「민간임대주택에 관한 특별법」 제5조에 따른 임대사업자등록일에 사업자등록을 한 것으로 본다. (**) 분양전환 또는 민간임대주택법에 따른 임대사업자에게 매각하는 경우에 한함 (***) 1세대 1주택이상 보유 상태에서 새로이 취득한 조정대상지역 내 장기일반민간임대주택은 특례배제							

● 직전거주주택이 있는 거주주택(직전거주주택보유주택)의 비과세 특례

해당 거주주택이 관할시·군·구에 민간임대주택으로 등록(민간임대주택법 제5조)하였고 그 보유기간 중에 양도한 "직전거주주택"이 있는 거주주택(이하에서 "직전거주주택보유주택"이라 한다)인 경우에는 직전거주주택의 양도일 후의 기간분에 대해서만 국내에 1개의 주택을 소유하고 있는 것으로 보아 1세대1주택 비과세규정을 적용합니다.

[용어의 정의]

구 분	내 용
직전거주 주택	거주주택의 보유기간 중에 양도한 다른 거주주택을 말한다. 양도한 다른 거주주택이 둘 이상인 경우에는 가장 나중에 양도한 거주주택을 말한다.
직전거주 주택보유주택	해당 거주주택이 관할시·군·구에 민간임대주택으로 등록(민간임대주택법 제5조)하였거나 「영유아보육법」에 따른 인가를 받아 어린이집(가정어린이집, 국공립, 직장, 협동 어린이집 등)으로 사용한 사실이 있고 그 보유기간 중에 양도한 "직전거주주택"이 있는 거주주택

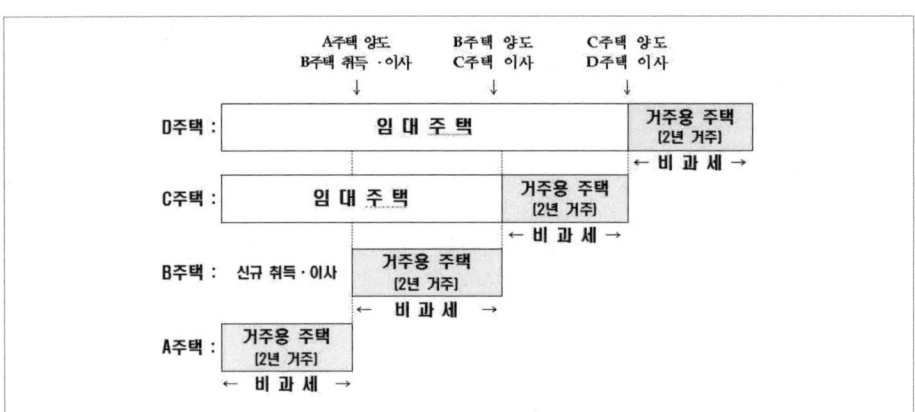

- 임대주택(D,C)과 2년이상 거주하고 있던 A주택을 보유하던 중 이사등 목적으로 B주택을 취득한 후 3년이내(2019.12.19. 이후 조정대상지역은 1년) A주택의 처분 시 전체보유기간에 대한 양도차익 전액 비과세
- B주택에서 2년이상 거주 후 B주택의 양도 시 B주택 전체 보유 기간분 양도차익 비과세
- C주택에서 2년이상 거주 후 C주택의 양도 시 B주택 양도 후 기간분 양도차익 비과세
  (B주택은 직전거주주택에 해당되며, C주택은 직전거주주택보유주택에 해당)
- D주택에서 2년이상 거주 후 D주택의 양도 시 C주택 양도 후 기간분 양도차익 비과세
  (C주택은 직전거주주택에 해당되며, D주택은 직전거주주택보유주택에 해당됨)

● 거주주택의 비과세 횟수

2025.2.28. 이후 양도하는 거주주택의 비과세 횟수는 제한이 없습니다. 다만, 2019.2.12. 이후 취득하고 2025.2.27.까지 양도한 거주주택은 최초로 양도하는 경우에 한정하여 비과세 특례를 적용합니다.

[2019.2.12. 이후 취득하여 2025.2.27. 이전에 양도하는 거주주택의 양도세 비과세 특례 적용 여부]

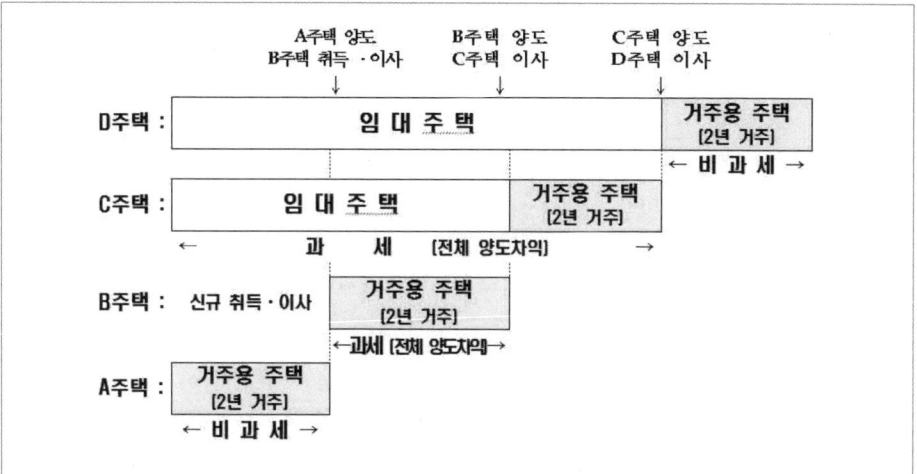

- 2019.2.12. 이후 취득한하여 2025.2.27.까지 양도한 거주주택은 생애 최초 양도분만 비과세를 적용하기에 A주택은 전체 양도차익 비과세
- 그 이후 양도하는 2019.2.12. 이후 취득한 B주택 및 C주택은 전체 양도차익 과세. 단, 2025.2.27.까지 양도한 경우에 한함.
- 마지막 남은 D주택은 C임대주택 양도 이후의 양도차익만 비과세

[거주주택의 비과세 특례 횟수 제한규정 연혁]

구 분	2019.2.11. 이전 취득 분	2019.2.12. 이후 취득하여 2025.2.27.까지 양도 분 (* 제외)	2025.2.28. 이후 양도 분
요 건	아래 요건을 모두 충족할 것 ① [장기임대주택 + 거주주택] 보유 중 거주주택 양도 ② 거주주택은 보유기간 중 2년이상 거주할 것 ➡ [장기어린이집 + 거주주택] 보유중인 경우에는 횟수 제한 규정 없음		
비과세 특례 횟수	횟수 제한 없음	생애 최초 양도분만 1회 적용	횟수 제한 없음
(*)	다음 각 호의 어느 하나에 해당되는 경우 ㉠ 2019.2.12. 현재 거주하고 있는 주택 ㉡ 2019.2.11. 이전에 거주주택을 취득하기 위해 매매계약을 체결하고 계약금을 지급한 사실이 증빙서류에 의해 확인되는 주택		

3-1-2. [장기임대주택 + 거주주택] 보유 중 거주주택 선 양도한 경우

● 선 비과세, 후 사후관리

원칙적으로는 세법상 장기임대주택의 임대기간요건을 모두 충족한 이후 거주주택을 양도하여야만 비과세 특례를 적용합니다. 예외적으로 세법상 장기임대주택의 임대기간요건을 충족하기 전에 거주주택을 먼저 양도하는 경우에도 비과세를 적용합니다. 다만, 그 이후 임대기간 요건을 충족하지 못한 경우에는 양도소득세를 추징합니다.

[민간임대주택법상 임대주택의 종류 - 민간건설임대주택 및 민간매입임대주택]

구 분				18.7.18 ~ 20.8.17. 등록 분	20.8.18. 이후 등록 분
공공지원 민간임대 주택	민간건설임대주택			8년 이상 임대	10년 이상 임대
	민간매입임대주택				
장기일반 민간임대 주택	민간건설임대주택			8년 이상 임대	10년 이상 임대
	민간매입임대주택		아파트		- 규정 삭제 -
			단독, 다세대, 연립		10년이상 임대
			오피스텔		10년이상 임대
단기 민간임대 주택	민간건설임대주택			4년 이상 임대	- 규정 삭제 - 2025.6.4. 이후 단기민간임대주택 규정 부활(6년 이상 임대할 목적으로 취득하여 임대하는 민간임대주택[아파트(「주택법」 제2조제20호의 도시형 생활주택이 아닌 것을 말한다)는 제외]}
	민간매입임대주택				

[민간매입임대주택의 세법상 요건]

구 분	내 용
대상 임대주택	"민간매입임대주택"(민간임대주택법 제2조 제3호)
임대주택 호수	1호 이상
대상자	거주자에게만 적용
세법상 임대기간	1) 원칙: 5년이상 임대(세무서 및 구청등에 사업자등록 후 임대기간) 2) 예외: 임대주택법에 따라 임대의무기간 종료로 자동말소된 주택(*)의 경우에는 세법상 임대기간 충족의제 　(*) 단기민간(매입)임대주택(4년)
가액기준	임대개시 당시 기준시가 6억원(수도권 밖 3억원) 이하
임대료 증가율 상한	5% 이하. 단, 2019.2.12. 이후 주택 임대차계약을 체결하거나 기존 계약을 갱신하는 분부터 적용함.
면적기준	- 없음 - 단, 오피스텔(준주택)은 임대주택법상 전용 85㎡ 이하만 가능
사업자등록 등	2020년 7월 10일 이전에 「민간임대주택에 관한 특별법」 제5조에 따른 임대사업자등록 신청(임대할 주택을 추가하기 위해 등록사항의 변경 신고를 한 경우를 포함한다)을 한 주택으로 한정함.

[민간건설임대주택의 세법상 요건]

구 분	내 용
대상 임대주택	"민간건설임대주택"(민간임대주택법)
임대주택 호수	2호 이상
대상자	거주자
임대기간 등	1) 원칙: 5년이상 임대하거나 분양전환(다른 임대사업자 매각 포함) 2) 예외: 임대주택법에 따라 임대의무기간(4년) 종료로 자동말소된 단기 민간건설임대주택의 경우에는 세법상 임대기간 간충족의제 | 구 분	임대의무기간종료	세법상 임대기간 충족의제(자동말소)
---	---	---
단기민간건설 임대주택	자동말소	적용	
가액기준	임대개시 당시 기준시가 6억원 이하
임대료 증가율 상한	5% 이하. 단, 2019.2.12. 이후 주택 임대차계약을 체결하거나 기존 계약을 갱신하는 분부터 적용한다.
면적기준	• 대지면적 298㎡ 이하 • 주택연면적(공동주택은 전용면적) 149㎡ 이하
임대사업자 등록신청 등	2020년 7월 10일 이전에 「민간임대주택에 관한 특별법」 제5조에 따른 임대사업자등록 신청(임대할 주택을 추가하기 위해 등록사항의 변경 신고를 한 경우를 포함한다)을 한 주택으로 한정

● 임대주택법 개정에 따른 등록 말소 사유가 있는 경우 임대기간 요건 충족 의제

아래 표에 해당되는 장기임대주택이 임대주택법에 따라 자진말소 또는 자동말소된 경우 그 등록이 말소된 날에 해당 임대기간요건을 갖춘 것으로 봅니다. 따라서 [장기임대주택 + 거주주택] 보유 중 거주주택을 먼저 양도하여 비과세를 적용받은 경우라도 양도세가 추징되지 않습니다.

구 분	내 용
대상 주택	장기임대주택으로서 다음에 해당되는 주택 - 단기민간임대주택(민간매입임대주택, 민간건설임대주택) - 장기일반민간임대주택 중 아파트를 임대하는 매입임대주택
말소 사유	- 자진말소(임대주택법상 임대의무기간의 1/2이상 임대한 경우) - 자동말소(임대주택법상 임대의무기간이 종료한 날 말소) ◉ 재개발등에 따른 직권말소는 별도 규정이 있음
특례	등록이 말소된 날 세법상 의무임대기간 요건 충족하는 것으로 의제 → 선 양도한 거주주택 비과세 유지

● 재개발등에 따라 직권말소 된 경우 임대기간요건 충족의제

재개발사업, 재건축사업 또는 소규모재건축사업등으로 임대 중이던 당초의 장기임대주택이 멸실되어 새로 취득하거나 「주택법」에 따른 리모델링으로 새로 취득한 주택이 다음의 어느 하나의 경우에 해당하여 해당 임대기간요건을 갖추지 못하게 된 때에는 당초 주택(재건축 등으로 새로 취득하기 전의 주택을 말하며, 이하에서 같다)에 대한 등록이 말소된 날 해당 임대기간요건을 갖춘 것으로 봅니다. 다만, 임대의무호수를 임대하지 않은 기간이 6개월을 지난 경우는 임대기간요건을 갖춘 것으로 보지 않습니다.

㉠ 새로 취득한 주택에 대해 2020년 7월 11일 이후 종전의 「민간임대주택에 관한 특별법」 제2조 제5호에 따른 장기일반민간임대주택 중 아파트를 임대하는 민간매입임대주택이나 같은 조 제6호에 따른 단기민간임대주택으로 종전의 「민간임대주택에 관한 특별법」 제5조에 따른 임대사업자등록 신청(임대할 주택을 추가하기 위해 등록사항의 변경 신고를 한 경우를 포함한다. 이하 이 목에서 같다)을 한 경우

㉡ 새로 취득한 주택이 아파트(당초 주택이 단기민간임대주택으로 등록되어 있었던 경우에는 모든 주택을 말한다)인 경우로서 「민간임대주택에 관한 특별법」 제5조에 따른 임대사업자등록 신청을 하지 않은 경우

구 분	내 용
재개발등으로 새로 취득한 주택	다음 ㉠ 또는 ㉡에 해당하는 주택 ㉠ 2020.7.11. 이후 임대사업자등록 신청을 한 다음의 주택 - 단기민간임대주택(민간매입임대주택, 민간건설임대주택) - 장기일반민간임대주택 중 아파트를 임대하는 민간매입임대주택 ㉡ 아파트(당초 주택이 단기민간임대주택으로 등록되어 있었던 경우에는 모든 주택을 말한다)인 경우로서 임대사업자등록 신청을 하지 않은 경우
말소 사유	재개발, 재건축, 소규모재건축등에 따른 직권말소 또는 리모델링에 따른 직권말소
특례	등록이 말소된 날 세법상 의무임대기간 요건 충족하는 것으로 의제 ◐ 선 양도한 거주주택 비과세 유지

● 장기임대주택특례와 일시적2주택 특례의 중첩적용이 가능한지

"장기임대주택"과 2년 이상 보유 및 거주한 그 밖의 주택(이하 "거주주택"이라 한다) 1개를 보유하는 1세대가 거주주택을 취득한 날로부터 1년 이상이 지난 후에 새로운 주택(이하 "대체주택"이라 한다)을 취득하고 대체주택을 취득한 날부터 3년이내에 거주주택을 양도하는 경우에는 1세대1주택으로 보아 양도소득세를 과세하지 않습니다(사전법령해석재산2019-721, 2020.12.28.).

[관련 사례]

'15.2월	'17.3.15.	'17.12.20.	'20.7.5.	'20.9.22.
▲	▲	▲	▲	▲
A주택 취득	B오피스텔 취득	B오피스텔, 임대사업자 등록	C주택 취득	A주택 양도

◐ A주택 및 C주택이 모두 조정대상지역에 있는 경우, 대체주택(C) 취득 후 거주주택(A)을 1년 이내에 양도하고 C주택으로 1년 이내에 이사 및 전입신고 시 A주택 비과세 적용
◐ A거주주택 양도 후 장기임대주택(B)은 임대의무기간(5년) 충족한 경우 비과세 받은 A주택 양도세 추징 없음

● 임대주택을 공동소유한 경우 거주주택 비과세 특례 적용 여부

장기임대주택의 호수계산은 세대단위로 판단하여 1호이상이면 됩니다. 따라서 장기임대주택을 세대원간에 공동으로 소유한 경우에도 거주주택 양도 시 양도세 비과세가 가능합니다(유사 해석 사례: 서면부동산2020-3726, 2020.08.31.).

● 농어촌주택, 장기임대주택을 보유한 1세대가 거주주택을 양도하는 경우

농어촌주택(조세특례제한법 제99조의4)과 장기임대주택을 보유한 1세대가 농어촌주택 취득 전 보유한 거주주택을 양도하는 경우 거주주택비과세 특례적용이 가능합니다(서면부동산2020-128, 2020.02.17.).

1997.02월	2002.04월	2014.10월	2016.06월	2021.5월
A 주택 취득 (서울 소재)	B 주택 취득 (서울 소재)	주택임대사업등록 (A 주택)	C주택 신축 (충북 광혜원면)	B주택 양도 (조특법 99조의4)

▶ B주택 양도 시 [장기임대주택 + 거주주택(B) + 농어촌주택] 보유 중 거주주택(B) 양도 시 비과세 특례 가능함. (장기임대주택 A는 법상 요건을 충족한 경우로 가정함)

● [장기임대주택 + 거주주택] 보유 중 거주주택이 조합원입주권으로 변환 후 양도 시 거주주택 비과세 특례 적용가능 여부

1세대가 보유기간 중 2년이상 거주한 거주주택과 장기임대주택을 보유하던 중 해당 거주주택이 재개발등으로 조합원입주권으로 변환된 후 양도하는 조합원입주권은 비과세 대상에 해당되지 않습니다(참조 판례 및 해석 : 조심 2019중2682, 2020.04.29., 서면법령해석 재산 2017-1581, 2018.04.18.).

● 거주주택과 임대주택을 순차로 양도한 경우 각 주택양도에 대한 양도소득세 신고방법

소득령§155(20) 특례 요건이 충족된 경우 거주주택은 비과세 1세대1주택으로 취급되며, 이후 양도하는 임대주택 양도차익은 거주주택 양도일 이후분에 한해 1세대1주택 취급됩니다(사전법령해석재산 2019-201, 2019.09.23.).

● 거주주택, 공동상속주택 소수지분, 일반주택, 장기임대주택 보유 중 거주주택 양도 시 비과세 적용여부

거주주택(이하"A주택")과 장기임대주택(D주택)을 보유한 1세대가 공동상속주택(C주택)의 소수지분을 상속받고 A주택을 취득한 날부터 1년 이상이 지난 후 다른 주택을 취득하여 1세대 4주택인 경우로서 다른 주택을 취득한 날부터 3년 이내에 A주택을 양도하는 경우 1세대 1주택 비과세 규정을 적용할 수 없는 것입니다(기준법령해석재산2019-29, 2019.03.28.).

```
     2004.4.5.    2012.09.    2017.06.   2018.04      2018.03.
     ─○──────────○──────────○─────────○──────────○─
     A주택 취득   B주택 취득  C주택 취득  D주택 취득   A주택 양도
                (2년이상 거주)  (상속)   (임대사업등록)
```

● 종전주택의 재건축으로 지급받는 청산금이 거주주택 특례적용대상인지 여부

주택재건축사업의 조합원이 주택재건축사업에 참여하여 새로운 아파트를 취득할 수 있는 권리와 청산금을 교부받은 경우 해당 청산금의 양도일 현재 신축된 재건축주택과 「소득세법 시행령」제167조의3에 따른 장기임대주택을 보유하고 있는 경우 해당 청산금에 대해서는 거주주택 특례가 적용됩니다(서면법규-942, 2014.08.28.).

3-1-3. [장기임대주택 + 거주주택] 보유 중 등록말소 후 거주주택을 양도한 경우

[임대기간요건 충족 의제]

구 분	내 용
대상 주택	장기임대주택으로서 다음에 해당되는 주택 - 단기민간임대주택(민간매입임대주택, 민간건설임대주택) - 장기일반민간임대주택 중 아파트를 임대하는 민간매입임대주택
말소 사유	- 자진말소(임대주택법상 임대의무기간의 1/2이상 임대한 경우) - 자동말소(임대주택법상 임대의무기간이 종료한 날 말소) ➡ 재개발등에 따른 직권말소는 해당되지 않음
특례	세법상 의무임대기간 요건 충족한 것으로 의제 → 말소 후 5년 내 거주주택 양도 시 비과세 특례 적용

● 거주주택 비과세 특례

다음 각 호의 장기임대주택이 법에서 정한 말소 사유에 따라 등록이 말소된 경우 해당 등록이 말소된 이후(장기임대주택을 2호 이상 임대하는 경우에는 최초로 등록이 말소되는 장기임대주택의 등록 말소 이후를 말한다) 5년 이내에 거주주택을 양도하는 경우에 한정하여 임대기간요건을 갖춘 것으로 보아 거주주택 양도소득세 비과세를 적용합니다.

㉠ 단기민간임대주택(민간매입임대주택, 민간건설임대주택)(4년)
㉡ 장기일반민간임대주택 중 아파트를 임대하는 민간매입임대주택(8년)

● 임대기간요건 충족 의제

다음 중 어느 하나에 해당되어 등록이 말소되고 임대기간요건을 갖추지 못하게 된 때에는 그 등록이 말소된 날에 해당 임대기간요건을 갖춘 것으로 봅니다.

㉠ 「민간임대주택에 관한 특별법」에 따라 임대사업자의 임대의무기간 내 등록 말소 신청으로 등록이 말소된 경우(임대주택법에 따른 임대의무기간의 2분의 1 이상을 임대한 경우로 한정한다)
㉡ 「민간임대주택에 관한 특별법」에 따라 임대의무기간이 종료한 날 등록이 말소된 경우

◉ 재개발 등에 따른 직권말소는 임대기간요건 충족 의제규정이 별도 있음

3-2. [장기어린이집 + 거주주택] 보유 중 거주주택의 양도 시 비과세 특례

3-2-1. 일반규정

● 비과세 특례

[장기어린이집]과 그 밖의 1주택(이하 '거주주택'이라 함)을 국내에 소유하고 있는 1세대가 일정요건을 충족하고 거주주택을 양도하는 경우에는 국내에 1개의 주택을 소유하고 있는 것으로 보아 1세대 1주택 비과세 특례를 적용합니다.

해당 거주주택이 「영유아보육법」에 따른 인가를 받아 어린이집(가정어린이집, 국공립, 직장, 협동 어린이집 등)으로 사용한 사실이 있고 그 보유기간 중에 양도한 "직전거주주택"이 있는 거주주택(이하에서 "직전거주주택보유주택"이라 한다)인 경우에는 직전거주주택의 양도일 후의 기간분에 대해서만 국내에 1개의 주택을 소유하고 있는 것으로 보아 1세대 1주택 비과세규정을 적용합니다.

● 비과세 특례 요건

거주주택 양도일 현재 거주주택과 장기어린이집은 아래 요건을 모두 충족하여야 합니다.

① 거주주택

보유기간 중 거주기간이 2년 이상이어야 한다. 직전거주주택보유주택의 거주기간은 장기어린이집으로 인가(영유아보육법)를 받은 날 이후의 거주기간을 말합니다.

② 장기어린이집

양도일 현재 관할세무서에서 고유번호를 부여받고, 장기어린이집을 운영하고 있어야 합니다.

해당 주택을 제3자에게 장기어린이집으로 임대준 경우에도 [거주주택 + 장기어린이집] 보유 중 거주주택 양도 시 비과세를 적용받을 수 있나요?
NO! 소유주가 직접 장기어린이집으로 운영 및 사용하여야 합니다.

[장기어린이집과 거주주택 보유 중 거주주택 양도 시 비과세 특례]

구 분	내 용
특례	거주주택의 양도 시 1세대1주택 비과세 적용
거주주택	– 보유기간 중 거주기간(직전거주주택보유주택의 경우에는 관할세무서 사업자등록과 「영유아보육법」에 따른 인가를 받은 날 이후의 거주기간을 말한다)이 2년 이상일 것
장기가정 어린이집	㉠ 양도일 현재 관할세무서에 사업자등록을 하고 ㉡ 장기어린이집을 운영하고 있을 것(임대는 불가) ◐ 2020.7.11. 이후 등록한 경우에도 거주주택 비과세 특례 규정이 적용되며 비과세 특례 횟수제한도 없음

● 장기어린이집이란?

장기어린이집이란, 다음 각 목의 어느 하나에 해당하는 주택으로서 1세대의 구성원이 해당 목에 규정된 인가 또는 위탁을 받고 법 제168조에 따른 고유번호를 부여받은 후 5년 이상(이하 이 조에서 "의무사용기간"이라 한다) 어린이집으로 사용하고 어린이집으로 사용하지 않게 된 날부터 6개월이 경과하지 않은 주택을 말합니다. 이 경우 해당 주택이 가목에서 나목으로 또는 나목에서 가목으로 전환된 경우에는 의무사용기간을 적용할 때 각각의 사용기간을 합산합니다(소득령 제167조의3①제8호의2).

가. 「영유아보육법」 제13조 제1항에 따른 인가를 받아 운영하는 어린이집
나. 「영유아보육법」 제24조 제2항에 따라 국가 또는 지방자치단체로부터 위탁받아 운영하는 어린이집

[장기어린이집]

구 분	내 용
등록 등	영유아보육법에 따른 시장등에 등록 + 관할세무서 고유번호 등록
의무사용기간	등록 후 5년이상 어린이집으로 사용 및 운영
어린이집 종류	일반 어린이집, 국가등 위탁 어린이집
미사용기간 사용의제	어린이집 미사용기간 6월이내 인정

3-2-2. [장기어린이집 + 거주주택]보유 중 거주주택을 먼저 양도한 경우

● 선 거주주택 비과세, 후 사후관리

원칙적으로 1세대가 장기어린인집의 운영기간요건(이하 "운영기간요건"이라 한다)을 충족한 이후 거주주택의 양도 시 거주주택의 1세대 1주택 비과세 특례를 적용합니다. 다만, 1세대가 장기가정어린이집의 운영기간요건을 충족하기 전에 거주주택을 양도하는 경우에도 해당 가정어린이집을 장기가정어린이집으로 보아 1세대 1주택 비과세 특례규정을 적용하되 그 이후 장기가정어린이집의 운영기간요건을 충족하지 못한 경우 양도소득세를 추징합니다.

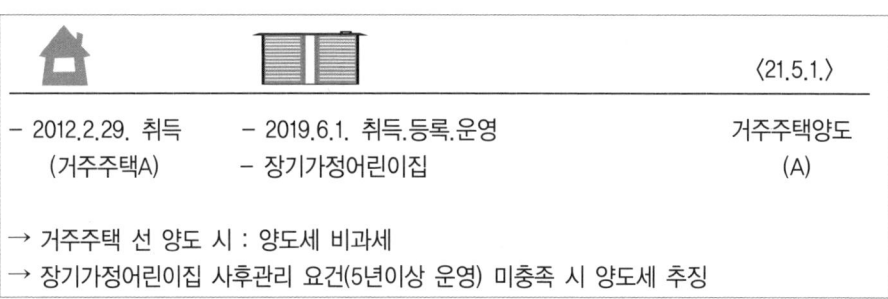

- 2012.2.29. 취득
  (거주주택A)
- 2019.6.1. 취득.등록.운영
- 장기가정어린이집

⟨21.5.1.⟩
거주주택양도
(A)

→ 거주주택 선 양도 시 : 양도세 비과세
→ 장기가정어린이집 사후관리 요건(5년이상 운영) 미충족 시 양도세 추징

● 운영기간요건 충족치 못한 경우 양도세 추징

1세대가 운영기간요건 충족 전에 거주주택을 양도하고 비과세 특례를 적용받은 후에 운영기간요건을 충족하지 못하게 된 때에는 그 사유가 발생한 날이 속하는 달의 말일부터 2개월 이내에 다음 계산식에 따라 계산한 금액을 양도소득세로 신고·납부하여야 합니다.

⟨납부할 양도소득세 계산식⟩
거주주택 양도 당시 해당 가정어린이집을 장기가정어린이집으로 보지 아니할 경우에 납부하였을 세액 − 거주주택 양도 당시 1세대 1주택 비과세 특례규정을 적용받아 납부한 세액

● 수용 또는 상속에 따른 운영기간 산정특례

다음 ㉠ ~ ㉡의 사유로 해당 운영기간요건을 충족하지 못하게 된 때에는 해당 가정어린이집을 계속 운영하는 것으로 봅니다.

㉠ 「공익사업을 위한 토지 등의 취득 및 보상에 관한 법률」 또는 그 밖의 법률에 따라 수용(협의매수를 포함한다)된 경우

㉡ 사망으로 상속되는 경우

> "계속 운영하는 것으로 본다."의 의미는?
> → 운영기간 충족의제?
> → NO! → 다른 장기가정어린이집을 취득하여 잔여기간 운영

● 재건축사업 등 사유에 따른 운영기간 산정특례

도시정비법상 재건축사업, 재개발사업 또는 빈집정비법상 소규모재건축사업, 자율주택정비사업, 가로주택정비사업, 소규모재개발사업의 사유가 있는 경우에는 어린이집을 운영하지 아니한 기간을 계산할 때 해당 주택의 「도시 및 주거환경정비법」에 따른 관리처분계획(또는 「빈집 및 소규모주택 정비에 관한 특례법」에 따른 사업시행계획을 말한다. 이하 "관리처분계획등"이라 한다) 인가일 전 6개월부터 준공일 후 6개월까지의 기간은 포함하지 않습니다.

▶ 장기어린이집을 운영하지 않은 기간 계산 시 관리처분계획인가등 전 6개월부터 준공일 후 6개월까지의 기간은 포함하지 않습니다. 그렇다고 해당기간을 가정어린이집으로 운영한 기간에 산입하는 것은 아닙니다.

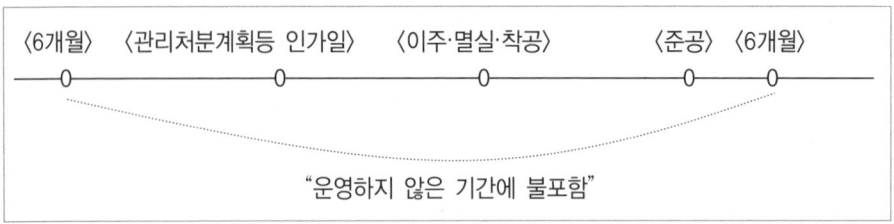

[4] 조합원입주권의 양도 시 비과세 특례(소득법 제89조① 제4호)

4-1. 조합원입주권 비과세 요건

아래 ① ~ ④의 요건을 모두 충족한 조합원입주권의 경우 양도소득세를 과세하지 않습니다. 다만, 해당 조합원입주권의 양도 당시의 실지거래가액의 합계액이 12억원을 초과하는 경우에는 12억원까지만 비과세를 적용하며 12억원 초과분은 양도소득세를 과세합니다.

① 원조합원입주권을 양도할 것
  ➔ 승계조합원입주권은 비과세 대상이 아닙니다.

② 법에서 정한 조합원입주권일 것

③ 기존주택은 도정법상 관리처분계획인가일 또는 빈집정비법상 사업시행계획인가일 (먼저 철거되는 경우에는 기존주택의 철거일) 현재 1세대 1주택 비과세 요건을 충족할 것

④ 양도일 현재 다른 주택 <u>또는 분양권을 보유하지 아니할 것</u>. 양도일 현재 1조합원입주권 외에 1주택을 보유한 경우<u>(분양권을 보유하지 아니하는 경우로 한정한다)</u>로서 해당 1주택을 취득한 날부터 3년 이내에 해당 조합원입주권을 양도할 것(3년 이내에 양도하지 못하는 경우로서 한국자산관리공사 매각의뢰, 경매, 공매 진행 중인 경우를 포함한다). <u>본 ④의 규정에서 분양권은 2022.1.1. 이후에 취득한 분양권만을 말한다.</u>(소득세법부칙, 법률 제18578호, 2021.12. 8. 제7조 제3항 참조]

> **주택재개발사업 시행에 따라 보유하던 2채의 빌라가 1개로 전환된 쟁점입주권이 양도소득세 비과세에 해당여부는?**
>
> 청구인이 관리처분계획 인가일 현재 2개의 주택을 보유한 경우로 보아 종전 2주택 중 1개의 주택에 해당하는 양도차익에 대하여는 비과세를 부인하여 양도소득세를 과세한 이 건 처분은 달리 잘못이 없는 것으로 판단됩니다(조심2019서2706, 2019.12.23.).

4-1-1. 승계조합원입주권도 비과세 대상인가요?

비과세 대상 조합원입주권은 반드시 원조합원입주권만을 말합니다. 원조합원입주권이란, 관리처분계획(도시정비법상 재개발사업 등) 또는 사업시행계획(빈집정비법상 소규모재건축사업 등)에 따라 조합원이 종전부동산을 대신하여 공급받은 주택입주권을 말합니다. 따라서 원조합원으로부터 승계취득한 조합원입주권은 비과세 대상에 해당되지 않습니다. 또한 원조합원의 주택입주권만 해당되며 원조합원의 상가입주권은 해당되지 않습니다.

4-1-2. 조합원입주권이란?

1) 2021.12.31. 이전 취득 분

"조합원입주권"이란 「도시 및 주거환경정비법」에 따른 관리처분계획의 인가 및 「빈집 및 소규모주택 정비에 관한 특례법」에 따른 사업시행계획인가로 인하여 취득한 입주자로 선정된 지위를 말합니다. 이 경우 도시정비법에 따른 재건축사업 또는 재개발사업, 빈집정비법에 따른 소규모재건축사업을 시행하는 정비사업조합의 조합원으로서 취득한 것(그 조합원으로부터 취득한 것을 포함한다)으로 한정합니다.

[조합원입주권의 종류] (2021.12.31. 이전 취득 분)

관련 법	관련 입주권
도시및주거환경정비법	재개발조합원입주권, 재건축조합원입주권
빈집및소규모주택정비에관한특례법	소규모재건축조합원입주권

➡ 승계조합원입주권도 조합원입주권에는 해당되나 비과세 대상에는 해당되지 않음

2) 2022.1.1. 이후 취득 분

"조합원입주권"이란 도시정비법에 따른 관리처분계획의 인가 및 빈집정비법에 따른 사업시행계획인가로 인하여 취득한 입주자로 선정된 지위를 말합니다. 이 경우 도시정비법에 따른 재건축사업 또는 재개발사업, 빈집정비법에 따른 자율주택정비

사업, 가로주택정비사업, 소규모재건축사업 또는 소규모재개발사업을 시행하는 정비사업조합의 조합원(주민합의체를 구성하는 경우에는 토지등소유자를 말한다)으로서 취득한 것(그 조합원으로부터 취득한 것을 포함한다)으로 한정하며, 이에 딸린 토지를 포함합니다.

[조합원입주권의 범위(승계조합원입주권 포함)](포함: ○ , 불포함: ×)

구 분	사업의 종류		2021.12.31. 이전 취득 분	2022.1.1. 이후 취득 분
도시 정비법	재개발사업		○	○
	재건축사업		○	○
	주거환경개선사업		×	×
빈집 정비법	빈집정비사업		×	×
	자율주택정비사업			○ (*)
	가로주택정비사업		×	○ (*)
	소규모재개발사업		×	○ (*)
	소규모 재건축 사업	조합방식	○	○
		주민합의체 구성 방식	×	○ (*)

◐ (*) 빈집정비법상 주민합의체를 구성하는 경우에는 토지등소유자를 조합원으로 봅니다.

조합원입주권의 취득시점은 언제인가요?

도시정비법상 재개발사업, 재건축사업의 경우 관리처분계획인가고시일을 말합니다. 반면, 빈집정비법상 자율주택정비사업, 가로주택정비사업, 소규모재건축사업, 소규모재개발사업의 경우에는 별도의 관리처분계획인가고시라는 행정절차가 생략되기에 사업시행계획인가고시일을 그 시기로 봅니다.

빈집정비법상 조합을 결성하지 않고 주민합의체를 구성하는 경우는 어떤 경우가 있나요?

: 아래 표 각 항에 해당되는 경우를 말합니다.

① 토지등소유자는 다음 각 호에 따라 소규모주택정비사업을 시행하는 경우 토지등소유자 전원의 합의를 거쳐 주민합의체를 구성하여야 한다.
1. 자율주택정비사업을 시행하는 경우로서 토지등소유자가 2명 이상인 경우
2. 가로주택정비사업 또는 소규모재건축사업을 시행하는 경우로서 토지등소유자가 20명 미만인 경우

② (토지등소유자가 20명 미만인) 소규모재개발사업을 시행하는 경우에는 토지등소유자의 10분의 8 이상 및 토지면적의 3분의 2 이상의 토지소유자 동의(국유지·공유지가 포함된 경우에는 해당 토지의 관리청이 해당 토지를 사업시행자에게 매각하거나 양여할 것을 확인한 서류를 시장·군수등에게 제출하는 경우에는 동의한 것으로 본다. 이하 제3항에서 같다)를 받아 주민합의체를 구성하여야 한다. 이 경우 주민합의체의 구성에 동의하지 아니한 토지등소유자도 주민합의체 구성원으로 포함하여야 한다.

 2021.12.31.이전에 소규모재개발정비사업 구역 내의 주택을 취득하여 조합원분양신청을 통해 2022.10.1.에 사업시행계획인가를 받은 빈집정비법상 소규모재개발정비사업의 입주권은 법상 조합원입주권에 해당되나요?

YES! 국세청 해석(사전법령해석 재산2020-612,2020.08.26.)상 조합원입주권의 취득시기는 사업시행계획인가고시일(빈집정비법에서는 별도의 관리처분계획인가라는 행정절차가 없음)을 취득시기로 보는 것이 타당합니다. 물론, 관리처분계획인가고시라는 행정절차가 있는 도시정비법상 재개발등 정비사업은 관리처분계획인가(고시)일을 조합원입주권의 취득시기로 보면 됩니다.

 2021.12.31.이전에 취득한 빈집정비법상 가로주택정비사업, 자율주택정비사업, 소규모재개발사업의 입주권은 법상 "조합원입주권"에 해당되나요?

NO! 2022.1.1. 이후 취득한 것만 조합원입주권으로 봅니다.

4-1-3. 관리처분계획등 인가일 현재 비과세 요건 충족의 의미

조합원입주권으로 변경되기 전의 기존주택은 도정법상 관리처분계획인가일 또는 빈집정비법상 사업시행계획인가일 (먼저 철거되는 경우에는 기존주택의 철거일) 현재 1세대 1주택 비과세 요건을 충족하여야 합니다. 따라서 관리처분계획등 인가일 현재 기존주택은 다음 요건을 모두 충족하고 있어야 합니다.

구 분	내 용
기준일	㉠ 도시정비법상 관리처분계획인가 고시일 ㉡ 빈집정비법상 사업시행계획인가 고시일 ➡ 단, ㉠ 또는 ㉡의 고시일 이전에 먼저 철거되는 경우에는 철거일
기존주택 조건	"1세대 1주택 비과세 요건 충족" ➡ 2년이상 보유, 보유기간 중 2년이상 거주(취득당시 조정대상지역에 있는 경우)
조합원입주권 의 범위	- 도시정비법상 재개발사업, 재건축사업 - 빈집정비법상 소규모재건축 - 빈집정비법상 자율주택정비사업, 가로주택정비사업, 소규모재개발사업 (2022.1.1. 이후 취득 분에 한함)

관리처분계획인가일 이후에도 철거되지 않고 주택으로 사용한 기존주택의 보유기간 산정방법은?

조합원입주권 비과세 특례(이하 "해당특례"라고 함)와 관련하여 기존주택의 보유기간 및 거주기간을 계산함에 있어 「도시 및 주거환경정비법」에 따른 관리처분계획의 인가일 이후에도 기존주택이 철거되지 않고 사실상 주거용으로 사용되고 있는 경우에는 해당기간을 1세대 1주택 비과세 특례 적용을 위한 보유기간 및 거주기간에 합산하는 것이며, 사실상 주거용으로 사용되고 있는지 여부는 사실판단할 사항입니다.(사전법령해석 재산 2019-739, 2021.07.23.)

4-1-4. 조합원입주권 양도일 현재 다른 주택이 있는 경우

1세대가 조합원입주권 양도일 현재 다른 주택이 없어야 양도세 비과세가 가능합니다. 단, 양도일 현재 1조합원입주권 외에 1주택을 소유한 경우로서 1주택을 취득한 날부터 3년 이내에 조합원입주권을 양도하는 경우에는 양도소득세 비과세가 가능합니다.

[조합원입주권 양도일 현재 상황에 따른 비과세 여부]

2015.5월	2020.8월	2021.10월	2022.11월
기존주택 취득 (A주택)	관리처분계획인가 (A주택 → A조합원입주권)	대체주택취득 (B주택)	양도 (A조합원입주권)

▶ A조합원입주권(도정법상 재개발사업) 양도 시 비과세 조건은?
 - 관리처분계획인가일 현재 비과세 요건 충족할 것(2년이상 보유)
 - 양도일 현재 대체주택(B주택) 취득 후 3년 이내에 조합원입주권(A) 양도할 것
 - 양도실가 12억원이내일 것. (12억원 초과분 양도차익은 세금부과)

4-1-5. 조합원입주권 양도일 현재 다른 조합원입주권이 있는 경우

조합원입주권에 대한 비과세특례는 양도일 현재 다른 조합원입주권이 있으면 적용될 수 없습니다.

[재개발조합원입주권 + NEW 가로주택조합원입주권(2022.1.1. 이후 취득, 3년 이내)] 보유 중 재개발원조합원입주권(관리처분인가고시일 현재 2년 이상 보유, 2년이상 거주 충족)의 선 양도 시 비과세 가능한가요?

NO! 2022.1.1. 이후 취득한 가로주택정비사업의 입주권은 법상 "조합원입주권"에 해당되기에 선양도한 재개발조합원입주권은 비과세 불가능합니다. 가로주택조합원입주권을 취득하고 3년 이내 재개발조합원입주권을 양도하는 경우에도 비과세 불가능합니다.

[재개발조합원입주권 + NEW 가로주택입주권(2021.12.31. 이전 취득)] 보유 중 재개발원조합원입주권(관리처분인가고시일 현재 2년 이상 보유, 2년 이상 거주 충족)의 선 양도 시 비과세 가능한가요?

YES! 2021.12.31. 이전에 새로이 취득한 가로주택정비사업의 입주권은 소득세법상 "조합원입주권"에 해당되지 않으며, 분양권에도 해당되지 않습니다. 따라서 관리처분계획인가고시일 현재 비과세 요건을 충족한 종전 주택이 재개발조합원입주권으로 변경된 이후 양도 시 비과세 가능합니다.

재개발원조합원입주권 + NEW소규모재건축조합원입주권(3년내)] 보유 중 재개발원조합원입주권(관리처분인가고시일 현재 2년이상 보유, 2년이상 거주 충족)의 선 양도 시 비과세 가능한가요?

NO! 다른 조합원입주권을 보유하는 경우 비과세 불가능합니다.

4-1-6. 조합원입주권 양도일 현재 분양권이 있는 경우

조합원입주권의 양도 시 분양권(2022.1.1. 이후 취득 분에 한함)을 보유하고 있는 경우 조합원입주권 비과세 특례를 적용하지 않습니다. 다만, 2021.12.31. 이전에 취득한 종전의 조합원입주권(재개발사업, 재건축사업, 소규모재건축사업)의 경우에는 분양권(2022.1.1. 이후 취득 분 포함)을 보유하고 있는 경우에도 종전 규정에 따라 비과세 특례를 적용받을 수 있습니다.

[조합원입주권(21.12.31. 이전 취득 분) + 분양권(22.1.1. 이후 취득 분)] 보유 중 조합원입주권 양도 시 비과세 가능한가요?

YES! 2021.12.31. 이전에 취득한 종전의 조합원입주권(도시정비법상 재개발조합·재건축조합, 빈집정비법상 소규모재건축조합의 원조합원입주권)은 종전 규정에 따라 양도세 비과세가 가능합니다. 따라서 분양권을 보유하는 경우에도 관리처분계획인가고시일 현재 1세대1주택 비과세 요건을 충족한 경우로서 양도일 현재 다른 조합원입주권 또는 다른 주택을 보유하고 있지 않거나, 또는 다른 주택 취득 후 3년내(경매 등 예외 있음) 조합원입주권을 양도하는 경우 양도세 비과세가 가능합니다.

◉ 판단 근거: (소득세법부칙[법률 제18578호] 제7조②, 2021.12.8. ; 이 법 시행 전에 취득한 종전의 제88조 제9호에 따른 조합원입주권의 양도소득 비과세 요건에 관하여는 제89조 제1항 제4호 가목 및 나목의 개정규정에도 불구하고 종전의 규정에 따른다.)

[조합원입주권(21.12.31. 이전 취득 분) + 분양권(21.12.31. 이전 취득 분)] 보유 중 조합원입주권 양도 시 비과세 가능한가요?

: 21.12.31. 이전에 취득한 도시정비법상 재개발조합·재건축조합의 조합원입주권, 빈집정비법상 소규모재건축조합의 조합원입주권은 21.12.31. 이전에 취득한 분양권을 보유하는 경우에도 양도세가 비과세됩니다.

[조합원입주권(22.1.1 이후 취득 분) + 분양권(21.12.31. 이전 취득 분)] 보유 중 조합원입주권 양도 시 비과세 가능한가요?

YES! 조합원입주권의 양도 시 비과세가 불가능한 경우의 보유중인 분양권은 2022.1.1. 이후 취득한 분양권만 말합니다.

4-2. [조합원입주권(21.12.31. 이전 취득분) + 분양권] 보유 중 조합원입주권의 양도 시 비과세 특례

2021.12.31. 이전에 취득한 조합원입주권(재개발, 재건축, 소규모재건축의 조합원입주권을 말함)은 2021.12.8. 개정된 세법 내용(*)에 불구하고 종전의 조합원입주권 비과세 규정을 그대로 적용합니다. 따라서 보유중인 분양권이 2022.1.1. 이후 취득 여부에 불구하고 조합원입주권 양도 시 비과세를 적용받을 수 있습니다.

◉ (*) 2022.1.1. 이후 취득한 분양권의 보유 시 조합원입주권 비과세 특례 미적용

[종전규정(2021.12.31.이전)에 따른 조합원입주권 비과세 규정]

구 분	내 용
관리처분계획 등 인가일 현재	기존주택은 1세대 1주택 비과세 요건 충족 할 것 - 2년이상 보유 - 보유기간 중 2년이상 거주 　(취득 시 조정대상 지역에 있는 주택의 경우에 한함)
조합원입주권 양도일 현재	1) 원칙 : 다른 주택 또는 다른 조합원입주권이 없을 것 2) 예외 : - 취득 후 3년 이내의 주택 1채 보유하고 있는 경우 인정
조합원입주권의 종류	- 재개발조합·재건축조합·소규모재건축조합의 입주권만 해당됨 - 원조합원입주권만 비과세 적용 　(승계조합원입주권, 상가조합원입주권은 배제)

 2021.12.31. 이전 취득한 조합원입주권이란?

도시정비법상 재개발조합의 입주권·재건축조합의 입주권, 빈집정비법상 소규모재건축조합의 입주권을 말합니다(조합원입주권 비과세는 원조합원입주권만을 대상으로 함).

 1세대 1주택 또는 중과세 판단 시 분양권이란?

원칙적으로 분양권이란, 「주택법」 등 대통령령으로 정하는 법률에 따른 주택에 대한 공급계약을 통하여 주택을 공급받는 자로 선정된 지위(해당 지위를 매매 또는 증여 등의 방법으로 취득한 것을 포함한다)를 말하며, 2021년 1월 1일 이후 공급계약, 매매 또는 증여 등의 방법으로 취득한 분양권부터 적용합니다.

[조합원입주권 + 상속받은 주택] 보유 중 조합원입주권의 양도 시 비과세 가능?

NO! 상속주택 특례는 [상속주택 + 일반주택] 보유 중 일반주택 양도 시 적용되는 규정이므로 상속주택 외의 조합원입주권을 양도하는 경우에는 상속주택을 보유 주택 수에 포함하기에 비과세가 적용되지 않습니다(참고해석 : 서면부동산 2015-1685, 2015.10.26.)

 양도일 현재 [조합원입주권 + 3년 이내 주거환경개선사업의 입주권] 보유 중 조합원입주권 양도 시 비과세?

YES! 주거환경개선사업의 입주권은 보유 주택 수에 산입하는 조합원입주권에 해당되지 않습니다. 또한 주택분양권에도 해당되지 않습니다(단순 '부동산을 취득할 수 있는 권리'에 해당됨).

 양도일 현재 [조합원입주권 + 3년 경과한 주거환경개선사업의 입주권] 보유 중 조합원입주권 양도 시 비과세?

YES! 주거환경개선사업의 입주권은 보유 주택 수에 산입하는 조합원입주권에 해당되지 않습니다. 또한 주택분양권에도 해당되지 않습니다. 따라서 취득 후 3년 경과 여부에 불구하고 양도하는 조합원입주권은 다른 요건 충족 시 비과세가 가능합니다.

4-3. [조합원입주권(22.1.1. 이후 취득분) + 분양권] 보유 중 조합원입주권의 양도 시 비과세 특례

4-3-1. 조합원입주권 범위 확대

2022.1.1. 이후 조합원입주권의 범위가 확대되었습니다. 종전의 조합원입주권에 추가하여 2022.1.1. 이후 취득하는 빈집정비법상 자율주택정비사업, 가로주택정비사업, 소규모재개발사업을 시행하는 정비사업조합의 조합원(주민합의체를 구성하는 경우에는 토지등소유자를 말합니다)으로서 취득한 것(그 조합원으로부터 취득한 것을 포함)을 포함합니다.

구 분	2021.12.31. 이전 양도	2022.1.1. 이후 양도
조합원 입주권	〈도시정비법〉 ㉠ 재개발조합입주권 ㉡ 재건축조합입주권 〈빈집정비법〉 ㉢ 소규모재건축조합입주권	〈도시정비법〉 ㉠ - 좌 동 - ㉡ - 좌 동 - 〈빈집정비법〉 ㉢ -좌 동- (단, 주민합의체 구성 시 토지등 소유자 포함) ㉣ 자율주택정비사업 ㉤ 가로주택정비사업 ㉥ 소규모재개발사업
비고	- 승계조합원 포함	-승계조합원 포함 -주민합의체를 구성하는 경우에는 토지등소유자를 포함

4-3-2. [조합원입주권(22.1.1. 이후 취득 분) + 분양권(21.12.31. 이전 취득분)] 보유 중 조합원입주권 양도 시 비과세 여부

보유하고 있는 2021.12.31. 이전에 취득한 분양권은 조합원입주권 양도 시 비과세 특례에 영향을 주지 않습니다. 조합원입주권 양도 시 비과세 특례에 영향을 주는 분양권은 2022.1.1. 이후 취득한 분양권만 해당됩니다. 따라서 양도하는 조합원입주권이 다음 요건을 모두 충족한 경우 비과세를 적용받을 수 있습니다.

㉠ 법에서 정한 원조합원입주권일 것(재개발사업,재건축사업,소규모재건축사업, 2022.1.1. 이후 취득한 자율주택정비사업·가로주택정비사업·소규모재개발사업)

㉡ 관리처분계획인가일 등 현재 1세대1주택 비과세 요건을 충족할 것(2년이상 보유, 취득당시 조정대상지역인 경우 보유기간 중 2년이상 거주)

㉢ 조합원입주권 양도일 현재 다른 주택이 없을 것(다른 주택이 있는 경우에는 다른 주택 취득 후 3년 내 조합원입주권을 양도할 것)

4-3-3. [조합원입주권(22.1.1. 이후 취득 분) + 분양권(22.1.1. 이후 취득분)] 보유 중 조합원입주권 양도 시 비과세 여부

2022.1.1. 이후 취득한 조합원입주권의 양도 시 22.1.1. 이후 취득한 분양권을 보유하는 경우에는 조합원입주권 비과세 규정을 적용받을 수 없습니다.

[5] [일반주택 + 주택분양권] 보유 중 일반주택의 양도 시 비과세 특례

5-1. 주택 수에 산입하는 분양권

"분양권"이란 「주택법」 등 다음 표 각 호에서 정하는 법률에 따른 주택에 대한 공급계약을 통하여 주택을 공급받는 자로 선정된 지위(해당 지위를 매매 또는 증여 등의 방법으로 취득한 것을 포함한다)를 말합니다. 법에서 정한 분양권(2021.1.1. 이후 취득 또는 분양계약분에 한함)에 해당되는 경우, 1세대 1주택 비과세 또는 1세대 다주택 중과세 판단 시 보유 주택 수에 포함합니다.

> 1. 「건축물의 분양에 관한 법률」
> 2. 「공공주택 특별법」
> 3. 「도시개발법」
> 4. 「도시 및 주거환경정비법」
> 5. 「빈집 및 소규모주택 정비에 관한 특례법」
> 6. 「산업입지 및 개발에 관한 법률」
> 7. 「주택법」
> 8. 「택지개발촉진법」

5-1-1. [일반주택 + 분양권] 보유 중 일반주택 양도 시 비과세 배제

[일반주택 + 분양권] 보유 중 일반주택 양도 시 원칙적으로 일반주택은 1세대 1주택 비과세가 적용되지 않습니다. 다만, 비과세 판단 시 보유 주택 수에 포함하는 분양권은 2021.1.1. 이후 취득 또는 분양계약을 한 경우로 한정합니다.

> 2021.1.1. 전에 취득 또는 분양계약을 한 분양권은 1세대 1주택 비과세 판정 시 보유 주택 수에 포함하나요?
>
> NO! 참고적으로 취득세 중과세 규정에서 보유 주택 수에 산입하는 분양권은 2020.8.12. 이후에 취득 또는 분양계약 분에 한함.

5-1-2. [일반주택 + 재개발등 정비사업의 일반주택분양권]

도시정비법상 재개발·재건축조합원입주권 및 빈집정비법상 소규모재건축조합의 입주권 및 2022.1.1. 이후 취득한 자율주택정비사업·가로주택정비사업·소규모재개발사업의 입주권은 "조합원입주권"으로 봅니다. 즉, 관리처분계획 등에 따라 조합원이 취득한 입주권은 비과세 판단 시 보유 주택 수에 포함합니다. 또한 조합원입주권이 아닌 일반인이 조합으로부터 "분양계약"을 통해 취득한 분양권(2021.1.1. 이후 취득 또는 분양계약분에 한함)은 비과세 판단 시 보유 주택 수에 산입합니다.

5-1-3. [일반주택 + 오피스텔분양권]

오피스텔은 건축법상 업무용시설이기에 해당 오피스텔분양권은 일반주택의 양도 시 보유 주택 수에 포함하지 않습니다. 따라서 일반주택 양도 시 1세대 1주택 비과세요건(최종 1주택이 된 이후 2년 이상 보유 및 조정대상지역 2년 이상 거주)을 충족한 경우에는 비과세가 가능합니다.

5-1-4. [일반주택 + 상가분양권]

상가분양권은 일반주택의 양도 시 보유 주택 수에 포함하지 않습니다. 따라서 일반주택 양도 시 1세대 1주택 비과세요건(최종 1주택이 된 이후 2년 이상 보유 및 조정대상지역 2년 이상 거주)을 충족한 경우에는 비과세가 가능합니다.

5-1-5. [일반주택 + 택지분양권]

택지분양권은 일반주택의 양도 시 보유 주택 수에 포함하지 않습니다. 따라서 일반주택 양도 시 1세대 1주택 비과세요건(최종 1주택이 된 이후 2년 이상 보유 및 조정대상지역 2년 이상 거주)을 충족한 경우에는 비과세가 가능합니다.

5-2. [일반주택 + 분양권] 보유 중 일반주택 양도 시 비과세 특례 배제

2021.1.1. 이후 취득 또는 분양계약한 분양권은 일반주택의 양도 시 보유 주택 수에 포함합니다. 따라서 [일반주택 + 분양권] 보유 중 일반주택의 선 양도 시 비과세가 적용되지 않습니다. 다만, 법에서 정한 경우(아래 "5-3"~"5-9")에는 일반주택의 양도 시 예외적으로 비과세를 적용하고 있습니다.

5-3. [일반주택 + 3년 이내 분양권] 보유 중 종전주택 양도 시 비과세 특례

5-3-1. 비과세 특례 내용

국내에 1주택을 소유한 1세대가 그 주택(이하에서 "종전의 주택"이라 한다)을 양도하기 전에 분양권(2021.1.1. 이후 취득 또는 분양계약 분에 한함)을 취득함으로써 일시적으로 1주택과 1분양권을 소유하게 된 경우 종전의 주택을 취득한 날부터 1년 이상이 지난 후에 분양권을 취득하고 그 분양권을 취득한 날부터 3년 이내에 종전의 주택을 양도하는 경우(3년 이내에 양도하지 못하는 경우로서 근무 등 사유에 해당하는 경우를 포함)에는 이를 1세대1주택으로 보아 비과세를 적용합니다.

[분양권 취득 후 종전주택 양도 시 비과세]

구 분	내 용
특 례	분양권 취득 후 종전 주택 양도 시 비과세 적용
요 건	아래 요건을 모두 충족해야 한다. ㉠ 먼저 양도하는 주택은 1세대 1주택 비과세 요건을 충족할 것 　(2년이상 보유, 취득당시 조정대상지역의 경우 보유기간 중 2년이상 거주) ㉡ 종전주택 취득한 날부터 1년 이상이 지난 후 분양권 취득 ㉢ 분양권 취득 후 3년 이내(*)에 종전 주택을 양도할 것 ㉣ 종전 주택 양도일 현재 새로 취득한 분양권 외에 다른 주택·조합원입주권·(2021.1.1. 이후 취득 또는 분양계약한) 분양권이 없을 것
(*) 3년 이내 양도 조건의 예외 사유	① 한국자산관리공사에 매각을 의뢰한 경우 ② 법원에 경매를 신청한 경우 ③ 「국세징수법」에 따른 공매가 진행 중인 경우

> **[종전주택 + 분양권(2020.12.31. 이전에 취득)] 보유 중 종전주택의 양도 시 비과세 가능한가요?**
>
> YES! 일반주택의 비과세 판단 시 보유 주택 수에 산입하는 분양권은 2021.1.1. 이후 취득한 것만 해당되기에 2020.12.31. 이전에 취득한 분양권은 보유 주택 수에 포함하지 않습니다. 따라서 일반주택의 양도 시 비과세 요건(최종 1주택이 된 시점부터 2년 이상 보유 및 취득당시 조정대상지역 내 소재하는 경우 보유기간 중 2년 이상 거주)을 충족하는 경우에는 비과세를 적용받을 수 있습니다.

5-3-2. 종전의 주택 취득한 날부터 1년 이상이 지난 후 분양권 취득 요건의 예외

분양권은 원칙적으로 종전의 주택 취득 후 1년 이상 지난 후 취득해야 합니다. 그러나 다음에 해당되는 경우에는 종전의 주택 취득 후 1년 이내에 분양권을 취득해도 비과세 특례를 적용합니다.

㉠ 거주기간이 5년이상인 건설임대주택(소득령 제154조①1호)
㉡ 법에 의해 수용되는 경우(소득령 제154조① 제2호 가목)
㉢ 취학, 질병 등 부득이한 사유(소득령 제154조①3호)에 해당되는 경우

5-3-3. 분양권 취득 후 3년 이내 양도 조건의 예외

원칙적으로 비과세 특례를 적용받기 위해서는 분양권을 취득한 날부터 3년 이내에 종전의 주택을 양도해야 합니다. 다만, 다음 중 어느 하나에 해당하는 경우에는 분양권 취득 후 3년 이내에 양도하지 못한 경우에도 1세대 1주택 비과세 특례를 적용합니다.

① 한국자산관리공사에 매각을 의뢰한 경우
② 법원에 경매를 신청한 경우
③ 「국세징수법」에 따른 공매가 진행 중인 경우

5-4. [종전주택 + 3년 경과 분양권] 보유 중 종전주택 양도 시 비과세 특례

5-4-1. 비과세 특례 내용

국내에 1주택을 소유한 1세대가 그 주택을 양도하기 전에 분양권을 취득함으로써 일시적으로 1주택과 1분양권을 소유하게 된 경우 분양권을 취득한 날부터 3년이 지나 종전의 주택을 양도하는 경우로서 일정 요건을 모두 갖춘 때에는 이를 1세대 1주택으로 보아 비과세를 적용합니다.

◯ 2023.1.12. 이후 양도하는 분부터 다음 표와 같이 처분기한을 연장하였습니다.

종 전	개 정(2023.1.12. 이후 양도분)
□ 일시적 1세대 1주택 + 1입주권·분양권 특례 종전주택 처분기한	□ 신규주택 완공 후 실거주하는 경우 처분기한 연장
○ (원칙) 입주권·분양권 취득일부터 3년 이내 양도 ○ (특례) 입주권·분양권 취득일부터 3년 도과 시 : ① 또는 ②	○ (좌 동)
① 신규주택 완공 전 양도 + 신규주택 완공일부터 2년 이내 세대원 전원 전입하여 1년 이상 거주 ② 신규주택 완공일부터 2년 이내 양도 + 세대원 전원 전입하여 1년 이상 거주	① 신규주택 완공 전 양도 + 신규주택 완공일부터 3년 이내 세대원 전원 전입하여 1년 이상 거주 ② 신규주택 완공일부터 3년 이내 양도 + 세대원 전원 전입하여 1년 이상 거주

5-4-2. 비과세 특례 요건

아래 요건을 모두 충족하여야 합니다.

① 먼저 처분하는 종전주택은 양도시점에서 비과세 요건을 충족할 것

② 분양권에 따라 취득하는 주택이 완성된 후 3년 이내에 그 주택으로 세대전원이 이사(취학, 근무상의 형편, 질병의 요양 그 밖의 부득이한 사유로 세대의 구성원 중 일부가 이사하지 못하는 경우를 포함한다)하여 1년 이상 계속하여 거주

할 것

③ 분양권에 따라 취득하는 주택이 완성되기 전 또는 완성된 후 3년이내에 종전주택을 양도할 것

④ 종전주택 취득 후 1년 이상이 지난 후에 분양권을 취득할 것(2022.2.15. 이후 취득하는 분양권부터 적용함)

 종전주택을 취득한 날부터 1년 이상이 지난 후 주택분양권을 취득한 경우에만 본 규정("종전주택 + 3년 경과 주택분양권" 보유 중 종전주택 양도 시 비과세 특례)이 적용되나요?

YES! 2022.2.15. 이후 취득하는 분양권부터는 일반주택을 취득한 날부터 1년 이상이 지난 후 분양권을 취득한 경우에만 비과세 특례를 적용합니다. 2022.2.15. 전에 취득한 분양권은 "일반주택 취득 후 1년 이상 경과 후 취득"요건이 필요하지 않습니다.

5-4-3. 세대원의 구성원 중 일부가 이사하지 못하는 부득이한 사유

세대의 구성원 중 일부가 다음 각 호의 어느 하나에 해당하는 사유로 다른 시(*)·군(**)으로 주거를 이전하는 경우를 말합니다.

① 「초·중등교육법」에 따른 학교(초등학교 및 중학교를 제외한다) 및 「고등교육법」에 따른 학교에의 취학

② 직장의 변경이나 전근 등 근무상의 형편

③ 1년 이상의 치료나 요양을 필요로 하는 질병의 치료 또는 요양

④ 「학교폭력예방 및 대책에 관한 법률」에 따른 학교폭력으로 인한 전학(같은 법에 따른 학교폭력대책자치위원회가 피해학생에게 전학이 필요하다고 인정하는 경우에 한한다)

용어의 정의	내 용
다른 시(*)	특별시, 광역시, 특별자치시 및 「제주특별자치도 설치 및 국제자유도시 조성을 위한 특별법」에 따라 설치된 행정시를 포함.
다른 군(*)	광역시지역 안에서 구지역과 읍·면지역 간에 주거를 이전하는 경우와 특별자치시, 「지방자치법」에 따라 설치된 도농복합형태의 시지역 및 「제주특별자치도 설치 및 국제자유도시 조성을 위한 특별법」에 따라 설치된 행정시 안에서 동지역과 읍·면지역 간에 주거를 이전하는 경우를 포함.

5-4-4. 주택이 완성된 후 [3년 이내에 그 주택으로 세대전원이 이사 + 1년 이상 계속 거주] 요건 미 충족 시

일반주택의 처분 시 비과세특례를 적용받은 경우 반드시 분양권이 새로운 주택으로 완성된 후 3년이내 세대전원이 이사하여 입주하여야 하고 1년이상 계속 거주하여야 하는 사후관리 규정이 있습니다. 만약, 사후관리 규정을 충족하지 못하게 된 때에는 그 사유가 발생한 날이 속하는 달의 말일부터 2개월 이내에 주택 양도당시 비과세 특례를 적용하지 않았을 때 납부하였을 세액을 양도소득세로 신고·납부하여야 합니다.

5-5. [일반주택 + 상속받은 분양권] 보유 중 일반주택 양도 시 비과세 특례

5-5-1. 특례 내용

상속받은 분양권과 그 밖의 주택(상속개시 당시 보유한 주택 또는 상속개시 당시 보유한 조합원입주권이나 분양권에 의하여 사업시행 완료 후 취득한 신축주택만 해당하며, 상속개시일부터 소급하여 2년 이내에 피상속인으로부터 증여받은 주택 또는 조합원입주권이나 주택분양권에 의하여 사업시행 완료 후 취득한 신축주택은 제외한다. 이하에서 "일반주택"이라 한다)을 국내에 각각 1개씩 소유하고 있는 1세대가 일반주택을 양도하는 경우에는 국내에 1개의 주택을 소유하고 있는 것으로 보아 1세대 1주택 비과세규정을 적용합니다.

구 분	내 용
특례	일반주택 양도 시 상속받은 분양권은 소유 주택에서 배제
일반주택 요건	1) 원칙 　다음 어느 하나에 해당되는 주택 등으로 양도 당시 비과세 요건을 충족할 것. 　㉠ 상속개시 당시 보유한 주택 　㉡ 상속개시 당시 보유한 조합원입주권으로 취득한 신축주택 　㉢ 상속개시 당시 보유한 분양권으로 취득한 신축주택 2) 예외 　상속개시일부터 소급하여 2년 이내에 피상속인으로부터 증여받은 주택 또는 조합원입주권이나 분양권에 의하여 사업시행 완료 후 취득한 신축주택은 제외

● 피상속인이 상속개시 당시 주택은 소유하지 않고 조합원입주권과 분양권만 소유한 경우 상속인이 조합원입주권 또는 분양권 중 하나에 대해서만 선택하여 상속받은 것으로 보아 상속받은 조합원입주권 또는 상속받은 분양권 규정을 적용하여 일반주택 양도 비 비과세 규정을 적용할 수 있습니다. 이 경우 피상속인이 상속개시 당시 분양권 또는 조합원입주권을 소유하고 있지 않은 경우이여야 한다는 요건은 적용하지 않습니다.

5-5-2. 상속받은 분양권의 개념

상속받은 분양권은 피상속인(돌아가신 분)이 상속개시 당시 주택 또는 조합원입주권을 소유하지 않은 경우의 상속받은 분양권에 한합니다.

5-5-3. 피상속인이 2 이상의 분양권을 소유한 경우 상속받은 분양권의 판정

피상속인(돌아가신 분)이 상속개시 당시 2 이상의 분양권을 소유한 경우에는 다음 순위에 따른 분양권만 "상속받은 분양권"으로 봅니다.

구 분	내 용
① 1순위	피상속인이 소유한 기간이 가장 긴 분양권
② 2순위	상속인이 선택하는 1분양권

5-5-4. 동거봉양 동일세대원으로부터 분양권을 상속받은 경우

상속인과 피상속인이 상속개시 당시 1세대인 경우에는 1주택을 보유하고 1세대를 구성하는 자가 직계존속(배우자의 직계존속을 포함하며, 세대를 합친 날 현재 직계존속 중 어느 한 사람 또는 모두가 60세 이상으로서 1주택을 보유하고 있는 경우만 해당한다)을 동거봉양하기 위하여 세대를 합침에 따라 2주택을 보유하게 되는 경우로써 합치기 이전부터 보유하고 있었던 분양권만 상속받은 분양권으로 봅니다.

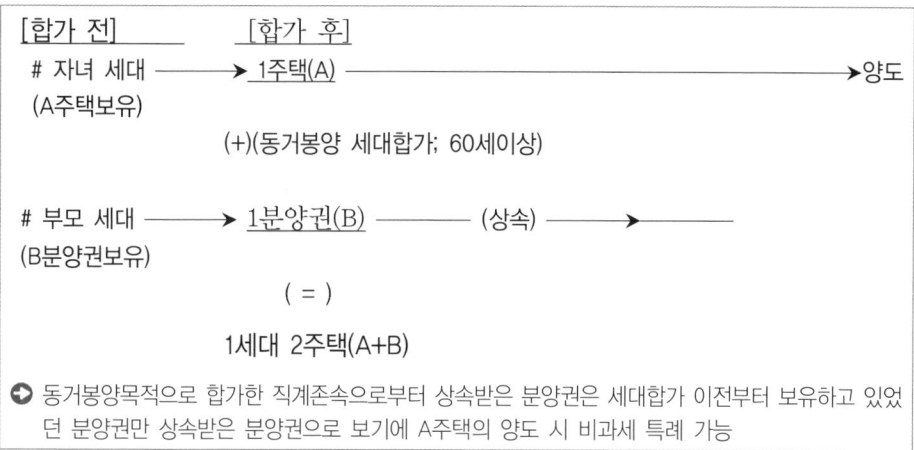

◆ 동거봉양목적으로 합가한 직계존속으로부터 상속받은 분양권은 세대합가 이전부터 보유하고 있었던 분양권만 상속받은 분양권으로 보기에 A주택의 양도 시 비과세 특례 가능

5-5-5. 공동상속분양권의 경우 소유자의 판정

공동상속분양권의 경우에는 다음 각 목의 순서에 따라 해당 각 목에 해당하는 사람이 그 공동상속분양권을 소유한 것으로 봅니다.

구 분	내 용
① 1순위	상속지분이 가장 큰 상속인
② 2순위	최연장자

5-6. [상속주택(상속조합원입주권 또는 상속받은 분양권 포함) + (일반주택+ 상속 외 분양권)] 보유 중 일반주택을 선양도 시 비과세 특례

5-6-1. 비과세 특례

상속받은 주택(상속받은 조합원입주권 또는 상속받은 분양권 포함)과 상속 외의 원인으로 취득한 주택(이하에서 "일반주택"라 한다) 및 상속 외의 원인으로 취득한 분양권을 국내에 각각 1개씩 소유하고 있는 1세대가 일반주택을 양도하는 경우에는 국내에 일반주택과 상속 외의 원인으로 취득한 분양권을 소유하고 있는 것으로 보아 아래 표의 비과세 특례 규정을 적용합니다. 이 경우 아래 표의 [5-3] 및 [5-4]의 일반주택은 상속개시 당시 보유한 주택(상속개시일부터 소급하여 2년 이내에 피상속인으로부터 증여받은 주택 또는 조합원입주권이나 분양권에 의하여 사업시행 완료 후 취득한 신축주택은 제외)으로 한정합니다.

구 분	제 목
5-3	[일반주택 + 취득 후 3년 이내 분양권] 보유 중 일반주택 선양도 시 비과세
5-4	[일반주택 + 취득 후 3년 경과 분양권] 보유 중 일반주택 선양도 시 비과세

◉ 상속받은 주택의 판정 시 피상속인이 상속개시 당시 2 이상의 주택을 소유한 경우
  아래 표 각 호의 순위에 따른 1주택만 상속받은 주택으로 판정합니다.

구 분	내 용
1순위	피상속인이 소유한 기간이 가장 긴 1주택
2순위	피상속인이 거주한 기간이 가장 긴 1주택
3순위	피상속인이 상속개시당시 거주한 1주택
4순위	기준시가가 가장 높은 1주택(기준시가가 같은 경우에는 상속인이 선택하는 1주택)

◉ 피상속인이 상속개시 당시 주택 또는 분양권을 소유하지 않은 경우의 상속받은 조합원입주권의 판정 시 피상속인이 상속개시 당시 2 이상의 조합원입주권을 소유한 경우
  다음 표 각 호의 순위에 따른 1조합원입주권에 한정하여 상속받은 조합원입주권으로 봅니다.

구분	내용
1순위	피상속인이 소유한 기간(주택 소유기간과 조합원입주권 소유기간을 합한 기간을 말함)이 가장 긴 1조합원입주권
2순위	피상속인이 거주한 기간(주택에 거주한 기간을 말함)이 가장 긴 1조합원입주권
3순위	상속인이 선택하는 1조합원입주권

● 공동상속조합원입주권의 경우 소유자의 판단
다음 표 각 목의 순서에 따라 해당 각 목에 해당하는 사람이 그 공동상속조합원입주권을 소유한 것으로 봅니다.

구분	내용
1순위	상속지분이 가장 큰 상속인
2순위	관리처분계획인가일 등 현재 피상속인이 보유하고 있었던 주택에 거주했던 자
3순위	최연장자

● 피상속인이 상속개시 당시 주택 또는 조합원입주권을 소유하지 않은 경우의 상속받은 분양권을 피상속인이 상속개시 당시 2 이상의 분양권을 소유한 경우
다음 표 각 호의 순위에 따른 1분양권으로 한정합니다.

구분	내용
1순위	피상속인이 소유한 기간이 가장 긴 1분양권
2순위	상속인이 선택하는 1분양권

● 공동상속분양권의 경우 소유자의 판단
공동상속분양권의 경우에는 다음 표 각 목의 순서에 따라 해당 각 목에 해당하는 사람이 그 공동상속분양권을 소유한 것으로 봅니다.

구분	내용
1순위	상속지분이 가장 큰 상속인
2순위	최연장자

5-6-2 [(일반주택 + 취득 후 3년 이내 상속외 분양권) + 상속주택(상속받은 조합원입주권 또는 상속받은 분양권 포함)]보유 중 일반주택의 양도 시 비과세 특례

아래의 요건을 모두 충족한 경우에는 일반주택을 1세대 1주택으로 보아 비과세를 적용합니다.

구 분	요 건
일반주택	다음 요건을 모두 충족할 것 ㉠ 상속개시 당시 보유한 주택일 것 ㉡ 양도 당시 1세대 1주택 비과세 요건을 충족할 것 　　(2년이상 보유, 취득당시 조정대상 지역인 경우 보유기간 중 2년이상 거주)
상속외 분양권	다음 요건을 모두 충족할 것 ㉠ 일반주택 취득 후 1년 경과 후 분양권을 취득할 것 ㉡ 2021.1.1. 이후 취득한 분양권일 것
사후관리	일반주택의 양도 후 보유하고 있는 상속외 분양권 또는 상속받은 조합원입주권의 준공 후 별도의 사후 관리규정이 없음.

5-6-3. [(일반주택 + 취득 후 3년 경과 상속외 분양권) + 상속주택(상속받은 조합원입주권 또는 상속받은 분양권 포함)] 보유 중 일반주택의 양도

일반주택 비과세를 적용받기 위해서는 아래의 요건을 모두 충족하여야 합니다.

구 분	요 건
일반주택	다음 요건을 모두 충족할 것 ㉠ 상속개시 당시 보유한 주택일 것 ㉡ 양도 당시 1세대 1주택 비과세 요건을 충족할 것 　　(2년이상 보유, 취득당시 조정대상 지역인 경우 보유기간 중 2년이상 거주) ㉢ 사업시행완료 후 취득하는 주택이 완성되기 전 또는 완성된 후 3년 이내에 일반주택을 양도할 것
사후관리	일반주택의 양도 후 보유하고 있는 상속외 분양권이 완성된 후 3년(23.1.11.이전은 2년) 이내에 그 주택으로 세대전원이 이사(취학, 근무상의 형편, 질병의 요양 그 밖의 부득이한 사유로 세대의 구성원 중 일부가 이사하지 못하는 경우를 포함한다)하여 1년 이상 계속하여 거주할 것

◐ 일반주택의 처분 후 남아있는 상속외 분양권에 대한 사후관리를 반드시 하여야 합니다. 즉, 상속외 주택분양권이 주택으로 완성된 후 3년 이내 그 주택으로 이사 및 1년이상 거주하여야 합니다.

◐ 상속외 주택분양권이 아닌 상속받은 조합원입주권 또는 상속받은 분양권으로 취득한 주택으로 3년 내 이사 및 1년이상 거주하여도 되는 지요? NO!, 반드시 상속외 주택분양권으로 취득한 주택으로 이사 및 거주 요건을 충족해야합니다.

5-7. 동거봉양 또는 혼인에 의한 분양권 보유 세대의 일반주택 비과세 특례

5-7-1. 동거봉양에 의한 분양권 보유 시 비과세 특례

직계존속(배우자의 직계존속을 포함하며, 직계존속 중 어느 한 사람이 60세 이상인 경우)을 동거봉양하기 위하여 세대를 합침으로써 1세대가 1주택과 1분양권, 1주택과 2분양권, 2주택과 1분양권 또는 2주택과 2분양권 등을 소유하게 되는 경우 합친 날부터 10년 이내에 먼저 양도하는 주택(이하 "최초양도주택"라 한다)이 일정 요건을 충족하는 경우에는 이를 1세대 1주택으로 보아 1세대 1주택 비과세 규정을 적용합니다.

[세대 합가 전 각 세대의 주택 등 보유 현황]

직계비속(배우자의 직계 비속 포함)세대	직계존속(배우자의 직계존속을 포함)세대
아래 각 경우 중 어느 하나인 경우 가. 1주택 나. 1분양권 다. 1주택과 1분양권	아래 각 경우 중 어느 하나인 경우 가. 1주택 나. 1분양권 다. 1주택과 1분양권

5-7-2. 혼인으로 취득한 분양권 보유 시 비과세 특례

1주택 1분양권 이상을 보유한 자가 1주택 또는 1분양권 이상을 보유한 자와 혼인한 경우로써 1세대가 1주택과 1분양권, 1주택과 2분양권, 2주택과 1분양권 또는 2주택과 2분양권 등을 소유하게 되는 경우는 혼인한 날부터 10년 이내에 먼저 양도하는 주택이 일정한 요건을 충족한 경우에는 이를 1세대 1주택으로 보아 1세대 1주택 비과세 규정을 적용합니다.

[세대 합가 전 각 세대의 주택 등 보유 현황]

결혼 당사자	배우자
아래 각 경우 중 어느 하나인 경우 가. 1주택 나. 1주택분양권 다. 1주택과 1주택분양권	아래 각 경우 중 어느 하나인 경우 가. 1주택 나. 1주택분양권 다. 1주택과 1주택분양권

5-8. [문화재주택 + (일반주택 + 분양권)] 소유 중 일반주택 양도 시 비과세 특례

문화재주택(지정문화유산 및 국가등록문화재유산 등)과 그 밖의 주택("일반주택"이라 한다) 및 분양권을 국내에 각각 1개씩 소유하고 있는 1세대가 일반주택을 양도하는 경우에는 국내에 일반주택과 분양권을 소유하고 있는 것으로 보아 1세대 1주택 비과세 특례("5-3" 및 "5-4") 규정을 그대로 적용합니다.

5-9. [이농주택 + (일반주택 + 분양권)] 소유 중 일반주택 양도 시 비과세 특례

농어촌주택 중 이농주택과 그 밖의 주택(이하 이 조에서 "일반주택"이라 한다) 및 분양권을 국내에 각각 1개씩 소유하고 있는 1세대가 일반주택을 양도하는 경우에는 국내에 일반주택과 분양권을 소유하고 있는 것으로 보아 1세대 1주택 비과세 특례("5-3" 및 "5-4") 규정을 그대로 적용합니다.

농어촌주택이란?

법에서 정한 이농주택 등으로서 수도권 밖의 지역 중 읍지역(도시지역안의 지역을 제외한다) 또는 면지역에 소재하는 주택(이하에서 "농어촌주택"이라 한다)과 그 외의 주택 "일반주택"이라 한다)을 국내에 각각 1개씩 소유하고 있는 1세대가 일반주택을 양도하는 경우에는 국내에 1개의 주택을 소유하고 있는 것으로 보아 1세대 1주택 비과세 규정을 적용합니다.

이농주택이란?

이농인(어업에서 떠난 자를 포함)이 취득일 후 5년 이상 거주한 사실이 있는 이농주택을 말합니다.

[6] [일반주택+조합원입주권] 보유 중 일반주택 양도 시 비과세 특례

6-1. 원칙

1세대가 주택(주택부수토지를 포함한다. 이하에서 같다)과 조합원입주권의 보유 중 그 주택을 양도하는 경우에는 1세대 1주택 비과세 규정을 적용하지 않습니다.

즉, 1세대 1주택 비과세 판단 시 보유하고 있는 조합원입주권을 소유 주택 수에 산입합니다.

 조합원입주권 ?

도시정비법상 재개발·재건축사업입주권, 빈집정비법상 소규모재건축사업입주권을 말하며, 2022.1.1. 이후 취득한 빈집정비법상 자율주택정비사업·가로주택정비사업·소규모재개발사업의 입주권을 말합니다.(승계조합원입주권을 포함하며, 주민합의체를 구성하는 경우의 토지등소유자를 포함합니다)

[조합원입주권의 범위(승계조합원입주권 포함)](포함: ○, 불포함: ×)

구 분	사업의 종류		2021.12.31. 이전 취득 분	2022.1.1. 이후 취득 분
도시 정비법	재개발사업		○	○
	재건축사업		○	○
	주거환경개선사업		×	×
빈집 정비법	빈집정비사업		×	×
	자율주택정비사업			○ (*)
	가로주택정비사업		×	○ (*)
	소규모재개발사업		×	○ (*)
	소규모 재건축 사업	조합방식	○	○
		주민합의체 구성 방식	×	○ (*)

◉ (*) 빈집정비법상 주민합의체를 구성하는 경우에는 토지등소유자를 조합원으로 봅니다.

6-2. 조합원입주권 취득 후 3년 내에 종전의 주택 양도 시 비과세 특례

6-2-1. 비과세 특례 내용

국내에 1주택을 소유한 1세대가 그 주택(이하에서 "종전의 주택"이라 한다)을 양도하기 전에 조합원입주권을 취득함으로써 일시적으로 1주택과 1조합원입주권을 소유하게 된 경우 종전의 주택을 취득한 날부터 1년 이상이 지난 후에 조합원입주권을 취득하고 그 조합원입주권을 취득한 날부터 3년 이내에 종전의 주택을 양도하는 경우(3년 이내에 양도하지 못하는 경우로서 기획재정부령으로 정하는 사유에 해당하는 경우를 포함한다)에는 이를 1세대 1주택으로 보아 비과세를 적용합니다.

[새로운 조합원입주권 취득 후 종전의 주택 양도 시 비과세]

구 분	내 용
특 례	새로운 조합원입주권 취득 후 종전의 주택 양도 시 비과세 특례 적용
요 건	아래 요건을 모두 충족해야 한다. ㉠ 먼저 양도하는 주택은 1세대 1주택 비과세 요건을 충족할 것 　(2년이상 보유, 취득당시 조정대상지역의 경우 보유기간 중 2년이상 거주) ㉡ 종전의 주택 취득한 날부터 1년 이상이 지난 후 조합원입주권 취득 ㉢ 조합원입주권 취득 후 3년 이내(*)에 종전의 주택을 양도할 것 ㉣ 종전의 주택 양도일 현재 새로 취득한 조합원입주권외에 다른 주택·조합원입주권·(2021.1.1. 이후 취득 또는 분양계약한)분양권이 없을 것
조합원입주권의 종류	- 재개발조합원입주권 - 재건축조합원입주권 - 소규모재건축입주권 - 자율주택정비사업입주권(2022.1.1. 이후 취득 분에 한함) - 가로주택정비사업입주권(2022.1.1. 이후 취득 분에 한함) - 소규모재개발사업입주권(2022.1.1. 이후 취득 분에 한함)
(*) 3년 이내 양도 조건의 예외 사유	① 한국자산관리공사에 매각을 의뢰한 경우 ② 법원에 경매를 신청한 경우 ③ 「국세징수법」에 따른 공매가 진행 중인 경우

> 1세대가 [일반주택 + 가로주택정비사업입주권(2021.12.31. 이전 취득 분)]
> 의 보유 중 가로주택정비사업입주권 취득 후 3년경과 후에 양도하는 경우
> 에도 일반주택은 비과세 가능한가요?
>
> YES! 2021.12.31. 이전에 취득한 가로주택정비사업의 입주권은 일반주택의 양도 시 주택수에 산입하는 조합원입주권 또는 분양권에 해당되지 않습니다. 따라서 먼저 양도하는 일반주택이 비과세 요건을 모두 충족한 경우에는 일반적인 1세대1주택 비과세규정을 적용 받을 수 있습니다. 이는 가로주택정비사업입주권의 취득 후 3년이내 일반주택을 양도하는 경우뿐만이 아니라 3년 경과 후 양도하는 경우에도 일반적인 1세대1주택 비과세 규정을 적용받을 수 있습니다(사후관리 규정 불필요).

6-2-2. 종전의 주택 취득한 날부터 1년 이상이 지난 후 조합원입주권 취득 요건의 예외

새로운 조합원입주권은 원칙적으로 종전의 주택 취득 후 1년 이상 지난 후 취득해야 합니다. 그러나 다음에 해당되는 경우에는 종전의 주택 취득 후 1년 이내에 새로운 조합원입주권을 취득해도 비과세 특례를 적용합니다.

㉠ 거주기간이 5년 이상인 건설임대주택(소득령 제154조①1호)
㉡ 법에 의해 수용되는 경우(소득령 제154조① 제2호 가목)
㉢ 취학, 질병 등 부득이한 사유(소득령 제154조①3호)에 해당되는 경우

6-2-3. 새로운 조합원입주권 취득 후 3년 이내 양도 조건의 예외

원칙적으로 비과세 특례를 적용받기 위해서는 조합원입주권을 취득한 날부터 3년 이내에 종전의 주택을 양도해야 합니다. 다만, 다음 중 어느 하나에 해당하는 경우에는 새로운 조합원입주권 취득 후 3년 이내에 양도하지 못한 경우에도 1세대 1주택 비과세 특례를 적용한다.

① 한국자산관리공사에 매각을 의뢰한 경우
② 법원에 경매를 신청한 경우
③ 「국세징수법」에 따른 공매가 진행 중인 경우

6-2-4. 일시적 2주택자의 새로운 주택이 조합원입주권으로 전환된 후 종전의 주택을 양도하는 경우 비과세여부

1세대 1주택 비과세 대상 주택(이하 "A주택"이라 함)을 보유하는 1세대가 A주택을 양도하기 전에 다른 주택(이하 "B주택"이라 함)을 취득한 경우로서 B주택이 조합원입주권으로 전환되어 당해 조합원입주권을 보유한 상태에서 나머지 주택(A주택)을 양도하는 경우 B주택을 취득한 날부터 3년 이내에 A주택을 양도하는 때에는 비과세 특례를 적용받을 수 있습니다(서면부동산 2019-1050, 2019.05.27.).

6-2-5. [종전의 주택 + 재개발조합원입주권]보유 중 종전의 주택 양도

국내에 1주택을 소유한 1세대가 종전의 주택을 양도하기 전에 재개발조합원입주권을 취득함으로써 일시적으로 1주택과 1조합원입주권을 소유하게 된 경우 종전의 주택을 취득한 날부터 1년 이상이 지난 후에 조합원입주권을 취득하고 그 조합원입주권을 취득한 날부터 3년 이내(자산관리공사 의뢰, 경매, 공매 등은 예외)에 종전의 주택을 양도하는 경우에는 이를 1세대 1주택으로 보아 비과세를 적용합니다.

6-2-6. [종전의 주택 + 재건축조합원입주권] 보유 중 종전의 주택 양도

국내에 1주택을 소유한 1세대가 종전의 주택을 양도하기 전에 재건축조합원입주권을 취득함으로써 일시적으로 1주택과 1조합원입주권을 소유하게 된 경우 종전의 주택을 취득한 날부터 1년 이상이 지난 후에 조합원입주권을 취득하고 그 조합원입주권을 취득한 날부터 3년 이내(자산관리공사 의뢰, 경매, 공매 등은 예외)에 종전의 주택을 양도하는 경우에는 이를 1세대 1주택으로 보아 비과세를 적용합니다.

6-2-7. [종전의 주택 + 소규모재건축조합원입주권]보유 중 종전의 주택 양도

국내에 1주택을 소유한 1세대가 종전의 주택을 양도하기 전에 빈집및소규모주택 정비에관할 특례법에 따른 소규모재건축조합원입주권을 취득함으로써 일시적으로 1

주택과 1조합원입주권을 소유하게 된 경우 종전의 주택을 취득한 날부터 1년 이상이 지난 후에 조합원입주권을 취득하고 그 조합원입주권을 취득한 날부터 3년 이내(자산관리공사 의뢰, 경매, 공매 등은 예외)에 종전의 주택을 양도하는 경우에는 이를 1세대 1주택으로 보아 비과세를 적용합니다.

6-2-8. [종전의 주택 + 자율주택정비사업입주권(2021.12.31. 이전 취득 분)] 보유 중 종전의 주택 양도

2021.12.31. 이전에 취득한 자율주택정비사업입주권은 다른 주택의 처분 시 주택 수에 산입하는 "조합원입주권"에 해당되지 않습니다. 따라서 자율주택정비사업의 입주권 취득 후 3년 이내에 종전의 주택을 처분하는 경우 또는 3년이 경과되어 종전의 주택을 처분하는 경우 모두 비과세가 가능합니다. 2021.12.31. 이전에 취득한 가로주택정비사업입주권, 소규모재개발사업입주권을 취득하여 보유 중 일반주택을 먼저 양도하는 경우에도 비과세가 가능합니다.

6-2-9. [종전의 주택 + 가로주택정비사업 입주권(2022.1.1. 이후 취득 분)] 보유 중 종전의 주택 양도

2022.1.1. 이후 취득한 빈집정비법상 가로주택정비사업·자율주택정비사업·소규모재개발사업의 입주권은 다른 주택의 처분 시 주택 수에 산입하는 "조합원입주권"에 해당됩니다. 따라서 해당 입주권 취득 후 3년 이내에 종전의 주택을 처분하는 경우 비과세특례가 가능합니다.

6-3. [일반주택 + 취득 후 3년 경과 조합원입주권] 보유 중 일반주택 양도 시 비과세 특례

6-3-1. 비과세 특례 내용

국내에 1주택을 소유한 1세대가 그 주택을 양도하기 전에 조합원입주권을 취득함으로써 일시적으로 1주택과 1조합원입주권을 소유하게 된 경우 조합원입주권을 취득한 날부터 3년이 지나 종전의 주택을 양도하는 경우로서 일정 요건을 모두 갖춘 때에는 이를 1세대 1주택으로 보아 비과세 특례를 적용합니다.

6-3-2. 비과세 특례 요건

아래 요건을 모두 충족하여야 합니다.

① 먼저 처분하는 일반주택은 양도시점에서 비과세 요건을 충족할 것

② 재개발사업, 재건축사업 또는 소규모재건축사업등의 관리처분계획등에 따라 취득하는 주택이 완성된 후 3년 이내에 그 주택으로 세대전원이 이사(취학, 근무상의 형편, 질병의 요양 그 밖의 부득이한 사유로 세대의 구성원 중 일부가 이사하지 못하는 경우를 포함한다)하여 1년 이상 계속하여 거주할 것

③ 재개발사업, 재건축사업 또는 소규모재건축사업등의 관리처분계획등에 따라 취득하는 주택이 완성되기 전 또는 완성된 후 3년 이내에 종전의 주택을 양도할 것

④ 종전주택 취득 후 1년 이상이 지난 후에 조합원입주권을 취득할 것

6-3-3. 세대원의 구성원 중 일부가 이사하지 못하는 부득이한 사유

세대의 구성원 중 일부가 다음 각 호의 어느 하나에 해당하는 사유로 다른 시(*)·군(**)으로 주거를 이전하는 경우를 말합니다.

① 「초·중등교육법」에 따른 학교(초등학교 및 중학교를 제외한다) 및 「고등교육법」에 따른 학교에의 취학
② 직장의 변경이나 전근 등 근무상의 형편
③ 1년 이상의 치료나 요양을 필요로 하는 질병의 치료 또는 요양
④ 「학교폭력예방 및 대책에 관한 법률」에 따른 학교폭력으로 인한 전학(같은 법에 따른 학교폭력대책자치위원회가 피해학생에게 전학이 필요하다고 인정하는 경우에 한한다)

용어의 정의	내 용
다른 시(*)	특별시, 광역시, 특별자치시 및 「제주특별자치도 설치 및 국제자유도시 조성을 위한 특별법」에 따라 설치된 행정시를 포함.
다른 군(*)	광역시지역 안에서 구지역과 읍·면지역 간에 주거를 이전하는 경우와 특별자치시, 「지방자치법」에 따라 설치된 도농복합형태의 시지역 및 「제주특별자치도 설치 및 국제자유도시 조성을 위한 특별법」에 따라 설치된 행정시 안에서 동지역과 읍·면지역 간에 주거를 이전하는 경우를 포함.

6-3-4. 주택이 완성된 후 [3년 이내에 그 주택으로 세대전원이 이사 + 1년 이상 계속 거주] 요건 미 충족 시

일반주택의 처분 시 비과세특례를 적용받은 경우 반드시 조합원입주권이 새로운 주택으로 완성된 후 3년 이내 세대전원이 이사하여 입주하여야 하고 1년이상 계속 거주하여야 하는 사후관리 규정이 있습니다. 만약, 사후관리 규정을 충족하지 못하게 된 때에는 그 사유가 발생한 날이 속하는 달의 말일부터 2개월 이내에 주택 양도 당시 비과세 특례를 적용하지 않았을 때 납부하였을 세액을 양도소득세로 신고·납부하여야 합니다.

6-3-5. [일반주택 + 취득 후 3년경과 재개발조합원입주권] 보유 중 일반주택의 양도

국내에 1주택을 소유한 1세대가 그 주택을 양도하기 전에 재개발조합원입주권을 취득함으로써 일시적으로 1주택과 1조합원입주권을 소유하게 된 경우 조합원입주권을 취득한 날부터 3년이 지나 종전의 주택을 양도하는 경우로서 다음 요건을 모두 갖춘 때에는 이를 1세대 1주택으로 보아 비과세를 적용합니다.

구 분	내 용
양도하는 주택 요건	• 양도일 현재 아래의 비과세 요건 충족할 것 • 2년 이상 보유 • 보유기간 중 2년 이상 거주(취득 시 조정대상지역 내에 있는 경우에 한함)
조합원입주권의 종류	아래의 조합원입주권일 것 - 재개발·재건축조합원입주권일 것 - 소규모재건축조합원입주권일 것 - 2022.1.1. 이후 취득한 자율주택정비사업·가로주택정비사업·소규모재개발사업의 입주권일 것 → 조합원입주권은 종전주택 취득 후 1년 경과 이후 취득할 것 　(2022.2.15. 이후 취득하는 조합원입주권부터 적용함)
양도일 현재	조합원입주권과 양도하는 일반주택만 소유하고 있을 것.
사후관리 요건 충족	"아래의 요건을 모두 충족할 것" - 재개발등으로 취득한 주택의 준공 후 3년이내 세대전원(취학 등 예외 있음) 이사 및 1년 이상 계속 거주 - 완성되기 전 또는 완성된 후 3년 이내에 일반주택 양도

◉ [일반주택 + 조합원입주권(A) + 조합원입주권(B)] 보유 중 일반주택 양도 시 비과세 특례적용 불가
◉ [일반주택 + 조합원입주권(A) + 분양권(B)(2021.1.1. 취득 또는 분양계약분)] 보유 중 일반주택 양도 시 비과세 특례적용 불가

6-3-6. [일반주택 + 취득 후 3년경과 재건축조합원입주권] 보유 중 일반주택의 양도

국내에 1주택을 소유한 1세대가 그 주택을 양도하기 전에 재건축조합원입주권을 취득함으로써 일시적으로 1주택과 1조합원입주권을 소유하게 된 경우 조합원입주권

을 취득한 날부터 3년이 지나 종전의 주택을 양도하는 경우로서 법에서 정한 요건(6-3-5 표 참조)을 모두 갖춘 때에는 이를 1세대 1주택으로 보아 비과세를 적용합니다.

6-3-7. [일반주택 + 취득 후 3년경과 소규모재건축조합원입주권] 보유 중 일반주택의 양도

국내에 1주택을 소유한 1세대가 그 주택을 양도하기 전에 소규모재건축조합원입주권을 취득함으로써 일시적으로 1주택과 1조합원입주권을 소유하게 된 경우 조합원입주권을 취득한 날부터 3년이 지나 종전의 주택을 양도하는 경우로서 법에서 정한 요건(6-3-5 표 참조)을 모두 갖춘 때에는 이를 1세대 1주택으로 보아 비과세를 적용합니다.

6-3-8. [일반주택 + 취득 후 3년경과 주거환경개선사업 입주권] 보유 중 일반주택의 양도

주거환경개선사업에서 관리처분계획에 따라 조합원이 공급받는 입주권(승계받은 입주권 포함)은 법상 "조합원입주권"에 해당되지 않으며 분양권에도 해당되지 않습니다. 따라서 해당 입주권 취득 후 3년 경과하여 종전의 일반주택을 양도하는 경우 일반적인 1세대 1주택 비과세 규정을 적용받을 수 있습니다.

[(일반주택 + 주거환경개선사업 승계취득입주권) 보유 중 일반주택 선양도 시 비과세]

일반주택 양도 시점	비과세 여부
입주권 취득 후 3년 내 양도 (새로운 주택으로 준공 전 양도)	비과세. 해당 입주권은 보유 주택 수에 불포함
입주권 취득 후 3년 경과 후 양도 (새로운 주택으로 준공 전 양도)	비과세. 해당 입주권은 보유 주택 수에 불포함 → 사후관리 요건(준공 후 3년(2023.1.11. 이전 양도분은 2년) 내 입주 + 1년이상 계속 거주 요건) 미적용
입주권 취득 후 3년 경과 후 양도 (새로운 주택으로 준공 후 양도)	입주권이 주택으로 준공된 후 3년(2023.1.11. 이전 양도분은 2년) 이내 양도할 것

6-3-9. [일반주택 + 취득 후 3년경과 가로주택정비사업조합원입주권 (2021.12.31. 이전 취득 분)] 보유 중 일반주택의 양도

2021.12.31. 이전에 가로주택정비사업에서 사업시행계획(해당 계획에 관리처분계획이 포함되어 있음)에 따라 조합원이 취득한 입주권(승계받은 입주권 포함)은 법상 "조합원입주권"에 해당되지 않으며 주택분양권에도 해당되지 않습니다. 따라서 해당 입주권 취득 후 3년 경과하여 종전의 일반주택을 양도하는 경우에는 일반적인 1세대 1주택 비과세 규정을 적용받을 수 있습니다. 이와 관련된 사례는 6-3-8의 표 내용과 동일합니다.

6-4. [대체주택 + 조합원입주권] 보유 중 대체주택의 양도 시 비과세 특례

6-4-1. 비과세 특례

국내에 1주택을 소유한 1세대가 그 주택(이하 '종전주택'이라 함)에 대한 [도시정비법상 재개발사업·재건축사업] 또는 [빈집정비법상 소규모재건축사업, 2022.1.1. 이후 취득한 빈집정비법상 자율주택정비사업·가로주택정비사업·소규모재개발사업] (이하 '소규모재건축사업등'의 시행기간 동안 거주하기 위하여 다른 주택(이하에서 "대체주택"이라 한다)을 취득한 경우로서 일정 요건을 갖추어 대체주택을 양도하는 때에는 이를 1세대1주택으로 보아 비과세 특례 규정을 적용합니다. 이 경우 1세대1주택 비과세 판단 시 원칙적인 보유기간(2년 이상) 및 거주기간(취득당시 조정대상지역의 경우 보유기간 중 2년 이상 거주)의 제한을 받지 않습니다.

1995.5.	2018.10.	2020.3.	2020.8.	2025.7.	2026.5.
A주택 취득	사업시행인가 (A주택 재개발)	관리처분 (A주택)	대체주택 취득 (B주택)	준공(A주택)	양도 (B주택)

B주택 (1년 이상 거주): 2020.8. ~ 2025.7.

 대체주택 취득일 현재 2개이상 주택 소유한 경우에도 비과세 특례적용되나요?

「소득세법 시행령」 제156조의2제5항(이하 "특례규정"이라 한다)은 대체주택 취득일을 기준으로 1주택을 소유한 1세대인 경우에 적용되는 것이며, 귀 질의와 같이 대체주택 취득일 현재 2주택 이상을 소유한 경우에는 해당 특례규정이 적용되지 않는 것입니다. 동 해석은 회신일 이후 결정·경정하는 분부터 적용됩니다(기획재정부 재산세제과-1270, 2023.10.23.)(확정판결: 대법 2023두58664, 2024.02.29.).

 재건축주택 준공 이후 대체주택에서 1년이상 거주한 경우에도 비과세 특례 적용이 되나요?

대체주택은 국내에 1주택을 소유한 세대가 그 주택의 재건축사업 등의 시행기간 동안 거주하기 위해 취득한 주택을 말하는 것으로 보이므로 재건축사업 등의 시행기간에 거주하지 아니한 쟁점주택은 동 규정에서 정하는 대체주택에 해당한다고 보기 어려운 점 등에 비추어 이 건 처분은 잘못이 없음(조심 2024서5336, 2024.12.23.).

6-4-2. 비과세 특례 요건

다음 아래의 요건을 모두 충족하여야 합니다.

① 대체주택 취득일 현재 1세대가 1주택을 소유하고 있을 것
② 재개발사업등(*)의 사업시행인가일 이후 대체주택을 취득하여 1년 이상 거주할 것
③ 재개발사업등의 관리처분계획등에 따라 취득하는 주택이 완성된 후 3년이내에 그 주택으로 세대전원이 이사(취학, 근무상의 형편, 질병의 요양, 그 밖에 부득이한 사유로 세대원 중 일부가 이사하지 못하는 경우를 포함한다)하여 1년 이상 계속하여 거주할 것. 다만, 주택이 완성된 후 3년 이내에 취학 또는 근무상의 형편으로 1년 이상 계속하여 국외에 거주할 필요가 있어 세대전원이 출국하는 경우에는 출국사유가 해소(출국한 후 3년 이내에 해소되는 경우만 해당한다)되어 입국한 후 1년 이상 계속하여 거주하여야 한다.)
④ 재개발사업등의 관리처분계획등에 따라 취득하는 주택이 완성되기 전 또는 완

성된 후 3년 이내에 대체주택을 양도할 것

[(원조합원입주권 + 대체주택) 보유 중 대체주택 양도 시 비과세 특례]

구 분	내 용
대체주택 취득일 현재	1세대가 1주택을 소유하고 있을 것
대체주택 요건	아래 요건을 모두 충족할 것 - 사업시행인가일 이후 취득할 것 - 취득 후 1년 이상 거주할 것
재개발사업등(*)	아래 각 호의 어느 하나에 해당되는 사업일 것 ㉠ 도시정비법상 재개발 또는 재건축사업일 것 ㉡ 빈집정비법상 소규모재건축사업일 것 ㉢ 빈집정비법상 자율주택정비사업, 가로주택정비사업, 소규모재개발사업일 것 (2022.1.1. 이후 취득분에 한함)
대체주택 양도 시기	- 관리처분계획등에 따라 취득하는 주택이 완성되기 전 양도 - 또는 완성된 후 3년 이내 양도
사후 관리	관리처분계획등에 따라 취득하는 주택이 완성된 후 3년이내에 그 주택으로 세대전원이 이사(취학 등 예외 있음) + 해당 주택에서 1년이상 계속하여 거주할 것

> ● 빈집정비법상 자율주택정비사업, 가로주택정비사업, 소규모재개발사업의 경우 2022.1.1. 이후 취득 분부터 적용합니다.

가로주택정비사업조합의 설립인가를 2021.7.5.에 받았고 해당구역 내의 주택을 2021.9.5.에 취득하였고, 사업시행계획인가를 2022.05.31.에 받은 경우, 해당 조합원입주권의 취득시기는 2021.9.5.인가요?

NO! 조합원입주권의 취득시기는 2022.5.31.로 봅니다(국세청에서는 조합원입주권의 취득시기를 도시정비법에서는 관리처분계획인가고시일로 보고 있습니다. 빈집정비법에서는 관리처분이라는 별도의 행정절차가 없기에 사업시행계획인가고시일을 그 취득시기로 보시면 됩니다).

[승계조합원입주권 + 대체주택] 보유 중 요건 충족한 대체주택을 양도 시 대체주택 비과세 특례가 적용되나요?

NO! 대체주택 비과세 특례는 [원조합원입주권 + 대체주택]보유 중 대체주택을 양도하는 경우에만 적용됩니다.

 [자율주택정비사업원조합원입주권(2021.12.31. 이전 취득) + 대체주택] 보유 중 대체주택을 양도하는 경우 [조합원입주권 + 대체주택] 보유 중 : 대체주택 양도 시 비과세 특례가 적용되나요?

NO! 빈집정비법상 자율주택정비사업입주권은 2022.1.1. 이후 취득한 경우에만 대체주택 비과세 특례가 적용됩니다.

6-4-3. 세대원의 구성원 중 일부가 이사하지 못하는 부득이한 사유

세대의 구성원 중 일부가 다음 각 호의 어느 하나에 해당하는 사유로 다른 시(*)·군(**)으로 주거를 이전하는 경우를 말합니다.

① 「초·중등교육법」에 따른 학교(초등학교 및 중학교를 제외한다) 및 「고등교육법」에 따른 학교에의 취학

② 직장의 변경이나 전근 등 근무상의 형편

③ 1년 이상의 치료나 요양을 필요로 하는 질병의 치료 또는 요양

④ 「학교폭력예방 및 대책에 관한 법률」에 따른 학교폭력으로 인한 전학(같은 법에 따른 학교폭력대책자치위원회가 피해학생에게 전학이 필요하다고 인정하는 경우에 한한다)

용어의 정의	내 용
다른 시(*)	특별시, 광역시, 특별자치시 및 「제주특별자치도 설치 및 국제자유도시 조성을 위한 특별법」에 따라 설치된 행정시를 포함.
다른 군(*)	광역시지역 안에서 구지역과 읍·면지역 간에 주거를 이전하는 경우와 특별자치시, 「지방자치법」에 따라 설치된 도농복합형태의 시지역 및 「제주특별자치도 설치 및 국제자유도시 조성을 위한 특별법」에 따라 설치된 행정시 안에서 동지역과 읍·면지역 간에 주거를 이전하는 경우를 포함.

6-4-4. 사후관리규정을 충족치 못한 경우 양도소득세의 추징

대체주택의 처분 시 비과세특례를 적용받은 경우 반드시 조합원입주권이 새로운 주택으로 완성된 후 3년(23.1.11.이전 양도 분은 2년)내 세대전원이 이사하여 입주하여야 하고 1년 이상 계속하여 거주하여야 하는 사후관리 규정이 있습니다. 만약, 당해 사후관리 규정을 충족하지 못하게 된 때에는 그 사유가 발생한 날이 속하는 달의 말일부터 2개월 이내에 주택 양도당시 대체주택 비과세특례를 적용받지 않은 경우에 납부하였을 세액을 양도소득세로 신고·납부하여야 합니다.

6-4-5. [승계조합원입주권 + 대체주택] 보유 중 대체주택 양도 시 비과세 가능 여부

대체주택 비과세 특례 규정은 국내에 1주택을 소유한 1세대가 그 주택에 대한 재개발사업등의 시행기간 동안 거주하기 위하여 대체주택을 취득하여 양도하는 경우 적용합니다. 따라서 관리처분계획등 인가일 이전에 주택을 보유하고 있는 자(원조합원)에게만 적용되는 것으로 승계조합원입주권 소유자에게는 대체주택 비과세 특례가 적용되지 되지 않습니다.

6-4-6. 대체주택을 여러 채 취득한 경우 비과세 특례 대상 주택의 판단

국내에 1주택을 소유한 1세대가 그 주택에 대한 주택재건축사업의 시행기간동안 취득한 1주택(B주택)에서 1년 이상 거주 후 양도(세대를 달리하는 자에게 증여한 경우 포함)하고 다른 주택(C주택)을 취득하여 양도한 경우, B주택은 대체주택비과세 특례 규정이 적용되지 아니하며, 대체주택비과세 특례 규정을 충족하여 양도하는 C주택은 이를 1세대 1주택으로 보아 비과세 특례 규정이 적용됩니다.

6-4-7. 하나의 종전주택이 [1+1]조합원입주권으로 전환 된 후 대체주택 처분 시 비과세특례적용 여부

"1+1 재건축사업"으로 종전 1주택 대신 재건축조합원입주권 2개 취득한 경우 대체주택을 취득하여 1년 이상 거주 후 양도 시 대체주택 비과세 특례 규정이 적용되지 않습니다(서면법령해석 재산 2018-3798, 2019.09.03.).

6-4-8. 사업시행인가 당시 2주택을 보유하고 있는 경우 대체주택 비과세 특례 가능 여부

재개발사업등의 사업시행인가 당시 2주택(일시적 2주택은 제외하며, 대체주택 취득 당시 2주택인 경우를 포함 함)을 보유하고 있는 1세대의 경우에는 대체주택 비과세 특례의 적용대상에 포함하지 않습니다(서면5팀-1252, 2008.6.13., 부동산거래관리-762, 2010.6.3.).

6-4-9. 건축사업시행기간 중 취득한 오피스텔을 상시 주거용으로 사용한 경우 대체주택으로 비과세 적용 여부

재건축사업의 시행기간 동안 거주하기 위하여 대체주택을 취득한 경우로서 법에서 정한 요건을 모두 갖추어 대체주택을 양도하는 경우에는 이를 1세대 1주택으로 봅니다(재산-3193, 2008.10.8.). 따라서 오피스텔을 사실상 주거용으로 사용한 경우에도 대체주택 비과세 특례를 적용받을 수 있습니다.

6-4-10. 대체주택 취득 후 다른 주택을 구입하여 상가로 사용하는 경우에도 대체주택 해당여부

1주택(A주택)을 소유한 1세대가 당해 주택이 주택재건축사업에 포함되어 사업시행인가일 이후 다른 주택(B주택)을 취득하여 세대전원이 1년 이상 거주하던 중 다른 주택(C주택)을 취득하여 주택으로 사용하지 않고 상가로 용도변경하여 상가로 사용하는 상태에서 요건을 모두 갖추어 대체주택(B주택)을 양도하는 때에는 이를 1세대1주택으로 보아 양도소득세가 비과세됩니다(해석 사례; 재산-3165, 2008.10.7.).

6-4-11. [상속주택 + 일반주택] 보유 중 일반주택의 재건축으로 해당 사업기간 중 대체주택 취득 후 대체 주택 양도 시 비과세 여부

국내에 법상 상속주택과 일반주택을 각각 1개씩 소유하고 있는 1세대가 일반주택의 주택재건축사업 시행기간 동안 거주하기 위하여 다른 주택(이하 "대체주택"이라 함)을 취득한 경우로서 요건을 모두 갖추어 대체주택을 양도하는 경우에는 이를 1세대1주택으로 보아 비과세 규정을 적용합니다(해석 사례 : 재산-2969, 2008.9.29.).

6-4-12. 재건축 주택에서 다른 주택으로 전출하였다가 3년 내 재전입한 경우

재건축 주택에서 다른 주택으로 전출하였다가 3년 내 재전입한 경우 주택재개발사업 또는 주택재건축사업의 관리처분계획에 따라 취득하는 주택이 완성된 후 3년(23.1.11.이전 양도 분은 2년) 이내에 그 주택으로 세대전원이 이사(취학, 근무상의 형편, 질병의 요양 그 밖의 부득이한 사유로 세대원 중 일부가 이사하지 못하는 경우를 포함)하여 1년 이상 계속 거주하여야 하는 것으로, 세대원 중 일부가 재건축 주택에서 다른 주택으로 전출하였다가 재건축 주택으로 재전입(재건축 주택이 완성된 후 3년(23.1.11.이전 양도 분은 2년) 이내)하여 세대전원이 계속하여 1년 이상 거주할 경우 당해 규정이 적용됩니다(해석 사례: 재산-2011, 2008.7.31.). 따라서, 재전입 시점이 완공 후 3년(23.1.11.이전 양도 분은 2년)이 경과한 경우에는 대체주택비과세 특례규정을 적용받을 수 없습니다.

6-4-13. 기존주택에서 거주하지 않은 경우 대체주택 특례 적용 여부

재개발·재건축 사업시행기간 중 거주하기 위하여 취득한 대체주택의 비과세 특례 규정을 적용함에 있어 재개발·재건축 시행기간 전에 기존주택에서 거주하지 않은 경우에도 적용 가능합니다(해석 사례: 재산-2069, 2008.7.31.). 기존주택은 거주기간뿐만이 아니라 보유기간 요건도 없습니다. 다만, 기존 주택이 재개발등으로 준공 후 3년('23.1.11.이전 양도 분은 2년) 내 세대전원(예외 있음)이 이사하고, 1년 이상 계속 거주요건은 충족하여야 합니다.

6-4-14. '대체주택'의 비과세 요건 판정시 재건축주택 완공 전 3년 내에 양도하여야 하는 것인지, 완공 전에만 양도하면 되는 것인지 여부

재개발사업 또는 재건축사업의 관리처분계획에 따라 취득하는 주택이 완성되기 전 또는 완성된 후 3년(23.1.11.이전 양도 분은 2년) 이내에 대체주택을 양도하면 됩니다(해석 사례: 서면4팀-534, 2008.3.3. /서면5팀-2422, 2007.8.30.). 따라서 완성되기 전에 대체주택을 처분하거나 또는 완성된 후 3년(23.1.11.이전 양도 분은 2년) 이내에 대체주택을 양도하면 비과세 특례를 적용받을 수 있습니다.

6-4-15. 자가건설한 주택이 대체주택에 해당하는지 여부

도시 및 주거환경정비법에 의한 재건축사업의 정비사업 조합의 조합원으로 참여한 자가 동 재건축사업 사업시행기간 전에 건설에 착공(자가건설)하여 재건축 사업시행기간 중 완공한 주택(이하 "A주택"이라 함, 재건축 사업시행인가 전에 취득한 그 부수토지를 포함)에 1년 이상 거주하다가 동법에 의한 사업계획에 따라 취득하는 주택으로 세대전원이 이사하게 되어 양도하는 A주택은 대체주택 비과세 특례 규정이 적용됩니다(해석 사례 : 서면4팀-206, 2008.1.23.).

6-4-16. 사업시행인가일 이후 분양받은 주택의 대체주택 해당 여부

「도시 및 주거 환경 정비법」에 의한 재건축 정비사업의 조합원으로 참여한 자가 동 주택 재건축 사업 시행기간 전에 분양(분양권 매입 포함)받은 아파트를 재건축사업 시행기간 중에 취득(잔금정산)하여 1년 이상 거주하다가 양도하는 경우에도 대체주택 비과세 적용이 가능합니다(해석 사례 : 서면4팀-221, 2008.1.24.).

6-4-17. 대체주택의 비과세 요건 적용 시 완공된 재건축 주택에서 1년 이상 거주기간의 산정방법

대체주택에서의 1년 거주기간 계산은 주택재개발사업 또는 주택재건축사업의 관리처분계획에 따라 취득하는 주택이 완성된 후 3년(23.1.11.이전 양도 분은 2년) 이내에 그 주택으로 세대전원이 이사(취학, 근무상의 형편, 질병의 요양 그 밖의 부득이한 사유로 세대원 중 일부가 이사하지 못하는 경우를 포함함)하여 계속하여 거주하는 기간으로 계산합니다(해석 사례 : 서면4팀-2425, 2007.8.9.).

6-4-18. 종전 주택 대신 상가입주권(분양권)을 선택한 조합원이 대체주택을 취득한 경우

대체주택 비과세 특례를 적용받을 수 없습니다. 그 이유는 조합원입주권이 새로운 주택으로 완성된 후 1년 이상 계속하여 거주하여야 하여야 한다는 사후관리규정을 만족시킬 수 없기 때문입니다.

6-4-19. 종전 부동산이 주택이외의 부동산(상가, 나대지 등)인 경우로서 주택입주권을 부여받은 조합원이 대체주택을 취득한 경우

대체주택 비과세 특례를 적용받을 수 없습니다. 그 이유는 국내에 1주택을 소유한 1세대가 당해 주택이 조합원입주권으로 전환된 경우에만 특례를 주기 때문입니다.

6-4-20. 재개발·재건축 사업시행인가 중 혼인합가로 3주택을 소유한 경우 대체주택 비과세 적용 여부

재개발·재건축 사업시행기간 동안 거주하기 위해 다른 주택(B) 취득하고, 사업시행기간 동안 2(B,C)주택을 소유한 1세대와 혼인하여 3주택을 소유하다 2주택(C,D)을 증여하고 다른 주택(B)을 양도하는 경우 이를 1세대 1주택으로 보아 제156조의2제5항에 따른 대체주택 비과세 특례가 가능합니다(서면부동산 2017-2396, 2018.06.07.).

6-4-21. 대체주택 양도 당시 1조합원입주권을 보유하다가, 관리처분계획 변경인가에 따라 1+1조합원입주권으로 변경되는 경우, 대체주택 특례적용이 가능한지?

국내에 1주택을 소유한 1세대가 그 주택에 대한 재개발사업, 재건축사업 또는 소규모재건축사업등(이하 "재개발사업등")의 시행기간 동안 거주하기 위하여 대체주택을 취득하여 1년 이상 거주한 후 양도하는 경우로서 대체주택 양도 당시 1조합원입주권을 보유하였으나 양도이후 관리처분계획변경인가에 따라 1+1조합원입주권으로 변경되는 경우 대체주택 특례가 적용되지 않습니다(기획재정부 재산-572, 2023.04.19.).

6-4-22. 일시적 2주택(소득령§155①)특례와 일시적 1주택·조합원입주권(소득령§156의2③)특례를 중첩 적용하여 1세대1주택 비과세를 적용할 수 있는지 여부

동일한 성격인 일시적 2주택 특례(소득령§155①)와 일시적 1주택·1조합원입주권 특례(소득령§156의2③)는 중복하여 적용할 수 없는 것입니다(기준법규 재산2024-29, 2024.08.05.).

6-5. [일반주택 + 상속조합원입주권] 보유 중 일반주택의 양도 시 과세 특례(소득령 제156조의2⑥)

6-5-1. 특례 내용

상속받은 조합원입주권과 그 밖의 주택(상속개시 당시 보유한 주택 또는 상속개시 당시 보유한 조합원입주권이나 주택분양권에 의하여 사업시행 완료 후 취득한 신축주택만 해당하며, 상속개시일부터 소급하여 2년 이내에 피상속인으로부터 증여받은 주택 또는 조합원입주권이나 주택분양권에 의하여 사업시행 완료 후 취득한 신축주택은 제외한다. 이하에서 "일반주택"이라 한다)을 국내에 각각 1개씩 소유하고 있는 1세대가 일반주택을 양도하는 경우에는 국내에 1개의 주택을 소유하고 있는 것으로 보아 1세대1주택 비과세규정을 적용합니다.

구 분	내 용
특례	일반주택 양도 시 상속받은 조합원입주권은 소유 주택에서 배제
일반주택 요건	1) 원칙 　다음 어느 하나에 해당되는 주택 등으로 양도 당시 비과세 요건을 충족할 것. 　　㉠ 상속개시 당시 보유한 주택 　　㉡ 상속개시 당시 보유한 조합원입주권으로 취득한 신축주택 　　㉢ 상속개시 당시 보유한 주택분양권으로 취득한 신축주택 2) 예외 　상속개시일부터 소급하여 2년 이내에 피상속인으로부터 증여받은 주택 또는 조합원입주권이나 주택분양권에 의하여 사업시행 완료 후 취득한 신축주택은 제외
조합원 입주권	다음 어느 하나에 해당되는 조합원입주권일 것 　㉠ 도시정비법상 재개발·재건축조합원입주권 　㉡ 빈집정비법상 소규모재건축조합원입주권 　㉢ 빈집정비법상 자율주택정비사업, 가로주택정비사업, 소규모재개발사업일 것 　　(2022.1.1. 이후 취득분에 한함)

6-5-2. 상속받은 조합원입주권의 개념

상속받은 조합원입주권은 피상속인(돌아가신 분)이 상속개시 당시 주택 또는 주택분양권을 소유하지 않은 경우의 상속받은 조합원입주권에 한합니다. 조합원입주권은 도시정비법에 따른 관리처분계획의 인가 및 빈집정비법에 따른 사업시행계획인가로 인하여 취득한 입주자로 선정된 지위로서 "도시정비법에 따른 재건축사업 또는 재개발사업, 빈집정비법에 따른 소규모재건축사업, 2022.1.1. 이후 취득한 빈집정비법에 따른 자율주택정비사업·가로주택정비사업·소규모재개발사업을 시행하는 정비사업조합의 조합원(주민합의체를 구성하는 경우의 토지등소유자 포함)으로서 취득한 것(그 조합원으로부터 취득한 것을 포함한다)에 한정"합니다.

구 분	요 건
상속받은 조합원입권	다음 요건을 모두 충족할 것 ㉠ 피상속인은 상속개시 당시 주택 또는 주택분양권을 소유하지 않고 있을 것 ㉡ 다음 중 어느 하나에 해당되는 조합원입주권일 것 　- 도시정비법상 재개발조합원입주권 　- 도시정비법상 재건축조합원입주권 　- 빈집정비법상 소규모재건축조합원입주권 　- 빈집정비법상 자율주택정비사업, 가로주택정비사업, 소규모재개발사업일 것(2022.1.1. 이후 취득분에 한함) ➡ 원조합원입주권 및 승계조합원입주권 모두 가능 ㉢ 다른 세대를 구성하는 피상속인으로부터 상속받는 경우 일 것 (동거봉양합가 후 상속받은 경우에는 예외 있음)

피상속인이 상속개시 당시 주택은 소유하지 않고 조합원입주권과 분양권만 소유한 경우

상속인이 조합원입주권 또는 분양권 중 하나만 선택하여 상속받은 것으로 보아 상속받은 조합원입주권 또는 상속받은 주택분양권 규정을 적용하여 일반주택 양도 시 비과세 규정을 적용할 수 있습니다.

6-5-3. 피상속인이 2 이상의 조합원입주권을 소유한 경우 상속받은 조합원입주권의 판정

피상속인(돌아가신 분)이 상속개시 당시 2 이상의 조합원입주권을 소유한 경우에는 다음 순위에 따른 1조합원입주권만 상속받은 조합원입주권으로 봅니다.

구 분	내 용
① 1순위	피상속인이 소유한 기간이 가장 긴 1조합원입주권. (소유기간은 주택 소유기간과 조합원입주권 소유기간을 합한 기간을 말함)
② 2순위	피상속인이 거주한 기간이 가장 긴 1조합원입주권. (거주한 기간은 주택에 거주한 기간을 말함)
③ 3순위	상속인이 선택하는 1조합원입주권

6-5-4. 동거봉양 동일세대원으로부터 조합원입주권을 상속받은 경우

상속인과 피상속인이 상속개시 당시 1세대인 경우에는 1주택을 보유하고 1세대를 구성하는 자가 직계존속(배우자의 직계존속을 포함하며, 세대를 합친 날 현재 직계존속 중 어느 한 사람 또는 모두가 60세 이상으로서 1주택을 보유하고 있는 경우만 해당한다)을 동거봉양하기 위하여 세대를 합침에 따라 2주택을 보유하게 되는 경우로써 합치기 이전부터 보유하고 있었던 주택이 조합원입주권으로 전환된 경우에만 상속받은 조합원입주권으로 봅니다.

```
    [합가전]          [세대합가]
  (자녀 세대) ──────▶ 1주택(A) ─────────────────────▶ 양도
  (A주택소유)
                  (+)(동거봉양 세대합가; 60세이상)

  (부모 세대) ──────▶ 1주택(B) ──── (상속) ────▶ 조합원입주권전환 ────
  (B주택소유)                                    (관리처분계획등인가)
                  = 1세대2주택(A+B)
```

● 동거봉양목적으로 합가한 직계존속으로부터 상속받은 주택이 조합원입주권으로 전환된 후 A주택의 양도 시 비과세 특례 가능

6-5-5. 공동상속조합원입주권의 경우 소유자의 판정

공동상속조합원입주권(상속으로 여러 사람이 공동으로 소유하는 1조합원입주권을 말하며, 이하에서 같다)의 경우에는 다음 각 목의 순서에 따라 해당 각 목에 해당하는 사람이 그 공동상속조합원입주권을 소유한 것으로 봅니다.

구 분	내 용
① 1순위	상속지분이 가장 큰 상속인
② 2순위	해당 공동상속조합원입주권의 재개발사업, 재건축사업 또는 소규모재건축사업의 관리처분계획등의 인가일(인가일 전에 주택이 철거되는 경우에는 기존 주택의 철거일) 현재 피상속인이 보유하고 있었던 주택에 거주했던 자
③ 3순위	최연장자

💡 홍길동이 [공동상속조합원입주권 + 일반주택] 보유 중 일반주택 양도 시 비과세 여부

사 례	일반주택 처분 시 판단
공동상속조합원입주권(A) (상속지분이 가장 큰 자)	홍길동은 A의 최대 상속지분권자로서 일반주택 양도 시 A의 소유자로 봅니다. 다만, 비과세 특례가 적용되어 A는 소유 주택으로 보지 않기에 일반주택은 비과세를 적용받을 수 있습니다.
공동상속조합원입주권(A) (상속지분 소수지분권자)	홍길동은 A의 소수지분권자로서 일반주택 양도 시 A의 소유자로 보지 않습니다. 따라서 일반 비과세 규정에 의거 일반주택은 비과세를 적용받을 수 있습니다.
상속개시 후 일반주택을 취득한 경우	비과세 특례를 적용받기 위해서는 상속개시당시 소유하고 있던 일반주택이어야 합니다. 따라서 상속받은 조합원입주권은 일반주택 양도 보유 주택 수에 포함되어 비과세 특례를 적용받을 수 없습니다.

6-5-6. 상속받은 가로주택정비사업의 입주권을 소유하고 있는 경우

도시정비법상 주거환경정비사업에 의한 입주권, 2021.12.31. 이전에 취득한 소규모주택정비법상 자율주택정비사업 또는 가로주택정비사업의 입주권(이하 '특례외 입주권'이라 함)은 본 특례대상에 해당되지 않습니다. 그러나 특례외 입주권은 일반

주택 처분 시 주택 수에 포함하는 조합원입주권에 해당되지 않기에 일반주택 비과세가 가능합니다.(중과세 판단시에도 주택 수에서 배제됨)

6-5-7. 일반주택의 처분 후 남아 있는 상속받은 조합원입주권에 대한 사후관리 여부

[일반주택 + 상속받은 조합원입주권]의 보유 중 일반주택을 먼저 처분하여 비과세 특례를 적용받은 경우 사후관리 규정이 없습니다. 따라서 잔존하는 상속받은 조합원입주권이 새로운 주택으로 완성된 경우에도 세대전원이 3년 이내 이사하고 1년 이상 계속하여 거주할 필요가 없습니다.

 상속받은 조합원입주권이 새로운 주택으로 완공 전 또는 완공 후 3년 이내에 양도해야 하나요?

NO!, 별도의 규정이 없기에 완공 후 3년(23.1.11.이전 양도 분은 2년)이 경과하여 일반주택을 처분하는 경우에도 비과세 가능합니다(상속받은 조합원입주권이 준공된 경우에도 해당 주택은 상속주택으로 보아 보유 주택에서 배제함).

6-6. [(상속주택, 상속조합원입주권 또는 상속받은 주택분양권) + (일반주택 + 상속 외 조합원입주권)] 보유 중 일반주택을 선양도 하는 경우

6-6-1. 비과세 특례

상속받은 주택, 상속받은 조합원입주권 또는 상속받은 주택분양권과 상속 외의 원인으로 취득한 주택(이하에서 "일반주택"라 한다) 및 상속 외의 원인으로 취득한 조합원입주권을 국내에 각각 1개씩 소유하고 있는 1세대가 일반주택을 양도하는 경우에는 국내에 일반주택과 상속 외의 원인으로 취득한 조합원입주권을 소유하고 있는 것으로 보아 아래 표의 비과세 특례 규정을 적용합니다. 이 경우 아래 표의 [6-2] 및 [6-3]의 일반주택은 상속개시 당시 보유한 주택으로 한정합니다.

구 분	제 목
6-2	[일반주택 + 취득 후 3년 이내 조합원입주권] 보유 중 일반주택 선양도 시 비과세
6-3	[일반주택 + 취득 후 3년 경과 조합원입주권] 보유 중 일반주택 선양도 시 비과세
6-4	[대체주택 + 조합원입주권] 보유 중 대체주택 선양도 시 비과세

💡 상속받은 주택분양권?

구 분	내 용
상속받은 주택 분양권이란?	피상속인의 상속개시 당시 상속받은 주택분양권만 있는 경우로 한정함
상속개시 당시 2 이상의 분양권을 소유한 경우	아래 순위에 따른 1분양권만을 상속받은 주택 분양권으로 봄 - 1순위: 피상속인이 소유한 기간이 가장 긴 1분양권 - 2순위: 피상속인이 소유한 기간이 같은 분양권이 2 이상일 경우에는 상속인이 선택하는 1분양권
공동상속분양권	상속으로 여러 사람이 공동으로 소유하는 1분양권을 말함
공동상속분양권의 소유권	다음 각 목의 순서에 따라 해당 각 목에 해당하는 사람이 소유한 것으로 봄 - 1순위: 상속지분이 가장 큰 상속인 - 2순위: 최연장자

> 🏠 **피상속인이 상속개시 당시 주택은 소유하지 않고 조합원입주권과 분양권만 소유한 경우**
>
> 상속인이 조합원입주권 또는 분양권 중 하나에 대해서만 선택하여 상속받은 것으로 보아 상속받은 조합원입주권 또는 상속받은 주택분양권 규정하여 일반주택 양도 비과세 규정을 적용할 수 있습니다.

6-6-2. [(일반주택 + 취득 후 3년 이내 상속외 조합원입주권) + 상속주택(또는 상속받은 조합원입주권 또는 상속받은 주택 분양권] 보유 중 일반주택의 양도 시 비과세 특례

아래의 요건을 모두 충족한 경우에는 일반주택을 1세대 1주택으로 보아 비과세를 적용합니다.

구 분	요 건
일반주택	다음 요건을 모두 충족할 것 ㉠ 상속개시 당시 보유한 주택일 것 ㉡ 양도 당시 1세대 1주택 비과세 요건을 충족할 것 　(2년 이상 보유, 취득당시 조정대상 지역인 경우 보유기간 중 2년 이상 거주)
조합원입주권	다음 중 어느 하나에 해당되는 조합원입주권일 것 - 도시정비법상 재개발 조합원입주권 - 도시정비법상 재건축 조합원입주권 - 소규모주택정비법상 소규모재건축조합원입주권 - 빈집정비법상 자율주택정비사업, 가로주택정비사업, 소규모재개발사업일 것 　(2022.1.1. 이후 취득분에 한함)
사후관리	일반주택의 양도 후 보유하고 있는 상속외 조합원입주권 또는 상속받은 조합원입주권의 준공 후 별도의 사후 관리 없음

6-6-3. [(일반주택 + 취득 후 3년 경과 상속외 조합원입주권) + 상속주택(또는 상속받은 조합원입주권 또는 상속받은 주택분양권)] 보유 중 일반주택의 양도

일반주택 비과세를 적용받기 위해서는 아래의 요건을 모두 충족하여야 합니다.

구 분	요 건
일반주택	다음 요건을 모두 충족할 것 ㉠ 상속개시 당시 보유한 주택일 것 ㉡ 양도 당시 1세대 1주택 비과세 요건을 충족할 것 　(2년 이상 보유, 취득당시 조정대상 지역인 경우 보유기간 중 2년 이상 거주) ㉢ 관리처분계획등에 따라 취득하는 주택이 완성되기 전 또는 완성된 후 3년 　(23.1.11.이전 양도 분은 2년) 이내에 일반주택을 양도할 것

조합원 입주권	다음 중 어느 하나에 해당되는 조합원입주권일 것. - 도시정비법상 재개발 조합원입주권 - 도시정비법상 재건축 조합원입주권 - 소규모주택정비법상 소규모재건축조합원입주권 - 빈집정비법상 자율주택정비사업, 가로주택정비사업, 소규모재개발사업일 것 (2022.1.1. 이후 취득분에 한함)
사후관리	일반주택의 양도 후 보유하고 있는 상속외 조합원입주권이 완성된 후 3년이내에 그 주택으로 세대전원이 이사(취학, 근무상의 형편, 질병의 요양 그 밖의 부득이한 사유로 세대의 구성원 중 일부가 이사하지 못하는 경우를 포함한다)하여 1년 이상 계속하여 거주할 것

➲ 일반주택의 처분 후 남아있는 상속외 조합원입주권에 대한 사후관리를 반드시 하여야 합니다. 즉, 상속외 조합원입주권이 주택으로 완성된 후 3년 이내 그 주택으로 이사 및 1년 이상 계속 거주하여야 합니다.

 상속외 조합원입주권이 아닌 상속받은 조합원입주권 또는 상속받은 주택분양권으로 취득한 주택으로 3년내 이사 및 1년이상 거주하여도 되는지요?

NO!, 반드시 상속외 조합원입주권으로 취득한 주택으로 이사 및 거주 요건을 충족해야합니다.

6-6-4. [(대체주택 + 조합원입주권) + 상속주택(또는 상속받은 조합원입주권)] 보유 중 대체주택 선양도 시 비과세

아래 표의 요건을 모두 충족하는 경우에는 대체주택을 비과세 합니다.

구 분	요 건
대체주택	다음 요건을 모두 충족할 것 ㉠ 사업시행인가일 이후 대체주택을 취득하여 1년 이상 거주할 것 ㉡ 관리처분계획등에 따라 취득하는 주택이 완성되기 전 또는 완성된 후 3년 이내에 대체주택을 양도할 것
조합원 입주권	다음 중 어느 하나에 해당되는 조합원입주권일 것 - 도시정비법상 재개발 조합원입주권 - 도시정비법상 재건축 조합원입주권 - 소규모주택정비법상 소규모재건축조합원입주권 - 빈집정비법상 자율주택정비사업, 가로주택정비사업, 소규모재개발사업일 것 (2022.1.1. 이후 취득분에 한함) ◉ 상속외 조합원입주권은 원조합원입주권에 한함
사후관리	대체주택의 양도 후 보유하고 있는 상속외 조합원입주권이 완성된 후 3년이내에 그 주택으로 세대전원이 이사(취학, 근무상의 형편, 질병의 요양 그 밖의 부득이한 사유로 세대의 구성원 중 일부가 이사하지 못하는 경우를 포함한다)하여 1년 이상 계속하여 거주할 것

◉ 사후관리규정을 충족치 못한 경우 양도소득세를 추징합니다. 즉, 대체주택의 처분 시 비과세특례를 적용받은 경우 반드시 상속외 조합원입주권이 새로운 주택으로 완성된 후 3년내 세대전원이 이사하여 입주하여야 하고 1년 이상 계속하여 거주하여야 하는 사후관리 규정이 있습니다. 그러나 당해 사후관리 규정을 충족하지 못하게 된 때에는 그 사유가 발생한 날이 속하는 달의 말일부터 2개월 이내에 주택 양도당시 비과세를 적용받지 아니할 경우에 납부하였을 세액을 양도소득세로 신고·납부하여야 합니다.

◉ 대체주택의 선양도가 아니라 상속주택 또는 상속조합원입주권을 먼저 양도하는 경우에는 당연히 비과세 특례가 적용될 수 없습니다.

6-7. 동거봉양에 의한 조합원입주권 보유 세대의 일반주택 비과세 특례

6-7-1. 비과세 특례

직계존속(배우자의 직계존속을 포함하며, 직계존속 중 어느 한 사람이 60세 이상인 경우)을 동거봉양하기 위하여 세대를 합침으로써 1세대가 1주택과 1조합원입주권, 1주택과 2조합원입주권, 2주택과 1조합원입주권 또는 2주택과 2조합원입주권 등을 소유하게 되는 경우 합친 날부터 10년 이내에 먼저 양도하는 주택(이하 "최초 양도주택"라 한다)이 일정 요건을 충족하는 경우에는 이를 1세대 1주택으로 보아 비과세 규정을 적용합니다.

[세대 합가 전 각 세대의 주택 또는 조합원입주권 보유 현황]

직계비속(배우자의 직계 비속 포함)세대	직계존속(배우자의 직계존속을 포함)세대
아래 각 경우 중 어느 하나인 경우 가. 1주택 나. 1조합원입주권 또는 1주택분양권 다. 1주택과 1조합원입주권 또는 1주택분양권	아래 각 경우 중 어느 하나인 경우 가. 1주택 나. 1조합원입주권 또는 1주택분양권 다. 1주택과 1조합원입주권 또는 1주택분양권

6-7-2. 최초 양도주택의 요건

최초양도주택은 아래 (1) ~ (3) 중 어느 하나에 해당되는 주택을 말합니다.

(1) 합친 날 이전에 직계비속 또는 직계존속이 합가 이전부터 소유하고 있던 주택.

(2) 합친 날 이전에 직계비속 또는 직계존속이 보유하고 있던 [1주택 + 1조합원입주권(또는 1주택분양권)] 중 다음 어느 하나의 요건을 충족한 1주택.

① "합가전 조합원입주권"이 "최초 조합원입주권"(원조합원입주권을 말함)인 경우
: 최초양도주택이 그 재개발사업, 재건축사업 또는 소규모재건축사업의 시행기간 중 거주하기 위하여 사업시행인가일 이후 취득된 것으로서 취득 후 1년 이상 거주하였을 것(대체주택)

② 합가전 조합원입주권이 매매 등으로 승계취득된 것인 경우
: 최초양도주택이 합가전 조합원입주권을 취득하기 전부터 소유하던 것일 것(일반주택으로서 보유 및 거주기간 요건은 없음)

[용어의 정의]

구 분	내 용
"합가전 조합원입주권"	합친 날 이전에 최초양도주택을 소유하던 자가 소유하던 조합원입주권을 말한다.
"최초 조합원입주권"	관리처분계획등의 인가로 인하여 최초 취득된 것을 말한다. → 원조합원입주권을 말함

③ 합친 날 이전 취득한 분양권으로서 최초양도주택이 합친 날 이전 분양권을 취득하기 전부터 소유하던 것일 것

(3) 합친 날 이전에 소유하던 1조합원입주권 또는 1주택분양권에 의하여 재개발사업, 재건축사업 또는 소규모재건축사업의 관리처분계획 등 또는 사업시행완료에 따라 합친 날 이후에 취득하는 주택

6-7-3. 동거봉양 합가 후 직계존속이 사망하여 상속받은 주택이 조합원입주권으로 전환된 경우 비과세특례 적용여부

1주택을 보유하고 1세대를 구성하는 자(이하 '본인 세대'라 함)가 1주택을 보유하고 있는 직계존속(이하 '직계존속 세대'라 함)을 동거봉양하기 위하여 세대를 합침으로써(이하 '봉양합가'라 함) 1세대 2주택이 된 후 그 합친 날부터 10년 이내에 그 중 1주택을 양도하기 전에 직계존속이 사망한 경우로서, 당해 직계존속 소유 주택을 봉양합가전 본인 세대가 상속받은 후 당해 주택이 「도시 및 주거환경정비법」따른 관리처분계획 인가로 인하여 조합원입주권으로 전환된 경우에는 당초 본인 세대 주택은 1세대 1주택 비과세 특례 규정이 적용됩니다.(해석 사례: 재산-3746, 2008.11.12.)

6-7-4. 사후관리 규정

일반주택(대체주택)의 양도 기한 또는 재개발 등으로 준공된 주택으로의 이사기한(3년) 및 거주기간(1년 이상 계속 거주)은 필요 없습니다. 즉, 별도의 사후관리 규정은 없습니다.

6-8. [일반주택 + 혼인합가 조합원입주권] 보유 중 일반주택의 선양도 시 비과세특례

6-8-1. 비과세 특례

혼인함으로써 1세대가 1주택과 1조합원입주권, 1주택과 2조합원입주권, 2주택과 1조합원입주권 또는 2주택과 2조합원입주권 등을 소유하게 되는 경우 혼인한 날부터 10년 이내에 먼저 양도하는 주택이 일정한 요건을 충족한 경우에는 이를 1세대

1주택으로 보아 1세대 1주택 비과세 규정을 적용합니다.

[혼인 전 양 당사자의 주택 또는 조합원입주권 보유 현황]

결혼 당사자	배우자
아래 각 경우 중 어느 하나인 경우 가. 1주택 나. 1조합원입주권 또는 1주택분양권 다. 1주택과 1조합원입주권 또는 1주택분양권	아래 각 경우 중 어느 하나인 경우 가. 1주택 나. 1조합원입주권 또는 1주택분양권 다. 1주택과 1조합원입주권 또는 1주택분양권

6-8-2. 최초양도주택의 요건

최초양도주택은 아래 (1) ~ (3)의 어느 하나에 해당되는 경우를 말합니다.

(1) 혼인한 날 이전에 어느 일방이 소유하고 있던 주택.

(2) 혼인한 날 이전에 어느 일방이 소유하고 있던 [1주택 + 1조합원입주권(또는 1주택분양권)] 중 다음 어느 하나의 요건을 충족한 1주택.

　① [혼인전 조합원입주권]이 [최초 조합원입주권]인 경우
　　: 최초양도주택이 그 재개발사업, 재건축사업 또는 소규모재건축사업의 시행기간 중 거주하기 위하여 사업시행인가일 이후 취득된 것으로서 취득 후 1년 이상 거주하였을 것

　② 혼인전 조합원입주권이 매매 등으로 승계취득된 것인 경우에는 최초양도주택이 합가전 조합원입주권을 취득하기 전부터 소유하던 것일 것

[용어의 정의]

구 분	내 용
"혼인전 조합원입주권"	혼인 이전에 최초양도주택을 소유하던 자가 소유하던 조합원입주권을 말함.
"최초 조합원입주권"	관리처분계획등의 인가로 인하여 최초 취득된 것을 말함.

　③ 혼인한 날 이전에 취득한 분양권으로서 최초양도주택이 혼인한 날 이전에 분양권을 취득하기 전부터 소유하던 것일 것

(3) 혼인한 날 이전에 소유하던 1조합원입주권 또는 1주택분양권에 의하여 재개발사업, 재건축사업 또는 소규모재건축사업의 관리처분계획등 또는 사업시행완료에 따라 혼인한 날 이후에 취득하는 주택

6-8-3. 사후관리 규정

일반주택(대체주택)의 양도 기한 또는 재개발등으로 준공된 주택으로의 이사기한(3년) 및 거주기간(1년이상 계속 거주)은 필요 없음. 즉, 별도의 사후관리 규정은 없습니다.

6-9. [(일반주택 + 조합원입주권) + 문화재주택] 보유 중 일반주택의 선양도 시 비과세 특례

6-9-1. 비과세 특례 내용

문화재주택과 그 밖의 주택(이하 "일반주택"이라 한다) 및 조합원입주권을 국내에 각각 1개씩 소유하고 있는 1세대가 일반주택을 양도하는 경우에는 국내에 일반주택과 조합원입주권을 소유하고 있는 것으로 보아 1세대 1주택 비과세 특례 규정을 적용합니다. 따라서 [일반주택 + 취득 후 3년 내 조합원입주권], [일반주택 + 취득 후 3년 경과한 조합원입주권], [조합원입주권 +대체주택]을 보유하는 세대가 추가적으로 문화재주택을 보유하고 있는 경우로서 일반주택(대체주택을 포함한다)을 먼저 처분하는 경우에는 비과세 특례를 적용받을 수 있습니다.

6-9-2. [(일반주택 +취득 후 3년 내 조합원입주권)+ 문화재 주택] 보유 중 일반주택의 선양도 시 비과세 특례 요건

선양도하는 일반주택은 양도일 현재 1세대 1주택 비과세 요건(2년 이상 보유, 취득당시 조정대상지역의 경우 보유기간 중 2년 이상 거주)을 충족해야 합니다. 그 이외의 요건은 없습니다.

6-9-3. [(일반주택 + 취득 후 3년 경과한 조합원입주권) + 문화재 주택] 보유 중 일반주택의 선양도 시 비과세 특례 요건

아래 요건을 모두 충족한 경우 선양도하는 일반주택(이하 '종전주택'이라 함)은 비과세 특례를 적용받을 수 있습니다.

① 먼저 처분하는 종전주택은 양도시점에서 비과세 요건을 충족할 것

② 종전주택 취득 후 1년 이상이 지난 후에 조합원입주권을 취득할 것(2022.2.15. 이후 취득하는 조합원입주권부터 적용함)

③ 재개발사업, 재건축사업, 소규모재건축사업등(*)의 관리처분계획등에 따라 취득하는 주택이 완성된 후 3년 이내에 그 주택으로 세대전원이 이사(기획재정부령이 정하는 취학, 근무상의 형편, 질병의 요양 그 밖의 부득이한 사유로 세대의 구성원 중 일부가 이사하지 못하는 경우를 포함한다)하여 1년 이상 계속하여 거주할 것

④ 재개발사업, 재건축사업 또는 소규모재건축사업등의 관리처분계획등에 따라 취득하는 주택이 완성되기 전 또는 완성된 후 3년 이내에 종전의 주택을 양도할 것

> (*) 소규모재건축사업등은 빈집정비법상 소규모재건축사업, 2022.1.1. 이후 취득한 빈집정비법상 자율주택정비사업, 가로주택정비사업, 소규모재개발사업을 말합니다.
> 2022.2.15. 소득세법 시행령 개정 시 [종전주택 취득 후 1년 이상이 지난 후에 조합원입주권 취득] 요건이 추가되었으며, 그 적용은 2022.2.15. 이후 취득하는 조합원입주권부터 적용합니다.

6-9-4 [(대체주택 + 조합원입주권) + 문화재 주택] 보유 중 대체주택(일반주택)을 먼저 처분하는 경우 비과세 특례

대체주택(일반주택)을 선양도하는 경우로서 아래의 요건을 모두 충족한 경우에는 비과세 특례를 적용받을 수 있습니다.

① 재개발사업, 재건축사업 또는 소규모재건축사업등(*)의 사업시행인가일 이후 대체주택(매입한 조합원입주권으로 취득한 주택 포함)을 취득하여 1년 이상 거주할 것

② 재개발사업, 재건축사업 또는 소규모재건축사업의 관리처분계획등에 따라 취득하는 주택이 완성된 후 3년 이내에 그 주택으로 세대전원이 이사(기획재정부령이 정하는 취학, 근무상의 형편, 질병의 요양 그 밖의 부득이한 사유로 세대원 중 일부가 이사하지 못하는 경우를 포함한다)하여 1년 이상 계속하여 거주할 것

③ 재개발사업, 재건축사업 또는 소규모재건축사업의 관리처분계획등에 따라 취득하는 주택이 완성되기 전 또는 완성된 후 3년 이내에 대체주택을 양도할 것

> (*) 소규모재건축사업등은 빈집정비법상 소규모재건축사업, 2022.1.1. 이후 취득한 빈집정비법상 자율주택정비사업, 가로주택정비사업, 소규모재개발사업을 말합니다.

6-10. [(일반주택 + 조합원입주권) + 이농주택] 보유 중 일반주택 선양도시 비과세 특례

6-10-1. 비과세 특례 요건

이농주택과 그 밖의 주택(이하 "일반주택"이라 한다) 및 조합원입주권을 국내에 각각 1개씩 소유하고 있는 1세대가 일반주택을 양도하는 경우에는 국내에 일반주택과 조합원입주권을 소유하고 있는 것으로 보아 1세대1주택 비과세 특례 규정을 적용합니다. 따라서 [일반주택 + 취득 후 3년 내 조합원입주권], [일반주택 + 취득 후 3년 경과된 조합원입주권], [조합원입주권 +대체주택]을 보유하는 세대가 추가적으로 이농주택을 보유하고 있는 경우로서 일반주택(대체주택을 포함한다.)을 먼저 처분하는 경우에는 비과세를 적용받을 수 있습니다.

6-10-2. 이농주택의 정의

이농인(어업에서 떠난 자를 포함한다. 이하 같다)이 취득일 후 5년 이상 거주한 사실이 있는 이농주택을 말합니다. 구체적으로, "이농주택"이라 함은 영농 또는 영어에 종사하던 자가 전업으로 인하여 다른 시(특별자치시와 「제주특별자치도 설치 및

국제자유도시 조성을 위한 특별법」에 따라 설치된 행정시를 포함한다)·구(특별시 및 광역시의 구를 말한다)·읍·면으로 전출함으로써 거주자 및 그 배우자와 생계를 같이하는 가족 전부 또는 일부가 거주하지 못하게 되는 주택으로서 이농인이 소유하고 있는 주택을 말합니다.

6-10-3. [(일반주택 + 조합원입주권) + 귀농주택]의 보유 중 일반주택을 선 양도하는 경우 비과세 특례를 적용받을 수 있는지 여부

본 규정은 [(일반주택 + 조합원입주권) + 이농주택]을 보유 중 일반주택을 선 양도하는 경우에만 비과세 특례를 적용하고 있습니다. 즉, 농어촌주택 중 귀농주택은 여기에 해당되지 않기에 [(일반주택 + 조합원입주권) + 귀농주택]의 보유 중 일반주택을 선 양도하는 경우 비과세 특례를 적용 받을 수 없습니다.

6-10-4. [(일반주택 +취득 후 3년 내 조합원입주권) + 이농주택] 보유 중 일반주택의 선양도 시 비과세 특례 요건

선양도하는 일반주택은 양도일 현재 1세대 1주택 비과세 요건(2년이상 보유, 취득 당시 조정대상지역의 경우 보유기간 중 2년 이상 거주요건)을 충족하여야 합니다. 그 이외의 요건은 없습니다.

6-10-5. [(일반주택 + 취득 후 3년 경과한 조합원입주권) + 이농주택]보유 중 일반주택의 선양도시 비과세 특례 요건

아래 요건을 모두 충족한 경우 선양도하는 일반주택은 비과세 특례를 적용받을 수 있습니다.
① 먼저 처분하는 일반주택은 양도시점에서 비과세 요건을 충족할 것
② 재개발사업, 재건축사업, 소규모재건축사업등 시행으로 관리처분계획등에 따라 취득하는 주택이 완성된 후 3년(23.1.11.이전 양도 분은 2년) 이내에 그 주택으로 세대전원이 이사(기획재정부령이 정하는 취학, 근무상의 형편, 질병의

요양 그 밖의 부득이한 사유로 세대의 구성원 중 일부가 이사하지 못하는 경우를 포함한다)하여 1년 이상 계속하여 거주할 것

③ 관리처분계획등에 따라 취득하는 주택이 완성되기 전 또는 완성된 후 3년(23.1.11. 이전 양도 분은 2년) 이내에 종전의 주택을 양도할 것

6-10-6. [(대체주택 + 조합원입주권) + 이농주택]보유 중 대체주택(일반주택)을 먼저 처분하는 경우 비과세 특례 요건

대체주택(일반주택)을 선양도하는 경우로서 아래의 요건을 모두 충족한 경우에는 비과세 특례를 적용받을 수 있습니다.

① 재개발사업, 재건축사업의 또는 소규모재건축사업등의 사업시행인가일 이후 대체주택(매입한 조합원입주권으로 취득한 주택 포함)을 취득하여 1년 이상 거주할 것

② 재개발사업, 재건축사업 또는 소규모재건축사업등의 관리처분계획등에 따라 취득하는 주택이 완성된 후 3년(23.1.11. 이전 양도 분은 2년) 이내에 그 주택으로 세대전원이 이사(기획재정부령이 정하는 취학, 근무상의 형편, 질병의 요양 그 밖의 부득이한 사유로 세대원 중 일부가 이사하지 못하는 경우를 포함한다)하여 1년 이상 계속하여 거주할 것

③ 재개발사업, 재건축사업 또는 소규모재건축사업등의 관리처분계획등에 따라 취득하는 주택이 완성되기 전 또는 완성된 후 3년(23.1.11. 이전 양도 분은 2년) 이내에 대체주택을 양도할 것

[7] 1세대 다주택자 양도소득세 중과세 유예

1) 1세대 다주택(조합원입주권·분양권 포함) 자가 조정대상지역 내 주택을 2년 이상 보유 후 양도 시 세금을 많이 부과하는 양도세 중과세 규정을 유예(2022.5.10. ~ 2026.5.09.) 하도록 하였습니다. 아래에서 다주택 중과세 규정을 살펴보고 유예내용을 자세히 살펴보겠습니다.

[2025.1.1. 현재 조정대상지역]

지 역		해당 지역
서울시	조정대상지역	강남구, 서초구, 송파구, 용산구 (이하 '조정4구'라 함)
	비조정대상지역	'조정4구' 외의 지역
서울시 외 지역		모두 비조정대상지역

2) 1세대 다주택자가 조정대상지역 내 2년미만 보유한 주택을 양도하는 경우에는 중과세 유예규정이 적용되지 않고 있으니 실무상 주의가 필요합니다.

3) 조정대상지역에 있는 주택을 2채 또는 3채 이상 보유한 다주택자가 해당 주택을 양도하는 경우 양도소득세 중과세율의 적용이 배제되는 주택의 범위에 2024년 1월 10일부터 2027년 12월 31일까지 취득하는 주택으로서 일정한 요건을 갖춘 소형신축주택과 2024년 1월 10일부터 2025년 12월 31일까지 취득하는 수도권 밖의 지역에 소재하는 준공 후 미분양주택을 추가하였습니다.(소득령 제167조의3①제12호)

2년 이상 보유한 조정대상지역 내 주택의 경우 2026.5.9.까지 중과세가 유예되었으나 2년 미만 보유한 조정대상지역 내 주택의 경우 중과세가 적용되고 있기에 추가된 소형신축주택이나 미분양주택의 경우 그 의미가 있습니다. 자세한 내용은 아래에서 살펴보겠습니다.

7-1. 1세대 다주택자 중과세 내용

7-1-1. 1세대 2주택(조합원입주권·분양권 포함) 중과세 내용

조정대상지역에 있는 주택으로서 1세대가 법에서 정한 2주택(조합원입주권 또는 2021.1.1. 이후 취득 또는 분양계약한 분양권 포함)의 보유 중 해당 주택의 양도 시 "기본누진세율 + 20%"(단기매매세율과 경합 시 세액이 더 큰 것 적용)의 세율을 적용하고 장기보유특별공제를 배제(이하 '다주택 중과세라 함)합니다. 다주택 중과세는 반드시 양도하는 주택이 조정대상지역에 있어야 하며 동시에 다주택 중과세 대상 주택 수에 포함되어야 합니다.

[1세대 2주택(조합원입주권 및 분양권 포함)이상 보유 자의 주택 양도 시 중과세]

구 분	내 용	
	2021.5.31. 이전 양도	2021.6.1. 이후 양도
양도세 중과세	1) 중과세율 적용 MAX[(기본세율 + 10%), 단기세율] – 기본세율:6%~45% – 단기세율(주택) | 보유 기간 | 세율 | |---|---| | 1년 미만 | 40% | | 1년 이상 | 기본세율 (6%~45%) | 2) 장기보유특별공제 배제	1) 중과세율 적용 MAX[(기본세율 + 20%), 단기세율] – 기본세율:6%~45% – 단기세율(주택) | 보유 기간 | 세율 | |---|---| | 1년 미만 | 70% | | 1년 이상 ~2년 미만 | 60% | | 2년 이상 | 기본세율 (6%~45%) | 2) 장기보유특별공제 배제
중과세 요건	다음의 요건을 모두 충족할 것 – 1세대 다주택(조합원입주권 또는 분양권 포함)자 일 것 – 조정대상지역 내 주택을 양도할 것 – 중과세 배제 대상 주택에 해당되지 않을 것	
조합원 입주권	– 도시정비법상 재개발·재건축조합원입주권 – 빈집정비법상 소규모건축조합원입주권 – 빈집정비법상 자율주택정비사업·가로주택정비사업·소규모재개발사업의 입주권 (단, 2022.1.1. 이후 취득분에 한함)	
분양권	2021.1.1. 이후 취득 또는 분양계약한 주택분양권만 주택 수에 산입	

7-1-2. 1세대 3주택(또는 조합원입주권·주택분양권)이상 보유 중 주택 양도 시 중과세

1세대가 법에서 정한 3주택(조합원입주권 또는 2021.1.1. 이후 취득 또는 분양계약한 분양권 포함) 이상 보유 중 조정대상지역에 있는 주택의 양도 시 "기본누진세율 +30%"(단기매매세율과 경합 시 세액이 더 큰 것 적용)의 세율을 적용하고 장기보유특별공제를 배제하고 있습니다. 양도소득세의 중과세(추가세율 적용 및 장기보유특별공제 배제)는 반드시 양도하는 주택이 조정대상지역에 있어야 하며 중과대상 주택 수에 포함되어야 합니다.

[1세대 3주택(조합원입주권 또는 분양권 포함)이상 보유자의 주택 양도 시 중과세]

구 분	내 용	
	2021.5.31. 이전 양도	2021.6.1. 이후 양도
양도세 중과세	1) 중과세율 적용 MAX[(기본세율 + 20%), 단기세율] - 기본세율:6%~45% - 단기세율(주택) | 보유 기간 | 세율 | |---|---| | 1년 미만 | 40% | | 1년 이상 | 기본세율 (6%~45%) | 2) 장기보유특별공제 배제	1) 중과세율 적용 MAX[(기본세율 + 30%), 단기세율] - 기본세율:6%~45% - 단기세율(주택) | 보유 기간 | 세율 | |---|---| | 1년 미만 | 70% | | 1년 이상 ~2년 미만 | 60% | | 2년 이상 | 기본세율 (6%~45%) | 2) 장기보유특별공제 배제
중과 요건	다음의 요건을 모두 충족할 것 - 1세대 다주택(조합원입주권 또는 분양권 포함)자 일 것 - 조정대상지역 내 주택을 양도할 것 - 중과세 배제 대상 주택에 해당되지 않을 것	
조합원 입주권	- 도시정비법상 재개발·재건축조합원입주권 - 빈집정비법상 소규모재건축조합원입주권 - 빈집정비법상 자율주택정비사업·가로주택정비사업·소규모재개발사업의 입주권 (단, 2022.1.1. 이후 취득분에 한함)	
주택분양권	2021.1.1. 이후 취득 또는 분양계약한 주택분양권만 주택 수에 산입	

7-1-3. 조합원입주권이란?

[조합원입주권의 범위(1세대1주택 비과세, 중과세 판단시)](포함: ○ , 불포함: ×)

구 분	사업의 종류		2021.12.31. 이전 취득 분	2022.1.1. 이후 취득 분
도시 정비법	재개발사업		○	○
	재건축사업		○	○
	주거환경개선사업		×	×
빈집 정비법	빈집정비사업		×	×
	자율주택정비사업			○ (*)
	가로주택정비사업		×	○ (*)
	소규모재개발사업		×	○ (*)
	소규모 재건축 사업	조합방식	○	○
		주민합의체 구성 방식	×	○ (*)

◐ (*) 빈집정비법상 주민합의체를 구성하는 경우에는 토지등소유자를 조합원으로 봅니다.

> **지역주택조합의 입주권은?**
>
> 양도세에서는 주택 수에 포함하는 분양권으로 보고 있으나(서면법규 재산 2021-4466, 2022.02.11.), 지방세(취득세)에서는 주택수에 포함하는 분양권으로 보지 않습니다.

7-2. 중과세 유예

1세대 다주택자가 2년 이상 보유한 조정대상지역 내 주택의 양도 시 양도세를 2022.5.10.부터 2026.5.09.까지 양도하는 경우 중과세를 적용하지 않습니다. 따라서 1세대 다주택자의 경우에도 2026.5.09.까지 주택의 양도 시 장기보유특별공제(3년 이상 보유)를 적용받을 수 있으며 일반세율(6%~45%)을 적용받을 수 있습니다.

> **2년미만 보유한 경우에도 다주택 중과세 규정을 유예하나요?**
>
> NO! 2년 이상 보유한 경우에만 다주택 중과세 규정을 유예합니다. 따라서 1세대 다주택자가 2년미만 보유한 조정대상지역 내 주택의 양도 시 중과세가 적용되기에 주의하셔야 합니다. 즉, 2년 미만 단기일반세율(70%, 60%) 적용 산출세액과 중과세율(6% ~ 45% + 20% 또는 30%)적용 산출세액 중 더 큰 세액을 적용합니다.

💡 [2년미만 보유 시 다주택자등의 주택 양도소득세율]

구 분	세 율
1세대2주택·조합원입주권·분양권자	MAX(①,②) ① 단기일반세율(70%, 60%) ② 중과세율(6%~45% + 20%)
1세대3주택·조합원입주권·분양권자이상자	MAX(①,②) ① 단기일반세율(70%, 60%) ② 중과세율(6%~45% + 30%)

7-3. 2024년 1월 10일부터 2027년(또는 2025년) 12월 31일까지 취득하는 소형주택 등

7-3-1. 특례내용

법에서 정한 1세대 2주택·3주택(조합원입주권 또는 분양권 포함)이상 소유자가 특례 기간 중 다음 박스 안의 요건을 충족한 소형주택(2024.1.10. ~ 2027.12.31.) 또는 지방의 준공 후 미분양주택(2024.1.10. ~ 2025.12.31.)을 취득하는 경우, 다주택 여부의 판정 시 해당 주택을 주택수에서 배제하고 해당 주택의 양도 시 중과세를 배제하고 있습니다(소득령 제167조의3①12호).

[특례대상 소형주택 또는 지방 미분양주택의 요건]

가. 다음의 요건을 모두 갖춘 소형 신축주택
(2024년 1월 10일부터 2027년 12월 31일까지 취득할 것)
1) 전용면적이 60제곱미터 이하일 것
2) 취득가액이 6억원(수도권 밖의 지역에 소재하는 주택의 경우에는 3억원) 이하일 것
3) 2024년 1월 10일부터 2027년 12월 31일까지의 기간 중에 준공된 것일 것
4) 아파트에 해당하지 않을 것
5) "7-3-2"의 요건을 추가로 충족할 것

나. 다음의 요건을 모두 갖춘 준공 후 미분양주택
(2024년 1월 10일부터 2025년 12월 31일까지 취득할 것)
1) 전용면적이 85제곱미터 이하일 것
2) 취득가액이 6억원 이하일 것
3) 수도권 밖의 지역에 소재할 것
4) "7-3-3"의 요건을 추가로 충족할 것
⇨ 수도권 밖 미분양주택은 소형 신축주택과는 달리 2025.12.31.에 특례기간 만료예정임.

위 박스 안의 소형주택 또는 지방 미분양주택과 일반주택 보유 중 일반주택 양도 시 1세대1주택 비과세를 적용받을 수 있나요?

NO! 소형주택 또는 지방 미분양주택 규정은 1세대 다주택자의 중과세 배제 또는 중과세 대상 주택 수 판단 시에만 배제하는 규정입니다. 따라서 1세대 1주택 비과세 판단 시 소유주택에서 배제하지는 않습니다.

7-3-2. 소형 신축주택의 추가 요건

다음 박스의 각 호의 요건을 추가로 모두 충족해야 합니다.(소득세법 시행규칙 제82조①)

> 1. 양도자가 다음 각 목의 어느 하나에 해당할 것
>
> 가. 「주택법」 제54조 제1항 각 호 외의 부분 전단에 따른 사업주체
> 나. 「건축물의 분양에 관한 법률」 제2조 제3호에 따른 분양사업자
> 다. 가목에 따른 사업주체 또는 나목에 따른 분양사업자로부터 주택의 공사대금으로 해당 주택을 받은 시공자
>
> 2. 양수자가 해당 주택에 대한 매매계약(주택공급계약 및 분양계약을 포함한다. 이하 이 항에서 같다)을 최초로 체결한 자일 것
>
> 3. 양도자와 양수자가 해당 주택에 대한 매매계약을 체결하기 전에 다른 자가 해당 주택에 입주한 사실이 없을 것

7-3-3. 지방 준공 후 미분양주택의 추가 요건

다음 박스의 각 호의 요건을 추가로 모두 충족해야 합니다.(소득세법 시행규칙 제82조②)

> 1. "7-3-2"의 요건을 모두 충족할 것
>
> 2. 입주자 모집공고에 따른 입주자의 계약일 또는 분양 광고에 따른 입주예정일까지 분양계약이 체결되지 않아 선착순의 방법으로 공급하는 주택(이하에서 "준공 후 미분양주택"이라 한다)일 것
>
> 3. 해당 주택의 소재지를 관할하는 시장·군수·구청장으로부터 해당 주택이 준공 후 미분양주택이라는 확인을 받은 주택일 것

7-3-4. 준공 후 미분양주택의 확인 절차는?

준공 후 미분양주택의 확인 절차는 다음 각 호의 순서에 따릅니다.

순 서	상세 내용
1. 미분양주택 여부 확인 요청 (양도자⇨시장등)	양도자는 해당 주택의 소재지를 관할하는 시장·군수·구청장에게 해당 주택이 준공 후 미분양주택인지 여부를 확인해 줄 것을 요청할 것
2. 미분양주택 확인 날인 후 매매계약서 내줌 (시장등⇨양도자)	제1호에 따라 요청받은 시장·군수·구청장은 해당 주택이 준공 후 미분양주택임을 확인한 경우에는 해당 주택의 매매계약서에 별지 제83호의7 서식에 따른 준공 후 미분양주택 확인 날인을 하여 양도자에게 내주고, 그 확인내용을 준공 후 미분양주택 확인 대장(별지 제83호의8)에 기재하여 매매계약서 사본과 함께 보관할 것
3. 도장 날인된 매매계약서 전달 (양도자⇨양수자)	양도자는 제2호에 따라 준공 후 미분양주택 확인 날인을 받은 매매계약서를 양수자에게 내줄 것
4. 미분양주택 확인 대장 등 관할세무서장에게 제출 (시장등⇨관할세무서장)	시장·군수·구청장은 별지 제83호의8 서식에 따른 준공 후 미분양주택 확인 대장 및 매매계약서 사본을 해당 주택의 소재지를 관할하는 세무서장에게 제출할 것

■ 소득세법 시행규칙 [별지 제83호의7서식] (2024.03.22 신설)

160mm×60mm[백상지 80g/㎡(재활용품)]

[8] 조합원분양가액과 권리가액(종전자산평가액) 차액에 따른 세금

8-1. 청산금을 조합에 납부하는 경우(조합원분양가액 > 권리가액)

8-1-1. 납부하는 청산금의 성격은?

조합에 납부하는 청산금은 실무에서 분담금이라는 용어를 사용하기도 합니다. 분담금은 다음 표의 산식에 따라 산출됩니다. 분담금은 조합원이 분양신청한 아파트(또는 상가등)의 분양가격이 해당 조합원이 보유하고 있던 종전부동산평가액(권리가액)보다 많은 경우 조합원이 조합에 추가로 내야하는 분양대금을 말합니다.

> "분담금(청산금) = 조합원분양가액 - 종전부동산의 권리가액(A)"
> * A = 종전부동산의 감정평가액 × 비례율
> * 비례율 = (총수입 - 총사업비)/ 분양신청한 조합원의 종전부동산감정평가액

> **종전부동산의 감정평가는 어떤 방식으로 하나요?**
>
> 재개발조합에서는 사업시행계획인가(건축허가, 사업인정고시)를 구청등으로부터 받습니다. 사업시행계획인가를 받은 날을 기준으로 2개 이상의 감정평가업자를 통해 종전부동산에 대한 산술평균감정가액을 산정합니다. 일반적으로 감정평가액은 해당 구역 외 인근 지역의 시세를 반영하여 평가를 하며 재개발정비사업을 통한 미래이익분은 제외하게 됩니다. 결과적으로 해당 구역내에서 실제 매매되는 시세보다 낮은 금액으로 감정평가가 진행됩니다. 투자실무에서는 기준시가(공동주택가격, 개별주택가격, 개별공시지가 등)의 130%를 곱한 가격을 감정평가금액으로 예상하나 이는 추정치에 지나지 않습니다.

8-1-2. 납부한 분담금은 향후 양도세 계산시 필요경비로 인정되나요?

네, 가능합니다. 조합원입주권 상태에서 매매를 하든, 준공 후 아파트 상태에서 매매하든 모두 필요경비로 인정됩니다.

8-1-3. [양도세 필요경비] 재개발조합원입주권 유상취득 시 매수자의 취득세는?

조합원입주권 매매가액에서 기불입한 분담금을 차감한 가액을 기준으로 취득세를 부과합니다. 즉, "종전부동산권리가액 + 프리미엄"의 금액만으로 취득세를 납부하게 됩니다. 원조합원이 조합에 기불입한 분담금과 향후 승계조합원이 조합에 추가 불입예정인 분담금은 준공 시 건축물의 취득세 과세표준에 포함됩니다.

구 분	건축물이 멸실되지 않은 경우	건축물이 멸실된 경우
사 례	ㅇ 조합원매매금액(8억원) 　- 종전부동산 권리가액 : 3억원 　- 입주권 프리미엄　　 : 5억원 　- 기불입 분담금　　　 : 0억원	ㅇ 조합원매매금액(9억원) 　- 종전부동산 권리가액 : 3억원 　- 입주권 프리미엄　　 : 5억원 　- 기불입 분담금　　　 : 1억원
취득세 (농특세, 지방 교육세 별도)	ㅇ 건축물 취득세 과표(부수토지 포함) 　 : 8억원 ㅇ 세율 　- 상가등 : 4% 　- 주택 : 1%~3%(다주택 8%, 12%)	ㅇ 토지 취득세 과표 : 8억원 ㅇ 세율 : 4% → 건축물이 멸실되어 지방세법상 　 토지(나대지)의 취득에 해당됨

8-1-4. [양도세 필요경비] 재개발조합원의 준공 후 건축물 취득세는 얼마인가요?

2022.12.31. 이전에 관리처분계획인가 받은 조합원(승계조합원포함)은 청산금 납부액을 기준으로 신축된 건축물의 취득세를 납부합니다. 그러나 2023.1.1. 이후 관리처분계획인가를 받는 조합의 조합원인 경우 청산금 납부액과 무관하게 전체건축공사비 중 분양받은 건축물 면적상당액을 기준으로 건축물의 취득세를 부과합니다.(2023.1.1. 지방세법 개정)

구 분	2022.12.3. 이전 관리처분계획인가	2023.1.1. 이후 관리처분계획인가
원조합원(*) 취득세(원시취득)	"청산금납부액 × 2.8%" → 1세대1주택자(일시적 2주택자 포함) 등 면적별 감면 있음	"총건축물공사금액 × 개별조합원분양면적 / 총건축물면적"
승계조합원 취득세 (원시취득)	"청산금납부액 × 2.8%" → 감면없음	

(*) 취득세 감면대상 원조합원은 정비구역 지정일 현재 토지등소유자에 한함

● 도정법상 재건축정비사업의 조합원은 2022.12.31. 이전에도 청산금기준이 아니라 총공사비중 분양받는 주택의 면적상당액을 취득세 과세표준으로 산정하여 왔음.

8-1-5. [양도세 필요경비] 증가된 건축물 부속토지에 대한 취득세는?

조합원이 분양받은 신축건축물의 부속토지면적(30㎡)이 종전건축물의 부속토지면적(26)㎡보다 증가된 경우 해당 증가된 토지에 대한 취득세는 (유상)승계취득으로 보아 건축물과 별도의 취득세를 부담하여야 합니다.(분담금을 납부한 경우에 한함) 실무적으로 신축건축물의 부속토지 면적이 종전건축물의 부속토지 면적보다 증가되는 경우는 신축세대수가 많고 조합원분양세대가 아주 적은 정비사업조합에서 발생합니다. 예를 들어, 종전주택이 24평형이나 분양받은 주택이 40평형인 경우입니다.

구 분	개정 전(2023.3.13. 이전 관처분)	개정 후(23.3.14. 이후 관처분)
원조합원	과세 제외하되, 종전 건축물의 부속토지 면적보다 증가된 부속토지 면적에 이전고시일의 다음 날의 개별공시지가 적용 "증가토지면적×min(토지분양가액, 공시지가)/㎡"	과세 제외하되, 종전 건축물의 부속토지 면적보다 새로이 분양받은 건축물의 부속토지 면적이 증가하는 경우는 승계취득으로 과세 "증가토지면적×토지분양가액/㎡"
승계 조합원		

청산금을 납부하여 기존주택의 부수토지 면적보다 토지면적이 증가한 경우 보유 및 거주 기간의 판단은?

「도시 및 주거환경정비법」에 따른 재개발사업의 조합원이 당해 조합에 기존주택과 부수토지를 이전하고 청산금을 납부하여 새로 주택(이하 "재건축주택")을 분양받은 경우로서 해당 재건축주택의 부수토지 면적이 기존주택의 부수토지 면적보다 증가한 경우 그 증가된 부수토지는 재개발사업에 따라 새로 취득한 것으로 보아 「소득세법 시행령」 제154조제1항을 적용하며, 기존주택의 보유기간과 거주기간을 통산하지 않는 것입니다.(사전법규재산 2021-1049, 2022.03.29.)

▷ 저자주: 종전 주택의 부수토지 면적보다 새로이 분양받은 (조합원)주택의 부수토지 면적이 더 증가된 경우, 준공 후 1년 또는 2년미만 보유 후 양도 시 증가된 토지면적분의 양도차익에 대해 비과세를 적용받지 못하며, 단기 중과세율(70%, 60%)이 적용되기에 주의할 필요가 있습니다.

8-1-6. 조합원입주권의 양도 시 고가주택 여부의 판단 기준

1세대1주택 비과세 판단 시 고가주택은 실지거래가액 12억원을 기준으로 판단합니다. 조합원입주권의 경우에도 양도 시 실지거래가액 12억원을 기준으로 고가주택 여부를 판단합니다. 참고적으로 종전부동산을 대신하여 [입주권 + 청산금]을 함께 받는 경우, 청산금(종전부동산의 지분양도)의 고가주택 판단은 종전부동산의 권리가액(평가액)을 기준으로 판단합니다.

8-1-7. 조합원입주권 매매 시 양도세 측면에서의 특이사항은?

관리처분계획인가전에 주택을 취득한 후 준공 전에 조합원입주권을 양도하는 경우 주택의 양도가 아닌 「부동산을 취득할 수 있는 권리」인 조합원입주권의 양도에 해당됩니다. 따라서 세율적용 시 보유기간은 종전부동산 취득시기부터 조합원입주권 양도시점까지입니다. 2년 이상 보유 여부의 판단 시 종전부동산 취득시점부터 판단하면 됩니다. 다만, 장기보유특별공제는 종전부동산 취득시점부터 관리처분계획인가(고시)시점까지 발생된 양도차익에 대해 인정하며 해당 기간이 3년 이상이 되어야만 인정받을 수 있습니다. 결국, 관리처분계획인가시점의 익일부터 조합원입주권 양도시점까지의 양도차익과 해당기간은 장기보유특별공제 시 제외됩니다. 구체적 양도차익 산정방법은 본장 제9-1편에서 설명하겠습니다.

> **조합원입주권의 양도 시기는?**
>
> 잔금청산일이 양도시기이니 실무상 주의가 필요합니다.(부동산등기접수일이 아님)

8-1-8. 재개발에 따라 준공된 주택 양도 시 주의사항은?

관리처분계획인가일 이전에 종전주택을 취득한 경우로서 재개발에 따라 취득한 주택의 취득시기는 당초 종전주택 취득일부터 기산됩니다. 다만, 재개발에 따라 취득한 아파트의 부속토지가 종전주택의 부속토지면적보다 증가된 경우, 증가된 토지면적분은 준공시점에 취득한 것으로 봅니다. 따라서 준공 후 단기매매 시 증가된 토지면적분 상당액의 양도차익은 높은 단기세율(70%, 60%)이 적용될 수 있기에 주의가 필요합니다. 또한 준공 후 2년 미만 보유 후 매각 시 증가된 토지면적분은 1세대1주택 비과세를 받을 수 없습니다(준공 시 조정대상지역인 경우 증가된 토지면적분은 추가로 2년 이상 거주해야 비과세 적용됨).

> **종전주택의 면적(24평)보다 재개발로 조합원이 분양받은 주택(30평)의 면적이 더 큰 경우, 증가된 주택면적의 취득시기는?**
>
> 당초 종전주택의 취득시점부터 기산됩니다(환지의 특성에서 기인함). 이는 증가된 토지와는 차이가 나는 부분이니 참고바랍니다.

8-2. 청산금을 조합으로부터 받는 경우(권리가액 〉 조합원분양가액)

8-2-1. 조합으로부터 받는 청산금의 성격은?

분양신청한 조합원의 종전부동산 권리가액이 조합원분양가액보다 큰 경우에는 조합으로부터 청산금을 받게 되며 해당 금액을 교부청산금이라 합니다. 교부청산금은 종전부동산의 지분 양도로 보아 양도소득세 과세 대상에 해당됩니다.

구 분		내 용
종전부동산 권리가액		"종전부동산의 산술평균감정가액 × 비례율"
비례율		[(총수입 - 사업비)/분양신청조합원 종전부동산감정가액] × 100%
교부청산금	정의	종전부동산의 권리가액 - (조합원)분양가액
	양도물건의 성격	종전부동산의 지분양도(*)
	양도시기	준공 후 이전고시일의 다음 날

(*) "지분양도"라는 표현대신 "분할양도"라는 표현을 할 수도 있으나 1세대1주택 비과세 판단 시 "지분양도"는 비과세가 가능하나, "분할양도"는 비과세가 불가능하기에 저자의 경우 "지분양도"라는 표현을 하고 있음. (해석 또는 실무에서는 "분할양도"라는 표현을 사용하기도 함)

8-2-2. 교부청산금의 양도시기

조합으로부터 받는 교부청산금은 도정법상 이전고시일 이후 받도록 되어 있으나 조합 정관 또는 운영규정을 통해 일반분양금 수금시기에 맞게 장기로 분할하여 받는 조합도 일부 있습니다.

이전고시일은 조합 및 조합원에게 채무 미이행 등 특별한 사항이 없으니 소유권이전(보존등기)등을 허락하는 행정행위입니다. 통상 건축물의 사용승인 이후 1개월~3개월 이내 도래되며 소송 등이 진행중인 경우에는 수년의 기간이 소요되기도 합니다.

국세청(사전법령해석 재산 2021-280, 2021.4.21.)에서는 교부청산금의 양도시기를 준공 후 "이전고시일의 다음날"로 해석하고 있습니다. 즉, 교부청산금의 잔금청산일이 아닌 이전고시일의 다음날을 양도시기로 보아 양도소득세 신고를 하셔야 합니다.(준공 전에 "조합원입주권 + 교부청산금받을권리"를 승계조합원에게 함께 양도한 경우에는 "8-2-5"를 참조하여 실무진행 요망)

8-2-3. 교부청산금도 1세대 1주택 비과세가 가능한가요?

가능합니다. 교부청산금은 종전부동산의 지분양도에 해당됩니다. 1세대 1주택 비과세 대상자가 해당 주택의 일부 지분을 양도하는 경우에는 1세대 1주택 비과세를 적용받을 수 있습니다. 그 연장선에서 종전부동산이 [조합원입주권으로 변환(입체환지) + 교부청산금]으로 변경되고 그 중 교부청산금이 지분형태로 양도되는 경우 양도일 현재 1세대 1주택 비과세 요건 충족 시 교부청산금도 1세대 1주택 비과세규정을 적용받을 수 있습니다.

구 분			내 용
1세대1주택 비과세	지분양도		비과세 가능(소득집행 89-154-13)
	분할양도		비과세 불가(재일 46014-1618, 1999.8.31.) * 분할양도란 부속토지 일부를 선매각하거나 거주가 가능한 2개의 주택으로 분할하여 양도하는 것을 말한다.
종전부동산 (주택)	입주권 (입체환지)		조합원입주권 비과세특례에 따라 비과세 가능
	교부청산금 (지분양도)	성 격	종전부동산의 지분양도
		양도신고의무자	원조합원임.
		양도시기	이전고시일의 다음날
		비과세 판단	양도일 현재 1세대1주택 비과세 요건 충족시 비과세 가능.

> 종전부동산의 권리가액으로 [2개의 조합원입주권]을 받고 추가로 교부청산금을 받은 경우 해당 교부청산금은 1세대 1주택 비과세가 가능한가요?
>
> NO! 교부청산금 양도일 현재 2개의 주택(준공으로 조합원입주권이 주택으로 전환됨)을 보유하고 있어 1세대 1주택 비과세를 적용받을 수 없습니다. [1조합원입주권]을 받고 추가로 교부청산금을 받은 경우에만 비과세 가능합니다.(양도일 현재 비과세 요건 충족한 경우에 한정)

8-2-4. 교부청산금의 고가주택 여부의 판단

교부청산금의 고가주택 여부는 종전부동산의 평가액(권리가액)을 기준으로 판단합니다. 권리가액은 "종전부동산의 산술평균감정평가액에 비례율을 곱한 금액"을 말합니다.

8-2-5. [조합원입주권 + 교부청산금수령권]을 함께 양도한 경우 쟁점사항

원조합원이 준공 이후까지 소유하고 조합으로부터 교부청산금을 지급받는 경우에는 쟁점이 없습니다. 즉, 교부청산금은 종전부동산의 지분양도에 해당되며, 양도시기는 이전고시일의 다음 날입니다.

반면, 준공 전에 원조합원이 [조합원입주권 + 교부청산금수령권]을 매수인(승계조합원)에게 함께 이전하고 승계조합원이 향후 교부청산금을 조합으로부터 받는 경우 몇 가지 쟁점 사항이 발생합니다.

"교부청산금수령권"의 성격에 따라 아래 표와 같이 3개의 의견이 있을 수 있습니다. 최근 해석 및 판례는 "을설"의 입장에 가깝습니다(심사양도 2024-27, 2024.08.14./ 조심 2023서3442, 2023.5.8., 서울행정법원 2024.7.10. 선고 2023구단55453은 참고 판례). 실무적으로 "을설"에 따라 처리하되 "병설"의 입장에서 경정청구 등을 진행하면 좋을 것 같습니다. 저자의 견해는 "병설"입니다.

▶ "갑설"(채권의 양도)

구 분	내 용
성 격	조합으로부터 받을 민법상 채권이다.
근 거	원조합원이 승계조합원에 넘긴 것은 민법상 "교부청산금수령권"(채권)이다.
세법적 판단	비록 승계조합원이 조합으로부터 "교부청산금"을 수령하더라도 종전부동산의 지분양도분에 대한 양도세 신고의무자는 원조합원임 종전부동산의 지분양도분의 양도시기는 이전고시일의 다음 날임.
논리적 취약성	원조합원의 모든 권리와 의무가 승계조합원에게 이전되었으며, 종전부동산의 지분양도분에 대한 등기이전도 승계조합원에게 이전되었다. 최초 관리처분시점과는 달리 비례율 변경에 따라 교부청산금예정액은 변경되며 그 변경분에 대한 실제 귀속자는 승계조합원이다. 실무상 원조합원이 이전고시일을 확인하여 신고하기에는 한계가 있다. (조합에서도 통보의무 없음)

▶ "을설"(입주권 대가)

구 분	내 용
성 격	조합원입주권의 양도대가이다.
근 거	- 사실상 입주권을 양도하면서 받은 대가이다. 사업시행자로부터 받은 청산금에 해당되지 않는다.
세법적 판단	교부청산금수령권 대가를 입주권 양도가액에 포함하여 신고하여야 한다. 양도시기는 입주권 양도시기인 잔금청산일이다.
논리적 취약성	재개발·재건축 정비사업은 도시개발법상 (입체)환지규정을 준용하기에 관리처분계획인가로 종전부동산(권리가액)이 "조합원입주권(입체환지예정지) + 교부청산금(수령권)"로 변경된 것이다. 따라서 교부청산금(수령권)을 조합원입주권의 양도가액에 포함할 것이 아니라 종전부동산의 지분양도가액으로 보아 별도의 양도세 과세대상으로 보아야 한다.(권리가액보다 입체환지예정지가액이 적어 그 차액을 감환지에 따른 차액으로 받는 것임) 승계조합원이 향후 조합에서 교부청산금을 수령하는 경우 해당 대가는 양도세신고대상(사전법규재산2023-450, 2024.06.27.)이다. 만약, 청산금수령권가액을 조합원입주권양도가액에 포함한다면 향후 승계조합원이 조합으로부터 수령하는 청산금은 '입주권의 지분양도' 또는 '신축된 아파트의 지분양도'에 해당되는 모순이 있다.

▶ "병설"(종전부동산의 지분양도)

구 분	내 용
성 격	종전부동산의 지분양도에 해당된다.
근거	재개발·재건축 정비사업은 도시개발법상 (입체)환지규정을 준용하기에 관리처분계획인가로 종전부동산(권리가액)이 "조합원입주권(입체환지예정지) + 종전부동산의 지분 양도대가(예정권리)"로 변경된 것이다. 종전부동산은 새로운 부동산(조합원분양주택등)으로 입체환지가 예정되어 있고 관리처분계획인가일 이후 종전부동산이 "입체환지예정지"인 "조합원입주권"으로 변경된 상태이다. 종전부동산 권리가액에서 입체환지예정지가액(조합원분양가액)을 차감 후 남은 잔액은 "종전부동산의 지분 양도대가"이다. 이는 도시개발법상 평면환지에서 권리면적보다 환지예정지면적이 작아 그 차액을 감환지 대가로 받는 것과 유사한 것이다. [조합원입주권 + 종전부동산의 지분양도분]의 이전 시 조합원입주권은 승계조합원에게 조합원분양계약서상 명의변경이 이루어지며, 종전부동산의 지분양도분은 승계조합원에게 부동산등기이전 형태로 명의변경이 이루어진다. 승계조합원은 향후 조합으로부터 청산금수령 시 양도세신고대상(사전법규재산2023-450, 2024.06.27.)을 종전부동산의 지분양도대가로 보아 신고하는 것이 타당하다.
세법적 판단	종전부동산의 지분양도분은 "부동산의 양도"로 (승계조합원)등기접수일과 잔금청산일 중 빠른 날을 양도시기로 보아야 하며, 조합원이 양도세 신고의무가 있다.(양도일은 이전고시일의 다음 날이 아님) 결국, 원조합원은 조합원입주권의 양도 신고와 종전부동산의 지분양도를 함께 진행하여야 한다. 조합원입주권 양도가액은 "권리가액 + 프리미엄"이며, 종전부동산의 지분양도가액은 " 구분기재된 교부청산금"이다. 승계조합원은 "조합원입주권"과 "종전부동산 중 일부지분"을 취득한 것이다. 향후 조합으로부터 교부청산금을 수령하는 경우, 승계조합원은 종전부동산의 지분양도로 보아 이전고시일의 다음 날을 양도시기로 하여 양도세 신고를 하면 된다.
논리성	– 비례율변경에 따른 교부청산금가액이 변경되는 경우에도 실질적인 소득 귀속자인 승계조합원이 양도세 신고의무자이기에 실질과세원칙에도 타당하다. (원조합원) 입주권 또는 종전부동산의 지분양도에 대한 양도차익산정(소득령 제166조) 시에도 문제가 없다. (원조합원) 종전부동산의 지분양도(교부청산금상당액)를 일반적인 부동산 양도시기와 납세의무자 규정을 그대로 적용하면 된다. 매수자가 누구인지에 따라 과세대상(종전부동산지분양도분)이 달라지는 것은 모순이 있다.

> **예판** 조합원입주권을 승계 취득한 후 청산금을 지급받은 경우 소득구분 및 신고방법
> (사전법규 재산 2023-450, 2024.06.27.)
>
> 승계조합원이 이전고시가 있은 후에 「도시 및 주거환경정비법」 제89조제1항에 따라 해당 조합으로부터 지급받은 청산금 상당액은 양도소득세 과세대상에 해당하는 것이며, 해당 청산금의 양도시기는 소유권 이전고시가 있은 날의 다음날이고 해당 청산금은 「소득세법」 제105조에 따라 양도소득과세표준을 기한 내 신고하여야 하는 것입니다.
>
> \#. 삭제 예규(2024.9. 삭제)(부동산거래관리-201, 2010.02.08.)
> 기존건물과 그 부수토지의 평가가액이 분양가액 보다 커 교부받을 청산금이 발생한 경우 입주자로 선정된 지위의 양도가액과 청산금 상당액을 합한 가액을 양도가액으로 하여 「소득세법 시행령」 제155조제17항을 적용하며, 양도차익을 산정하는 경우 입주자로 선정된 지위의 양도가액과 청산금 상당액은 구분 계산함

8-2-5. 비례율 변경에 따른 교부청산금 증감과 세금

최초 관리처분계획인가 시 산출되는 비례율은 통상 100%~105% 이내로 계획됩니다. 그러나 당초 관리처분계획의 수립 시 작성된 수지분석표상 분양수입과 사업비는 경기상황에 따라 많은 증감이 있습니다. 부동산 활황기에는 당초 계획했던 일반분양가 상승으로 비례율이 상승하기도 하며 과도한 인플레이션 시기에는 건설비용이나 금융비용 상승으로 비례율이 감소하기도 합니다. 비례율 변동은 종전부동산권리가액의 증감을 일으키고 이에 따라 납부하여야할 청산금(분담금) 또는 수령해야할 청산금(교부청산금)이 변경됩니다. 비례율 변경에 따른 교부청산금 증감은 종전부동산의 지분양도가액의 변경에 해당되어 양도세에 영향을 미치게 됩니다.

> **예판** 양도일 이후 관리처분계획이 변경되는 경우, 기존 건물과 부수토지의 평가액 적용 방법(사전법규 재산 2023-864, 2024.03.29.)
>
> 조합원입주권의 양도차익 산정시 적용할 "기존 건물과 그 부수토지의 평가액"은 「소득세법 시행령」 제166조제4항에 따른 해당 조합원입주권의 양도일 현재 인가된 관리처분계획등에 따라 정하여진 가격을 말하는 것으로 그 가격이 변경된 때에는 변경된 가격으로 하는 것이나 조합원입주권 양도 후 변경 인가된 관리처분계획에 따른 가격은 적용하지 않는 것임.

8-2-6. 이전고시일의 다음 날 전후에 따른 교부청산금의 성격은?

비례율 변동에 따라 당초에 받기로 했던 교부청산금 가액이 변경되는 경우 추가로 받는 교부청산금을 종전부동산의 지분양도로 볼지, 아니면 배당소득으로 볼지 여부에 쟁점이 있습니다. 조합의 수익사업(일반분양수익)을 통해 얻은 이득금을 비례율을 통해 각 조합원에게 권리가액으로 공평하게 분배하여 조합원분담금을 낮추는데 사용합니다. 구체적으로 보면, 일반분양을 통한 이득금에 대해서는 법인세가 부과되고 각 조합원에게 분배 시 배당소득세가 부과됩니다. 만약, 수익사업이득의 대가로 분배받는 소득에 대해 배당소득세와 양도소득세가 동시에 부과된다면 이중과세 문제가 발생하며 법인세까지 고려하면 3중과세 문제가 발생합니다. 다음과 같이 3개의 주장내용이 있을 수 있으며 종전의 국세청 해석(사전법규소득 2021-2, 2022.01.12.)은 제3안의 입장입니다. 제3안은 이론적으로 가장 타당한 내용입니다. 그러나 양도소득세 실무에서는 납세자가 그 원천을 구분하여 신고할 수도 없고 조합에서 개인별로 구분(배당소득, 양도소득)하여 통보하지도 않기에 실무상 어려운 방법입니다. 최근 국세청(사전법규재산 2023-450, 2024.06.27.)에서는 "승계조합원이 이전고시가 있은 후에 「도시 및 주거환경정비법」 제89조제1항에 따라 해당 조합으로부터 지급받은 청산금 상당액은 양도소득세 과세대상에 해당하는 것"으로 해석하여 실무상 문제점을 해소하였습니다.

💡 **(1안) 이전고시일 이전 관리처분변경에 따른 교부청산금만 양도소득이다.**

근거 : 이전고시일의 다음날을 교부청산금의 양도일로 보기에 해당 일 전에 관리처분변경이 있는 경우 이에 따른 교부청산금 증감액은 종전부동산 지분액의 변경에 해당된다.

- 이전고시일 이전 비례율 변동에 따를 교부청산금 증가액 : 양도소득

- 이전고시일 이후 비례율 변동에 따른 교부청산금 증가액 : 배당소득

💡 **(2안) 준공일 이전 관리처분변경에 따른 교부청산금만 양도소득이다.**

근거 : 준공시점에 관리처분계획에 따라 종전주택을 대신하여 새로운 주택으로 (입체)환지하는 절차가 마무리된다. 특히 권리가액이 분양가액을 초과하여 교부청산금을 받는 조합원입장에서는 전액 양도소득에 해당된다.

- 준공일 이전 비례율 변동에 따른 교부청산금 증가액 : 양도소득
- 준공일 이후 비례율 변동에 따른 교부청산금 증가액 : 배당소득

💡 **(3안) 특정일을 기준으로 판단할 것이 아니라 교부청산금의 원천을 기준으로 양도소득 또는 배당소득으로 구분하여야 한다.**

근거 : 아래의 회계처리의 예를 통해 알 수 있듯이 교부청산금의 구성 항목(출자금의 반환부분과 이익잉여금을 통한 배당액)으로 구분하여야 한다.

〈현물출자시(관리처분인가 시)〉

(차) 건설용지 4억원   (대) 조합원현물출자금 4억원
                                    (또는 조합원분양선수금)

→ 감정가액(4억원)× 비례율(110%) = 권리가액(4.4억원)
→ 조합원분양가액: 3.8억원

〈준공 시(현물출자금의 반환)〉

(차) 현물출자금 3.8억원   (대) 조합원완성건물 3.8억원

〈교부청산금 지급 시〉

(차) 현물출자금 0.2억원
    이익잉여금 0.8억원   (대) 보통예금 1억원

→ 당초 비례율(110%)이 분양가 상승 등으로 120%가 된 경우 권리가액은 당초 4.4억원에서 4.8억원으로 증가됨
→ 현물출자금의 반환액(0.2억원)은 양도소득에 해당되며 이익잉여금 지급액(0.8억원)은 조합에서 배당소득으로 원천징수하여 지급하는 금액임

→ 사전법규 소득 2021-2, 2022.01.12.
정비사업조합의 조합원이 같은 법 제89조제1항(양도소득세 비과세)에 따른 청산금에 해당하지 않는 것으로서 위 조합의 수익사업에서 발생한 이익을 분배받는 경우 해당 분배금액은 배당소득에 해당하는 것임

실무상 적용은? 이래 두가지 방법 중 선택!

(1안) 권리가액을 초과하여 받은 교부청산금을 모두 양도소득으로 신고하는 방안
- 소득원천이 구분되지 않기에 전액 양도소득으로 신고하는 하고, 청산 시 잔여재산 분배액은 배당소득으로 신고하는 방법입니다. 실무적으로는 제1안에 의해 업무를 진행하는 현장이 많습니다.
- 최근 국세청(사전법규재산2023-450, 2024.06.27.)에서도 "승계조합원이 이전고시가 있은 후에 「도시 및 주거환경정비법」 제89조제1항에 따라 해당 조합으로부터 지급받은 청산금 상당액은 양도소득세 과세대상에 해당하는 것"으로 해석하였습니다.

(2안) 교부청산금 중 조합에서 배당소득으로 원천징수하여 구분한 금액을 차감한 가액만 양도소득으로 신고하는 방안
- 실무적으로는 권리가액을 초과하여 지급받는 교부청산금 중 조합에서 개인별 배당소득으로 신고한 금액을 차감한 가액을 양도소득으로 신고하되 이전고시일 이후 가액 변경 시 수정신고를 하는 방안입니다.
(조합에서 배당소득과 출자금의 반환액을 명확히 구분하여 원천징수영수증을 교부한 경우에는 가능하나 이 또한 조합 세무에서 어려움이 있습니다.)

8-3. 현금청산대상 토지등소유자에 대한 양도소득세

8-3-1. 현금청산대상자는?

현금청산대상자는 토지등소유자 중 다음 표에 해당되는 자를 말하며 조합으로부터 일시에 청산금을 받게 됩니다.

1. 분양신청을 하지 아니한 자
2. 분양신청기간 종료 이전에 분양신청을 철회한 자
3. 제72조제6항 본문에 따라 분양신청을 할 수 없는 자
   → 투기과열지구 내 정비사업에서 5년내 재당첨 금지규정을 말함
4. 제74조에 따라 인가된 관리처분계획에 따라 분양대상에서 제외된 자

분양신청을 하지 않은 자등에 대한 조치(도정법 제73조)

① 사업시행자는 관리처분계획이 인가·고시된 다음 날부터 90일 이내에 다음 각 호에서 정하는 자와 토지, 건축물 또는 그 밖의 권리의 손실보상에 관한 협의를 하여야 한다. 다만, 사업시행자는 분양신청기간 종료일의 다음 날부터 협의를 시작할 수 있다. [개정 2017.10.24.] [시행일 2018.2.9.]
  1. 분양신청을 하지 아니한 자
  2. 분양신청기간 종료 이전에 분양신청을 철회한 자
  3. 제72조제6항 본문에 따라 분양신청을 할 수 없는 자
  4. 제74조에 따라 인가된 관리처분계획에 따라 분양대상에서 제외된 자
② 사업시행자는 제1항에 따른 협의가 성립되지 아니하면 그 기간의 만료일 다음 날부터 60일 이내에 수용재결을 신청하거나 매도청구소송을 제기하여야 한다.
③ 사업시행자는 제2항에 따른 기간을 넘겨서 수용재결을 신청하거나 매도청구소송을 제기한 경우에는 해당 토지등 소유자에게 지연일수(遲延日數)에 따른 이자를 지급하여야 한다. 이 경우 이자는 100분의 15 이하의 범위에서 대통령령으로 정하는 이율을 적용하여 산정한다.

8-3-2. 일시청산금의 과세대상은?

현금청산대상자는 관리처분계획인가이 이후 일시에 교부청산금을 지급받습니다. 교부청산금 가액이 적다고 판단되는 토지등소유자는 수용재결 → 이의신청 → 행정소송을 통해 청산금 증액을 시도합니다. 종전부동산의 대가로 일시에 지급받는 청산금은 비록 관리처분계획인가 이후 양도 되어도 조합원입주권의 양도가 아닌 (종전) 부동산의 양도에 해당됩니다.

8-3-3. 일시청산금을 협의에 따라 받는 경우 양도시기

재개발사업에서 종전부동산의 대가로 일시로 지급받는 청산금의 양도시기는 대금청산일, 수용 개시일, 소유권이전등기접수일 중 빠른 날입니다. 가액협의가 되지 않아 수용재결 이후 공탁된 청산금을 가액 변경없이 받는 경우에도 양도시기는 대금청산일(공탁일), 수용개시일, 소유권이전등기접수일 중 빠른 날입니다. 통상 [청산금의 공탁 → 수용개시 → 소유권이전]의 순서로 업무가 진행되기에 청산금의 공탁금이 이의신청등에 따라 가액변경이 없는 경우에는 청산금의 공탁일(대금청산일)이 가장 빠르며 해당 일이 양도일입니다.

[공탁금 변동 여부에 따른 잔금청산일의 판단]

구 분	잔금청산일	청산금의 양도시기
공탁금 변경이 없는 경우	공탁일	가장 빠른 날(잔금청산일, 수용개시일, 등기접수일) → 잔금청산일(공탁일)이 가장 빠름
공탁금 변경이 있는 경우	변동매매대금확정일 (확정판결일)	가장 빠른 날(잔금청산일, 수용개시일, 등기접수일) → 재개발: 수용개시일이 가장 빠름

> **해석** 보상금이 공탁된 경우 양도시기는? (사전법령해석재산 2021-192, 2021.02.26.)
> 「공익사업을 위한 토지 등의 취득 및 보상에 관한 법률」이나 그 밖의 법률에 따른 공익사업을 위하여 수용되는 경우로서 보상금이 공탁된 경우에는 공탁일, 수용의 개시일 또는 소유권이전등기접수일 중 빠른 날이 양도시기가 되는 것입니다. 이의신청등에 따라 보상금의 변경이 있지 않은 이상 공탁일을 잔금청산일로 본다는 국세청의 해석입니다.

8-3-4. 청산금 공탁이후 이의신청등에 따라 증액된 경우 교부청산금의 양도시기

대금청산일, 수용개시일, 소유권이전등기접수일 중 가장 빠른 날을 교부청산금의 양도시기로 봅니다. 대금 청산이라 함은 대금의 지급이 완료되어 더 이상 지급하여야

할 대금이 없는 상태를 의미하고, 이의재결·행정소송을 거쳐 보상금이 증액된 경우 대금을 청산한 날은 최초 수용재결 보상금 공탁일이 아닌 보상금이 확정된 행정소송 판결확정일이라 하겠습니다(조심 2021중6693, 2022.05.17.). 따라서, 수용개시일이 대금청산일 및 소유권이전등기접수일보다 빠르기에 해당일을 양도일로 봅니다. 실무적으로 이의신청 또는 행정소송을 진행하는 경우에도 가액변경 여부에 불구하고 공탁일을 양도일로 보아 양도소득세예정신고를 선제적으로 진행하고 가액변경이 있는 경우 수용개시일을 양도일로 하여 수정신고하는 것이 가산세 위험을 막을 수 있습니다.(통상 공탁일과 수용개시일간 큰 차이가 없어 수정신고의 실익도 거의 없음)

[청산금(보상금) 지급절차]

사업시행계획인가(=사업인정고시) → 관리처분계획인가고시 → 협의 → 수용재결 → 보상금 지급 또는 공탁 → 수용개시(일) → 소유권이전 → 이의신청 → 행정소송 → 보상금액 확정

예판 (재건축사업)매도청구소송에 따른 토지 등의 양도시기는?(서면부동산2015-2579, 2016.01.26.)

「도시 및 주거환경정비법」 제39조에 따른 매도청구에 따라 소유하던 토지 등을 사업시행자에게 양도하는 경우 양도시기는 매도청구소송의 판결에 따른 매매대금을 공탁하고 공탁금을 수령한 경우에는 공탁일, 판결 등에 불복하여 항소한 경우로서 매매대금이 변동된 경우에는 변동매매대금확정일과 소유권이전등기접수일 중 빠른 날이 되는 것임. 참고적으로 도정법상 재건축은 민간사업으로 "수용개시일"이 없습니다.

8-3-5. 교부청산금을 지연하여 받음에 따라 추가로 지급받는 지연가산금의 소득구분은?

재개발정비사업 시행자인 조합의 재결신청 지연으로 인해 지급받은 지연가산금은 「소득세법」 제21조제1항제10호의 기타소득에 해당하지 않는 것입니다(서면소득 2017-1333, 2017.11.03.).

「공익사업을 위한 토지 등의 취득 및 보상에 관한 법률」에 따라 지급받는 손실보상금(損失補償金) 및 이에 따른 지연손해금은 재산권에 관한 계약의 위약 또는 해약으로 인해 받는 위약금과 배상금에 해당하지 않으며 기타소득에 해당하지 않습니다(서면소득2017-1333, 2017.11.03.).

8-3-6. 재개발조합이 조합원 등에게 지급하는 영업손실보상금 및 주거이전비 소득구분은?

재개발조합의 조합원 및 세입자가 「공익사업을 위한 토지 등의 취득 및 보상에 관한 법률」에 따라 지급받는 영업손실보상금은 사업소득에 해당하나, 주거이전비는 과세대상에 해당하지 않습니다(원천-479, 2011.08.10.).

8-3-7. 청산금 수령 시 양도소득세 감면은?

종전부동산의 양도대가로 청산금을 받는 경우 다음 요건을 모두 충족 시 양도소득세를 감면 받을 수 있습니다. 현금보상 시 감면세액은 양도소득세의 15%(2025.3.14. 법 개정을 통해 이 법 시행일이 속하는 과세연도에 양도하는 경우부터 현금보상액의 15%. 그 이전에는 10%) 감면세액의 20%는 농특세가 별도로 부과됩니다.

① 도정법상 정비구역 내 토지·건축물등의 대가로 받을 것

② 도정법상 사업시행자(조합 등)로부터 청산금을 받을 것

③ 사업시행계획인가고시일(사업인정고시일)부터 소급하여 2년 이전에 취득한 토지·건축물 등일 것

[9] 조합원 입주권 또는 준공된 주택의 양도차익 산정방법은?

재개발·재건축사업을 시행하는 정비사업조합의 조합원이 해당 조합에 기존건물과 그 딸린 토지를 제공하고 취득한 조합원입주권(또는 신축주택)을 양도하는 경우에는 관리처분계획등인가일 전·후로 양도차익을 구분하여 계산한 후 동 금액을 합산하여 전체 양도차익을 산정합니다.

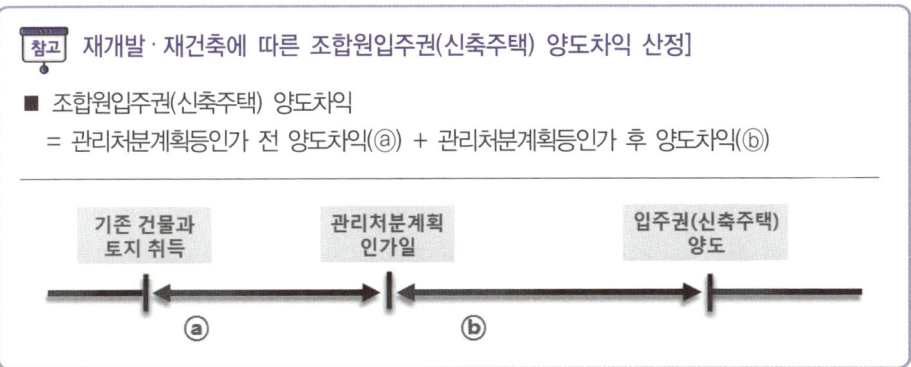

[참고] 재개발·재건축에 따른 조합원입주권(신축주택) 양도차익 산정]

■ 조합원입주권(신축주택) 양도차익
= 관리처분계획등인가 전 양도차익(ⓐ) + 관리처분계획등인가 후 양도차익(ⓑ)

양도차익을 관리처분계획등인가일 전·후로 구분하는 이유는?

양도차익의 산정 시 관리처분계획등인가후 양도차익과 관리처분계획등인가전양도차익으로 구분하는 이유는 장기보유특별공제에서 찾을 수 있습니다. 새로운 건물이 완성되기 이전에 입주권상태에서 처분하는 경우, 관리처분계획인가일 이전까지의 양도차익에 대하여는 부동산에 대한 양도차익이기에 장기보유특별공제를 적용할 수 있습니다. 반면, 입주권상태에서 양도 시 관리처분계획등인가일 이후 양도차익은 부동산이 아닌 부동산을 취득할 수 있는 권리에 해당되기에 당해 기간 동안의 양도차익에 대하여는 장기보유특별공제를 적용할 수 없습니다.
청산금을 조합에 불입한 경우로서 준공 후 주택의 양도 시 해당 청산금에 대한 장기보유특별공제 적용 시점을 관리처분계획인가시점부터 적용하기에 양도차익을 구분할 필요가 있는 것입니다.

관리처분계획등인가일 이후 기존주택 거주기간의 장기보유특별공제 표2」 판정시 포함여부?

관리처분계획인가일 이후 철거하지 않는 기존주택에 거주하는 경우, 해당 거주기간은 장기보유특별공제 「표2」 적용대상 여부를 판정함에 있어서는 포함하여 판정하는 것이나, 「표2」의 거주기간별 공제율 산정시에는 해당 거주기간을 제외하는 것입니다.(사전법규 재산 2023-141, 2023.11.30.).

9-1. 조합원입주권을 양도하는 경우

9-1-1. 청산금을 납부한 경우의 양도차익은?

관리처분계획등인가 전 양도차익(ⓐ)과 관리처분계획등인가 후 양도차익(ⓑ)을 합하여 산정합니다. 조합원입주권을 양도한 경우의 장기보유특별공제는 관리처분계획등인가전 양도차익(ⓐ)에 대해서만 적용합니다.(종전부동산취득일부터 관리처분계획등인가일까지의 기간이 3년 이상인 경우에 한함)

> [참고] 청산금을 납부한 재개발·재건축관련 입주권의 양도차익

- 청산금을 납부한 경우 = ⓐ + ⓑ
- ⓐ 관리처분계획등인가 전 양도차익
    = 기존건물과 딸린 토지의 평가액−기존건물과 딸린 토지의 취득가액 − 필요경비 등
- ⓑ 관리처분계획등인가 후 양도차익
    = 양도가액−(기존건물과 딸린 토지의 평가액+납부한 청산금)−필요경비 등

■ 사 례
○ 기존주택 및 딸린토지 취득가액 : 50,000천원, 평가액 : 90,000천원
○ 납부한 청산금 : 40,000천원
○ 입주권 양도가액 : 150,000천원

■ 해 설
☞ 청산금을 납부한 조합원입주권의 양도차익 60,000천원(= ① + ②)
① 관리처분계획등인가 전 양도차익
   40,000천원 = 90,000천원 − 50,000천원
② 관리처분계획등인가 후 양도차익
   20,000천원 = 150,000천원 − (90,000천원 + 40,000천원)

> 양도차익 산정 시 기존건물과 부수토지(딸린 토지)의 평가액이란?

관리처분계획등에 따라 정하여진 가격(권리가격)을 말하며 그 가격이 변경된 때에는 변경된 가격으로 합니다. 권리가격은 "종전부동산 산술평균감정가액에 비례율을 곱하여 산출된 가격"을 말합니다.

권리가액을 확인할 수 없는 경우에는?

조합원분양계약서 또는 종전자산평가내역서 등을 분실하여 권리가격을 확인할 수 없는 경우에는 관리처분계획등인가일 전·후 3개월간의 (유사)매매사례가액, 감정가액, 기준시가 순서에 따른 금액을 관리처분계획 등에 따라 정하여진 가격(=권리가격)으로 봅니다.

기존건물과 그 부수토지의 취득가액을 확인할 수 없는 경우에는?

다음 산식을 적용하여 계산한 가액에 따릅니다.

$$\text{기존건물과 그 부수토지의 평가액} \times \frac{\text{취득일 현재 기존건물과 그 부수토지의 기준시가}}{\text{관리처분계획등 인가일 현재 기존건물과 그 부수토지의 기준시가}}$$

9-1-2. 청산금을 지급받은 경우 양도차익은?

청산금을 지급받은 경우 양도차익은, 관리처분계획등인가 전 양도차익(ⓐ)과 관리처분계획등인가 후 양도차익(ⓑ)을 합하여 산정합니다. 조합원입주권을 양도한 경우의 장기보유특별공제는 관리처분계획등인가전 양도차익(ⓐ)에 대해서만 적용합니다.(종전부동산취득일부터 관리처분계획등인가일까지의 기간이 3년 이상인 경우에 한함)

> **참고** 청산금을 지급받은 재개발·재건축관련 입주권의 양도차익

- 청산금을 지급받은 경우 = ⓐ + ⓑ
ⓐ 관리처분계획등인가 전 양도차익
 = (기존건물과 딸린 토지 평가액-기존건물과 딸린 토지의 취득가액-필요경비 등)
   × (기존건물과 딸린 토지 평가액-지급받은청산금) ÷ 기존건물과 딸린 토지평가액
ⓑ 관리처분계획등인가 후 양도차익
 = 양도가액-(기존건물과 딸린 토지의 평가액-지급받은 청산금)-필요경비 등

 장기보유특별공제 측면에서 입주권 또는 준공 후 주택 양도의 선택은?

입주권상태에서 매각하는 경우 관리처분계획인가전 양도차익만 장기보유특별공제를 적용하고 관리처분계획인가후 양도차익은 장기보유특별공제가 배제됩니다. 따라서 입주권 상태에서 매각하기 보다는 준공 후 주택으로 처분하는 것이 장기보유특별공제액을 극대화 할 수 있습니다.(단, 다주택자의 경우, 다주택중과세규정 유예 또는 폐지된 경우에 한함)

9-2. 재개발에 따라 준공된 주택을 양도하는 경우

9-2-1. 청산금을 납부한 경우

청산금을 납부한 경우의 양도차익은 다음 산식에 따릅니다.

> 양도차익 = 청산금납부분 양도차익 + 기존건물분 양도차익

위 산식에서 양도차익을 청산금납부분양도차익과 기존건물(그 부수토지 포함)분 양도차익으로 구분하는 이유는 장기보유특별공제의 기산시점 때문입니다. 기존건물분 양도차익에 대하여는 기존 부동산이 새로운 부동산으로 환지되는 과정을 거치기에 기존부동산 취득시점부터 재개발로 준공된 부동산 양도시점까지 장기보유특별공제를 적용합니다. 반면, 청산금납부분 양도차익은 관리처분계획등 인가일부터 새로운 부동산 양도시점까지의 기간에 대하여 장기보유특별공제를 적용하기에 양도차익을 구분한 것입니다.

> **예판** 재건축 후 신축주택에서 거주하지 않은 경우 1세대1주택 장기보유특별공제 적용 여부?(사전법령해석재산 2020-386, 2020.11.23.)
>
> 재건축사업을 시행하는 정비사업조합의 조합원이 해당 조합에 기존주택과 그 부수토지를 제공 및 청산금을 납부하고 관리처분계획등에 따라 취득한 1세대1주택에 해당하는 신축주택 및 그 부수토지를 양도하는 경우로서 기존주택에서는 2년 이상 거주했으나 신축주택에서는 2년 이상 거주하지 않은 경우에는 청산금납부분 양도차익에 대해 「소득세법」 제95조 제2항 표2.(24% ~ 80%)에 따른 보유기간별 공제율을 적용하지 아니하는 것입니다.

참고 청산금을 납부한 재개발·재건축관련 신축주택의 양도차익

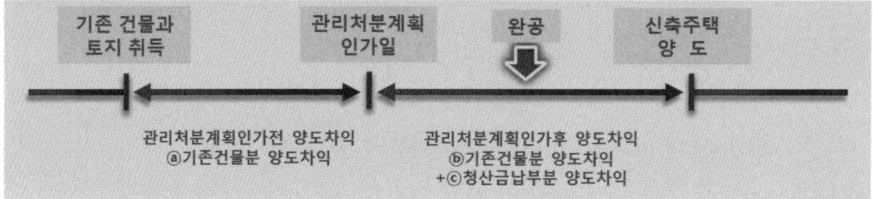

- 청산금을 납부한 경우 = ⓐ + ⓑ + ⓒ
  ⓐ+ⓑ = 기존건물분 양도차익
        = [관리처분계획등 인가후 양도차익 × 기존건물과 딸린 토지의 평가액
           ÷ (기존건물과 딸린 토지의 평가액 + 납부한 청산금)] + 관리처분계획등 인가전 양도차익
  ⓒ = 청산금납부분 양도차익 = [관리처분계획등 인가후 양도차익×납부한 청산금
           ÷ (기존건물과 딸린 토지의 평가액 + 납부한 청산금)]
- 사 례
○기존주택 및 딸린 토지의 취득가액 : 50,000천원, 평가액 : 90,000천원

○납부한 청산금 : 40,000천원
○신축주택 양도가액 : 150,000천원

■ 해 설
청산금을 납부한 신축주택의 양도차익 60,000천원(=①+②)
① 기존건물분 양도차익
53,846천원 = [(150,000천원 − 90,000천원 − 40,000천원) × 90,000천원/ (90,000천원 + 40,000천원)] + (90,000천원 − 50,000천원)
② 청산금납부분 양도차익
6,154천원 = (150,000천원 − 90,000천원 − 40,000천원) × 40,000천원 / (90,000천원+ 40,000천원)

9-2-2. 청산금을 지급받은 경우

청산금을 지급받은 경우의 양도차익은 [관리처분계획등인가전 양도차익 + 관리처분계획등인가후 양도차익]으로 계산합니다. 관리처분계획등인가전 양도차익과 관리처분계획등인가 후 양도차익은 모두 기존부동산에 대한 양도차익에 해당됩니다. 따라서 장기보유특별공제는 종전부동산취득시점부터 재개발로 새로이 준공된 부동산의 양도시점까지의 기간을 모두 적용합니다.

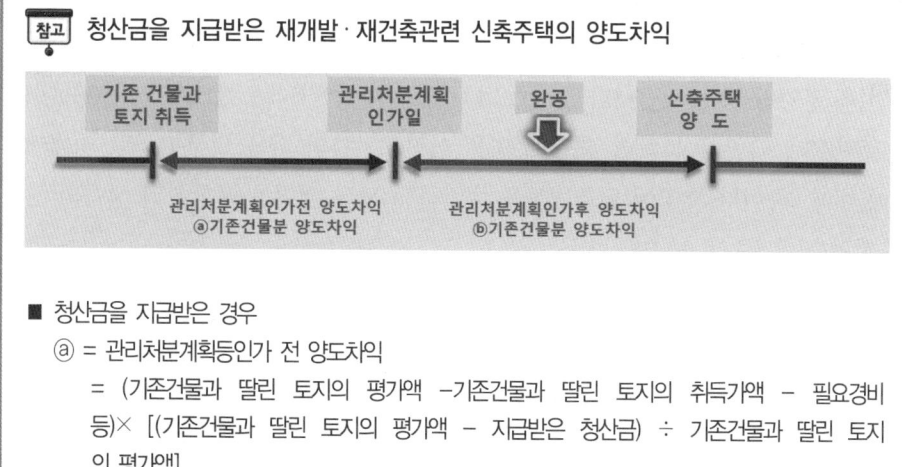

■ 청산금을 지급받은 경우
ⓐ = 관리처분계획등인가 전 양도차익
= (기존건물과 딸린 토지의 평가액 − 기존건물과 딸린 토지의 취득가액 − 필요경비 등) × [(기존건물과 딸린 토지의 평가액 − 지급받은 청산금) ÷ 기존건물과 딸린 토지의 평가액]
ⓑ = 관리처분계획등인가 후 양도차익

= 양도가액 − (기존건물과 딸린 토지의 평가액 − 지급받은 청산금) − 필요경비 등

■ 사 례
○ 기존주택 및 딸린 토지의 취득가액 : 50,000천원, 평가액 : 120,000천원
○ 지급받은 청산금 : 20,000천원
○ 신축주택 양도가액 : 150,000천원

■ 해 설
청산금을 지급받은 신축주택의 양도차익 108,333천원(= ① + ②)
① 관리처분계획등인가 전 양도차익
58,333천원 = (120,000천원 − 50,000천원) × [(120,000천원−20,000천원) ÷ 120,000천원]
② 관리처분계획등인가 후 양도차익
50,000천원 = 150,000천원 − (120,000천원 − 20,000천원)

9-3. [1+1] 조합원입주권을 받은 경우

9-3-1. [1+1] 조합원입주권이란?

재개발사업의 경우, 정비구역내 보유 주택수에 불구하고 원칙적으로 1세대에게 하나의 조합원입주권만 분양받을 수 있습니다. 다만, 종전주택의 전용면적이내 또는 종전부동산의 산술평균감정가액 범위 내에서 2개의 조합원입주권[1+1 조합원입주권]을 분양받을 수 있습니다. [1+1]조합원입주권 중 하나는 반드시 전용 60㎡이하의 주택을 공급받아야 하며 해당 주택은 이전고시일의 다음 날부터 3년 이내에는 전매(매매·증여나 그밖에 권리변동을 수반하는 모든 행위를 포함하되 상속의 경우는 제외함)할 수 없습니다.

9-3-2. 준공 전에 하나의 조합원입주권만 양도가능한지?

준공 전에는 하나의 조합원입주권만 양도 또는 증여를 할 수 없습니다. 준공 이후에는 추가로 공급받은 60㎡이하의 주택을 제외하고는 양도 또는 증여가 가능합니

다. 준공 전에는 다음 중 어느 하나의 방법으로 조합원입주권을 양도 또는 증여할 수 있습니다.

① [A+B]조합원입주권을 함께 이전하는 방법
② [A×1/2, B×1/2]등 각 입주권을 동일한 지분으로 함께 이전하는 방법

9-3-3. 관리처분계획인가에 따라 취득한 2개의 조합원입주권을 주택으로 완공 후 양도한 경우 양도차익 산정 방법

→ 사례

(사실관계)
- 2000. 09월 서울 소재 다가구 주택(A주택)취득
- 2015. 06월 A주택「도시 및 주거환경정비법」에 따른 재개발 시행
→ A주택 재개발 시행으로 조합원입주권 2개 (B,C) 취득
- 2018. 11월 B,C 조합원입주권으로 2주택(B', C') 으로 신축 완공

〈1+1 조합원입주권 내역〉
· A주택 평가액 : 570백만원
· B 조합원분양권 분양가액 : 84㎡, 550백만원→분양가액과 평가액 상계
· C 조합원분양권 분양가액 : 59㎡, 5억원→잔여 평가액 초과분 4.8억원 청산금 납부
- B' 주택은 거주중이며, C' 주택(공시가액 580백만원)은 임대중임

(회신) 「도시 및 주거환경정비법」에 따른 재개발사업으로 2개의 조합원입주권 전환되어 2주택 취득 한 경우 양도차익은 분담금을 추가로 납부하지 아니하고 취득한 1채는 「소득세법시행령」제166조(재개발주택등의 양도차익 산정) 규정에 따라 산정하고, 분담금과 청산금으로 취득한 주택의 취득가액은 분양가액이 취득가액이 되는 것입니다.
➡ 위 해석은 [1+1]재개발입주권을 받은 경우, 1채(조합원분양가액을 종전주택의 권리가액으로 전액 대체한 경우의 주택)는 입체환지로 보고 다른 한 채(일부권리가액으로 충당하고 부족액은 추가 분담금으로 납부한 주택)는 새로이 분양받은 것으로 보겠다는 것으로 이해됩니다.
➡ 저자의 견해는 2채 모두 입체환지로 보아 양도차익산정도 소득세법 시행령 제166조 규정을 적용하는 것이 타당한 것으로 판단됩니다. 그 이유는 종전부동산을 대신하여 관

리처분계획에 따라 [1+1]조합원입주권(주택)을 분양받은 것이기 때문입니다. 이는 도시개발법상 (입체)환지이며 2채 모두 조합원명의로 직접 소유권보존등기(원시취득)가 이루어지고 추가로 납부한 청산금은 증환지에 해당됩니다.

> **예판** 기존상가 1채를 제공하고 재건축에 따라 3채의 상가를 취득한 경우 양도차익의 산정방법(재산-2692, 2008.09.05.)
>
> (舊) 「주택건설촉진법」에 의한 주택재건축사업을 시행하는 재건축주택조합의 조합원이 당해 조합에 기존상가(그 부수토지 포함. 이하 같음) 1채를 제공하고 재건축사업의 시행으로 취득한 3채의 상가 중 기존상가의 제공으로 발생한 청산금 및 분담금으로 취득한 2채의 상가를 양도하는 경우에는 당해 상가의 분양가액을 취득가액으로 보아 양도차익을 산정하는 것이며, 분담금을 추가로 납부하지 아니하고 취득한 1채의 상가를 양도하는 경우에는 「소득세법 시행령」 제166조 규정에 의하여 양도차익을 산정하는 것입니다.

9-4. 지급받은 청산금에 대한 양도차익 산정방법은?

권리가액이 조합원분양가액보다 큰 경우, 조합원은 조합원입주권(조합원분양가액상당액)외에 그 차액을 조합으로부터 청산금으로 받습니다. 지급받은 청산금은 비록 관리처분계획인가일 이후에 수령하여도 부동산을 취득할 수 있는 권리의 양도가 아니라 종전부동산의 지분양도에 해당됩니다. 청산금은 사업인정고시 후 일시에 지급하거나 조합내부 규정에 의하여 8회에 걸쳐 지급받게 됩니다. 청산금의 양도시기는 이전고시일의 다음 날이며 장기보유특별공제는 종전부동산의 취득시기부터 양도일(이전고시일의 다음날)까지 적용합니다. 지급받은 청산금의 양도차익 산정은 다음 표 산식에 따릅니다.

> **참고** 청산금을 지급받은 재개발·재건축관련 신축주택의 양도차익
>
> ■ 지급받은 청산금의 양도차익
> ○ 양도가액 = 지급받은 청산금
> ○ 취득가액 = (기존건물과 딸린 토지의 취득가액 + 필요경비 등) ×
> (청산금 수령액/기존건물과 딸린 토지의 평가액)
>
> ■ 사 례
> 기존주택 및 딸린 토지의 취득가액 : 50,000천원, 평가액 : 120,000천원
> 지급받은 청산금 : 20,000천원
>
> ■ 해 설
> 지급받은 청산금의 양도차익
> 11,667천원 = 20,000천원 - [50,000천원 ×(20,000천원/120,000천원)]

9-5. 재개발로 증가한 주택 부수토지에 대한 양도차익 계산방법은?

「도시 및 주거환경정비법」에 의한 주택재건축 사업지구 내에 1세대1주택 비과세 요건을 충족한 주택(이하 '종전주택'이라 함)을 소유하던 자가 재건축사업계획에 따라 추가로 환지청산금을 납부하고 종전주택과 그 부수토지의 면적보다 증가된 면적의 주택과 부수토지를 취득하여 양도하는 경우 증가된 부수토지의 양도차익의 계산은 "청산금납부분 양도차익"(소득령 제166조②제1호)에 증가된 토지의 기준시가가 증가된 토지와 건물의 기준시가에서 차지하는 비율을 곱하여 계산하는 것입니다(사전법규 재산 2022-962, 2022.10.19.).

[증가된 주택 부수토지 양도차익 계산의 예]

구 분	종전 주택면적	준공된 주택면적	증가면적	양도 시 기준시가 (증가면적분)
부수토지	20㎡	30㎡	10㎡	40,000,000
주택건물	70㎡	90㎡	20㎡	100,000,000
양도차익	"청산금납부분양도차익" × 40,000,000/140,000,000			

[10] 조합으로부터 지급받은 금원의 소득구분

10-1. 주거촉진비(이사비)

주거촉진비는 재개발조합에서 조합원의 빠른 이주를 지원하기 위해 총회에서 그 가액을 정하여 법적 근거없이 지급하는 이사비를 말합니다. 해당 이사비 중 수익사업상당액은 배당소득으로 부과됩니다.

> **수익사업상당액의 의미와 배당소득**
>
> 각 조합원에게 이사비 5,000,000원 지급하기로 결의함
> 조합원분양면적(비수익사업) : 일반분양면적(수익사업) = 60% : 40%
> 이사비 지급액 중 배당소득(수익사업분) 상당액은?
> : 5,000,000원 × 40% = 2,000,000
> 배당소득 원천징수금액은?
> : 2,000,000원 × 15.4%(지방세포함) = 308,000원

10-2. 주거이전비

주거이전비는 정비구역지정일 현재 거주하고 있는 토지등소유자(현금청산자에 한함) 및 세입자에게 법에 따라 지급하는 금액을 말합니다. 법에 따라 지급하는 주거이전비는 양도소득 또는 기타소득에도 해당되지 않으며 과세대상에 해당되지 않습니다(원천-479, 2011.08.10. 참조).

10-3. 무이자이주비에 대한 이자대납액

이주비는 조합원이 종전부동산(감정가액)을 담보로 은행에서 직접 조달하는 차입금입니다. 이주비 대출금은 조합원 본인이 이주할 주택구입 또는 (세입자)전세보증

금 등의 상환에 사용되며 해당 대출금 이자를 조합에서 무상으로 지원해줍니다. 무상 지원한 이주비이자 대납액 중 수익사업상당액은 배당소득으로 부과됩니다.

10-4. 조합원 중도금에 대한 이자대납액

조합원이 은행에서 대출받은 중도금에 대한 이자를 조합에서 무상지원하는 경우가 있습니다. 무상 지원받은 중도금 이자 중 수익사업 상당액은 배당소득으로 부과됩니다.

10-5. 조합원만을 위한 특화공사

조합은 일반분양(수익사업)을 통해 얻은 이득 중 일부를 준공 전후 조합원총회를 조합원만을 위한 베란다확장 등 특화공사를 진행하는 경우가 있습니다. 조합원만을 위한 특화공사 중 수익사업 상당액은 현물배당에 해당되어 배당소득세가 부과됩니다. 만약, 조합원으로부터 그 대가를 수령한 경우라면 배당소득문제는 없으나 베란다확장용역은 부가가치세 과세대상에 해당됩니다.

10-6. 청산 시 현금배당

재개발사업이 종료되는 시점에 잔여재산이 있는 경우 각 조합원에게 분배합니다. 해당 분배금 중 수익사업상당액은 배당소득으로 과세됩니다.

10-7. 청산금

10-7-1. 미분양 신청 등에 따른 일시청산금 수령액

분양신청을 하지 않거나 분양자격 등이 없어 조합원에게 종전부동산 대가로 지급하는 청산금은 양도소득세 부과대상입니다.

10-7-2. [조합원입주권 + 교부청산금]을 받은 경우

종전부동산의 권리가액이 분양가액(조합원입주권)보다 큰 경우 그 차액을 교부청산금으로 받습니다. 교부청산금은 종전부동산의 지분양도로 보아 양도소득세 과세대상에 해당됩니다.

10-8. 청산금 지급 지연에 따른 지연가산금

주택재개발정비사업 시행자인 조합의 재결신청 지연으로 인해 지급받은 지연가산금은 기타소득에 해당하지 않으며(서면소득 2017-1333, 2017.11.03.) 양도소득에도 해당되지 않습니다(소득세 과세대상 제외).

10-9. 영업손실보상금

재개발조합의 조합원 및 세입자가 「공익사업을 위한 토지 등의 취득 및 보상에 관한 법률」에 따라 지급받는 영업손실보상금은 사업소득에 해당됩니다(원천-479, 2011.08.10.).

11 조합으로부터 현금청산금을 받은 경우의 감면 규정

11-1. 조합으로부터 현금청산금을 받는 사례

11-1-1. 미분양신청 등에 따른 현금청산

일시로 청산금을 받는 자는 조합원 분양신청기간에 분양신청을 하지 않은 조합원, 투기과열지구내에서 5년내 재당첨금지 규정에 따라 분양자격이 없는 조합원, 동일구역내에 2개 이상의 주택을 보유하고 있던 자로부터 주택을 승계취득하여 입주권자격이 없는 자, 최소분양가격 미만의 지상권자 등 여러 원인이 존재합니다. 조합으로부터 청산금을 일시로 지급받는 자는 종전부동산의 양도로 보아 양도세 신고납부의무(양도일이 속하는 달의 말일부터 2달 내)가 있습니다.

11-1-2. [권리가액 〉 조합원분양가격]인 경우

종전부동산의 권리가액이 조합원분양가격보다 큰 경우에는 그 차액(교부청산금)을 조합으로부터 지급받습니다. 교부청산금을 지급받은 자는 종전부동산 중 일부지분을 이전고시일의 다음 날에 조합에 양도한 것으로 보아 양도세 신고납부의무(양도일이 속하는 달의 말일부터 2달 내)가 있습니다.

11-2. 현금청산금에 대한 양도소득세 감면과 한도

다음 요건을 모두 충족한다면 조합으로부터 받은 현금청산금에 대한 양도세 15%를 감면해 줍니다.(1년간 1억원, 5년간 2억원까지 감면 한도 적용) 종전에는 현금보상액의 10%를 감면하였으나 2025.3.14. 법 개정을 통해 이 법 시행일이 속하는 과세연도(2025년)에 양도하는 경우부터 현금보상액의 15%를 감면합니다.

① 정비사업조합 등 사업시행자로부터 현금청산금을 받을 것
② 사업인정고시일(=사업시행계획인가고시일)부터 소급하여 2년 이전에 해당 정비구역 내 종전부동산을 취득한 경우일 것
③ 2026.12.31. 이전에 양도할 것.

💡 **채권보상의 경우 20%, 35%, 45% 감면 규정이 있으나 실무상 조합에서는 현금청산금만 지급하고 있습니다.**

> 〈관련 법률〉 공익사업용 토지 등에 대한 양도소득세의 감면(조특법 제77조①)
>
> 다음 각 호의 어느 하나에 해당하는 소득으로서 해당 토지등이 속한 사업지역에 대한 사업인정고시일(사업인정고시일 전에 양도하는 경우에는 양도일)부터 소급하여 2년 이전에 취득한 토지등을 2026년 12월 31일 이전에 양도함으로써 발생하는 소득에 대해서는 양도소득세의 100분의 15[토지등의 양도대금을 대통령령으로 정하는 채권으로 받는 부분에 대해서는 100분의 20으로 하되, 「공공주택 특별법」 등 대통령령으로 정하는 법률에 따라 협의매수 또는 수용됨으로써 발생하는 소득으로서 대통령령으로 정하는 방법으로 해당 채권을 3년 이상의 만기까지 보유하기로 특약을 체결하는 경우에는 100분의 35(만기가 5년 이상인 경우에는 100분의 45)]에 상당하는 세액을 감면한다.(2025.03.14 개정)
>
> 1. 「공익사업을 위한 토지 등의 취득 및 보상에 관한 법률」이 적용되는 공익사업에 필요한 토지등을 그 공익사업의 시행자에게 양도함으로써 발생하는 소득
> 2. 「도시 및 주거환경정비법」에 따른 정비구역(정비기반시설을 수반하지 아니하는 정비구역은 제외한다)의 토지등을 같은 법에 따른 사업시행자에게 양도함으로써 발생하는 소득
> 3. 「공익사업을 위한 토지 등의 취득 및 보상에 관한 법률」이나 그 밖의 법률에 따른 토지등의 수용으로 인하여 발생하는 소득

11-3. 양도소득세 감면액에 대한 농어촌특별세 추가 과세

위 11-2에 따라 조합으로부터 청산금을 받아 양도세가 감면된 경우 해당 감면세액의 20%를 농특세로 추가 납부하여야 합니다.

 청산금 양도세 감면과 농어촌특별세

현금청산금에 대한 양도세 산출세액: 1억원
현금청산금에 대한 양도세 감면세액: 1억원 × 15%= 1,500만원
양도세 감면세액에 대한 농어촌특별세: 1,500만원 × 20% = 300만원
납부할 세액: (1억원 - 1,500만원) + 300만원 = 8,800만원
　　　　　(지방소득세 850만원 별도)

12 장기임대주택에 양도소득세 주요 감면 규정

12-1. 장기일반민간임대주택등에 대한 양도소득세의 과세특례
(조특법 제97조의3)

12-1-1. 과세 특례 내용

거주자가 2020년 12월 31일(민간건설임대주택의 경우에는 2027년 12월 31일)까지 장기일반민간임대주택을 등록(*)하여 다음 각 호의 요건을 모두 갖춘 경우 그 주택(이하에서 "장기일반민간임대주택등"이라 한다)을 양도하는 경우에 임대기간 중 발생하는 소득에 대해서는 장기보유특별공제액을 계산할 때 일반적인 규정(6%~30%)에 불구하고 100분의 50의 공제율을 적용합니다. 다만, 장기일반민간임대주택등을 10년 이상 계속하여 임대한 후 양도하는 경우에는 100분의 70의 공제율을 적용합니다.

거주자가 「민간임대주택에 관한 특별법」에 따른 민간건설임대주택으로서 공공지원민간임대주택 또는 장기일반민간임대주택을 2027년 12월 31일까지 등록(*)한 후 다음 각 호의 요건을 모두 갖추어 그 주택을 양도하는 경우 임대기간 중 발생하는 양도소득에 대해서는 장기보유 특별공제액을 계산할 때 같은 조 일반적인 공제규정(6%~30%)에 불구하고 100분의 70의 공제율을 적용합니다.

① 10(8)년 이상 계속하여 임대한 후 양도하는 경우

② 임대보증금 또는 임대료 증액 제한 요건 등을 준수하는 경우

➲ (*) 2020년 7.10. 부동산 대책 발표 후 폐지되는 임대주택 등록 분에 대한 특례 배제
  2020년 7월 11일 이후 장기일반민간임대주택으로 등록 신청한 경우로서 아파트를 임대하는 민간매입임대주택이나 단기민간임대주택을 2020년 7월 11일 이후 공공지원민간임대주택 또는 장기일반민간임대주택으로 변경 신고한 주택은 제외합니다.

과세 특례 중복 적용 배제

본 과세특례는 장기임대주택에 대한 양도소득세의 과세특례(조특법 제97조의4; 장기보유특별공제 2% ~ 10% 추가적용)와 중복하여 적용하지 않습니다.

[장기일반민간임대주택등에 대한 양도소득세의 과세특례 주요 내용]

구 분	내 용	
대상자	거주자. (비거주자는 미적용)	
특례내용	8년이상 계속 임대한 경우	10년이상 계속 임대한 경우
	임대기간 중 발생한 양도소득에 장기보유특별공제 50% 적용	임대기간 중 발생한 양도소득에 장기보유특별공제 70% 적용

특례 요건	다음 요건을 모두 적용하여야 함
	㉠ 2020.12.31.까지 공공지원민간임대주택 또는 장기일반민간임대주택으로 등록
	   (단, 민간건설임대주택의 경우에는 2027.12.31. 까지 등록)
	㉡ 8년 이상 계속하여 임대한 후 양도할 것
	   (2023.1.1. 이후 등록 분은 10년 이상 계속 임대 후 양도)
	㉢ 임대보증금 또는 임대료 증액 제한 요건 등을 준수할 것
	   - 임대료등 증가율 5% 이하일 것
	   - 국민주택규모 이하일 것
	   - 임대개시일부터 10(8)년이상 임대할 것
	   - 임대개시일 현재 기준시가 6억원(수도권 밖은 3억원) 이하일 것	

특례 배제	2020년 7월 11일 이후 장기일반민간임대주택으로 등록 신청한 경우로서 아파트를 임대하는 민간매입임대주택이나 단기민간임대주택을 2020년 7월 11일 이후 장기일반민간임대주택 등으로 등록 전환하는 경우	

12-1-2. 공공지원민간임대주택과 장기일반민간임대주택의 정의

● 공공지원민간임대주택(민간임대주택에 관한 특별법 제2조 제4호)

"공공지원민간임대주택"이란 임대사업자가 다음 표 각 목의 어느 하나에 해당하는 민간임대주택을 10년(2020.8.18. 전 등록 신청 분은 8년) 이상 임대할 목적으로 취득하여 이 법에 따른 임대료 및 임차인의 자격 제한 등을 받아 임대하는 민간임대주택을 말합니다.

> 가. 「주택도시기금법」에 따른 주택도시기금(이하 "주택도시기금"이라 한다)의 출자를 받아 건설 또는 매입하는 민간임대주택
> 나. 「주택법」(제2조제24호)에 따른 공공택지 또는 이 법(제18조제2항)에 따라 수의계약 등으로 공급되는 토지 및 「혁신도시 조성 및 발전에 관한 특별법」(제2조제6호)에 따른 종전부동산(이하 "종전부동산"이라 한다)을 매입 또는 임차하여 건설하는 민간임대주택
> 다. 제21조제2호에 따라 용적률을 완화 받거나 「국토의 계획 및 이용에 관한 법률」 제30조에 따라 용도지역 변경을 통하여 용적률을 완화 받아 건설하는 민간임대주택
> 라. 제22조에 따라 지정되는 공공지원민간임대주택 공급촉진지구에서 건설하는 민간임대주택
> 마. 그 밖에 국토교통부령으로 정하는 공공지원을 받아 건설 또는 매입하는 민간임대주택

● 장기일반민간임대주택(민간임대주택에 관한 특별법 제2조 제5호)

"장기일반민간임대주택"이란 임대사업자가 공공지원민간임대주택이 아닌 주택을 10년(2020.8.18. 전 등록 신청 분은 8년) 이상 임대할 목적으로 취득하여 임대하는 민간임대주택(아파트를 임대하는 민간매입임대주택은 제외한다)을 말합니다.

> ◐ 민간매입임대주택 중 아파트의 경우 2020.8.18. 이후에는 민간임대주택법 개정을 통해 임대사업자 등록을 할 수 없도록 하였습니다.

2020.7.10. 부동산 대책에 따른 민간임대주택법 주요 개정 내용은?

2020년 7월 10일 정부가 발표한 「주택시장 안정 보완대책」에 따라 2020년 8월 18일 이후부터 개정·시행된 민간임대주택에 관한 특별법 주요 내용은 아래 표와 같습니다.

구 분		2020.8.17. 이전	2020.8.18. 이후
임대주택의 종류 (매입임대주택, 건설임대주택)		① 공공지원민간임대주택 ② 장기일반민간임대주택 ③ 단기민간임대주택	① 공공지원민간임대주택 ② 장기일반민간임대주택 ③ – 삭제 –
공공지원민간임대주택의 임대기간		8년 이상	10년 이상
장기일반민간 임대주택	임대기간	8년 이상	10년 이상
	대상주택	단독, 다가구, 연립, 아파트, 오피스텔(준주택)	좌동 (단, 민간매입임대주택의 경우 아파트는 폐지)
단기민간임대주택		4년이상 임대할 목적으로 취득 하여 임대하는 민간임대주택	– 삭제– (*)
임대사업자 말소 사유 추가		–	① 장기일반민간임대주택 중 아파트를 임대하는 민간매입임대주택 또는 단기민간임대주택에 대하여 임대사업자가 임대의무기간 내 등록 말소 신청 가능 ② 장기일반민간임대주택 중 아파트를 임대하는 민간매입임대주택 및 단기민간임대주택은 임대의무기간이 종료한 날 등록이 말소됨.

(*) 2025.6.4. 이후부터 단기민간임대주택 규정이 다시 부활되어 시행된다. 새롭게 시행되는 민간임대주택법상 "단기민간임대주택"이란 임대사업자가 6년 이상 임대할 목적으로 취득하여 임대하는 민간임대주택[아파트(「주택법」 제2조 제20호의 도시형 생활주택이 아닌 것을 말한다)는 제외한다]을 말한다.

12-1-3. 장기일반민간임대주택등에 대한 양도세 과세특례 요건

장기일반민간임대주택등에 대한 양도소득세 과세특례를 적용받기 위해서는 아래의 ①~③ 요건을 모두 충족하여야 합니다.

① 2020.12.31.까지 공공지원민간임대주택 또는 장기일반민간임대주택으로 등록할 것(단, 민간건설임대주택의 경우에는 2027.12.31.까지 등록할 것)

장기일반민간임대주택을 임대하려는 자는 해당 주택이 소재하는 시장·군수·구청장에게 이를 2020.12.31.까지 등록(민간건설임대주택의 경우에는 2027.12.31. 까지 등록)하여야 하며, 관할세무서에 사업자등록(소득법 제168조)을 하여야 합니다. 다만, 2020년 7월 11일 이후 장기일반민간임대주택으로 등록 신청한 경우로서 아파트를 임대하는 민간매입임대주택이나 단기민간임대주택을 2020년 7월 11일 이후 장기일반민간임대주택등으로 등록 전환하는 경우는 제외됩니다.

② 10년 또는 8년 이상 계속하여 임대할 것

「공공지원민간임대주택 또는 장기일반민간임대주택(이하에서 "장기일반민간임대주택등"이라 한다)으로 각각 10년 또는 8년 이상 계속하여 등록하고, 그 등록한 기간 동안 통산하여 각각 10년 또는 8년 이상 임대한 경우이어야 합니다. 이 경우 다음 각 호의 어느 하나에 해당하는 경우에는 다음 각 호의 구분에 따라 등록 및 임대한 기간을 계산합니다.

> 1. 「도시 및 주거환경정비법」에 따른 재개발사업·재건축사업, 「빈집 및 소규모주택 정비에 관한 특례법」에 따른 소규모주택정비사업 또는 「주택법」에 따른 리모델링으로 임대할 수 없는 경우: 해당 주택의 관리처분계획 인가일(소규모주택정비사업의 경우에는 사업시행계획 인가일, 리모델링의 경우에는 허가일 또는 사업계획승인일을 말한다) 전 6개월부터 준공일 후 6개월까지의 기간 동안 계속하여 임대한 것으로 보되, 임대기간 계산 시에는 실제 임대기간만 포함한다.
> 2. 종전의 「민간임대주택에 관한 특별법」(법률 제17482호 민간임대주택에 관한 특별법 일부개정법률로 개정되기 전의 것을 말한다) 제2조 제5호에 따른 장기일반민간임대주택 중 아파트를 임대하는 민간매입임대주택이 「민간임대주택에 관한 특별법」(제6조 제5항)에 따라 등록이 말소(임대의무기간이 종료한 날 등록이 말소된 경우를 말함)되는 경우: 해당 주택은 8년 동안 등록 및 임대한 것으로 본다.(2023.1.1. 이후 세법에서 삭제 되었으나 종전 등록 분은 종전 규정에 따름)

- 장기일반민간임대주택 중 아파트를 임대하는 민간매입임대주택이 임대주택법 개정에 따라 임대의무기간(8년)이 종료한 날 등록이 "자동말소"된 경우에는 8년 동안 등록 및 임대한 것으로 간주합니다. 따라서 자동말소된 장기일반민간임대주택 중 아파트를 임대하던 민간매입임대주택은 임대기간 동안의 임대소득에 대하여 장기보유특별공제의 50%만 적용받을 수 있습니다(70% 규정은 적용 불가함).

③ 다음 표 각호의 임대보증금 또는 임대료 증액 제한 요건 등을 준수할 것

1. 임대보증금 또는 임대료(이하 이 호에서 "임대료등"이라 한다)의 증가율이 5% 이하일 것. 이 경우 임대료등 증액 청구는 임대차계약 또는 약정한 임대료등의 증액이 있은 후 1년 이내에는 하지 못하고, 임대사업자가 임대료등의 증액을 청구하면서 임대보증금과 월임대료를 상호 간에 전환하는 경우에는 정한 기준을 준용한다.
2. 국민주택규모 이하의 주택(해당 주택이 다가구주택일 경우에는 가구당 전용면적을 기준으로 한다)일 것
3. 장기일반민간임대주택등의 임대개시일부터 10(8)년 이상 임대할 것
4. 장기일반민간임대주택등 및 이에 부수되는 토지의 기준시가의 합계액이 해당 주택의 임대개시일 당시 6억원(수도권 밖의 지역인 경우에는 3억원)을 초과하지 아니할 것

12-1-4. 양도세 특례

장기임대주택등을 8년 이상 임대한 후 양도하는 경우에는 장기보유특별공제액을 계산할 때 표1(6%~30%)에 불구하고 100분의 50의 공제율을 적용합니다. 다만, 장기일반민간임대주택등을 10년(2023.1.1. 이후 등록분은 강제 적용) 이상 계속하여 임대한 후 양도하는 경우에는 100분의 70의 공제율을 적용합니다.

등록 및 임대기간	장기보유특별공제	비 고
8년 미만	표1(6% ~30%)	3년 이상 보유 시
8년 이상 ~ 10년 미만	50%	2015.1.1. 이후 양도 분부터 적용
10년 이상	70%	2016.1.1. 이후 양도 분:70% (2014.1.1. ~ 2015.12.31. 양도 분: 60%)

12-1-5. 장기일반민간임대주택의 임대기간의 계산

장기일반민간임대주택등의 임대기간의 계산에 관하여 다음 각 호의 내용에 따릅니다.

① 주택임대기간의 기산일은 주택의 임대를 개시한 날로 할 것

② 상속인이 상속으로 인하여 피상속인의 임대주택을 취득하여 임대하는 경우에는 피상속인의 주택임대기간을 상속인의 주택임대기간에 합산할 것

③ 위 ① 및 ②규정을 적용함에 있어서 기획재정부령이 정하는 기간(기존 임차인의 퇴거일부터 다음 임차인의 입주일까지의 기간으로서 3월 이내의 기간)은 이를 주택임대기간에 산입할 것

이 경우 관할세무서에 사업자등록과 구청등에 임대사업자등록을 하고 장기일반민간임대주택등으로 등록하여 임대하는 날부터 임대를 개시한 것으로 보며, 2020.7.10. 이전에 단기민간임대주택을 장기일반민간임대주택등으로 변경 신고한 경우에는 다음 표(민간임대주택에 관한 특별법 시행령 제34조 제1항 제3호)에 따른 시점부터 임대를 개시한 것으로 봅니다.

> **[참고] 민간임대주택에 관한 특별법 제34조 제1항 제3호**
>
> **단기민간임대주택을 장기일반민간임대주택으로 변경신고한 경우**
>
> 가. 단기민간임대주택의 임대의무기간(4년) 종료 전에 변경신고한 경우: 해당 단기민간임대주택의 다음 제1호 또는 제2호에 따른 시점
>   1. 민간건설임대주택: 입주지정기간 개시일. 이 경우 입주지정기간을 정하지 아니한 경우에는 법 제5조에 따른 임대사업자 등록 이후 최초로 체결된 임대차계약서상의 실제 임대개시일을 말한다.
>   2. 민간매입임대주택: 임대사업자 등록일. 다만, 임대사업자 등록 이후 임대가 개시되는 주택은 임대차계약서상의 실제 임대개시일로 한다.
> 나. 단기민간임대주택의 임대의무기간(4년)이 종료된 이후 변경신고한 경우: 변경신고의 수리일부터 해당 단기민간임대주택의 임대의무기간을 역산한 날

> Q : 갑은 단독주택을 취득하여 10년 이상 보유하다가 장기임대주택으로 등록하여 10년 이상 계속하여 임대를 하고 10억원에 양도를 하였다. 임대사업자 등록 전 양도차익 3억원, 임대사업자 등록 후 양도차익 2억원일 때 전체 양도차익 5억원에 대해 장기보유특별공제 70%가 적용 가능할까요?
> A : 장기보유특별공제 특례 혜택은 임대기간 중에 발생한 양도차익 2억원에 한정하여 70%를 공제합니다.

12-2. 장기임대주택에 대한 양도소득세의 과세특례(조특법 제97조의4)

12-2-1. 과세 특례 내용

거주자 또는 비거주자가 민간건설임대주택, 민간매입임대주택, 공공건설임대주택 또는 공공매입임대주택으로서 6년 이상 임대한 후 양도하는 경우에는 장기보유특별공제액(2% ~ 10%)을 추가로 적용합니다.

12-2-2. 특례 적용대상 주택

특례 적용대상 주택은 2018.03.31.까지 지자체 및 세무서에 등록한 소득세법 시행령 제167조의3제1항제2호가목 및 다목에 따른 장기임대주택(비거주자가 소유한 주택을 포함)을 말합니다. 2018.04.01. 이후에 임대주택으로 등록한 경우에는 장기보유특별 공제 추가 적용을 받을 수 없습니다.

12-2-3. 적용 요건

임대개시일 당시 기준시가 6억원(수도권 밖은 3억원) 이하이고, 임대료 인상률 5% 이내이고, 6년 이상 임대해야 합니다.

12-2-4. 추가 장기보유특별 공제율

임대기간	6년~7년	7년~8년	8년~9년	9년~10년	10년 이상
추가공제율	2%	4%	6%	8%	10%

> Q : 2014.01.02. 취득과 동시에 지자체 및 세무서에 주택임대사업자로 등록하여 7년 조금 넘게 임대하다가 양도할 때 전체양도차익이 3억원입니다. 이 경우 장기보유특별공제는 얼마나 적용될까요?
> A : 전체 양도차익 3억원에 18%(=14%+4%)를 공제합니다.

12-3. 장기임대주택등에 대한 양도소득세 세액감면(조특법 제97조의5)

12-3-1. 과세 특례 내용

거주자가 일정 요건을 모두 갖춘 따른 공공지원민간임대주택 또는 장기일반민간임대주택(이하에서 "장기일반민간임대주택등"이라 한다)을 양도하는 경우에는 임대기간 중 발생한 양도소득에 대한 양도소득세의 100분의 100에 상당하는 세액을 감면합니다.

구 분	내 용
대상자	거주자 (비거주자는 대상이 아님)
과세특례	임대기간 중 발생한 양도소득에 대한 양도소득세의 100% 감면
특례 요건	다음 요건을 모두 충족할 것 ㉠ 공공지원민간임대주택 또는 장기일반민간임대주택일 것 ㉡ 2018.12.31.까지 매입임대주택을 취득하고, 취득일로부터 3개월 이내 등록(세무서 + 구청등)할 것 ㉢ 등록 후 10년 이상 계속하여 임대한 후 양도할 것 ㉣ 임대기간 중 임대료 증액 등 아래 요건을 모두 충족할 것 　- 임대료 등 증가율이 5%이하일 것 　- 국민주택규모 이하의 주택일 것 　- 장기일반민간임대주택 등 임대개시일부터 8년이상 임대할 것 　- 해당 주택 임대개시일 현재 기준시가가 6억원(수도권 밖은 3억원) 이하일 것

12-3-2. 장기일반민간임대주택등의 요건

아래의 ① ~ ③ 요건은 모두 충족한 장기일반민간임대주택등이어야 합니다.

① 2018년 12월 31일까지 민간매입임대주택 및 공공매입임대주택의 매입임대주택을 취득(2018년 12월 31일까지 매매계약을 체결하고 계약금을 납부한 경우를 포함한다)하고, 취득일로부터 3개월 이내에 「민간임대주택에 관한 특별법」에 따라 장기일반민간임대주택등으로 등록할 것

② 장기일반민간임대주택등으로 등록 후 10년 이상 계속하여 장기일반민간임대주택등으로 임대한 후 양도할 것

10년 이상 계속하여 장기임대주택등으로 임대한 경우란?

장기일반민간임대주택등으로 10년 이상 계속하여 등록하고, 그 등록한 기간 동안 계속하여 10년 이상 임대한 경우를 말합니다. 이 경우 다음 표 각 호의 경우에는 해당 기간 동안 계속하여 임대한 것으로 봅니다.

> 가. 기존 임차인의 퇴거일부터 다음 임차인의 주민등록을 이전하는 날까지의 기간으로서 6개월 이내의 기간(2015.02.03. 신설)
> 나. 제72조 제2항 각 호의 법률에 따라 협의매수 또는 수용되어 임대할 수 없는 경우의 해당 기간(2015.02.03. 신설)
> 다. 「도시 및 주거환경정비법」에 따른 재개발사업·재건축사업, 「빈집 및 소규모주택 정비에 관한 특례법」에 따른 소규모주택정비사업 또는 「주택법」에 따른 리모델링의 사유로 임대할 수 없는 경우에는 해당 주택의 관리처분계획 인가일(소규모주택정비사업의 경우에는 사업시행계획 인가일, 리모델링의 경우에는 허가일 또는 사업계획승인일을 말한다) 전 6개월부터 준공일 후 6개월까지의 기간(2020.02.11. 개정)

③ 임대기간 중 아래 표의 요건(제97조의3 제1항 제2호의 요건)을 준수할 것

> 가. 임대보증금 또는 임대료(이하 이 호에서 "임대료등"이라 한다)의 증가율이 5% 이하일 것. 이 경우 임대료등 증액 청구는 임대차계약 또는 약정한 임대료등의 증액이 있은 후 1년 이내에는 하지 못하고, 임대사업자가 임대료등의 증액을 청구하면서 임대보증금과 월임대료를 상호 간에 전환하는 경우에는 정한 기준을 준용한다.
> 나. 「주택법」 제2조 제6호에 따른 국민주택규모 이하의 주택(해당 주택이 다가구주택일 경우에는 가구당 전용면적을 기준으로 한다)일 것
> 다. 장기일반민간임대주택등의 임대개시일부터 8년 이상 임대할 것
> 라. 장기일반민간임대주택등 및 이에 부수되는 토지의 기준시가의 합계액이 해당 주택의 임대개시일 당시 6억원(수도권 밖의 지역인 경우에는 3억원)을 초과하지 아니할 것

12-3-3. 임대기간의 계산 방법

장기일반민간임대주택등의 임대기간의 계산에 관하여는 다음 각 호의 내용에 따릅니다(소득령 제97조⑤제1호 및 제3호 준용). 이 경우 관할세무서에 사업자등록과 구청등에 임대사업자등록을 하고 장기일반민간임대주택등으로 등록하여 임대하는 날부터 임대를 개시한 것으로 봅니다.

① 주택임대기간의 기산일은 주택의 임대를 개시한 날로 할 것
② 상속인이 상속으로 인하여 피상속인의 임대주택을 취득하여 임대하는 경우에는 피상속인의 주택임대기간을 상속인의 주택임대기간에 합산할 것

12-3-4. 임대기간 중 발생한 양도소득의 계산

임대기간 중 발생한 양도소득은 다음 계산식에 따라 계산한 금액으로 합니다. 이 경우 새로운 기준시가가 고시되기 전에 취득 또는 양도하거나 임대기간의 마지막 날이 도래하는 경우에는 직전의 기준시가를 적용하여 계산합니다.

$$양도소득금액 \times \frac{임대기간의\ 마지막\ 날의\ 기준시가 - 취득당시\ 기준시가}{양도\ 당시\ 기준시가 - 취득당시\ 기준시가}$$

12-3-5. 과세특례 중복 적용 금지

본 세액감면은 장기일반민간임대주택등에 대한 양도소득세의 과세특례(조특법 제97조의3, 장기보유특별공제 50%, 70% 공제)및 장기임대주택에 대한 양도소득세의 과세특례(조특법 제97조의4, 장기보유특별공제 2% ~10% 추가공제)와 중복하여 적용하지 않습니다.

2025
재개발 주택세금 길라잡이

2025 재개발 주택세금 길라잡이

제5장

재산세 편

제5장
재산세 편

[1] 과세대상은?

재산세는 토지, 건축물, 주택 등을 과세대상으로 합니다. 본 편에서는 주택에 대한 재산세 규정을 알아보겠습니다.

➡ "주택"이란 세대(世帶)의 구성원이 장기간 독립된 주거생활을 할 수 있는 구조로 된 건축물의 전부 또는 일부 및 그 부속토지를 말하며, 주택법상 단독주택(원룸 등 다가구주택, 다중주택 포함)과 공동주택(아파트, 연립주택, 다세대주택 등)으로 구분합니다.

[2] 누가 재산세를 내야 하나요?

매년 6월 1일 현재 주택을 사실상 소유하고 있는 자는 재산세를 납부할 의무가 있습니다.

➡ 주택의 건물과 부속토지의 소유자가 다를 경우: 그 주택에 대한 세액을 건축물과 그 부속토지의 시가표준액 비율로 안분계산하여 각 소유자에 부과합니다.

 주택을 신탁회사 명의로 등기하여 신탁한 경우에는 재산세를 누가내야 하나요?
실제 소유주인 신탁자에게 재산세가 부과됩니다.

> 분양계약서상 잔금지급일이 6월1일 이전이나 실제 잔금을 지급하지 않은 경우 분양받은 자가 재산세를 부담해야 하나요?
>
> 주택의 취득시점은 잔금청산일과 등기접수일중 빠른 날입니다. 수분양자 명의로 등기가 되지 않은 상황에서 잔금을 지불하지 않은 경우에는 수분양자는 재산세 납세의무가 없습니다. 다만, 판례상 일부의 잔금만 납부하지 않았다면 사실상 소유주는 수분양자에게 있는 것으로 보기에 주의를 하셔야 합니다.

[3] 주택에 대한 재산세의 납세지는 어디인가요?

주택 소재지관할 지방자치단체(시·군·구청)에 납부하여야 합니다. 예를 들어 서울(은평구)에 주택 1채, 경기도 성남시에 주택 1채를 보유하고 있다면, 서울주택에 대한 재산세는 은평구청에, 성남시에 보유하고 있는 주택에 대한 재산세는 성남시청에 각각 납부하여야 합니다. 실무적으로는 각 시청 등에서 재산세를 계산 하여 고지하고 있기에 고지된 납부서상 가상계좌로 납부하시면 됩니다.

[4] 재산세는 어떤 금액을 기준으로 부과하나요?

해당 주택의 "시가표준액 × 60%(공정시장가액비율)"를 기준으로 재산세를 부과합니다. 단독주택(원룸 등 다가구주택 포함)은 개별주택가격을 시가표준액으로 하고, 공동주택(아파트, 연립주택, 다세대주택 등)은 공동주택가격을 시가표준액으로 하며, 매년 4월30일경에 고시합니다. 주택공시가액이 없는 경우 구조지수, 용도지수 등을 고려하여 지방단체장이 고시한 가격을 시가표준액으로 봅니다.(본 책에서는 생략하겠습니다)

구 분	단독주택	공동주택
시가표준액	개별주택가격	공동주택가격
공정시장가액비율 (*)	60%	60%
과세표준	"시가표준액 × 60%" 1세대 1주택으로 인정되는 주택의 경우 (시가표준액이 9억원을 초과하는 주택을 포함) "시가표준액의 43/100 ~ 45/100"	

(*) 1세대 1주택으로 인정되는 주택의 공정시장가액비율

2023년도에 납세의무가 성립하는 재산세의 과세표준을 산정하는 경우 제110조의2에 따라 1세대 1주택으로 인정되는 주택(시가표준액이 9억원을 초과하는 주택을 포함한다)에 대해서는 다음 각 목의 구분에 따릅니다.

시가표준액	
3억원 이하인 주택	시가표준액의 100분의 43
3억원 초과하고 6억원 이하인 주택	시가표준액의 100분의 44
6억원을 초과하는 주택	시가표준액의 100분의 45

보유하고있는 아파트의 시가는 10억원이나 공동주택고시가액은 7억원인 경우, 재산세 부과기준금액(과세표준)은?

: 7억원 × 60% = 4.2억원
 (1세대1주택자의 경우: 7억원 × 45% = 3.15억원

개별주택가격이나 공동주택가격을 확인할 수 있는 인터넷 홈페이지는?

부동산공시가격 알리미 www.realtyprice.kr:447/

[5] 주택 재산세율은?

구 분	과세표준	세 율
일반 주택	6천만원 이하	1,000분의 1
	6천만원 초과 1억5천만원 이하	60,000원+6천만원 초과금액의 1,000분의 1.5
	1억5천만원 초과 3억원 이하	195,000원+1억5천만원 초과금액의 1,000분의 2.5
	3억원 초과	570,000원+3억원 초과금액의 1,000분의 4

🏠 **전년 대비 재산세 부담액의 증가를 제한하는 제도가 있다는데?**

네 있습니다. 전년에 부과된 재산세보다 과도하게 세금이 증가되는 것을 막기 위해 다음 표의 비율 내에서만 부과합니다. (2028년까지 유지) 예를 들어, 주택 공시가격 4억원인 주택의 경우, 당해 연도 재산세는 970,000원인데 전년에 부과된 재산세가 700,000원인 경우에는 당해 연도 상한액 범위(700,000원의 110%인 770,000원)까지만 부과합니다.

주택 공시가격	3억원 이하	6억원 이하	6억원 초과
상한 비율	105%	110%	130%

→ 2024.1.1. 이후에는 다음과 같이 매년 과세표준의 증가 한도를 설정하여 공시가격 급등 시에도 과세표준이 제한적으로 증가토록 하여 세부담을 안정적으로 관리할 수 있도록 세법 개정이 있었습니다.

| 과표 상한 계산식 |

전년 과표 + (금년 공시가격을 적용한 과표* × 과표상한율)**

* 금년 공시가격 × 공정시장가액비율(⇒ 現 과표산정방식)
** 0~5% 범위에서 정하되, 소비자물가변동률, 지방재정 여건 등을 고려하여 시행령에서 규정 예정

※ 최종 적용할 과세표준은 과표 상한과 금년 공시가격을 적용한 과세표준 중 작은 값 적용

○ 주택 재산세 세부담상한제는 5년간 유지('24년 ~ '28년) 후 폐지

6 1세대 1주택자에 대한 혜택은 없나요?

6-1. 1세대 1주택자에 대한 세율 특례

주택 재산세율은 "5"(주택 재산세율)에 따라 적용하는 것이 원칙입니다. 다만, 법에서 정하는 1세대 1주택자(시가표준액 9억원이하인 주택에 한정함; 2021.6.1.부터 적용)의 경우에는 아래 표에 따른 재산세율을 적용하여 세액을 줄여주고 있습니다.

구 분	과세표준	세 율
일반 주택	6천만원 이하	1,000분의 0.5
	6천만원 초과 1억5천만원 이하	30,000원+6천만원 초과금액의 1,000분의 1
	1억5천만원 초과 3억원 이하	120,000원+1억5천만원 초과금액의 1,000분의 2
	3억원 초과	420,000원+3억원 초과금액의 1,000분의 3.5

 신탁법에 따라 신탁된 주택은 보유 주택에서 제외되나요?

1세대 1주택의 해당여부를 판단할 때 「신탁법」에 따라 신탁된 주택은 2021.1.1. 이후부터 위탁자(실제 소유자)의 주택 수에 가산합니다.

6-2. 1세대란?

세대별 주민등록표에 함께 기재되어 있는 가족(동거인은 제외한다)으로 구성된 단위를 1세대라 합니다. 다만, 배우자, 과세기준일(매년 6월1일) 현재 미혼인 19세 미만의 자녀 또는 부모(주택의 소유자가 미혼이고 19세 미만인 경우로 한정한다)는 주택 소유자와 같은 세대별 주민등록표에 기재되어 있지 않더라도 1세대에 속한 것으로 봅니다.

▶ 형제자매의 경우라도 동거인으로 등재되어 있어도 1세대에 해당되지 않습니다.

각각 별도의 세대로 보는 경우는 없나요?

다음 중 어느 하나에 해당되는 경우에는 각각 별도 세대로 봅니다.
① 과세기준일 현재 65세 이상의 직계존속(배우자의 직계존속을 포함하며, 직계존속 중 어느 한 사람이 65세 미만인 경우를 포함한다)를 동거봉양하기 위하여 19세 이상의 직계비속 또는 혼인한 직계비속이 합가한 경우
② 취학 또는 근무상의 형편 등으로 세대 전원이 90일 이상 출국하는 경우로서 「주민등록법」에 따라 해당 세대가 출국 후에 속할 거주지를 다른 가족의 주소로 신고한 경우

6-3. 재산세를 감면받을 수 있는 1세대 1주택이란?

매년 6월1일 현재 세대별 주민등록표에 함께 기재되어 있는 가족(동거인은 제외한다)으로 구성된 1세대가 국내에 1개의 주택만 소유하는 경우 그 주택을 말합니다. 다만, 아래 표의 주택은 소유주택에서 배제합니다.

① 종업원에게 무상이나 저가로 제공하는 사용자 소유의 주택으로서 과세기준일 현재 다음 각 목의 어느 하나에 해당하는 주택. 다만, 특수관계에 있는 사람에게 제공하는 주택은 제외
  가. 시가표준액이 3억원 이하인 주택
  나. 면적이 국민주택규모 이하인 주택
② 기숙사(「건축법 시행령」 별표 1 제2호 라목)
③ 매년 6월1일 현재 사업자등록을 한 다음 각 목의 어느 하나에 해당하는 자가 건축하여 소유하는 미분양 주택으로서 재산세 납세의무가 최초로 성립한 날부터 5년이 경과하지 않은 주택. 다만, 가목의 자가 건축하여 소유하는 미분양 주택으로서 청약등(「주택법」 제54조)에 따라 공급하지 않은 주택인 경우에는 자기 또는 임대계약 등 권원을 불문하고 다른 사람이 거주한 기간이 1년 이상인 주택은 제외한다.
  가. 「건축법」에 따른 허가를 받은 자
  나. 「주택법」에 따른 사업계획승인을 받은 자
④ 세대원이 「영유아보육법」에 따라 인가를 받고 「소득세법」에 따른 고유번호를 부여받은 이후 「영유아보육법」에 따른 가정어린이집으로 운영하는 주택
⑤ 주택의 시공자가 공사대금으로 받은 주택(과세기준일 현재 해당 주택을 공사대금으로 받은 날 이후 해당 주택의 재산세의 납세의무가 최초로 성립한 날부터 5년이 경과하지 않은 주택으로 한정한다.)

⑥ 「문화재보호법」에 따른 지정문화재 또는 등록문화재에 해당하는 주택
⑦ 「노인복지법」에 따른 노인복지주택으로서 같은 법에 따라 설치한 사람이 소유한 해당 노인복지주택
⑧ 상속을 원인으로 취득한 주택(조합원입주권 또는 주택분양권을 상속받아 취득한 신축주택을 포함한다)으로서 과세기준일 현재 상속개시일부터 5년이 경과하지 않은 주택
⑨ 혼인 전부터 소유한 주택으로서 과세기준일 현재 혼인일로부터 5년이 경과하지 않은 주택. 다만, 혼인 전부터 각각 최대 1개의 주택만 소유한 경우로서 혼인 후 주택을 추가로 취득하지 않은 경우로 한정한다.
⑩ 세대원이 소유하고 있는 토지 위에 토지를 사용할 수 있는 정당한 권원이 없는 자가 「건축법」에 따른 허가·신고 등(다른 법률에 따라 의제되는 경우를 포함한다)을 받지 않고 건축하여 사용(건축한 자와 다른 자가 사용하고 있는 경우를 포함한다) 중인 주택(부속토지만을 소유하고 있는 자로 한정한다)

 주택의 공유지분이나 부속토지만을 소유한 경우 주택 수의 판단은?

각각 1개의 주택으로 보아 주택 수를 산정합니다. 다만, 1개의 주택을 같은 세대 내에서 공동소유하는 경우에는 1개의 주택으로 봅니다.

 상속으로 여러 사람이 공동으로 1개의 주택을 소유하는 경우 소유자 판단?

다음 순서에 따라 그 주택의 소유자로 판단합니다. 이 경우 미등기 상속 주택의 소유지분이 종전의 소유지분과 변경되어 등기되는 경우에는 등기상 소유지분을 상속개시일부터 소유한 것으로 봅니다.
  ㉠ 지분이 가장 큰 상속인
  ㉡ 그 주택에 거주하는 사람
  ㉢ 나이가 가장 많은 사람

7. 재산세에 부가하여 내야하는 세금은 없나요?

[주택의 재산세 및 부가 세금]

세목	과세표준	세율
(일반)재산세	공시가격 등 × 60% (1세대1주택: 공시가격 등 × 43%~45%)	• 일반 세율: 0.1% ~ 0.4% • 특례 세율: 0.05% ~ 0.35% (1세대1주택) * 세부담 상한 규정 있음
(도시지역분) 재산세	상 동	0.14%
지역자원시설세	건축물의 가액(또는 시가표준액) × 60%	0.04% ~ 0.12% (구청장등 세율 50%감액 가능)
지방교육세	(일반)재산세 납부할 세액	20%

7-1. 재산세 도시지역분

지방자치단체의 장은 「국토의 계획 및 이용에 관한 법률」에 따른 도시지역 중 해당 지방의회의 의결을 거쳐 고시한 지역 안에 있는 주택 등에 대하여는 조례로 정하는 바에 따라 일반적인 재산세에 아래 표에 따른 세액(재산세 도시지역분)을 합산하여 산출한 세액을 재산세액으로 부과할 수 있습니다. 다만, 개발제한구역에서는 고급주택만 재산세 도시지역분을 부과하고 일반주택은 부과대상에서 제외됩니다.

[주택의 재산세 도시지역분의 과세]

구 분	내 용	
	도시지역 내	도시지역 밖
과세 대상	주택 과세 (단, 개발제한구역 내 고급주택을 제외한 일반주택은 비과세)	비과세
세액	"재산세 과세표준 × 1.4/1,000" = 시가표준액 × 60%(공정가액비율) × 1.4/1,000 (1세대1주택자: 시가표준액 × 45%(공정가액비율) × 1.4/1,000)	–

7-2. 지역자원시설세

지역자원시설세는 소방시설로 인하여 이익을 받는 자의 주택 건물 등에 부과하는 지방세로 재산세와 함께 부과되는 세금입니다. 지역자원시설세는 주택 건축물(토지 제외)의 시가표준액에 공정시장가액비율(60%, 45%)를 곱한 금액을 과세표준으로 하여 0.04% ~ 0.12%의 세율을 적용하여 산출합니다. 각 지방자치단체의 장은 50%의 범위 내에서 세율을 가감할 수 있어 납세자가 직접 계산하기는 어렵습니다.

7-3. 지방교육세

주택에 대한 일반재산세액의 20%를 지방교육세로 추가로 부과합니다. 도시지역분 재산세에 대해서는 지방교육세가 부과되지 않습니다.

[주택에 대한 재산세 등]

구분		내용			
사례		- 서울 영등포구 소재 아파트 소유 - 시가 : 10억원 - 공동주택가격 : 6억원 (주택건축물분 2억원) - 1세대 다주택자임 - 전년도 대비 상한 비율에 걸리지 않음 - 지역자원시설세 적용 시 지자체장의 세율 50% 감액 적용			
산출세액	세목	일반재산세	지방 교육세	도시지역분 재산세	지역자원시설세
	과세표준	6억원 × 60% = 3.6억원	일반재산세액	6억원 × 60% = 3.6억원	2억원 × 60% = 1.2억원
	세액	810,000 (*)	810,000 × 20% = 162,000	3.6억원 × 1.4/1,000 = 504,000	1.2억원 × 세율 = 58,150

(*) 570,000원+3억원 초과금액의 1,000분의 4 = 810,000 원

[8] 주택 재산세 납부 시기는?

해당 연도에 부과·징수할 세액의 2분의 1은 매년 7월 16일부터 7월 31일까지, 나머지 2분의 1은 9월 16일부터 9월 30일까지 재산세를 납부하여야 합니다. 다만, 해당 연도에 부과할 세액이 20만원 이하인 경우에는 조례로 정하는 바에 따라 납기를 7월 16일부터 7월 31일까지로 하여 한꺼번에 부과·징수할 수 있습니다.

[주택 재산세 납부 시기]

부과·징수할 재산세의 1/2	나머지 2분의 1의 재산세
매년 7.16. ~ 7.31.	매년 9.16. ~ 9.30.

◎ 주택외의 일반 토지의 경우에는 매년 9.16. ~ 9.30.까지, 일반 건물의 경우에는 매년 7.16. ~ 7.31. 까지 납부하여야 합니다.

[9] 재개발사업에서 관리처분계획인가 고시일 이후 주택에 대한 재산세는?

9-1. 관리처분계획인가고시일부터 멸실되기 전까지의 재산세

주택건물을 멸실하기 전까지는 주택으로 보아 재산세를 부과합니다. 주택건물을 멸실하기 위해 단전·단수, 세입자 이주, 펜스를 설치한 경우라도 사실상 멸실을 하지 않은 경우에도 주택으로 봅니다.

9-2. 주택건물의 멸실 후 조합원입주권에 대한 재산세는?

양도소득세 규정에서는 관리처분계획인가고시일을 기준으로 종전부동산이 조합원입주권으로 전환됩니다. 그러나 재산세 규정에서는 주택건물멸실 이후에는 토지로 보아 재산세를 부과합니다. 정비사업조합에서 종전부동산을 멸실하여 주택건설사업에 제공되는 토지는 재산세가 낮은 세율(분리과세대상)로 부과됩니다. 조합 실무상, 구역 내의 모든 건물이 멸실된 이후 구청 등에 멸실신고를 일괄적으로 진행하는 데 본인의 주택건물이 사실상 멸실되었으나 멸실신고가 되지 않아 주택으로 재산세가 높게 부과된 경우에는 이의신청을 통해 구제받으실 수 있습니다.

9-3. 재개발 주택이 준공된 경우

조합원이 관리처분계획에 따라 조합으로부터 취득한 주택은 준공(사용승인일 등) 시 조합원이 직접 원시취득한 것으로 봅니다. 조합원명의로 소유권 보존등기는 이전고시일 이후에 이루어지나 실질은 준공 시 취득한 것으로 보기에 준공일이 6월 1일 이전인 경우에는 주택으로 보아 재산세가 부과됩니다.

조합원분담금 중 잔금을 전혀 내지 않은 경우에는 주택의 재산세를 조합에서 부담하나요?

NO! 일반분양분과는 달리 조합원이 취득하는 주택은 분담금 중 잔금 납부여부에 불구하고 준공시점에 취득하였기에 6월1일 이전에 준공된 경우에는 주택에 대한 재산세가 해당 조합원에게 부과됩니다.

2025
재개발 주택세금 길라잡이

2025 재개발 주택세금 길라잡이

제6장

종합부동산세 편

제6장
종합부동산세 편

[1] 주택에 대한 과세

1-1. 납세의무자

과세기준일* 현재 주택분 재산세의 납세의무자는 종합부동산세를 납부할 의무가 있습니다.

*과세기준일이란 6.1. 현재 주택 소유자를 말합니다.

신탁법에 따른 수탁자의 명의로 등기 또는 등록된 신탁재산 주택의 경우에도 위탁자가 종합부동산세를 납부할 의무가 있습니다. 이 경우 위탁자가 신탁주택을 소유한 것으로 봅니다.

● 주택을 팔 때에는 5.31. 이전에 매도를 하면 당해 주택은 재산세 및 종합부동산세를 제외할 수 있습니다.

1-1-1. 공동명의 1주택자 납세의무 특례

과세기준일 현재 1세대 1주택자 부부 공동명의로 주택을 소유한 경우에는 부부 중 한명을 해당 1주택에 대한 납세의무자로 선택할 수 있습니다.

공동명의 1주택자 특례를 적용하려면 당해 연도 9월 16일부터 9월 30일까지 부부 중 한 사람을 대표자로 신청하여야 합니다. 이 경우 공동명의 1주택자를 1세대 1주택자로 과세표준과 세율 및 세액을 계산합니다.

구분	명의	공제	고령자 공제 여부	보유기간 공제 여부
1세대 1주택자	단독	12억	여	여
1세대 1주택자	공동	각각 9억	부	부

2021년부터는 1세대 1주택자 부부 공동명의 경우는 주택 공시가격, 연령, 보유기간에 따라 유리한 방법으로 선택 적용할 수 있게 되었습니다.

1-2. 1세대 1주택의 범위

1세대란 주택의 소유자 및 그 배우자가 그들과 동일한 주소 또는 거소에서 생계를 같이하는 가족을 말하며 취학, 질병의 요양, 근무상 또는 사업상의 형편으로 본래의 주소 또는 거소를 일시퇴거한 자를 포함합니다.

1세대 1주택자란 1명만이 주택분 재산세 과세대상인 1주택만을 소유한 경우를 말합니다. 다가구주택은 1주택으로 보되, 합산배제 임대주택으로 신고한 경우에는 1세대가 독립하여 구분 사용할 수 있도록 구획된 부분을 각각 1주택으로 봅니다.

● 다가구주택을 주택임대사업자로 등록하려면 각 호별 면적요건과 가액 요건이 충족될 시 가구별로 주택임대사업자를 등록할 수 있습니다.

1세대 1주택자 여부를 판단할 때 다음의 주택은 1세대가 소유한 주택 수에서 제외합니다.

가. 합산배제 임대주택 신고를 한 주택(합산배제 임대주택 신고를 한 주택 외의 주택을 소유하는 자가 과세기준일 현재 그 주택에 주민등록이 되어 있고 실제로 거주하고 있는 경우에 한정)

> 합산배제 임대주택 신고를 한 주택 1채와 일반주택 1채가 있고 그 일반주택 1채에 주민등록이 되어 있고 실제 거주한 경우에는 1세대 1주택자로 보아 공시가격 합계액에서 12억원을 공제합니다.

나. 기숙사, 등록문화재 등에 해당하는 주택으로서 합산배제 신고를 한 주택

1-3. 합산배제 주택

납세자가 보유하고 있는 모든 주택을 합산하여 종합부동산세를 부과해야 하지만 주택임대사업자의 임대주택 등 합산배제 요건을 충족하는 주택은 종합부동산세 과세 대상에서 제외하고 있습니다.

1-3-1. 합산배제 임대주택

과세기준일 현재 지방자치단체에 임대사업자 등록과 세무서에 사업자등록을 한 경우를 말하며 합산배제 임대주택 요건은 임대주택 종류별로 다르며 합산배제 신고기간까지 신고를 해야만 합산배제를 받을 수 있습니다.

1) 건설임대주택

임대사업자가 임대를 목적으로 건설하여 임대하는 주택과 공공주택사업자가 직접 건설하여 공급하는 공공임대주택으로 다음의 요건을 모두 갖춘 2호 이상인 경우에 해당합니다. 다만, 민간건설 임대주택의 경우에는 2018년 3월 31일 이전에 임대사업자 등록과 사업자등록을 한 주택으로 한정합니다.

가. 전용면적이 149제곱미터 이하로서 다음의 구분에 따른 공시가격이 그 구분에 따른 금액 이하일 것

① 2호 이상 30호 미만의 주택을 임대하는 경우 : 2호 이상의 주택의 임대를 개시한 날 또는 최초로 합산배제신고를 한 연도의 과세기준일을 기준으로 하여 9억원

② 30호 이상의 주택을 임대하는 경우: 30호 이상의 주택의 임대를 개시한 날 (30호 이상의 주택의 임대를 개시한 날 이후 임대를 개시한 주택의 경우에는 그 주택의 임대를 개시한 날) 또는 최초로 합산배제신고를 한 연도의 과세기준일을 기준으로 하여 12억원

나. 5년 이상 계속하여 임대하는 것일 것

다. 임대보증금 또는 임대료 증가율이 100분의 5를 초과하지 않을 것

2) 매입임대주택

임대사업자가 매매 등으로 소유권을 취득하여 임대하는 경우로 다음의 요건을 모두 갖춘 주택. 다만, 민간매입임대주택의 경우에는 2018년 3월 31일 이전에 사업자등록을 한 주택으로 한정합니다.

가. 다음의 구분에 따른 공시가격이 그 구분에 따른 금액 이하일 것

① 30호 미만의 주택을 임대하는 경우: 해당 주택의 임대를 개시한 날 또는 최초로 합산배제신고를 한 연도의 과세기준일을 기준으로 하여 해당 주택의 소재지가 수도권은 6억원, 수도권 밖은 3억원

② 30호 이상의 주택을 임대하는 경우: 30호 이상의 주택의 임대를 개시한 날(30호 이상의 주택의 임대를 개시한 날 이후 임대를 개시한 주택의 경우에는 그 주택의 임대를 개시한 날) 또는 최초로 합산배제신고를 한 연도의 과세기준일을 기준으로 하여 해당 주택의 소재지가 수도권은 9억원, 수도권 밖은 6억원

나. 5년 이상 계속하여 임대하는 것일 것

다. 임대료등의 증가율이 100분의 5를 초과하지 않을 것

3) 2005년 1월 5일 이전 임대주택

2005년 1월 5일 이전부터 임대하고 있던 임대주택으로서 다음의 요건을 모두 갖춘 주택이 2호 이상인 경우 그 주택

가. 국민주택 규모 이하로서 2005년도 과세기준일의 공시가격이 3억원 이하일 것

나. 5년 이상 계속하여 임대하는 것일 것

4) 미임대 민간건설임대주택

임대사업자가 임대를 목적으로 건설하여 임대하는 주택으로 사용승인을 받은 날 또는 사용검사 후 사용검사필증을 받은 날부터 과세기준일 현재까지의 기

간 동안 임대된 사실이 없고, 임대되지 아니한 기간이 2년 이내로 다음의 요건을 모두 갖춘 주택

가. 전용면적이 149제곱미터 이하일 것

나. 합산배제신고를 한 연도의 과세기준일 현재의 공시가격이 9억원 이하일 것

5) 부동산투자회사 또는 부동산간접투자기구가 취득한 매입임대주택

2008년 1월 1일부터 2008년 12월 31일까지 취득 및 임대하는 매입임대주택으로서 다음의 요건을 모두 갖춘 주택으로 5호 이상인 경우의 임대 주택

가. 전용면적이 149제곱미터 이하로서 2008년도 과세기준일의 공시가격이 6억원 이하일 것

나. 10년 이상 계속하여 임대하는 것일 것

다. 수도권 밖의 지역에 위치할 것

6) 미분양 매입임대주택

2008.06.11. ~ 2009.06.30.까지 최초로 분양계약을 체결하고 계약금을 납부한 미분양주택으로서 다음의 요건을 모두 갖춘 주택

가. 전용면적이 149제곱미터 이하로서 5호 이상의 주택의 임대를 개시한 날 또는 최초로 합산배제신고를 한 연도의 과세기준일의 공시가격이 3억원 이하일 것. 다만, 다음의 어느 하나에 해당하는 주택은 제외한다.

① 2020년 7월 11일 이후 등록 신청한 단기민간임대주택

② 2020년 7월 11일 이후 장기일반민간임대주택 중 아파트를 임대하는 민간매입임대주택

③ 종전의 단기민간임대주택으로서 2020년 7월 11일 이후 장기일반민간임대주택으로 변경 신고한 주택

나. 5년 이상 계속하여 임대하는 것일 것

다. 수도권 밖의 지역에 위치할 것

라. 해당 주택을 보유한 납세의무자가 시장·군수 또는 구청장이 발행한 미분양주택 확인서 사본 및 미분양주택 매입 시의 매매계약서 사본을 제출할 것

7) 건설임대주택 중 공공지원민간임대주택 또는 장기일반민간임대주택

건설임대주택 중 공공지원민간임대주택 또는 장기일반민간임대주택으로서 다음의 요건을 모두 갖춘 주택이 2호 이상인 경우 그 주택, 다만, 종전의 단기민간임대주택으로서 2020년 7월 11일 이후 장기일반민간임대주택으로 변경신고한 주택은 제외합니다.

가. 전용면적이 149제곱미터 이하로서 다음의 구분에 따른 공시가격이 그 구분에 따른 금액 이하일 것

① 2호 이상 30호 미만의 주택을 임대하는 경우 : 2호 이상의 주택의 임대를 개시한 날 또는 최초로 합산배제신고를 한 연도의 과세기준일을 기준으로 하여 9억원

② 30호 이상의 주택을 임대하는 경우: 30호 이상의 주택의 임대를 개시한 날 (30호 이상의 주택의 임대를 개시한 날 이후 임대를 개시한 주택의 경우에는 그 주택의 임대를 개시한 날) 또는 최초로 합산배제신고를 한 연도의 과세기준일을 기준으로 하여 12억원

나. 10년 이상 계속하여 임대하는 것일 것

다. 임대료 등의 증가율이 100분의 5를 초과하지 않을 것

8) 매입임대주택 중 장기일반민간임대주택 등

매입임대주택 중 공공지원민간임대주택 또는 장기일반민간임대주택을 말하며 다음의 구분에 따른 공시가격이 그 구분에 따른 금액 이하이어야 합니다. 다만 마목에 해당하는 주택의 경우는 제외합니다.

가. 30호 미만의 주택을 임대하는 경우: 해당 주택의 임대를 개시한 날 또는 최초로 합산배제신고를 한 연도의 과세기준일을 기준으로 하여 다음의 구분에 따른 금액

① 해당 주택의 소재지가 수도권인 경우: 6억원

② 해당 주택의 소재지가 수도권 밖의 지역인 경우: 3억원

나. 30호 이상의 주택을 임대하는 경우: 30호 이상의 주택의 임대를 개시한 날(30호 이상의 주택의 임대를 개시한 날 이후 임대를 개시한 주택의 경우에는 그 주택의 임대를 개시한 날) 또는 최초로 합산배제신고를 한 연도의 과세기준일을 기준으로 하여 다음의 구분에 따른 금액

① 해당 주택의 소재지가 수도권인 경우: 9억원

② 해당 주택의 소재지가 수도권 밖의 지역인 경우: 6억원

다. 10년 이상 계속하여 임대하는 것일 것

라. 임대료등의 증가율이 100분의 5를 초과하지 않을 것. 이 경우 임대료등 증액 청구는 임대차계약의 체결 또는 약정한 임대료등의 증액이 있은 후 1년 이내에는 하지 못합니다.

마. 다음의 경우는 합산배제 제외되는 주택입니다.

① 1세대가 국내에 1주택 이상을 보유한 상태에서 세대원이 새로 취득한 조정대상지역에 있는 장기일반민간임대주택. 다만 조정대상지역의 공고가 있은 날 이전에 주택(주택을 취득할 수 있는 권리를 포함)을 취득하거나 취득하기 위하여 매매계약을 체결하고 계약금을 지급한 사실이 증빙서류에 의하여 확인되는 경우는 제외합니다.

2018.09.14. 이후 조정대상지역의 주택을 취득하여 장기임대주택으로 등록하는 경우에는 종합부동산세가 합산됩니다. 다만, 2018.09.14. 전에 조정대상지역에 주택 매매계약을 체결하거나 주택 분양권을 취득하고 계약금을 지급하고, 그 이후에 장기임대주택으로 등록한 경우에는 종합부동산세 합산배제를 합니다.

┃1세대 1주택자가 조정대상지역내 신규주택 취득으로 임대주택을 등록한 경우┃

취득	종부세 합산 배제 여부
2018.09.13. 이전	여
2018.09.14. 이후	부

➡ 비조정대상지역 주택을 취득하고 장기임대주택으로 등록시 종합부동산세 합산 배제 혜택은 그대로 유지됩니다.

> Q : 2018.09.15. 주택을 취득하였고, 조정대상지역 공고는 2018.12.31.인 경우에 장기임대주택으로 등록하면 합산배제가 가능할까요?
> A : 조정대상 지역 지정 전에 주택을 취득하였으므로 합산배제가 가능합니다.

② 법인이 조정대상지역의 주택을 2020.06.18. 이후 등록 신청하는 장기일반민간임대주택

> 법인은 2018.09.14. 이후에 조정대상지역의 주택을 취득하더라도 종합부동산세가 합산배제 되었습니다. 그러나 2020.06.18. 이후에 조정대상대상 지역의 주택을 임대주택으로 등록하면 합산배제가 적용되지 않습니다.

> Q : 법인이 2020.06.17. 이전 취득한 주택을 2020.06.18. 이후 장기일반민간 임대주택 등록 시 합산배제 적용 가능한지?
> A : 법인이 주택을 취득한 시기와 관계없이 2020.06.18. 이후 조정대상지역 소재 주택을 임대사업 등록한 경우 합산배제 대상에서 제외됩니다.

③ 2020년 7월 11일 이후 등록 신청한 장기일반민간임대주택 중 아파트를 임대하는 민간매입임대주택

> 현재, 아파트는 민간임대주택법상 임대등록 자체가 안됩니다. 2020.07.11. 이후 등록하는 아파트는 종합부동산세 합산배제를 적용하지 아니합니다.

④ 종전의 단기민간임대주택으로서 2020년 7월 11일 이후 공공지원민간임대주택 또는 장기일반민간임대주택으로 변경신고한 주택

> *** 최초 임대료**
> 임대보증금 또는 임대료 5% 증가율의 최초 임대료는 2019.02.12. 이후 최초 체결하는 표준임대차계약에 따른 임대료를 말합니다. 2019.02.12. 전 표준임대차계약을 체결하였다 하더라도 2019.02.12. 이후 최초로 체결하는 표준임대차계약서 기준 임대료가 최초임대료입니다. 매수인이 임차인 승계조건으로 임대주택 취득시 매수인이 2019.02.12. 이후 표준임대차계약 체결 기준의 임대료가 최초임대료입니다.(최초 임대료는 임대인 개인별로 적용)

1-3-2. 합산배제 사원용 주택 등

1) 종업원에게 무상이나 저가로 제공하는 사용자 소유의 주택으로서 국민주택규모 이하이거나 과세기준일 현재 공시가격이 6억원 이하인 주택. 다만, 다음 각 목의 어느 하나에 해당하는 종업원에게 제공하는 주택을 제외합니다.

  가. 사용자가 개인인 경우에는 그 사용자와 특수관계에 해당하는 자

  나. 사용자가 법인인 경우에는 과점주주

2) 기숙사

3) 과세기준일 현재 사업자등록을 한 다음의 어느 하나에 해당하는 자가 건축하여 소유하는 주택으로서 미분양 주택으로 주택분 재산세의 납세의무가 최초로 성립하는 날부터 5년이 경과하지 않은 미분양주택. 다만, 다음 각 목의 경우에는 주택분 재산세의 납세의무가 최초로 성립한 날부터 해당 목에서 정하는 기간이 경과하지 않은 주택으로 합니다.

  가. 「주택법」에 따른 사업계획승인을 얻은 자가 건축하여 소유하는 미분양 주택
    ① 2025년도 과세기준일 현재 주택분 재산세의 납세의무가 최초로 성립한 날부터 5년은 경과했으나 7년은 경과하지 않은 경우: 7년
    ② 2025년도 과세기준일 현재 주택분 재산세의 납세의무가 최초로 성립한 날부터 4년은 경과했으나 5년은 경과하지 않은 경우: 6년

  나. 「건축법」에 따른 허가를 받은 자가 건축하여 소유하는 미분양 주택

① 2025년도 과세기준일 현재 주택분 재산세의 납세의무가 최초로 성립한 날부터 5년은 경과했으나 7년은 경과하지 않은 경우: 7년

② 2025년도 과세기준일 현재 주택분 재산세의 납세의무가 최초로 성립한 날부터 4년은 경과했으나 5년은 경과하지 않은 경우: 6년

4) 지방자치단체장의 인가를 받고 고유번호를 부여받은 후 과세기준일 현재 5년 이상 계속하여 어린이집으로 운영하는 주택

5) 주택의 시공자가 해당 주택의 공사대금으로 받은 미분양 주택(해당 주택을 공사대금으로 받은 날 이후 해당 주택의 주택분 재산세의 납세의무가 최초로 성립한 날부터 5년이 경과하지 아니한 주택만 해당한다)

6) 등록문화유산에 해당하는 주택

7) 노인복지법에 따라 설치한 자가 소유한 해당 노인복지주택

8) 공공주택사업자, 도시정비법상 사업시행자, 혁신지구재생사업의 시행자, 빈집정비법상 사업시행자, 주택법에 따른 주택조합 및 주택건설사업자가 주택건설사업을 위하여 멸실시킬 목적으로 취득하여 취득일부터 3년 이내에 멸실시키는 주택 (예외적으로 정당한 사유로 3년 이내에 멸실시키지 못한 주택을 포함한다)

1-4. 과세표준

주택에 대한 종합부동산세의 과세표준은 납세의무자별로 주택의 공시가격을 합산한 금액에서 9억원(1세대 1주택자 단독명의인 경우에는 12억원)을 공제(일반법인 공제 금액 없음)한 금액에 공정시장가액비율*을 곱한 금액으로 합니다. 합산배제 임대주택, 기숙사 및 사원용 주택, 주택건설사업자가 건축하여 소유하고 있는 미분양주택 등은 과세표준 합산의 대상이 되는 주택의 범위에 포함하지 아니합니다.

* 2021년 : 95%, 2022년 이후 : 60%

납세의무자	공시가격	공제액	비고
개인	공시가격 합계	9억(1세대 1주택자 단독명의 12억원)	
법인	공시가격 합계		일반적인 경우

> 과세표준 = (공시가격 합계 − 공제액) × 공정시장가액비율

임국세씨가 주택A와 B 및 합산배제 임대주택인 주택C를 보유하였을 경우에 주택A와 B의 공시가격을 합한 금액만 종합부동산세 과세표준 합산 대상의 금액에 포함됩니다.

구분	주택A	주택B	주택C	합산대상 금액	비고
사례1	9억	5억	6억	14억	
사례2	5억	2억	3억	7억	과세미달
사례3	6억	4억	1억	10억	
사례4	3억	3억	2억	6억	과세미달

1세대 1주택자 판정시 납세의무가가 동일한 경우에만 적용되며, 다음 각 호의 어느 하나에 해당하는 경우에는 1세대 1주택자로 봅니다.

1) 1주택(주택의 부속토지만을 소유한 경우는 제외한다)과 다른 주택의 부속토지(주택의 건물과 부속토지의 소유자가 다른 경우의 그 부속토지를 말한다)를 함께 소유하고 있는 경우

2) 1세대 1주택자가 1주택을 양도하기 전에 다른 주택을 취득하여 2주택이 된 경우로서 과세기준일 현재 신규주택을 취득한 날부터 3년이 경과하지 않은 경우로 일시적으로 2주택이 된 경우

3) 1주택과 상속을 원인으로 취득한 주택(조합원입주권 또는 분양권을 상속받아 사업시행 완료 후 취득한 신축주택을 포함)으로서 다음의 어느 하나에 해당하는 주택을 말합니다.
    가. 과세기준일 현재 상속개시일부터 5년이 경과하지 않은 주택
    나. 지분율이 100분의 40 이하인 주택
    다. 지분율에 상당하는 공시가격이 6억원(수도권 밖의 지역에 소재하는 주택

의 경우에는 3억원) 이하인 주택

4) 1주택과 공시가격 3억원 이하인 지방 저가주택을 함께 소유하고 있는 경우로서 다음의 어느 하나에 해당하는 주택을 말합니다.
  가. 수도권 밖의 지역 중 광역시 및 특별자치시가 아닌 지역
  나. 수도권 밖의 지역 중 광역시에 소속된 군
  다. 「세종특별자치시 설치 등에 관한 특별법」에 따른 읍·면
  라. 서울시를 제외한 수도권 중 인구감소지역이면서 접경지역에 해당하는 지역

| 개인이 예외적으로 주택 B를 소유하여 1세대 1주택자로 보는 경우 |

구분	주택A	주택B 또는 주택부속토지	합산대상금액	1세대 1주택자 공제	비고
다른주택 부속토지	9억	5억	14억	12억	
일시적2주택	5억	8억	13억	12억	
상속주택	6억	4억	10억	12억	과세미달
지방저가주택	8억	3억	11억	12억	과세미달

1세대 1주택자가 일시적2주택·상속주택·지방저가주택을 함께 보유한 경우에는 9.16.~9.30.까지 관할세무서장에게 신청하여야 합니다. 개인이 종전주택, 다른주택 부속토지, 일시적2주택, 상속주택, 지방저가주택을 같이 보유한 경우에도 1세대 1주택자로 보게 됩니다.

[남편 A와 아내 B가 주택을 소유하는 경우 1세대 1주택 판단 기준]

종전주택	신규주택	1세대 1주택자 특례*	비고
A 단독	B 단독	불가	
A 50%, B 50%	A 단독	가능	
A 단독	A 50%, B 50%	가능	
A 50%, B 50%	A 50%, B 50%	가능	
A 단독	A 30%, B 70%	불가	

* A와 B 지분이 동일한 경우에는 A가 공동명의 1주택 특례 적용 신고를 하는 경우를 가정합니다.

종합부동산세는 인별 과세원칙으로 종전주택과 신규주택간 납세의무자의 동일성이 유지되어야만 일시적 2주택 특례 등이 적용됩니다.

1-5. 세율 및 세액

1-5-1. 세율

납세의무자가 소유한 주택 수에 따라 과세표준에 해당 세율을 적용합니다. 즉, 종합부동산세는 인별로 보유한 주택 수를 판정하며, 세율 적용시 합산배제 임대주택 등은 주택수에서 제외합니다.

> Q : 임국세씨가 3주택을 보유한 상태에서 그중 1채를 합산배제 대상인 장기임대사업자로 등록 후 적용받는 세율은?
> A : 합산배제 임대주택은 과세표준 합산 대상 주택수에 포함하지 않으므로 2주택자의 세율이 적용됩니다.
>
> Q : 임국세씨가 1주택을 보유한 상태에서 신규주택 취득일로부터 3년 경과하지 않은 주택과 지방저가주택을 취득하여 3주택자가 되었다면 공제액과 세율은 어떻게 적용될까요?
> A : 1세대 1주택자로 보므로 12억원 공제가 되고, 세율은 2주택 이하 세율이 적용됩니다.

1) 개인

과세표준	2주택이하	3주택자이상
3억원 이하	0.5%	0.5%
3억원 ~ 6억원	0.7%	0.7%
6억원 ~ 12억원	1%	1%
12억원 ~ 25억원	1.3%	2%
25억원 ~ 50억원	1.5%	3%
50억원 ~ 94억원	2%	4%
94억 초과	2.7%	5%

2) 법인 또는 법인으로 보는 단체

2주택이하	3주택이상
2.7%	5%

예외적으로 공공주택사업자, 공익목적사업에 사용되는 주택만 보유한 공익법인, 주택조합, 재개발·재건축 사업시행자, 민간건설임대사업자, 사회적기업 및 사회적 협동조합, 종중 등은 종부세 계산시 9억원을 공제하고 일반누진세율(0.5% ~ 2.7%)을 적용합니다.

1-5-2. 주택 수 계산

3주택 이상, 2주택자 이하 세율 적용시 과세기준일(6.1.) 현재를 기준으로 주택 수 여부를 판정합니다. 1주택을 여러 사람이 공동으로 소유한 경우 공동 소유자 각자가 그 주택을 소유한 것으로 보고, 다가구주택은 1주택으로 봅니다.

> Q : 2주택자가 상속주택을 단독명의로 상속받아 3주택자가 되었고, 과세기준일 현재 상속개시일부터 5년이 경과하지 않은 해당 상속주택 공시가격이 7억원이면 세율은 어떻게 적용될까요?
> A : 2주택자 이하 세율이 적용되고, 상속주택의 공시가격을 합산하여 과세표준을 계산합니다.
>
> Q : 2주택자가 상속주택을 단독명의로 상속받아 3주택자가 되었고, 과세기준일 현재 상속개시일부터 5년이 경과한 해당 상속주택 공시가격이 7억원이면 세율은 어떻게 적용될까요?
> A : 3주택자 이상 세율이 적용되고, 상속주택의 공시가격을 합산하여 과세표준을 계산합니다.

다음의 주택은 주택 수에 포함하지 않습니다.

가. 합산배제 임대주택 및 사원용 주택 등에 해당하는 주택

나. 상속을 원인으로 취득한 주택(조합원입주권 또는 분양권을 상속받아 사업시행 완료 후 취득한 신축주택을 포함)으로서 다음의 어느 하나에 해당하는 주택
  ① 과세기준일 현재 상속개시일부터 5년이 경과하지 않은 주택
  ② 지분율이 100분의 40 이하인 주택
  ③ 지분율에 상당하는 공시가격이 6억원(수도권 밖의 지역에 소재한 주택의 경우에는 3억원) 이하인 주택

다. 주거용으로 사용하는 무허가 건축물의부속토지(건축물과 부속토지의 소유자가 다른 경우)

라. 1세대 1주택자가 소유한 대체주택으로 취득한 신규주택

마. 1세대 1주택자가 소유한 지방 저가주택

1-5-3. 세액공제

1) 주택분 재산세액

종합부동산세와 재산세를 보유세라 총칭합니다. 주택을 보유하면서 종합부동산세와 재산세가 중복 과세되는 부분을 방지하기 위하여 주택분 재산세액 상당액을 공제하고 있습니다.

$$\text{주택분 부과된 재세액 합계액} \times \frac{\text{종부세 과세표준 금액에 대한 재산세 상당액}}{\text{주택분 재산세 상당액}}$$

2) 고령자 및 장기보유 공제

주택분 종합부동산세 납세의무자가 1세대 1주택자에 해당하는 경우 고령자 및 장기보유 공제를 적용합니다. 이 경우 공제율 합계는 80% 범위 내에서 중복하여 적용할 수 있습니다.

가. 고령자 공제

연령	공제율
만60세 이상 만 65세 미만	20%
만65세 이상 만 70세 미만	30%
만70세 이상	40%

나. 장기보유 공제

보유기간	공제율
5년 이상 10년 미만	20%
10년이상 15년 미만	40%
15년 이상	50%

1세대 1주택자가 다른주택 부속토지·일시적 2주택·상속주택·지방 저가주택을 보유한 경우에는 전체 산출세액에서 일시적 2주택 등 산출세액(공시가격합계액으로 안분하여 계산한 금액)을 제외한 금액에 연령별과 보유기간별 공제율을 곱한 금액을 공제합니다.

1-6. 세부담 상한

종합부동산세의 급격한 상승은 납세자에게 큰 부담이 될 수 있으므로 이를 방지하기 위하여 직전년도에 해당 주택에 부과된 주택에 세액의 150% 세부담 상한을

두고 있습니다. 다만, 일반적인 법인의 세율(2주택 이하 2.7%, 3주택 이상 5%)을 적용받는 경우에는 세부담 상한을 적용하지 않습니다.

개인이 2주택을 소유한 경우
- 2022년 재산세 150만원 + 종합부동산세 250만원 = 400만원
- 2023년 재산세 200만원 + 종합부동산세 500만원 = 700만원

▶ 2023년도 세부담 상한(400만원 × 150% = 600만원)을 적용하여 재산세는 200만원 납부하고, 종합부동산세는 400만원만 부담하면 됩니다.

[2] 재개발 등 조합원관련 종합부동산세

2-1. 조합원입주권에도 종합부동산세가 부과되나요?

종합부동산세는 지방세법상 재산세규정에 따른 세금부과대상을 그대로 따릅니다. 따라서 관리처분계획인가고시 이후에도 주택건물이 멸실되지 않았다면 주택으로 보아 종합부동산세를 부과합니다.

> 관리처분 이후 이주한 상태로서 전기 및 수도가 모두 단전·단수되었고 조합에서 철거를 위한 준비과정으로 펜스까지 설치되어 일반인의 입출입이 불가능한 상태인데도 멸실되기 직전의 해당 건물을 주택으로 보아 종합부동산세과 부과되나요?
>
> YES! 사실상 거주가 불가능한 상태인 경우에도 주택건물이 멸실되지 않았다면 주택으로 보아 종합부동산세가 부과됩니다.(개인의 경우 보유주택 합계액이 공시가격 9억, 1세대1주택은 12억원까지는 세금이 없으며, 법인은 공제액 없음)

2-2. 재개발 등으로 주택건물 멸실 후 종합부동산세는?

이주가 되어 주택건물을 멸실 한 경우에는 더 이상 주택으로 보지 않습니다. 남아있는 토지(대지)의 경우에도 주택건물의 부속토지로 보지 않기에 주택에 대한 종합부동산세가 부과되지 않습니다.(다만, 주택건물이 철거·멸실된 날부터 6개월이 되는 시점까지는 주택건물의 부속토지로 보아 재산세율이 높지 않은 별도합산과세대상으로 부과하여 기준시가 80억이하의 경우에는 종합부동산세가 부과되지 않습니다. 도시정비법상 재건축사업, 빈집정비법상 가로주택정비사업 및 소규모재건축사업 모두 동일합니다.

➡ 재개발 등 정비구역에서 이주 및 멸실이 완료된 후 착공된 종전 주택 부수토지에도 종합부동산세가 부과되나요? NO! 도시정비법 또는 빈집정비법에 따라 조합 등 사업시행자가 주택건설을 하기 위해 사업계획승인을 받은 토지로서 주택건설사업에 제공(착공 이후)되는 토지는 재산세가 낮은 세율로 분리과세됩니다. 재산세가 분리과세되는 토지는 종합부동산세 부과대상에서 제외됩니다.

┃주택의 종부세 과세 여부┃

소유자	멸실 전	멸실 후 6개월	착공 이후 ~ 준공일
개 인	"과세" (공시가액 9억 이하, 1세대1주택자 12억 이하는 비과세)	사실상 비과세 (과세 미달)	비과세 (*)
법 인	"과세" (공제액 없음)	사실상 비과세 (과세 미달)	비과세 (*)

➡ (*) 착공 이후에는 주택건설사업에 제공되는 토지로 분류되어 재산세가 낮은세율로 분리과세됩니다. 재산세 분리과세대상 토지는 종합부동산세가 부과되지 않습니다.

2-3. 준공 되었으나 조합원분담금 일부를 내지 않은 경우에는?

조합원분양분은 조합원분담금 완납 여부에 불구하고 준공시점(사용승인일)에 재개발주택을 취득합니다. 따라서 조합원 분담금 중 잔금을 내지 않은 경우에도 재개발주택을 취득하였기에 종합부동산세 과세대상에 포함됩니다.

💡 일반분양자의 경우 조합에 분양금 중 잔금 일부를 내지 않은 경우 종합부동산세를 내야하나요?
"낼 수도 있고 내지 않을 수도 있습니다."

일반인의 주택 취득시기는 원칙적으로 잔금청산일과 등기접수일, 사실상 사용일 중 빠른 날로 봅니다. 재산세와 종합부동산세는 매년 6월1일 사실상 소유자에게 부과되는 데 이를 역이용하여 4월30일까지 도래하는 분양잔금 중 일부를 6월1일까지 내지 않고 입주를 미루는 분들이 계십니다. 판례상 입주지정일을 도과하여 분양금 중 8%를 내지 않은 경우에도 사실상 수분양자가 해당 주택을 취득한 것으로 보아 재산세 및 종합부동산세를 수분양자에게 부과한 사례가 있으니 주의를 하셔야 합니다.

2-4. 준공 이후 종합부동산세는?

준공 이후에는 당연히 조합원이 소유권을 원시 취득하였기에 조합원에게 종합부동산세가 부과됩니다.

2025
재개발 주택세금 길라잡이

2025 재개발 주택세금 길라잡이

제7장
상속·증여세 편

제7장
상속·증여세 편

[1] 상속세

1-1. 상속과세 유형

상속세는 자연인의 사망으로 인하여 발생하고, 사망한 자연인의 유산이 무상으로 이전될 때 그 취득자에게 부과되는 조세입니다. 상속세는 국가의 재정수입 확보라는 목적과 재산상속을 통한 부의 영원한 세습과 집중을 완화하기 위하여 도입되었습니다.

1) 유산과세형

상속재산이 분할되기 전 피상속인의 유산 전체를 과세대상으로 하여 초과누진세율을 적용하기 때문에, 세수증대 효과가 크고 세무행정이 간편한 장점이 있습니다.

2) 취득과세형

상속재산을 분할하여 각 상속인이 상속받은 재산가액을 기준으로 과세대상으로 하여 초과누진세율을 적용하기 때문에, 상속인의 세부담 능력에 대응하여 상속세를 부담시킬 수 있습니다. 최근 정부는 2028년부터 유산 취득과세형을 시행하겠다고 하였습니다.

3) 과세방식 비교

가. 유산과세형

피상속인 전체 상속재산 - 상속공제 = 상속세 과세표준
상속세 과세표준 × 세율 = 전체 상속세

* 현재 유산과세형을 시행하고 있습니다.

나. 취득과세형

> 상속인별 상속취득재산 – 상속인별 공제 = 상속인별 과세표준
> 상속인별 과세표준 × 세율 = 상속인별 상속세

* 상속세 과세체계가 합리적이지만, 상속세 세수 감소를 초래할 수 있습니다.

1-2. 과세대상

상속재산이란 피상속인에게 귀속되는 모든 재산을 말하며, 금전으로 환산할 수 있는 경제적 가치가 있는 모든 물건과 재산적 가치가 있는 법률상 또는 사실상의 모든 권리를 포함합니다. 다만, 피상속인의 일신(一身)에 전속(專屬)하는 것으로서 피상속인*의 사망으로 인하여 소멸되는 것은 제외합니다.

● 피상속인이 보유하는 자격증은 상속재산에 포함이 안됩니다.

* 피상속인 : 사망한 사람

상속개시일 현재 다음의 구분에 따른 상속재산에 대하여 상속세를 부과합니다.

① 피상속인이 거주자인 경우 : 모든 상속재산

② 피상속인이 비거주자인 경우 : 국내에 있는 모든 상속재산

1-3. 상속의 승인 및 포기

피상속인이 사망하면 상속인은 피상속인의 재산과 채무를 파악하여 상속을 받을 것인지 아니면 상속포기를 할 것인지를 결정해야 합니다. 상속인이 한정승인 또는 상속포기 신고를 못하면 과도한 채무를 승계받아 큰 고통이 뒤따를 수 있기 때문입니다.

1) 단순승인

상속은 사망으로 인하여 개시되고, 상속개시된 때부터 피상속인의 일신전속권을

제외하고 피상속인의 재산과 채무가 상속인에게 승계되는 것을 말합니다. 상속인이 한정승인 또는 포기를 하지 아니한 때에는 단순승인으로 봅니다.

2) 한정승인

상속인은 상속으로 인하여 취득할 재산의 한도에서 피상속인의 채무와 유증을 변제할 것을 조건으로 상속을 승인하는 것입니다. 피상속인의 채무가 재산보다 많을 경우에 상속인이 상속으로 받을 재산 한도내에서 피상속인의 채무와 유증을 변제해야 됩니다.

상속인은 상속개시 있음을 안 날로부터 3월내에 상속재산의 목록을 첨부하여 가정법원에 한정승인 신고를 해야 합니다.

3) 상속포기

피상속인의 채무가 재산보다 더 많은 경우에는 상속인은 피상속인의 재산과 채무의 승계를 받지 않겠다고 상속개시 있음을 안 날로부터 3월내에 가정법원에 상속 포기 신고를 해야 합니다. 상속의 포기는 상속개시된 때에 소급하여 그 효력이 미칩니다.

1-4. 상속순위

상속에 있어서는 다음 순위로 상속인이 됩니다.

① 피상속인의 직계비속과 배우자(항상 상속인)
② 피상속인의 직계존속과 배우자(직계비속이 없는 경우)
③ 피상속인의 형제자매(①, ②이 없는 경우)
④ 피상속인의 4촌 이내의 방계혈족(①, ②, ③이 없는 경우)

> 참고
> 직계비속 : 자녀, 손자녀, 외손자녀, 증손자녀 등
> 직계존속 : 부모, 조부모, 증조부모 등

동순위의 상속인이 수인인 때에는 최근친을 선순위로 하고 동친 등의 상속인이 여러 사람일 때에는 공동상속인이 됩니다.

➡ 직계비속 중 자녀와 손주가 있을 경우에는 자녀가 상속인이 됩니다.

구분	직계비속	배우자	직계존속	상속인
사례1	자녀1, 자녀2, 손주1	배우자	부, 모	자녀1, 자녀2, 배우자
사례2		배우자	부, 모	배우자, 부, 모
사례3		배우자		배우자
사례4	자녀1			자녀1
사례5			조부, 조모	조부, 조모

* 태아는 상속순위에 관하여는 이미 출생한 것으로 봅니다.

> **[참고] 대습상속이란?**
>
> 상속인이 될 직계비속 또는 형제자매가 상속개시전에 사망한 경우에 상속개시전에 사망한 자의 배우자 및 직계비속이 있는 때에는 그 배우자 및 직계비속이 사망한 자의 순위에 대신하여 상속인이 되는 것을 말합니다.
>
> 아버지가 사망시 자녀2가 아버지보다 먼저 사망하여 자녀2의 배우자 또는 그 자녀2의 자녀(손주2)가 있는 경우에는 대습상속으로 상속인이 됩니다.

구분	자녀	며느리	손주	상속인
사례1	자녀1, 자녀2(사망)	며느리2-1	손주2-1	자녀1, 며느리2-1, 손주2-1
사례2	자녀1, 자녀2(사망)		손주1-1 손주2-1	자녀1, 손주2-1
사례3	자녀1, 자녀2(사망)	며느리1-1 며느리2-1		자녀1, 며느리2-1

1-4-1. 상속재산 분할 방법

1) 법정 상속

상속인이 수인인 때에는 그 상속분은 균등하게 하고, 피상속인의 배우자의 상속분은 직계비속과 공동으로 상속하는 때에는 직계비속의 상속분의 5할을 가산하고, 직계존속과 공동으로 상속하는 때에는 직계존속의 상속분의 5할을 가산한다.☞ 배우자 1.5, 자녀 1)

구분	직계비속	배우자	상속재산 분배 비율
사례1	자녀1, 자녀2	배우자	자녀1 : 2/7, 자녀2 : 2/7, 배우자 : 3/7
사례2	자녀1	배우자	자녀1 : 2/5, 배우자 : 3/5
사례3	자녀1, 자녀2		자녀1 : 1/2, 자녀2 : 1/2

2) 상속재산 분할

가. 유언에 의한 분할

피상속인의 유언에 따라 재산을 분할합니다. 유언 상속이 상속재산 분할 방법에서 가장 우선합니다.

> 피상속인이 사망하면서 유증을 하는 경우에는 유증이 먼저 이루어진 후 그 남은 재산으로 상속인이 상속을 받습니다.

나. 협의에 의한 분할

피상속인의 유언이 없다면 공동상속인 전원의 동의하에 상속재산을 분할할 수 있습니다.

다. 조정 또는 심판에 의한 분할

공동상속인간 협의분할이 되지 않을 경우에 가정법원 분할 심판청구에 의하여 분할하게 됩니다.

1-5. 유류분

1) 개념

피상속인은 유언 또는 증여에 의하여 재산을 자유로이 처분할 수 있지만, 일정한 범위의 재산을 상속인에게 남기지 않으면 상속인의 상속재산 받을 권리를 침해하게 됩니다. 일정 한도를 넘는 유증이나 증여가 있을 때 그 상속인은 반환을 청구할 수 있게 한 제도입니다.

2) 유류분권리자의 유류분비율

유류분의 권리자는 피상속인의 직계비속·배우자·직계존속·형제자매 등 근친자에 한하며, 태아와 대습상속인도 유류분을 가집니다.

유류분권을 행사할 수 있는 자는 재산상속의 순위상 상속권이 있는 자이어야 하므로, 제1순위 상속인인 직계비속이 있는 경우에는 제2순위 상속인인 직계존속은 유류분권이 인정되지 않습니다. 유류분의 비율은 직계비속과 배우자는 그 법정상속분의 1/2이고 직계존속과 형제자매는 그 법정상속분의 1/3입니다.

┃ 유류분권리자 ┃

구분	직계비속	배우자	직계존속	형제자매	유류분권리자
사례1	자녀1, 자녀2	배우자	부, 모	형제1	자녀1, 자녀2, 배우자
사례2		배우자	부, 모	형제1	배우자, 부, 모
사례3	자녀1, 자녀2			형제1	자녀1, 자녀2

┃ 유류분 청구가액 ┃

Q : 상속인은 장남과 차남이며, 어머니가 소유한 아파트 10억, 토지 5억에 대한 재산 전부를 장남에게 유증하는 경우에 차남이 유류분 청구할 수 있는 가액은 얼마일까요?

A : 15억 × 1/2(법정상속비율) × 1/2(유류분비율) = 3.75억

3) 유류분 산정

유류분은 피상속인의 상속개시시에 있어서 가진 재산의 가액에 증여재산의 가액을 가산하고 채무의 전액을 공제하여 이를 산정합니다.

증여는 상속개시전의 1년간에 행한 것에 한하여 그 가액을 산정하며, 당사자 쌍방이 유류분권리자에 손해를 가할 것을 알고 증여를 한 때에는 1년 전에 증여한 것도 합산합니다.

4) 유류분 보전 청구

유류분권리자의 유류분에 부족이 생긴 경우에는, 그 부족의 한도에서 유류분권리자는 그 재산의 반환을 청구할 수 있고, 유류분반환청구권의 행사는 재판상 또는 재판 외에서 상대방에 대한 의사표시의 방법으로 할 수 있습니다.

상속의 개시와 반환하여야 할 증여 또는 유증을 한 사실을 안 때로부터 1년, 상속개시시부터 10년이 경과하면 시효로 소멸합니다.

5) 과세문제

유류분 부족액 범위 내에서 유류분 침해자가 유류분 권리자에게 반환하는 경우 당초 부동산으로 반환하지 않고 현금으로 반환하는 경우에는 증여세, 양도소득세, 상속세 과세문제가 발생할 수 있습니다.

> Q : 상속인은 장남과 차남이고 어머니가 소유한 재산 전부인 아파트(증여당시 평가액 6억, 상속개시당시 평가액 7억, 유류분청구 소송시 평가액 8억)를 사망하기 5년 전에 장남에게 증여하는 경우에 차남의 유류분청구로 인하여 세금문제는 어떻게 될까요?
>
> A : 어머니 상속개시일 후 2년이 지나서 차남은 유류분청구를 통하여 해당 아파트 대신에 현금으로 2억원(=8억×1/4)을 반환받게 됩니다.
>
> * 증여세 감소액
> 장남이 당초에 신고했던 아파트 6억원의 1/4에 해당하는 지분 가액 1.5억은 유류분 반환으로 상속되었으므로 당초 장남이 증여받은 아파트 재산의 1.5억원은 증여가 없었던 것으로 봅니다.
>
> ① 당초 : (6억 - 0.5억) × 세율 - 신고세액공제(0.0315억) = 101,850천원
> ② 유류분 반환 : (4.5억 - 0.5억) × 세율 - 신고세액공제(0.021억) = 67,900천원
>
> 장남은 ①과 ②의 차이만큼 증여세를 38,950천원 환급받는 경정 등의 청구를 관할세무서에

신고를 해야 합니다.

* **양도소득세 발생액**

   차남은 당초에 어머니가 증여한 유류분 상당액에 해당하는 그 아파트로 상속을 받아야 하는데 장남으로부터 현금 2억원을 반환받았으므로 현금받은 시점을 양도시기로 하고, 어머니가 사망한 날을 취득시기로 하여 차액을 양도소득세로 신고 납부해야 합니다. 즉, 차남이 유류분 비율 상당액 아파트를 상속받아서 장남에게 현금받고 팔았다고 보시면 됩니다. 차남이 상속개시 당시 상속받은 아파트 재산평가액은 1.75억원(=7억×1/4)입니다.

   [양도가액 2억 - 취득가액 1.75억 - 기본공제(0.025억)] × 세율 = 2,115천원

* **상속세 납부할 세액**

   상속재산가액 1.75억원과 사전증여재산가액 4.5억의 합계인 상속재산가액 6.25억원이 상속공제액 5억원 초과하므로 상속세 산출세액은 발생하지만 기납부한 증여세액 공제로 상속세 자진납부할 세액은 없습니다.

1-6. 납세의무

상속인 또는 수유자*는 상속재산(상속재산에 가산하는 증여재산 중 상속인이나 수유자가 받은 증여재산을 포함) 중 각자가 받았거나 받을 재산을 기준으로 정하는 비율에 따라 계산한 금액을 상속세로 납부할 의무가 있습니다.

> ● 수유자 : 유증을 받은 자, 사인증여에 의하여 재산을 취득한 자, 유언대용신탁 및 수익자연속신탁에 의하여 신탁의 수익권을 취득한 자를 말합니다.

영리법인은 상속세 납부의무가 없지만 특별연고자 또는 수유자가 영리법인인 경우로서 그 영리법인의 주주 또는 출자자 중 상속인과 그 직계비속이 있는 경우에는 지분상당액을 그 상속인 및 직계비속이 납부할 의무가 있습니다.

상속세는 상속인 또는 수유자 각자가 받았거나 받을 재산(자산총액-부채총액-상속세)을 한도로 연대하여 납부할 의무를 집니다.

> ● 공동 상속인 중 한 상속인이 상속받은 재산 한도로 다른 상속인이 납부해야 할 상속세를 대신 납부한 경우에는 증여세가 부과되지 아니하나 상속받은 재산 한도를 초과하여 납부한 상속세에 대하여는 다른 상속인에게 증여한 것으로 보아 증여세가 발생하게 됩니다.

> **Tip** 피상속인의 상속재산 중 금융재산은 배우자가 상속받고, 부동산은 자녀가 상속받아 배우자가 상속받은 재산 한도로 자녀의 상속세를 납부한다면 증여세 문제가 발생하지 않게 됩니다.

> Q : 아버지는 아파트 20억원, 예금 10억원을 남기고 사망하였습니다. 상속인은 배우자와 딸 1명이고 상속세는 4억원이 나왔습니다. 상속인간 협의분할하여 어머니는 예금 10억원, 딸은 아파트 20억원을 상속 받았습니다. 어머니가 상속세 4억원을 전부 납부하였을 때, 추가적인 증여세 문제는 발생할까요?
>
> A : 상속세는 각자가 받은 재산을 한도로 연대하여 납부할 의무를 집니다. 어머니가 상속받은 재산 한도로 상속세 4억원을 전부 납부하여도 증여세 문제는 발생하지 않습니다.

1-7. 상속세의 과세표준 및 세액계산

1-7-1. 상속세 과세가액

상속세 과세가액은 상속재산의 가액에서 공과금, 장례비용, 채무를 뺀 후 다음의 재산가액을 가산한 금액으로 합니다. 이 경우 공과금, 장례비용, 채무의 금액이 상속재산의 가액을 초과하는 경우 그 초과액은 없는 것으로 봅니다.

① 상속개시일 전 10년 이내에 피상속인이 상속인에게 증여한 재산가액

② 상속개시일 전 5년 이내에 피상속인이 상속인이 아닌 자에게 증여한 재산가액

비거주자의 사망으로 인하여 상속이 개시되는 경우에는 국내에 있는 재산을 증여한 경우(상속개시일 전 10년 이내에 피상속인이 상속인에게 증여한 재산가액과 상속개시일 전 5년 이내에 피상속인이 상속인이 아닌 자에게 증여한 재산가액)에만 피상속인의 국내 모든 재산에 사전증여재산가액을 가산합니다.

> 상속세 과세가액 = 상속재산가액 − 공과금·장례비용·채무 + 사전증여재산가액

* 2021.01.04. 상속개시(사망)

증여 연도	자녀, 배우자	며느리	사위	손주	상속재산 포함가액
2010년	자녀 1억, 배우자 6억				없음
2014년	자녀 3억, 배우자 2억	1억		손주 1억	5억(자녀, 배우자)
2018년	자녀 1억, 배우자 1억		1억	손주 1억	4억(자녀, 배우자, 사위, 손주)

Tip 상속재산이 많아 상속세가 많이 예상되는 경우, 상속세 절세의 가장 중요한 포인트는 사전증여를 일찍하여 상속재산을 줄이는 것입니다. 사전증여를 뒤늦게 하면 상속재산에 포함되므로 절세 효과가 별로 없을 수 있습니다.
며느리, 사위, 손주에게 증여를 하였을 경우에는 상속개시일 전 5년 이내에 증여한 재산 가액만 상속재산에 가산하므로 상속세 부담이 많을 경우로 예상된다면 상속인 아닌 자에게 증여를 하는 것도 충분히 고려해 볼 만합니다.

Q : 상속인은 장남과 차남이고, 아버지는 2023.04.23. 주택 30억원을 남기고 사망하였습니다. 아버지는 장남과 차남에게 현금 각 10억원을 2012년에 증여하였습니다. 사전증여를 하였을 경우와 사전증여를 하지 않고 주택 30억원과 금융재산 20억원을 유산을 남기고 사망하였을 경우(장례비 1천만원 발생)의 세금은 얼마나 달라질까요?

A :
사전증여를 하였을 경우의 증여세

(단위 : 억원)

구분	장남	차남	합계
증여재산가액	10	10	20
증여재산공제	0.3	0.3	0.6
과세표준	9.7	9.7	19.4
산출세액	2.31	2.31	4.62
신고세액공제(10%)	0.231	0.231	0.462
증여세	2.079	2.079	4.158

사전증여하였을 경우와 하지 않을 경우의 상속세

(단위 : 억원)

구분	사전증여 하였을 경우	사전증여 하지 않을 경우
상속재산가액	30	50
사전증여재산가액		
장례비공제	0.1	0.1
일괄공제	5	5
금융재산상속공제		2
과세표준	24.9	42.9
산출세액	8.36	16.85
신고세액공제	0.2508	0.5055
상속세	8.1092	16.3445

사전증여 하였을 경우의 증여세와 상속세의 합계액은 12.2672억원이고 사전증여를 하지 않았을 경우의 상속세는 16.3445억원으로 세금 차이는 4.0773억원 차이가 납니다.

Q : 상속인은 장남과 차남이고, 아버지는 2023.04.23. 주택 30억원을 남기고 사망하였다. 아버지는 장남과 차남에게 토지 각 10억원을 증여재산 평가하여 2019년에 증여하였습니다. 사전증여를 하였을 경우와 사전증여를 하지 않고 주택 30억원과 토지 30억원(상속개시 당시 평가액)을 유산을 남기고 사망하였을 경우(장례비 1천만원 발생)의 세금은 얼마나 달라질까요?

A :
사전증여를 하였을 경우의 증여세

(단위 : 억원)

구분	장남	차남	합계
증여재산가액	10	10	20
증여재산공제	0.5	0.5	1
과세표준	9.5	9.5	19
산출세액	2.25	2.25	4.5

| 신고세액공제(3%) | 0.0675 | 0.0675 | 0.135 |
| 증여세 | 2.1825 | 2.1825 | 4.365 |

사전증여 하였을 경우와 하지 않을 경우의 상속세

(단위 : 억원)

구분	사전증여 하였을 경우	사전증여 하지 않을 경우
상속재산가액	30	60
사전증여재산가액	20	
장례비공제	0.1	0.1
일괄공제	5	5
과세표준	44.9	54.9
산출세액	17.85	22.85
증여세액공제	4.5	
신고세액공제	0.4005	0.6855
상속세	12.9495	22.1645

사전증여 하였을 경우의 증여세와 상속세의 합계액은 17.3145억원이고 사전증여를 하지 않았을 경우의 상속세는 22.1645억원으로 세금 차이가 4.85억원 차이가 납니다. 증여시점에 비교하여 상속개시시점에 재산가액이 많이 오를 경우로 예상되는 경우에는 사전증여를 통하여 재산가액 상승분만큼 절세효과를 보는 경우입니다.

1-7-2. 추정상속재산

피상속인이 재산을 처분하였거나 채무를 부담한 경우로서 사용 용도가 명백하지 않은 경우 추정하여 상속세 과세가액에 산입합니다. 피상속인이 생전에 현금 인출 등으로 상속인에게 이전함으로 상속세 회피를 막기 위하여 도입하였습니다.

① 피상속인이 재산을 처분하여 받은 금액이나 피상속인의 재산에서 인출한 금액이 다음의 금액 이상인 경우로 용도가 객관적으로 명백하지 아니한 경우

㉠ 상속개시일 전 1년 이내에 재산 종류별*로 계산하여 2억원 이상

㉡ 상속개시일 전 2년 이내에 재산 종류별로 계산하여 5억원 이상

　　＊ 현금·예금·유가증권, 부동산 및 부동산에 관한 권리, 기타재산

② 피상속인이 부담한 채무를 합친 금액이 상속개시일 전 1년 이내에 2억원 이상인 경우와 상속개시일 전 2년 이내에 5억원 이상인 경우로서 사용 용도가 객관적으로 명백하지 아니한 경우

③ 용도불분명 금액이 다음 중 적은 금액에 미달하는 경우에는 용도가 객관적으로 명백하지 아니한 것으로 추정하지 아니합니다.

＊ 재산처분·예금인출의 경우

추정상속재산 = 용도불분명 금액 − Min(재산처분·예금인출액 × 20%, 2억)

상속개시일 전	예금 인출액	사용처 입증액	불분명 금액	추정상속 검토대상	추정상속재산
1년 이내	1억	0.5억	0.5억	부	없음
1년 이내	4억	1억	3억	여	3억 − 4억 × 20% = 2.2억
2년 이내	4억	2억	2억	부	없음
2년 이내	7억	1억	6억	여	6억 − 7억 × 20% = 4.6억

👉 추정상속재산은 상속재산으로 입증하는 것이 어려울 때 입증 책임을 과세관청이 지는 것이 아니라 상속인에게 전가하는 것입니다. 피상속인 생전에 큰 금액의 재산처분 되거나 예금인출이 일어났을 경우에는 사용 용도를 명확히 입증해야만 세금 부과를 피할 수 있습니다.

Q : 어머니는 상속개일전 1년 이내에 주택을 30억원에 처분하였고 어머니 통장에 예금 20억원을 입금하였다. 어머니 통장에 입금된 20억원 중 양도세로 5억원을 납부하였고, 병원비와 생활비 등으로 2억원이 사용되고 남은 금액 13억원은 전액 출금되었다. 추정상속재산가액은 얼마일까요?

A :
　① + ② = 19억원

① 부동산은 상속개시일 전 1년 이내에 2억원 이상 처분하였으므로 추정상속재산 대상입니다.

> 30억(처분액) - 20억(통장입금액) - MIN(30억 × 20%, 2억) = 8억원
>
> ② 예금은 상속개시일 전 1년 이내에 2억원 이상 출금하였으므로 추정상속재산 대상입니다.
> 20억(출금액) - 7억(양도세와 병원비 등) - MIN(20억 × 20%, 2억) = 11억원

1-7-3. 상속공제

1) 기초공제

거주자나 비거주자의 사망으로 상속이 개시되는 경우에는 상속세 과세가액에서 2억원을 공제합니다.

2) 배우자 상속공제

거주자의 사망으로 상속이 개시되어 배우자가 실제 상속받은 금액의 경우 다음의 금액 중 작은 금액을 한도로 상속세 과세가액에서 공제합니다.

> 가. 배우자의 법정상속분가액 - 상속개시전 10년 이내에 배우자가 사전증여받은 재산에 대한 과세표준
> 나. 30억원

▶ 배우자는 민법상 혼인관계에 의한 배우자를 말하며, 사실혼관계에 있는 배우자는 배우자상속공제 대상이 아닙니다.

배우자 상속공제는 상속세과세표준신고기한의 다음날부터 9개월이 되는 날(배우자상속재산분할기한)까지 배우자의 상속재산을 분할한 경우에 적용합니다. 이 경우 상속인은 상속재산의 분할사실을 배우자상속재산분할기한까지 납세지 관할세무서장에게 신고하여야 합니다.

사망일	상속세 과세표준신고기한	배우자 상속재산분할기한
2021.01.08.	2021.07.31.	2022.04.30.
2021.03.25.	2021.09.30.	2022.06.30.

　부득이한 사유로 배우자상속재산분할기한까지 배우자의 상속재산을 분할할 수 없는 경우로서 배우자상속재산분할기한[부득이한 사유가 소(訴)의 제기나 심판청구로 인한 경우에는 소송 또는 심판청구가 종료된 날]의 다음날부터 6개월이 되는 날까지 상속재산을 분할하여 신고하는 경우에는 배우자상속재산분할기한까지 분할한 것으로 봅니다. 다만, 상속인이 그 부득이한 사유를 배우자상속재산분할기한까지 납세지 관할세무서장에게 신고하는 경우에 한정합니다.

- 부득이한 사유로 배우자상속재산분할기한까지 신고할 수 없는 경우에는 배우자 상속재산 미분할 신고서를 작성해서 제출해야만 상속재산 분할기한을 6개월 더 연장할 수 있습니다.
- 배우자가 실제 상속받은 금액이 없거나 상속받은 금액이 5억원 미만이면 최소한 5억원을 공제합니다.

배우자 상속공제

구분	배우자 실제 상속받은 금액	한도액	배우자 상속공제액
사례1	17억	8억	8억
사례2	3억	6억	5억
사례3	11억	12억	11억
사례4		7억	5억
사례5	38억	30억	30억

- 배우자 상속 공제를 활용하면 상속세를 줄일 수 있지만 추후 배우자의 사망으로 상속세가 늘어날 수 있습니다.

　'분할'이란 공동상속인간의 민법에 따른 협의분할 등을 통하여 배우자 상속분을 확정하여 배우자 상속재산분할기한까지 배우자 명의로 등기·등록·명의개서 등으로 배우자가 실제 상속받은 재산임이 확인되어야 합니다.

　대법원은 '상속'을 원인으로 한 등기가 마쳐졌다고 하여 그 등기 내용대로의 상속재산분할협의가 이루어졌다고 인정할 수 없다고 판시하였습니다.

　배우자 상속공제를 5억원 초과하여 공제받기 위해서는 부동산 등기원인이 '상속'이 아닌 '협의분할에 의한 상속' 등기로 마쳐야 합니다.

> Q : 상속인은 어머니와 딸이고 아버지의 사망으로 아파트 20억원을 상속받았다. 아파트는 법정상속(등기원인은 '상속')으로 등기가 완료되었다. 배우자상속공제액(공과금·채무 등 없다는 가정)은 얼마일까요?
>
> A :
> 아파트 등기원인인 '상속'은 협의분할로 볼 수 없으므로 배우자 상속공제액 5억원만 적용됩니다.

> Q : 상속인은 어머니와 딸이고 아버지의 사망으로 아파트 20억원을 상속받았다. 아파트는 어머니와 딸이 각 1/2 협의분할(등기원인은 '협의분할에 의한 상속')로 등기가 완료되었다. 배우자상속공제액(공과금·채무 등 없다는 가정)은 얼마일까요?
>
> A :
> 공동상속인간 '협의분할에 의한 상속' 등기를 완료하였으므로 배우자상속공제액은 10억원 적용됩니다.
>
> Min(①, ②) = 10억원
> ① 배우자가 실제 상속받은 재산 : 10억원
> ② 법정상속 한도액 : 20억 × 1.5/2.5 = 12억원

즉, 아파트 등기원인이 '상속'인지 '협의분할에 의한 상속'인지에 따라 배우자 상속공제액 차이가 납니다. 협의분할에 의한 상속으로 부동산 등기를 완료하여야만 배우자상속공제를 5억원 초과하여 공제받을 수 있음에 유의하셔야 합니다.

3) 그 밖의 인적공제

거주자의 사망으로 상속이 개시되는 경우로서 다음 각 호의 어느 하나에 해당하는 경우에는 해당 금액을 상속세 과세가액에서 공제합니다.

구분	대상자	공제액
자녀	자녀	5천만원
미성년자	상속인(배우자는 제외한다) 및 동거가족* 중 미성년자	19세가 될 때까지의 연수 × 1,000만원
연로자	상속인(배우자는 제외한다) 및 동거가족 중 65세 이상	5천만원
장애인	상속인 및 동거가족 중 장애인	기대여명** 연수 × 1,000만원

* 동거가족은 피상속인이 사실상 부양하고 있는 직계존비속(배우자의 직계존속 포함) 및 형제자매를 말합니다.

** 기대여명은 통계청에서 매년 발표하는 성별·연령별 기대여명 연수를 말합니다.

▶ 자녀와 미성년자는 중복 적용되고, 장애인은 다른 인적공제(자녀, 미성년자, 연로자)와도 중복 적용됩니다.

> Q : 어머니는 2023.04.25. 사망하였고, 상속인은 아버지, 큰아들(성인)과 작은 아들(2007.06.24.생일, 장애인)입니다. 그 밖의 인적공제액은 얼마일까요?
>
> A :
> 그 밖의 인적공제액 합계액은 8억원 입니다.
> ① 자녀공제 : 5천만원 × 2명 = 1억원
> ② 미성년자공제 : 1천만원 × 4년 = 0.4억원
> * 작은 아들은 만 15세 10월이므로 적용년수가 3년 2월이므로 4년을 적용합니다.
> ③ 장애인공제 : 66년 × 1천만원 = 6.6억
> * 작은 아들의 기대여명 연수는 65.9년이므로 66년을 적용합니다.

상속인이 미성년자와 장애인이 있어 기초공제 2억원과 그 밖의 인적공제를 합한 금액이 일괄공제 5억원보다 크면 큰 금액으로 공제를 받는게 유리합니다.

4) 일괄공제

거주자의 사망으로 상속이 개시되는 경우에 상속인이나 수유자는 기초 공제와 그 밖의 인적공제를 합친 금액과 5억원 중 큰 금액으로 공제받을 수 있습니다. 다만, 상속세 신고가 없는 경우에는 5억원을 공제합니다.

> 일괄공제 = Max[기초공제 + 그 밖의 인적공제, 5억]

● 요즘은 사람들이 자녀를 적게 낳기 때문에 5억원 일괄공제되는 경우가 많습니다.

　피상속인의 배우자가 단독으로 상속받는 경우에는 기초공제와 그 밖의 인적공제를 합친 금액만 공제합니다. 배우자가 단독으로 상속받는 경우란 피상속인의 법정상속인이 배우자 단독인 경우를 말하며, 공동상속인이 상속포기를 하거나 협의분할에 의하여 배우자가 단독으로 상속받는 경우에는 일괄공제 5억원을 적용할 수 있습니다.

> Q : 배우자가 남편의 사망으로 아파트 8억원을 상속받았다. 상속인은 배우자 한명이고, 배우자가 단독으로 상속받는 경우에 상속공제액은 얼마일까요?
>
> A :
> 상속공제액 합계액은 7억원(기초공제 2억원 + 배우자공제 5억원)입니다.

| 거주자의 사망으로 인한 상속 최소공제액 |

상속인	최소 상속공제액	비고
자녀	5억원	
배우자, 자녀(직계비속)	10억원	배우자 또는 자녀가 혼자 상속받아도 가능
배우자, 부모(직계존속)	10억원	배우자 또는 부모가 혼자 상속받아도 가능
배우자	7억원	

　상속인이 자녀인 경우에는 최소 5억원이 공제되고, 상속인이 배우자와 자녀(또는 부모)인 경우에는 최소 10억원이 공제되고, 상속인이 배우자인 경우에는 최소 7억원을 공제합니다. 피상속인의 상속과세가액이 최소 상속공제액보다 적을 경우에는 상속세로 납부할 세액은 없습니다.

5) 금융재산 상속공제

　거주자의 사망으로 상속이 개시되는 경우로서 상속개시일 현재 순금융재산가액(금융재산 − 금융채무)이 있으면 다음의 금액을 공제하되, 그 금액이 2억원을 초과

하면 2억원을 한도로 공제합니다.

순금융재산의 가액이 2천만원 이하	순금융재산의 가액이 2천만원을 초과
그 순금융재산의 가액	순금융재산의 가액의 100분의 20 또는 2천만원 중 큰 금액

최대주주 또는 최대출자자가 보유하고 있는 주식 등과 상속세 과세표준 신고기한까지 신고하지 아니한 타인 명의의 금융재산은 포함되지 아니합니다.

순금융재산가액	금융재산 상속공제
2,000만원 이하	순금융재산가액
2,000만원 초과 1억원 이하	2,000만원
1억원 초과 10억원 이하	순금융재산가액 × 20%
10억원 초과	2억원

〈금융재산 상속공제 Q & A〉

Q : 피상속인이 사망하면서 예금 9억원, 상장주식(소액주주) 5억원, 은행대출 2억원을 남기고 사망하였다. 금융재산 상속공제액은 얼마일까요?

A :
금융재산공제액은 2억원입니다.

Min(①, ②) = 2억원
① (9억원 + 5억원 − 2억원) × 20% = 2.4억원
② 2억원

Q : 피상속인이 사망하면서 예금 7억원, 은행대출 2억원을 남기고 사망하였다. 금융재산 상속공제액은 얼마일까요?

A :
금융재산공제액은 (7억원 − 2억원) × 20% = 1억원 입니다.

Q : 피상속인이 사망하면서 예금 2억원, 비상장주식 10억원(최대주주), 은행대출 2억원을

남기고 사망하였다. 금융재산 상속공제액은 얼마일까요?

A :
최대주주가 보유하고 있는 비상장주식은 금융재산 상속공제 대상이 아니며, 순금융재산가액 (예금 2억원 - 대출 2억원)이 '0'이므로 금융재산 상속공제액은 없습니다.

6) 동거주택 상속공제

거주자의 사망으로 상속이 개시되는 경우로서 다음의 세가지 요건을 모두 갖춘 경우에는 상속주택가액(해당 주택에 담보된 피상속인의 채무액을 뺀 가액을 말한다)의 100분의 100에 상당하는 금액을 상속세 과세가액에서 공제합니다. 다만, 그 공제할 금액은 6억원을 한도로 합니다.

첫째. 피상속인과 상속인(직계비속 및 대습상속이 된 그 직계비속의 배우자인 경우로 한정)이 상속개시일부터 소급하여 10년 이상(상속인이 미성년자인 기간은 제외한다) 계속하여 하나의 주택에서 동거할 것

둘째. 피상속인과 상속인이 상속개시일부터 소급하여 10년 이상 계속하여 1세대를 구성하면서 1세대 1주택에 해당할 것. 이 경우 무주택인 기간이 있는 경우에는 해당 기간은 1세대 1주택에 해당하는 기간에 포함합니다.

셋째. 상속개시일 현재 무주택자이거나 피상속인과 공동으로 1세대 1주택을 보유한 자로서 피상속인과 동거한 상속인이 상속받은 주택일 것

> 동거주택 상속공제는 상속인이 직계비속 및 대습상속이 된 그 직계비속의 배우자인 경우에 한정하고 피상속인과 상속인이 상속개시일부터 소급하여 10년 이상 계속하여 1세대 1주택에 해당해야 합니다.

피상속인과 상속인이 특별한 사유(징집, 취학, 근무상 형편 또는 질병 요양 등의 사유)에 해당하여 동거하지 못한 경우에는 계속하여 동거한 것으로 보되, 그 동거하지 못한 기간은 동거 기간에 산입하지 아니합니다.

"1세대 1주택"이란 1세대가 1주택(고가주택을 포함한다)을 소유한 경우를 말합니다. 이 경우 1세대가 다음의 어느 하나에 해당하여 2주택 이상을 소유한 경우에도

1세대가 1주택을 소유한 것으로 봅니다.

- 가. 피상속인이 다른 주택을 취득(자기가 건설하여 취득한 경우를 포함)하여 일시적으로 2주택을 소유한 경우. 다만, 다른 주택을 취득한 날부터 2년 이내에 종전의 주택을 양도하고 이사하는 경우만 해당합니다.
- 나. 상속인이 상속개시일 이전에 1주택을 소유한 자와 혼인한 경우. 다만, 혼인한 날부터 5년 이내에 상속인의 배우자가 소유한 주택을 양도한 경우만 해당합니다.
- 다. 피상속인이 국가등록문화재에 해당하는 주택을 소유한 경우
- 라. 피상속인이 이농주택을 소유한 경우
- 마. 피상속인이 귀농주택을 소유한 경우
- 바. 1주택을 보유하고 1세대를 구성하는 자가 상속개시일 이전에 60세 이상의 직계존속을 동거봉양하기 위하여 세대를 합쳐 일시적으로 1세대가 2주택을 보유한 경우. 다만, 세대를 합친 날부터 5년 이내에 피상속인 외의 자가 보유한 주택을 양도한 경우만 해당합니다.
- 사. 피상속인이 상속개시일 이전에 1주택을 소유한 자와 혼인함으로써 일시적으로 1세대가 2주택을 보유한 경우. 다만, 혼인한 날부터 5년 이내에 피상속인의 배우자가 소유한 주택을 양도한 경우만 해당합니다.
- 아. 피상속인 또는 상속인이 피상속인의 사망 전에 발생된 제3자로부터의 상속으로 인하여 여러 사람이 공동으로 소유하는 주택을 소유한 경우. 다만, 피상속인 또는 상속인이 해당 주택의 공동소유자 중 가장 큰 상속지분을 소유한 경우(상속지분이 가장 큰 공동 소유자가 2명 이상인 경우에는 그 2명 이상의 사람 중 해당 주택에 거주하는 자, 최연장자 순서에 따라 해당하는 사람이 가장 큰 상속지분을 소유한 것으로 봄)는 제외합니다.

동거주택 상속공제 : (상속주택가액 − 해당 주택 담보 채무액) × 100%(6억원 한도)

> Q : 시가 20억원(담보대출 2억원)인 아파트를 큰 아들과 작은 아들이 각각 50% 공동 상속을 받는 경우에 큰 아들이 동거주택 상속공제 요건을 갖추었다면 공제액은 얼마일까요?
>
> A :
> Min(①, ②) = 6억원
> ① (20억 - 2억) × 50%(큰아들) × 100% = 9억원
> ② 6억원

｜1세대 1주택으로 보는 경우｜

> - 갑이 A주택을 보유하다가 B주택을 취득한 날로부터 2년 이내에 A주택을 양도하고 이사하는 경우에도 1주택으로 봅니다.
> - 자녀가 1주택을 보유한 상태에서 60세 이상의 부모를 모시기 위하여 1세대 2주택자가 된 경우에도 세대를 합친 날로부터 5년 이내에 자녀의 주택을 양도한 경우에도 1주택으로 봅니다.

〈동거주택 상속 공제 Q & A〉

> Q : 자녀가 아버지와 7년 같이 살았습니다. 자녀가 결혼 후 6년간 떨어져 살다가 다시 아버지 집으로 들어와 8년을 동거하다 살던 중 아버지가 사망한다면 요건을 갖춘 것일까요?
>
> A :
> 총 10년 이상 동거를 하였지만 계속하여 10년 이상 동거를 하지 아니하였기 때문에 요건을 갖추지 못한 것으로 봅니다.

> Q : 자녀가 성인이 돼서 6년간 아버지와 같이 살다가 2년 군복무를 마치고 1년 같이 아버지와 살다가 아버지가 사망한다면 요건을 갖춘 것일까요?
>
> A :
> 군복무 기간은 계속 동거한 것으로 보지만 동거기간에는 포함하지 않습니다. 동거기간(미성년자 기간 제외)이 7년밖에 되지 않으므로 요건을 갖추지 못하였습니다.

> Q : 자녀가 성인이 돼서 어머니가 소유한 A주택에 4년간 같이 살았습니다. A주택 양도 후, 다시 어머니가 취득한 B주택에 자녀가 7년 같이 거주하다가 어머니가 사망한다면 어떻게 될까요?
>
> A :
> 자녀가 어머니와 10년 이상 계속하여 거주하였다면 공제 요건을 갖추었습니다.
>
> Q : 자녀가 과거에는 10년 이상 아버지와 거주하였지만 상속개시일 현재 동거하지 못하였다면 적용 대상일까요?
>
> A :
> 상속개시일부터 소급하여 10년 이상 계속하여 동거하여만 적용하기 때문에 상속개시일 현재 동거를 하지 아니하였다면 공제 대상이 되지 아니합니다.

7) 상속공제 한도

상속공제를 무작정 인정하면 상속세를 회피할 수가 있으므로 상속공제 한도를 두고 있습니다. 상속세 과세가액에서 다음의 어느 하나에 해당하는 가액을 뺀 금액을 한도로 합니다. 다만, '다'의 경우에는 상속세 과세가액이 5억원을 초과하는 경우에만 적용합니다.

가. 선순위인 상속인이 아닌 자에게 유증 등을 한 재산의 가액

나. 선순위인 상속인의 상속 포기로 그 다음 순위의 상속인이 상속받은 재산의 가액

다. 상속세 과세가액에 가산한 증여재산가액(증여재산공제를 뺀 후의 가액)

<사전증여시 상속공제 한도 축소>

> Q : 상속인은 어머니와 자녀이고, 아버지가 보유한 재산 10억원 중 2억원을 2년 전에 자녀에게 증여하고 사망하였다면 상속공제한도는 어떤 영향을 미칠까요?
>
> 상속과세가액 : 10억원, 배우자 공제 : 5억원, 일괄공제 : 5억원
> (공제한도) : 10억 - 1.5억(증여재산공제 차감후 금액) = 8.5억

> A :
> 총 10년 이상 동거를 하였지만 계속하여 10년 이상 동거를 하지 아니하였기 때문에 요건을 갖추지 못한 것으로 봅니다.
>
> A :
> 사전증여를 하지 않을 경우에 상속과세표준(= 상속과세가액 10억원 – 상속공제 10억원)은 0이 됩니다.
>
> ◯ 상기 사례에서 사전 증여를 하지 아니하였다면 상속세를 안내도 될 수 있었는데, 사전 증여를 하므로 안내도 될 증여세를 냈기 때문에 사전 증여가 절세 차원에서 항상 유리한 것은 아닙니다.

〈선순위 상속인이 아닌 자에게 유증을 한다면 – 유류분 없다는 극단적인 가정〉

> 피상속인이 보유재산 10억원 중 10억원 전액을 손자에게 유언을 남기고 사망한다면, 세대를 건너뛴 상속에 해당하여 상속공제 한도 없이 상속세 산출세액 2.4억원이 발생하고, 산출세액의 30% 할증까지 가산하여 상속세가 붙습니다.

〈선순위 상속인의 상속 포기〉

선순위 상속인이 상속 포기를 하면 상속 공제를 전혀 받지 못하여 상속세가 늘어나게 됩니다.

> 미혼자 A(배우자와 자녀없음)가 사망 당시 가족이 어머니와 형제 1명으로 구성된 경우에 선순위 상속인은 어머니가 됩니다. 만약 어머니가 상속포기를 한다면 후순위 상속인인 A의 형제가 상속인이 되며, A의 상속세 계산시 상속공제를 전혀 받지 못하게 됩니다.

1-7-4. 과세표준

상속세의 과세표준은 상속세 과세가액에서 상속 공제 및 상속재산의 감정평가 수수료를 뺀 금액으로 합니다.

◯ 피상속인의 배우자와 자녀가 있다면 최소한 10억원 공제가 되므로 피상속인의 상속재산가액이 10억원이 이상이어야만 상속세가 부과됩니다.

◯ 피상속인의 자녀만 있다면 최소한 5억원 공제가 되므로 피상속인의 상속재산가액이 5억원 이상이어야만 상속세가 부과됩니다.

상속인	상속과세가액	배우자상속공제	일괄공제	상속세 납부 의무
배우자, 자녀	8억	5억	5억	없음
배우자, 자녀	12억	5억	5억	있음
자녀	7억		5억	있음

○ 비거주자인 피상속인이 사망하였다면 국내 소재 재산을 과세대상으로 하며, 상속공제액은 기초공제 2억원만 공제합니다.

1-7-5. 상속세율

상속세 과세표준에 아래의 초과누진 세율을 적용하여 상속세 산출세액을 계산합니다.

과세표준	세율
1억원 이하	10%
1억원 초과 5억원 이하	20%
5억원 초과 10억원 이하	30%
10억원 초과 30억원 이하	40%
30억원 초과	50%

1-7-6. 세대를 건너뛴 상속에 대한 할증과세

상속인이나 수유자가 피상속인의 자녀를 제외한 직계비속*인 경우에는 상속세산출세액에 30%**을 가산합니다. 다만, 대습상속(代襲相續)의 경우에는 세대를 건너뛴 상속에 대한 할증과세를 적용하지 아니합니다.

* 조모가 손녀에게 유언에 의하여 상속(유증)하는 경우

** 피상속인의 자녀를 제외한 직계비속이면서 미성년자에 해당하는 상속인 또는 수유자가 받았거나 받을 상속재산의 가액이 20억원을 초과하는 경우에는 40%

1-8. 세액공제

1-8-1. 증여세액 공제

상속개시일 전 10년 이내에 피상속인이 상속인에게 증여한 재산가액이 상속재산에 가산되는 경우에 그 증여당시 증여세 산출세액 상당액을 공제합니다. 다만, 상속세 과세가액에 가산하는 증여재산에 대하여 부과제척 기간의 만료로 인하여 증여세가 부과되지 아니하는 경우와 상속세 과세가액이 5억원 이하인 경우에는 증여세액공제를 적용하지 아니합니다.

> 증여세액 공제 = Min(증여세 산출세액, 한도액*)

* 상속세산출세액에 상속재산(상속재산에 가산하는 증여재산을 포함)의 과세표준에 대하여 가산한 증여재산의 과세표준이 차지하는 비율을 곱하여 계산한 금액을 한도로 합니다.

1-8-2. 단기 재상속에 대한 세액공제

상속개시 후 10년 이내에 상속인의 사망으로 다시 상속이 개시되는 경우에는 전(前)의 상속세가 부과된 상속재산* 중 재상속되는 상속재산에 대한 전의 상속세 상당액을 상속세산출세액에서 공제합니다.

*상속재산에 가산된 상속인이 사전 증여받은 재산 포함

> Q : 아버지가 사망하면서 어머니가 아버지로부터 아파트를 상속받고 나서 1년이 지난 후에 다시 어머니가 사망한다면 어떻게 될까요?
>
> A :
> 당초 아버지가 낸 상속세에서 아버지의 상속재산 중 어머니가 재상속시 아버지로부터 받은 아파트에 차지하는 비율에 90%(2년이내 상속)을 곱한 금액이 공제됩니다.

> Q : 아버지가 사망전 10년 이내에 자녀에게 현금을 증여하였습니다. 자녀는 증여받은 현금으로 아파트를 구입하였습니다. 아버지 사망 후 1년이 지나 다시 자녀가 사망할 때에 자녀가 유산으로 남긴 아파트에 대한 단기재상속공제는 적용될까요?(아버지와 자녀 상속세 발생 가정)
>
> A :
> 단기재상속세액 공제는 상속재산에 가산된 사전증여재산도 포함하고, 자녀의 재산 형태가 변경되어도 공제가 적용됩니다.

공제되는 세액은 아래에 따라 계산한 금액에 아래의 공제율을 곱하여 계산한 금액으로 합니다.

$$\text{전의 상속세 산출세액} \times \frac{\text{재상속분의재산가액} \times (\text{전의 상속세 과세가액} / \text{전의 상속재산가액})}{\text{전의 상속세 과세가액}}$$

재상속 기간	1년 이내	2년 이내	3년 이내	4년 이내	5년 이내	6년 이내	7년 이내	8년 이내	9년 이내	10년 이내
공제율	100%	90%	80%	70%	60%	50%	40%	30%	20%	10%

[2] 증여세

2-1. 과세대상 및 납세의무

1) 과세대상

무상으로 이전받은 재산 또는 이익 등이 있는 경우에는 증여세를 부과합니다.

2) 납세의무

- 수증자가 거주자(본점이나 주된 사무소의 소재지가 국내에 있는 비영리법인을 포함)인 경우 : 증여세 과세대상이 되는 모든 증여재산
- 수증자가 비거주자(본점이나 주된 사무소의 소재지가 외국에 있는 비영리법인을 포함)인 경우 : 증여세 과세대상이 되는 국내에 있는 모든 증여재산

증여재산에 대하여 수증자에게 소득세 또는 법인세가 부과되는 경우에는 증여세를 부과하지 아니합니다.

2-2. 특수한 증여재산의 유형

2-2-1. 저가 양수 또는 고가 양도에 따른 이익의 증여

특수관계인(ex : 부모와 자녀)간 증여를 회피하기 위하여 매매 형식으로 취하면서 시가보다 낮은 가액으로 양수하거나 시가보다 높은 가액으로 양도한 경우, 사실상 재산을 무상으로 이전하는 효과가 발생하므로 그 이익에 상당하는 금액을 증여로 봅니다.

특수관계인이 아닌 자 간의 거래에서 거래의 관행상 정당한 사유 없이 재산을 시가보다 현저히 낮은 가액으로 양수하거나 시가보다 현저히 높은 가액으로 양도하는 경우로서 시가와 대가의 차액 상당액을 증여로 봅니다.

1) 특수관계인 간 저가 양수 또는 고가 양도

시가와 대가의 차액이 시가의 30%와 3억원 중 적은 금액 이상인 경우에는 증여이익으로 봅니다.

> 증여재산가액 = 시가와 대가의 차액 − Min(시가 × 30%, 3억원)

2) 특수관계인이 아닌 자간의 저가 양수 또는 고가 양도

시가와 대가의 차액이 시가의 30% 이상인 경우에는 다음의 금액을 증여이익으로 봅니다.

> 증여재산가액 = 시가와 대가의 차액 − 3억원

3) 납세의무자

시가보다 저가로 사는 경우 양수인, 시가 보다 고가로 양도하는 경우 양도인이 증여세 납부 의무가 있습니다.

> Q : 아버지가 소유한 아파트 시가 7억원 짜리를 자녀에게 4억원에 대가를 받고 양도할 경우에 증여재산가액은 얼마일까요?
>
> A :
> 7억원 − 4억원 − Min(7억원 × 30%, 3억원) = 9천만원
>
> 자녀는 아버지로부터 9천만원을 증여받은 것으로 봅니다.
>
> * 아버지가 1세대 1주택자로 양도소득세 비과세 대상인 경우에는 양도소득세를 별도로 부담하지 않습니다. 아버지가 양도소득세 과세대상일 경우에는 양도가액이 4억원이 아닌 7억원으로 양도세를 계산하니 이점 유의하셔야 합니다.

사례1 : 저가양도 세부담 비교

Q : 아버지가 비조정대상지역에 있는 아파트 시가 7억원(취득가액 4억원, 보유기간 3년 이상 4년 미만)을 자녀에게 4억원에 대가를 받고 양도한다면 양도소득세가 비과세될 경우와 과세될 경우의 세금 차이(취득세는 고려하지 않음)는 얼마나 날까요?

A : 증여재산가액은 7억원 − 4억원 − Min(7억원 × 30%, 3억원) = 9천만원입니다.

(단위 : 원)

구분	증여
증여재산가액	90,000,000
증여재산공제	50,000,000
과세표준	40,000,000
산출세액	4,000,000
신고세액공제	120,000
증여세	3,880,000

구분	저가양도(비과세)	저가양도(과세)
양도가액	700,000,000	700,000,000
취득가액	400,000,000	400,000,000
전체양도차익	300,000,000	300,000,000
비과세양도차익	300,000,000	
과세양도차익		300,000,000
장기보유특별공제		18,000,000
양도소득금액		282,000,000
기본공제		2,500,000
과세표준		279,500,000
양도소득세		86,270,000
지방소득세		8,627,000

아버지가 1세대 1주택자 양도소득세 비과세 대상일 경우에는 증여세 3,880,000원을 부담하고, 아버지가 양도소득세 과세대상일 경우에 부담하는 세금은 98,777,000원(증여세 3,880,000원 + 양도소득세 86,270,000원 + 지방소득세 8,627,000원)입니다.

사례2 : 무상 증여 및 저가양도 세부담 비교

Q : 아버지가 비조정대상지역에 있는 아파트 시가 7억원(취득가액 4억원, 보유기간 3년 이상 4년 미만)을 자녀에게 4억원에 대가를 받고 양도할 경우와 대가를 받지 않고 무상으로 증여할 경우의 세금 차이(취득세는 고려하지 않음)는 얼마나 날까요?(양도소득세 과세 가정)

A : 무상증여시 증여재산가액은 7억원이고, 저가 양도시 증여재산가액은 7억원 – 4억원 – Min(7억원 × 30%, 3억원) = 9천만원입니다.

(단위 : 원)

구분	저가양도(증여)	무상증여
증여재산가액	90,000,000	700,000,000
증여재산공제	50,000,000	50,000,000
과세표준	40,000,000	650,000,000
산출세액	4,000,000	135,000,000
신고세액공제	120,000	4,050,000
증여세	3,880,000	130,950,000

구분	저가양도(과세)
양도가액	700,000,000
취득가액	400,000,000
전체양도차익	300,000,000
비과세양도차익	
과세양도차익	300,000,000
장기보유특별공제	18,000,000
양도소득금액	282,000,000
기본공제	2,500,000
과세표준	279,500,000
양도소득세	86,270,000
지방소득세	8,627,000

아버지가 자녀에게 무상증여하는 경우에 증여세는 130,950,000원 이고, 아버지와 자녀가 저가 매매거래할 경우에 부담하는 세금은 98,777,000원(증여세 3,880,000원 + 양도소득세 86,270,000원 + 지방소득세 8,627,000원)입니다.

2-2-2. 부동산 무상사용에 따른 이익의 증여

1) 타인의 부동산을 무상으로 사용함에 따라 이익을 얻은 경우

타인의 부동산*을 무상으로 사용함에 따라 이익을 얻은 경우에는 그 무상 사용을 개시한 날을 증여일로 하여 그 이익에 상당하는 금액을 부동산 무상 사용자의 증여재산가액으로 합니다. 그 이익에 상당하는 금액이 1억원 미만인 경우에는 제외합니다.

* 부동산 소유자와 함께 거주하는 주택은 제외합니다.

무상사용을 개시한 날부터 5년 단위로 다음의 계산식에 따라 환산한 금액의 합계액을 부동산 무상 사용 이익으로 합니다.

> 부동산 무상 사용 이익 = (부동산 가액 × 연 2%) / $(1 + 0.1)^n$
> n : 평가기준일부터 경과연수

무상사용 기간이 5년을 초과하는 경우에는 그 무상사용을 개시한 날부터 5년이 되는 날의 다음 날에 새로 해당 부동산의 무상사용을 개시한 것으로 봅니다.

> Q : 아버지가 소유한 시가 13억원 주택을 자녀가 무상으로 거주하는 경우에 부동산 무상 사용 이익은 얼마인가요?
>
> A :
> (13억 × 0.02)/1.11 + (13억 × 0.02)/1.12 + (13억 × 0.02)/1.13 + (13억 × 0.02)/1.14 + (13억 × 0.02)/1.15 = 98,560,456원
> (간편법 계산) : 13억 × 0.02 × 3.7908 = 98,560,800원(소수점 절사로 단수 차이가 남)
>
> 부동산 무상 사용이익이 1억원 미만이므로 증여에 해당하지 아니합니다.
> 부동산 무상 사용이익이 증여에 해당되기 위해서는 부동산가액이 13.19억원 이상이 되어야만 그 부동산 무상사용이익이 1억원 정도 계산되어 증여로 보게 됩니다.

2) 타인의 부동산을 무상으로 담보로 이용하여 금전 등을 차입함에 따라 이익을 얻은 경우

부동산 담보를 이용 개시한 날을 증여로 하여 그 이익에 상당하는 금액을 사실상 이익으로 보아 증여로 보게 됩니다. 단, 증여이익이 1천만원 이상인 경우에만 적용합니다.

> 담보 이용 이익 = 차입금 × 적정이자율(4.6%) − 실제 지급하였거나 지급할 이자

차입기간이 정하여지지 아니한 경우에는 그 차입기간은 1년으로 하고, 차입기간이 1년을 초과하는 경우에는 그 부동산 담보 이용을 개시한 날부터 1년이 되는 날의 다음 날에 새로 해당 부동산의 담보 이용을 개시한 것으로 봅니다.

> Q : 아버지가 은행에 아파트를 담보 제공하였고, 자녀가 그 은행에서 5억원을 2023.04.25. 연 2%로 차입한 경우의 부동산 담보 사용이익이 얼마일까요?
>
> A : 5억원 × (4.6% − 2%) = 13,000,000원
>
> 차입기간 1년 단위로 아버지가 자녀에게 13,000,000원을 실제로 증여한 것으로 봅니다. 2023.04.25.이 1차 증여시기이며, 담보 이용 이익이 1천만원 이상일 때까지 매년 증여재산가액이 합산하여 과세됩니다.

2-2-3. 금전 무상대출 등에 따른 이익의 증여

타인으로부터 금전을 무상으로 또는 적정 이자율보다 낮은 이자율로 대출받은 경우에는 그 금전을 대출받은 날을 증여일로 보아 실제 이익에 상당하는 금액을 증여로 봅니다. 단, 다음의 금액이 1천만원 이상인 경우에만 증여로 봅니다.

구분	증여재산가액
무상으로 대출받은 경우	대출금액 × 적정이자율(4.6%)
적정 이자율보다 낮은 이자율로 대출받은 경우	대출금액 × 적정이자율(4.6%) − 실제 지급한 이자 상당액

대출기간이 정해지지 아니한 경우에는 그 대출기간을 1년으로 보고, 대출기간이 1년 이상인 경우에는 1년이 되는 날의 다음 날에 매년 새로 대출받은 것으로 보아 해당 증여재산가액을 계산합니다.

> Q : 어머니가 자녀에게 2억원을 연 2% 이자를 받고 빌려주었고, 자녀는 2억원을 주택 구입하는데 사용하였다면 증여에 해당할까요?
>
> A : 2억원 × (4.6% − 2%) = 5,200,000원
>
> 자녀가 실제로 얻은 이자 차익이 1,000만원 미만이므로 증여에 해당하지 않습니다. 단, 어머니는 자녀로부터 받은 이자를 이자소득세로 신고해야 하고, 자녀는 어머니에게 추후 원금상환을 해야 합니다.

2-2-4. 배우자 등에게 양도한 재산의 증여 추정

배우자 또는 직계존비속에게 양도한 재산은 양도자가 그 재산을 양도한 때에 그 재산의 가액을 배우자 등이 증여받은 것으로 추정하여 이를 배우자 등의 증여재산가액으로 합니다. 증여 추정 규정은 배우자 등에게 대가를 받고 양도한 사실이 명백히 인정되는 경우 등에는 추정이 적용되지 아니합니다.

> Q : 어머니가 보유한 시가 5억원 주택을 자녀와 매매계약 체결하고 자녀로부터 매매대금으로 5억원을 수령하였을 경우에는 해당 거래는 증여로 볼까요?
>
> A : 자녀가 부동산 매매대금 지급에 대한 객관적인 자금원천과 금융증빙이 명확하다면 증여로 보지 않습니다.

2-2-5. 재산 취득자금 등의 증여 추정

재산 취득자의 직업, 연령, 소득 및 재산 상태 등으로 볼 때 재산을 자력으로 취득하였다고 인정하기 어려운 경우 또는 채무를 자력으로 상환하였다고 인정하기 어려운 경우에는 그 가액을 증여받은 것으로 추정하게 됩니다.

1) 재산을 자력으로 취득하였다고 인정하기 어려운 경우

재산을 자력으로 취득하는데 입증되지 아니한 금액의 합계액이 취득재산가액의 20%와 2억원 중 적은금액을 넘는 경우에 증여*로 보게 됩니다. 단, 입증되지 아니한 금액의 합계액이 취득재산가액의 20%와 2억원 중 적은금액 미달하는 경우에 제외합니다.

▶ 증여재산가액 = 재산취득금액 - 입증된 금액

> 증여 추정 과세 = 미입증금액 > Min(취득재산 × 20%, 2억원)

2) 채무를 자력으로 상환하였다고 인정하기 어려운 경우

채무를 자력으로 상환하는데 입증되지 아니한 금액의 합계액이 채무상환금액의 20%와 2억원 중 적은금액을 넘는 경우에 증여*로 보게 됩니다. 단, 입증되지 아니한 금액의 합계액이 채무상환금액의 20%와 2억원 중 적은금액 미달하는 경우에 제외합니다.

▶ 증여재산가액 = 채무상환금액 - 입증된 금액

> 증여 추정 과세 = 미입증금액 > Min(채무상환금액 × 20%, 2억원)

3) 자금출처로 인정되는 범위

입증된 금액은 다음과 같습니다.

㉠ 신고하였거나 과세(비과세 또는 감면받은 경우를 포함한다)받은 소득금액

ⓒ 신고하였거나 과세받은 상속 또는 수증재산의 가액

ⓒ 재산을 처분한 대가로 받은 금전이나 부채를 부담하고 받은 금전으로 당해 재산의 취득 또는 당해 채무의 상환에 직접 사용한 금액

자금출처로 인정되는 경우는 다음과 같습니다.

- 본인 소유재산의 처분사실이 증빙에 따라 확인되는 경우 그 처분금액에서 양도소득세 등 공과금 상당액을 뺀 금액
- 기타 신고하였거나 과세받은 소득금액은 그 소득에 대한 소득세 등 공과금 상당액을 뺀 금액
- 농지경작소득
- 재산취득일 이전에 차용한 부채로서 입증된 금액. 다만, 원칙적으로 배우자 및 직계존비속 간의 소비대차는 인정하지 아니합니다.
- 재산취득일 이전에 자기재산의 대여로서 받은 전세금 및 보증금
- 위 이외의 경우로서 자금출처가 명백하게 확인되는 금액

4) 자금출처 배제 기준

재산취득일 전 또는 채무상환일 전 10년 이내에 해당 재산 취득자금 또는 해당 채무 상환자금의 합계액이 기준금액 미만인 경우에는 증여 추정을 적용하지 아니합니다.

| 기준금액 |

구분	취득재산		채무상환	총액한도
	주택	기타재산		
30세 미만	5천만원	5천만원	5천만원	1억원
30세 이상	1.5억원	5천만원	5천만원	2억원
40세 이상	3억원	1억원	5천만원	4억원

다만 기준금액에 관계없이 증여받은 사실이 객관적으로 확인될 경우에는 증여세 과세대상이 됩니다.

5) 자금출처 조사

　실지조사 대상자가 배우자 또는 직계존속과 직계비속으로부터 취득자금을 증여받은 혐의가 있는 경우에는 그 배우자 또는 직계존속과 직계비속을 조사대상자로 선정하여 자금출처조사를 할 수 있습니다.

　자금출처조사는 납세자 재산규모·성실도 수준·탈루혐의의 경중 등을 고려하여 실시를 하고, 자금운용(재산취득 및 부채상환 + 소비)에서 자금원천을 차감한 자금출처 부족액을 면밀히 검토를 하게 됩니다.

> 자금출처 부족액 = 자금운용 − 자금원천

〈자금출처조사 검토표〉

○ 자금운용 : 19억원
· 아파트 구입액 : 15억원
· 신용카드 등 지출액 : 1억원
· 세금 납부액 : 1억원
· 기말예금 : 2억원

○ 자금원천 : 13억원
· 신고된 소득금액 : 4억원
· 증여세 신고 재산가액 : 2억원
· 근저당채무 : 3억원
· 임대보증금 : 3억원
· 기초예금 : 1억원

○ 자금출처 부족액 : 19억원 − 13억원 = 6억원

　자금운용은 재산취득액, 소비액, 세금납부 등 유출액을 포함한 것이며, 자금원천은 신고된 소득금액과 증여세 신고 재산가액, 은행 담보대출과 임대보증금으로 아파트를 구입하는데 사용되었을 금액을 포함하는 것입니다. 예금보유액도 기초예금보다 기말예금이 늘어났다면 어떠한 자금원천으로 늘어났는지를 밝혀야 합니다.

> 자금출처조사 사례
>
> 국세청에서는 이자소득으로 예금 원금을 추정하고 있고 예금이 늘어난 이유가 명확히 확인되지 않는 대상자를 자금출처 조사대상으로 선정하기도 합니다.
>
> ○ 자금출처 조사 선정
> 취업준비생인 자녀 명의로 예금이 4억원 있었는데, 관할 세무서에서 그 예금이 어디에서 나왔는지 자금출처조사를 진행하게 되었다.
>
> ○ 조사시 확인된 내용
> 자녀 명의의 예금은 만기시 어머니에게 원금이 이체되었고, 다시 자녀 명의로 정기예금이 재가입되어 자녀가 이자를 수령하는게 수차례 반복되는 상황이었다.
> 어머니는 금융소득 종합과세를 피하려고 자녀 명의를 빌려 이자소득을 분산하는게 확인이 되었다.
>
> ○ 세무조사 결과
> 어머니가 자녀의 명의로 예금을 관리하였으므로 자녀는 증여세 문제가 없지만 자녀가 받은 이자소득의 99%는 이자소득세로 추징되고, 어머니는 자녀 명의의 원금 4억원을 본인 명의의 계좌로 옮겨놔야 합니다.

2-3. 증여세의 과세표준 및 세액계산

2-3-1. 증여재산 공제

거주자가 다음의 어느 하나에 해당하는 사람으로부터 증여를 받은 경우에는 다음의 구분에 따른 금액을 증여세 과세가액에서 공제합니다. 증여재산공제는 10년 단위로 적용되고, 증여받은 자가 비거주자이면 증여재산공제가 적용되지 않습니다.

증여자	증여재산공제
배우자	6억원
직계존속	5천만원 또는 2천만원(수증자가 미성년자인 경우)
	혼인일 전후 2년 또는 자녀의 출생일(입양일)로부터 2년 이내 증여받은 경우에 추가로 1억원 공제
직계비속	5천만원
기타친족(6촌 이내의 혈족, 4촌 이내의 인척)	1천만원

* 배우자는 민법상 혼인관계의 배우자를 말하며, 사실혼 관계의 배우자는 공제되지 않습니다.

Q : 아버지가 성인인 외아들에게 2년 전에 1억원 증여를 하였고, 오늘 할아버지가 손자에게 1억원을 증여한다면 증여재산공제 5천만원은 다시 공제될까요?(혼인·출산 없는 경우 가정)

A : 아들(손자)에게는 아버지, 할아버지가 직계존속이므로 손자가 할아버지로부터 받는 1억원에 대하여는 증여재산 공제가 다시 적용되지 않습니다.

Q : 큰딸, 작은딸이 각각 5천만원을 어머니에게 증여한다면 어머니가 딸들로부터 받은 증여재산 공제는 얼마일까요?

A : 어머니 입장에서는 큰딸, 작은딸이 직계비속이므로 총 5천만원만 공제가 됩니다.

Q : 아버지가 자녀에게 5년 전에 5천만원을 증여하였고, 그 자녀의 혼인일로부터 2년 이내에 1억원을 추가로 증여하였다면 증여재산 공제는 얼마일까요?

A : 증여재산 공제는 5천만원과 1억원을 합한 1.5억원이 공제됩니다.

Q : 자녀가 아버지에게 자녀의 혼인일로부터 2년 이내에 1억원을 증여받았고, 그 자녀가 자녀를 출생하여 출생일로부터 2년 이내에 추가로 1억원을 아버지로부터 증여받았다면 증여재산 공제는 얼마일까요?(자녀가 10년 이내에 5천만원 증여받은게 있음을 가정)

A : 혼일·출산 증여재산 공제는 총 1억원만 공제되므로 나머지 1억원은 증여세 문제가 발생합니다.

2-3-2. 증여세 과세가액

증여세 과세가액은 증여일 현재 증여재산가액을 합친 금액에서 그 증여재산에 담보된 채무(그 증여재산에 관련된 채무를 포함)로서 수증자가 인수한 금액을 뺀 금액으로 합니다.

해당 증여일 전 10년 이내에 동일인(증여자가 직계존속인 경우에는 그 직계존속의 배우자를 포함)으로부터 받은 증여재산가액을 합친 금액이 1천만원 이상인 경우에는 그 가액을 증여세 과세가액에 가산합니다.

〈직계비속이 증여받는 경우〉

> Q : 부가 5년 전에 자녀에게 1억원 증여하였고, 오늘 모가 자녀에게 5천만원을 증여한다면 자녀의 증여재산은 얼마일까요?
>
> A :
> 부와 모는 동일인으로 보기 때문에 자녀가 모로부터 받은 5천만원에 자녀가 5년 전에 부로부터 받은 1억원을 합한 총 1.5억원입니다. 어머니 증여 당시 아버지가 생존하지 않을 경우에는 어머니로부터 받은 5천만원만 증여재산가액이 됩니다.

> Q : 손주가 조부에게 1년전에 1억원을 받았고, 오늘 그 손주가 조모에게 1억원을 받는다면 증여재산을 합산할까요?
>
> A :
> 손주 입장에서 조부, 조모는 동일인으로 보기 때문에 증여재산가액은 총 2억원이 됩니다.

2-3-3. 과세표준

증여세의 과세표준은 증여세 과세가액에서 증여재산의 감정평가 수수료를 뺀 금액으로 합니다.

2-3-4. 세율

증여세 과세표준에 증여세율을 계산한 금액을 증여세 산출세액이라 합니다.

과세표준	세율
1억원 이하	10%
1억원 초과 5억원 이하	20%
5억원 초과 10억원 이하	30%
10억원 초과 30억원 이하	40%
30억원 초과	50%

2-3-5. 직계비속에 대한 증여의 할증과세

수증자가 증여자의 자녀가 아닌 직계비속인 경우에는 증여세산출세액에 30%*에 상당하는 금액을 가산합니다. 다만, 증여자의 최근친(最近親)인 직계비속이 사망하여 그 사망자의 최근친인 직계비속이 증여받은 경우에는 적용하지 아니합니다.

* 수증자가 증여자의 자녀가 아닌 직계비속이면서 미성년자인 경우로서 증여재산가액이 20억원을 초과하는 경우에는 40%

➲ 증여자의 자녀가 사망한 경우에는 그 사망한 자의 자녀가 증여받은 경우에는 할증과세를 하지 아니합니다.

2-3-6. 납부세액 공제

증여일 전 10년 이내에 동일인으로부터 받은 증여재산이 1천만원 이상이어서 증여재산을 가산할 경우, 가산한 증여재산에 납부하였거나 납부할 증여세액은 증여세 산출세액에서 공제합니다. 다만, 증여세 과세가액에 가산하는 증여재산에 대하여 국세 부과 제척기간의 만료로 인하여 증여세가 부과되지 아니하는 경우에는 납부세액을 공제하지 아니합니다.

납부세액 공제 = Min(가산한 증여재산의 증여세 산출세액, 한도액*)

* 증여세산출세액에 해당 증여재산의 가액과 가산한 증여재산의 가액을 합친 금액에 대한 과세표준에 대하여 가산한 증여재산의 과세표준이 차지하는 비율을 곱하여 계산한 금액을 한도로 합니다.

[3] 재산평가

3-1. 평가의 원칙(주택)

상속세나 증여세가 부과되는 재산의 가액은 상속개시일 또는 증여일(평가기준일) 현재의 시가(時價)에 따릅니다.

시가는 불특정 다수인 사이에 자유롭게 거래가 이루어지는 경우에 통상적으로 성립된다고 인정되는 가액으로 하고 수용가격·공매가격 및 감정가격 등 평가기준일 전후 6개월(증여재산의 경우에는 평가기준일 전 6개월부터 평가기준일 후 3개월까지로 한다. 평가기간이라 함)이내의 기간 중 매매·감정·수용·경매 시가로 인정되는 것을 포함합니다.

구분	평가기간
상속	상속개시일 전6개월 ~ 후6개월
증여	증여일 전6개월 ~ 후3개월

ex) 사망일 2021.12.24. → 평가기간 2021.06.24. ~ 2022.06.24.
    증여일 2022.05.23. → 평가기간 2021.11.23. ~ 2022.08.23.

다만, 평가기간에 해당하지 아니하는 기간으로서 평가기준일 전 2년 이내의 기간 중에 매매 등이 있거나 평가기간이 경과한 후부터 법정결정기한(상속세과세표준 신고기한부터 9개월 또는 증여세과세표준 신고기한부터 6개월)까지의 기간 중에 매매 등이 있는 경우에도 평가기준일부터 다음의 어느 하나에 해당하는 날까지의 기간 중에 주식발행회사의 경영상태, 시간의 경과 및 주위환경의 변화 등을 고려하여 가격변동의 특별한 사정이 없다고 보아 상속세 또는 증여세 납부의무가 있는 자, 지방국세청장 또는 관할세무서장이 신청하는 때에는 평가심의위원회의 심의를 거쳐 해당 매매 등의 가액을 시가에 포함시킬 수 있습니다.

가. 해당 재산 매매사실이 있는 경우 : 매매계약일

나. 해당 재산의 감정가액이 있는 경우 : 가격산정기준일과 감정가액평가서 작성일

시가로 보는 가액이 둘 이상인 경우에는 평가기준일을 전후하여 가장 가까운 날에 해당하는 가액(그 가액이 둘 이상인 경우에는 그 평균액을 말한다)을 적용합니다.

> ● 부동산 기준시가 10억원 이하는 하나의 감정가액으로도 가능합니다.

Q : 조합원입주권을 감정받는다면 하나의 감정가액으로 가능할까요?

A :
조합원입주권은 부동산이 아니고 부동산을 취득할 수 있는 권리에 해당하므로 두개 감정가액의 평균액으로 재산 평가해야 합니다.

Q : 관리처분인가가 1년이 지난 조합원입주권을 감정가액으로 증여한다면 관리처분인가일에 받은 감정가액을 사용할 수 있을까요?

A :
증여일 전 6개월부터 증여일 후 3개월까지의 감정받은 가액을 사용해야 하므로 관리처분인가일에 받은 감정가액을 사용할 수 없습니다.

3-2. 유사매매 사례가액

해당 재산과 면적·위치·용도·종목 및 기준시가가 동일하거나 유사한 다른 재산에 대하여 해당하는 가액*이 있는 경우에는 해당 가액을 시가로 봅니다.

* 상속세 또는 증여세 과세표준을 신고한 경우에는 평가기준일 전 6개월부터 평가기간 이내의 신고일까지의 가액을 말합니다.

공동주택가격이 있는 공동주택의 경우 : 다음의 요건을 모두 충족하는 주택. 다만, 해당 주택이 둘 이상인 경우에는 평가대상 주택과 공동주택가격 차이가 가장 작은 주택을 말합니다.

가. 평가대상 주택과 동일한 공동주택단지 내에 있을 것

나. 평가대상 주택과 주거전용면적의 차이가 평가대상 주택의 주거전용면적의 100분의 5 이내일 것

다. 평가대상 주택과 공동주택가격의 차이가 평가대상 주택의 공동주택가격의 100분의 5 이내일 것

사례

2021.04.21.에 아버지가 자녀에게 아파트(전용면적 46㎡, 2020년 공시가격 382,000,000원)를 증여하였고, 매매사례가액이 다음과 같으면 어느 것을 증여재산 평가액으로 할까요?

재산	매매계약일	매매가액	공시가격	전용면적(㎡)
10층	2021.03.05	550,000,000	382,000,000	46
8층	2021.04.05	560,000,000	381,000,000	46
11층	2021.01.08	545,000,000	382,000,000	46

➡ 증여 물건 공시가격 382백만원과 비교대상 물건 공시가격 382백만원과 차이가 가장 작은 10층과 11층 중에 증여일 2021.04.21.과 가장 가까운 2021.03.05. 거래된 10층의 550백만원을 증여재산가액으로 하여야 합니다.

3-3. 보충적 평가액

1) 주택

시가를 산정하기 어려운 주택인 경우에는 개별주택가격 및 공동주택가격을 말합니다.

2) 조합원입주권

조합원 권리가액과 평가기준일까지 납입한 계약금, 중도금 등을 합한 금액과 평가기준일 현재의 프리미엄에 상당하는 금액을 합한 금액으로 합니다.

평가가액 = 권리가액 + 불입액 + 프리미엄

3) 사실상 임대차계약이 체결되거나 임차권이 등기된 재산의 경우

주택이 사실상 임대차계약이 체결되거나 임차권이 등기된 재산의 경우에는 임대료 등을 기준으로 하여 평가한 가액과 개별주택가액 또는 공동주택가격 중 큰 금액을 그 재산의 가액으로 합니다.

> 평가액 = Max(ⓐ, ⓑ)
> ⓐ 보충적 평가액(개별주택가격 또는 공동주택가격)
> ⓑ 임대료 등 환산가액 = 임대보증금 + 평가기준일 월임대료 × 12월 / 0.12

> Q : 아파트 시가 5억원, 해당 아파트의 임대보증금 3억원, 월세 3백만원일 경우의 재산평가액은 얼마일까요?
>
> A :
> 아파트 시가가 있다면 임대료 등 환산가액을 적용할 수 없으므로 재산평가액은 5억원입니다.

> Q : 단독주택 시가가 없고, 공시가격은 2억원, 해당 주택의 임대보증금 1.5억원과 월세 80만원일 경우에 재산평가액은 얼마일까요?
>
> A :
> Max(2억원, 1.5억 + 80만원 × 12 / 0.12) = 2.3억원

3-4. 저당권 등이 설정된 재산 평가의 특례

저당권 등이 담보하는 채권액과 시가 또는 보충적 평가액 중 큰 금액을 재산가액으로 합니다. 동일한 재산이 다수의 채권의 담보로 되어있는 경우에는 그 재산이 담보하는 채권액의 합계액으로 합니다. 저당권 등이 설정된 재산이란 다음을 말합니다.

㉠ 저당권, 담보권 또는 질권이 설정된 재산

　ⓒ 양도담보재산

　ⓒ 전세권이 등기된 재산(임대보증금을 받고 임대한 재산을 포함한다)

　ⓔ 위탁자의 채무이행을 담보할 목적으로 신탁계약을 체결한 재산

> Q : 개별주택 시가를 알 수 없고, 개별주택 공시가격이 5억원이고 그 주택을 은행에 근저당권(평가기준일 현재 채무액 4억원)을 설정하였으며, 해당 주택에 전세보증금 2억원이 있는 경우에 개별주택 재산 평가액은 얼마일까요?
>
> A :
> 　Max(5억, 4억 + 2억) = 6억원

> Q : 아파트 시가 6억원, 그 아파트의 평가기준일 현재 근저당 채무액 3억원, 임대보증금 3.5억원 및 월세 100만원일 경우 재산 평가액은 얼마일까요?
>
> A : Max(ⓐ, ⓑ) = 6.5억원
> 　ⓐ 6억원(아파트 시가가 있다면 임대료 등 환산가액을 적용하지 않습니다)
> 　ⓑ 근저당채무액 3억원 + 임대보증금 3.5억 = 6.5억원

3-5. 주택 재산평가 순서

주택의 재산 평가 순서는 다음과 같습니다.

　가. 당해 재산 매매가액(평가기간 이내로 한정) or 당해 재산 감정가액(평가기간 이내로 한정)

　나. 유사 매매사례가액(평가기간 이내로 한정)

　다. 보충적 평가액(평가기준일 현재 개별주택가격 또는 공동주택가격)

* 당해 재산의 매매가액 또는 당해 재산의 감정가액 중 시가로 보는 가액이 둘 이상인 경우에는 평가기준일을 전후하여 가장 가까운 날에 해당하는 가액을 적용합니다.

◐ 아파트를 증여한다면 증여일 전 6개월 및 후 3개월 이내(평가기간)의 매매사례가액을 확인해야 합니

다. 매매사례가액보다 우선하는 것이 평가기간 이내의 당해 재산의 감정가액입니다.

> 갑은 A아파트를 자녀에게 증여를 하려고 합니다. 평가기간 이내에 동일 단지 및 동일 면적의 아파트 매매사례가액이 6억원이고, 평가기간 이내 A아파트의 감정가액이 5.8억원이라면 증여재산가액은 6억원이 아닌 5.8억원이 우선 적용됩니다.

> 단독주택 또는 다가구주택은 면적·위치 등이 달라 매매사례가액을 찾기가 쉽지 않습니다. 당해 재산의 감정을 받지 아니한다면, 평가기준일 현재에 고시한 개별주택가격이 재산 평가액이 될 수 있습니다.

3-6. 꼬마빌딩 등의 감정평가

재산평가는 시가 평가가 원칙이나, 비주거용 부동산(대지 포함)은 시가를 알 수 없어 보충적 평가액으로 신고하는 경우가 있습니다. 꼬마빌딩 등을 보충적 평가액으로 신고한다면 시가와의 차이도 크므로 상속·증여세 납부의 불균등을 초래하게 됩니다. 이러한 이유로 평가기간 이후 법정결정기한*까지 국세청이 감정평가기관에 감정 의뢰해서 감정가액으로 재산 평가를 하는 경우도 있습니다. 국세청은 보충적 평가액으로 신고한 가액과 시가와의 차이가 크고, 고가의 건물 및 나대지를 중심으로 실시하고 있습니다. 이 경우 신고불성실 가산세 및 납부지연 가산세는 면제합니다.

*상속세과세표준 신고기한부터 9개월 또는 증여세과세표준 신고기한부터 6개월

> Q : 상가건물을 기준시가인 보충적 평가액 30억원으로 상속세 신고를 마쳤고, 지방국세청 상속세 조사시 국세청이 두군데 감정평가법인에 상가건물 감정평가를 의뢰하였다. 지방국세청에서 2개의 감정평가액 평균액 45억원으로 상속재산 평가하여 상속세를 부과하려고 할 때, 납세자가 취할 수 있는 방법은 있을까요?
>
> A :
> 납세자가 직접 두군데 감정평가법인에 감정평가를 의뢰한 감정가액이 국세청에 실시한 감정가액보다 적어 상속세를 줄일 수 있을 경우에는 감정평가수수료가 들더라도 감정하는게 낫습니다. 이 경우에 감정가액이 시가로 불인정되지 않는다면 4개의 감정가액 평균액으로 상속재산이 평가되고, 납세자가 부담한 감정평가수수료는 500만원 한도로 상속과세가액에서 공제가 됩니다.

3-7. 평가심의위원회 심의를 거친 매매 등의 가액

아파트를 감정평가 받지도 않았고, 평가기준일 전후 6개월(증여재산의 경우에는 평가기준일 전 6개월부터 평가기준일 후 3개월) 이내에 거래된 유사 매매사례가액이 없을 경우에는 공동주택 공시가격으로 상속세·증여세 신고를 하게 됩니다.

당해 상속(증여)재산의 평가기준일 전 2년 이내의 기간 중에 유사 매매사례가액이 있는 경우에는 당해 재산과 매매 거래된 유사재산과의 전용면적과 공동주택가격 차이가 5% 이내 중에 공동주택가격 차이가 가장 작게 거래된 매매가액을 평가심의위원회 심의를 거쳐 상속·증여세(가산세는 없음)를 부과하는 경우가 있습니다.

평가기간 이내에 유사 매매사례가액이 없는 경우에도 평가기준일 전 2년 이내의 기간 중에 유사 매매사례가액이 있는지를 확인해야 합니다. 평가기준일 전 2년 이내의 기간 중에 유사 매매사례가액이 있는 경우에는 아파트 감정평가 가액을 유사 매매사례가액보다 낮게 받아 상속·증여세를 신고하는 것이 더 유리할 수 있습니다.

[4] 신고와 납부

4-1. 신고기한

① 상속세 신고는 상속개시일(사망일)로부터 속하는 달의 말일부터 6개월 이내에 신고하여야 합니다.

② 증여세 신고는 증여받은 날이 속하는 달의 말일부터 3개월 이내에 신고하여야 합니다.

> 상속·증여세를 신고기한 이내에 신고하지 아니하면 무신고 납부세액의 20%(부당무신고 40%) 및 납부 지연에 따른 일수만큼 미납세액에 대한 납부지연 가산세(연8.03%)가 부과됩니다.
> 상속·증여세를 신고기한 이내에 과소신고하면 과소신고세액의 10%(부당과소 40%) 및 과소납부에 따른 일수만큼 과소납부세액에 대한 납부지연 가산세(연8.03%)가 부과됩니다.

4-2. 신고세액 공제

상속세 과세표준 또는 증여세 과세표준 신고를 한 경우에는 상속세산출세액 또는 증여세 산출세액의 3%를 공제합니다.

4-3. 납부

4-3-1. 자진납부

상속세 또는 증여세 과세표준 신고를 한 경우에는 신고기한까지 납부하여야 합니다. 납부할 금액이 1천만원을 초과하는 경우에는 다음의 금액을 납부기한이 지난 후 2개월 이내에 분할납부할 수 있습니다. 연부연납을 허가받은 경우에는 분납을 중복하여 적용받을 수 없습니다.

납부할 세액	분납할 세액
2천만원 이하	1천만원을 초과하는 금액
2천만원 초과	납부할 세액의 100분의 50 이하의 금액

4-3-2. 연부연납

상속세 납부세액이나 증여세 납부세액이 2천만원을 초과하는 경우에는 연부연납 신청서를 상속세 과세표준 또는 증여세 과세표준 신고와 함께 제출해야 하고, 과세관청은 납세의무자의 신청을 받아 연부연납을 허가할 수 있습니다. 이 경우 납세의무자는 담보를 제공하여야 합니다.

연부연납신청서를 받은 세무서장은 상속세과세표준신고기한으로부터 9개월 또는 증여세과세표준신고기한으로부터 6개월 이내에 신청인에게 그 허가 여부를 서면으로 결정·통지하여야 합니다. 이 경우 해당 기간까지 그 허가 여부에 대한 서면을 발송하지 아니한 때에는 허가를 한 것으로 봅니다.

연부연납 허가기간은 일반 상속재산은 10년(일반적인 증여세의 경우 5년)을 적용하며 각 회 분할 납부세액이 1천만원을 초과하는 범위 내에서 연부연납 허가 기간 및 연부연납 금액을 정합니다.

사례1 상속세 과세표준 신고 기한 : 2021.09.30.

상속세 자진 납부할 세액 : 3,600만원, 연부연납허가세액 : 2,400만원

기한	본세	연부연납 가산금	납부세액
신고분(2021.09.30)	1,200만원		1,200만원
1회분(2022.09.30)	1,200만원	α	1,200만원+α
2회분(2023.09.30)	1,200만원	β	1,200만원+β

사례2 증여세 과세표준 신고기한 : 2021.04.30.

증여세 자진 납부할 세액 : 9,000만원, 연부연납허가세액 : 7,500만원

기한	본세	연부연납 가산금	납부세액
신고분(2021.04.30)	1,500만원		1,500만원
1회분(2022.04.30)	1,500만원	a	1,500만원+a
2회분(2023.04.30)	1,500만원	b	1,500만원+b
3회분(2024.04.30)	1,500만원	c	1,500만원+c
4회분(2025.04.30)	1,500만원	d	1,500만원+d
5회분(2026.04.30)	1,500만원	e	1,500만원+e

연부연납 허가를 받고 납부시에는 본세 이외에 연부연납을 허가한 세액에 연부연납 가산금(시중은행의 1년 만기 정기예금이자율)을 부담해야 합니다.

4-3-3. 물납

1) 다음의 요건을 모두 갖춘 경우에는 납세의무자의 신청을 받아 물납을 허가할 수 있습니다. 다만, 물납을 신청한 재산의 관리·처분이 적당하지 아니하다고 인정되는 경우에는 물납허가를 하지 아니할 수 있습니다.

   가. 상속재산(사전 증여재산을 포함한다) 중 부동산과 유가증권의 가액이 해당 상속재산가액의 2분의 1을 초과할 것

   나. 상속세 납부세액이 2천만원을 초과할 것

다. 상속세 납부세액이 상속재산가액 중 금융재산의 가액(상속재산에 가산하는 증여재산의 가액은 포함하지 아니한다)을 초과할 것

2) 물납 신청 및 허가

물납을 신청하고자 하는 자는 상속세과세표준신고시에 납부하여야 할 세액에 대하여는 물납신청서를 상속세과세표준신고와 함께 상속세 과세표준 신고기한까지 납세지 관할세무서장에게 제출하여야 합니다.

물납신청서를 받은 세무서장은 상속세과세표준신고기한이 경과한 날부터 9개월 이내에 신청인에게 그 허가 여부를 서면으로 결정·통지하여야 합니다. 이 경우 해당 기간까지 그 허가 여부에 대한 서면을 발송하지 아니한 때에는 허가를 한 것으로 봅니다.

3) 물납에 충당할 수 있는 재산의 범위

가. 국내에 소재하는 부동산

나. 국채·공채·주권 및 내국법인이 발행한 채권 또는 증권과 유가증권. 다만, 다음의 어느 하나에 해당하는 유가증권은 제외합니다.

㉠ 거래소에서 상장된 것 다만, 최초로 거래소에 상장되어 물납허가통지서 발송일 전일 현재 처분이 제한된 경우에는 물납이 가능합니다.

㉡ 거래소에서 상장되어 있지 아니한 법인의 주식등. 다만, 상속의 경우로서 그 밖의 다른 상속재산이 없거나 다른 상속재산으로 상속세 물납에 충당하더라도 부족하면 물납이 가능합니다.

> 처분이 제한된 상장주식이 아니면 상장주식은 원칙적으로 물납이 안됩니다. 상장주식 물납을 막는 이유는 상장주식을 처분해서 현금으로 납부할 수 있기 때문입니다.
> 비상장주식은 쉽게 팔 수 없기 때문에 다른 상속재산이 없는 경우에 한해 물납이 가능합니다.

4) 물납 신청의 범위

물납을 신청할 수 있는 납부세액은 다음의 금액 중 적은 금액을 초과할 수 없습니다.

가. 상속재산 중 물납에 충당할 수 있는 부동산 및 유가증권의 가액에 대한 상속세 납부세액

나. 상속세 납부세액에서 상속재산 금융재산의 가액(금융회사등에 대한 채무의 금액을 차감한 금액을 말한다)과 거래소에 상장된 유가증권(법령에 따라 처분이 제한된 것은 제외한다)의 가액을 차감한 금액

> 물납 신청세액 = Min(가, 나)
> 가. 부동산 및 유가증권 가액 / 상속재산 × 상속세 납부세액
> 나. 상속세 납부세액 – 순금융자산가액 – 상장유가증권

> Q : 부동산 40억, 예금 30억, 상속세 20억인 경우 물납이 가능할까요?
> A : 상속세를 예금으로 납부할 수 있기 때문에 물납이 가능하지 않습니다.
>
> Q : 부동산 35억, 예금 5억, 상속세 10억인 경우 물납이 가능할까요?
> A : 예금으로 상속세를 납부할 수 없기 때문에 물납이 가능합니다.
>   물납 신청세액 = Min(35억 / 40억 × 10억, 10억 – 5억) = 5억입니다.

Tip 물납을 하는 경우에는 부동산을 감정받아서 하는 것이 유리합니다. 감정가액을 기준시가보다 높게 받는다면 물납으로 상속세를 더 많이 납부할 수 있기 때문입니다. 단, 물납 허가날 수 있는 부동산으로 감정평가를 받아야 합니다.

2025 재개발 주택세금 길라잡이

제8장

주택임대소득 편

제8장

주택임대소득 편

[1] 주택임대소득 과세

1-1. 과세요건

주택임대 월세수입은 2주택자(기준시가 12억원 초과 및 국외소재 주택은 1주택자도 포함) 이상 및 보증금 등 간주임대료 수입은 3주택자(1세대당 40제곱미터 이하인 주택이고, 해당 과세기간의 기준시가가 2억원 이하인 소형주택은 제외) 이상이 과세대상이 됩니다.

주택수	임대료(월세)	간주임대료 (보증금 등)
1주택	비과세(기준시가 12억 초과는 과세)	비과세
2주택	과세	비과세*
3주택 이상	과세	과세

* 2026년도부터 기준시가 12억원 초과 고가의 2주택자는 보증금 등 간주임대료 과세 대상입니다.

1-2. 주택수 계산

본인과 배우자가 각각 주택을 소유하는 경우에는 이를 합산하며, 다가구주택은 1개의 주택으로 보되, 구분 등기된 경우에는 각각을 1개의 주택으로 계산합니다. 공동 소유하는 주택은 지분이 가장 큰 사람의 소유로 계산(지분이 가장 큰 사람이 2명 이상인 경우로서 그들이 합의하여 그들 중 1명을 해당 주택 임대수입의 귀속자로 정한 경우에는 그의 소유로 계산한다)합니다. 다만, 다음의 경우에는 주택 수에 가산합니다.

① 해당 공동소유하는 주택임대수입이 연 600만원 이상
② 공동소유 주택 기준시가가 12억원을 초과하는 경우로서 그 주택의 30% 초과

> Q : 일시적으로 2주택인 경우에도 주택 월세 수입도 과세가 되나요?
>
> A :
> 과세기간 중 일시적으로 2주택 기간은 주택임대소득이 과세가 됩니다.

> Q : 거주하는 주택과 주거용 오피스텔을 소유하고 있고, 그 주거용 오피스텔을 월세를 받고 임대한다면 주택임대소득으로 신고해야 하나요?
>
> A :
> 오피스텔을 주거용으로 사용한다면 2주택자가 되어 주택임대소득 신고 대상입니다.

> Q : 기준시가 12억원 초과하는 1주택을 보유하고 있고, 매월 월세를 120만원 수령한다면 신고 대상인가요?
>
> A :
> 기준시가 12억원 초과하면 1주택자도 주택임대소득을 신고해야 합니다.

> Q : 아버지가 A아파트, 어머니가 B단독주택, 자녀가 C주거용 오피스텔을 소유하고 있는 동일세대인 경우에는 주택월세 수입이 신고 대상인지?
>
> A :
> 아버지와 어머니는 주택 수를 합산하기 때문에 2주택자가 되므로 신고 대상이지만, 자녀는 기준시가 12억원 초과하지 않는다면 신고 대상은 아닙니다.

1-3. 과세방법

1-3-1. 주택임대수입 계산

주택임대수입은 임대료와 간주임대료, 관리비(공공요금 제외)를 합하여 계산합니다. 월세를 일시에 선납으로 받았다면 해당 과세기간 임대료만 안분하여 계산합니다.

간주임대료란 전세보증금을 받아 은행에 예치하였을 경우의 이자를 임대료로 간주하는 것을 말합니다.

┃간주임대료 계산방식┃

(보증금 −3억원)의 적수 × 60% × 1/365 × 정기예금이자율 −
　　　　임대사업 부분에서 발생한 수입이자와 할인료 및 배당금의 합계액

공동사업의 경우 공동사업장을 1거주자로 보아 공동사업장별로 소득금액을 계산합니다. 단독명의 주택과 공동명의 주택이 혼합된 경우 간주임대료 계산대상 해당여부는 각 거주자별로 판단하되, 단독명의 주택과 공동명의 주택을 구분하여 각각 간주임대료를 계산하며, 간주임대료와 월 임대료를 합산하여 각 공동명의 주택별 소득금액을 계산한 후 각 공동명의 주택의 손익분배비율에 따라 각 거주자별로 소득금액을 배분합니다.

┃부부 A와 B가 비소형주택 4채를 단독 및 공동으로 임대하는 경우┃

구분	보증금	월세	소유지분
주택1	5억원	100만원	A단독
주택2	4억원		A 50%, B 50%
주택3	2억원	120만원	A 50%, B 50%
주택4	3억원		A 50%, B 50%

임대기간은 모두 1.1~12.31.이고, 금융수익 없고 간주임대료 이자율 3.1% 가정하여 주택임대수입을 계산하면 다음과 같습니다.

1) 단독명의 월세
   주택1 : 100만원 × 12 = 12,000,000원

2) 공동명의 월세
   주택3 : 120만원 × 12 = 14,400,000원

3) 단독명의 간주임대료
   주택1 : (5억원 - 3억원) × 0.6 × 0.031(이자율) = 3,720,00원

4) 공동명의 간주임대료 : ① + ② + ③ = 11,160,000원
   ① 주택2 : (4억원 - 3억원) × 0.6 × 0.031(이자율) = 1,860,000원
   ② 주택3 : (2억원 - 0) × 0.6 × 0.031(이자율) = 3,720,00원
   ③ 주택4 : (3억원 - 0) × 0.6 × 0.031(이자율) = 5,580,000원

5) 주택임대수입
   A : 12,000,000원 + 3,720,00원 (14,400,000 + 11,160,000원) × 50%
      = 28,500,000원
   B : (14,400,000 + 11,160,000원) × 50% = 12,780,000원

1-3-2. 과세방법

주택임대수입금액이 연 2천만원 이하인 경우에는 분리과세를 선택할 수가 있고, 주택임대수입금액이 연 2천만원을 초과한다면 종합과세로 신고해야 합니다.

주택임대수입금액	2천만원 이하	2천만원 초과
신고방법	분리과세와 종합과세 선택	다른 소득과 합산하여 종합과세

1-3-3. 분리과세시 계산

주택임대수입금액이 2천만원 이하로 분리과세를 선택한 경우에는 수입금액의

50%(주택임대사업자 등록시 60%)를 필요경비로 인정하고 있다. 단, 주택임대사업자 등록의 경우에는 등록임대주택 요건을 구비해야 합니다.

구분	주택임대사업자 미등록	주택임대사업자 등록
필요경비율	50%	60%

주택임대소득을 제외한 종합소득금액이 2천만원 이하인 경우에는 2백만원(주택임대사업자 등록시 400만원)의 소득공제를 합니다.

구분	주택임대사업자 미등록	주택임대사업자 등록
공제액	200만원	400만원

분리과세 선택시 납부세액은 다음과 같이 계산합니다.

{주택임대수입금액 − (주택임대수입금액 × 필요경비율) − 공제액} × 14% − 세액감면*

*세액감면은 소형주택임대사업자로 등록한 경우에만 적용합니다.

> **사례** 갑은 주택임대사업자 미등록 상태로 2022년 오피스텔 임대수입이 500만원, 아파트 임대수입이 1,400만원인 경우(주택임대소득 외 다른 소득 2천만원 이하)에 분리과세시 종합소득세는 얼마나 낼까요?
>
> **해설**
> (1,900만원 − 1,900만원 × 50% − 200만원) × 14% = 1,050,000원

1-3-4. 종합과세 시 계산

주택임대수입금액이 연 2천만원 이하로 종합과세를 선택한 경우 또는 주택임대수입금액이 연 2천만원 초과하는 경우에는 다른 소득과 합산하여 소득세를 신고해야 합니다.

가. 장부기장에 의한 필요경비 계산

주택임대와 관련된 객관적으로 확인 가능한 비용이 있다면 주택임대수입금액에서 필요경비로 차감하는 방식으로 장부 기장에 의하여 필요경비를 계산합니다.

> 주택임대소득 = 주택임대수입금액 − 필요경비

나. 경비율에 의한 필요경비 계산

장부를 비치·기장하지 아니하였고, 객관적으로 비용을 확인할 수 없는 경우에는 일정 비율을 경비로 인정해 주는 방식으로 주택임대소득을 산정할 수도 있습니다.

1) 복식부기의무자의 소득금액 계산 = Min(①, ②)

복식부기의무자는 직전연도 주택임대 수입금액이 7,500만원 이상인 사업자를 말합니다.

> ① 수입금액 − 주요경비(매입비용 + 임차료 + 인건비) − 수입금액 × 기준경비율 × 0.5
> ② {수입금액 − (수입금액 × 단순경비율)} × 3.4

2) 간편장부대상자의 소득금액 계산 = Min(①, ②)

간편장부대상자는 신규로 주택임대 사업을 개시하였거나 직전연도 주택임대 수입금액이 7,500만원에 미달하는 사업자를 말합니다.

> ① 수입금액 − 주요경비(매입비용 + 임차료 + 인건비) −수입금액 × 기준경비율
> ② {수입금액 − (수입금액 × 단순경비율)} × 2.8

3) 단순경비율에 의한 소득금액 계산

신규로 주택임대사업을 개시하였거나 직전연도 주택임대 수입금액이 2,400만원

에 미달하는 사업자를 말합니다.

$$주택임대소득 = 수입금액 - 수입금액 \times 단순경비율$$

1-3-5. 소형주택임대사업자 세액감면

국민주택규모 이하이면서 임대개시일 당시 기준시가 6억원 이하인 주택임대사업자는 1호 임대하는 경우에는 30%(장기임대주택은 75%), 2호 이상 임대하는 경우에는 20%(장기임대주택은 50%)의 세액감면을 받을 수 있습니다. 단, 임대료 증가율 5% 요건 등을 준수해야 합니다.

임대호수	단기임대주택	장기임대주택
1호	30%	75%
2호 이상	20%	50%

저자약력

● **김영인 세무사**

〈경력〉
- 2001년 세무사 합격(제38회)
- 법학석사(연세대), 부동산학석사(인하대)
- 조세심판원·국세공무원교육원 외부강사
- 국세청 조사국 연수교육 재개발·재건축 세법 강사
- 한국세무사회 부설 세무연수원 교수
- 한국세무사회 조세제도연구위원회 재산세제 위원장
- 인하대학교 정책대학원 부동산학과 겸임교수
- (현) 세무법인 다솔 경인지점 대표

〈논문 및 저서〉
- 도시개발법상 환지관련 세제의 문제점과 개선방안(연세대 법무대학원)
- 재개발·뉴타운 100% 정복하기(도서출판 예응)
- 재개발·재건축·도시개발 세무실무(더존테크윌, 2011~2021)
- 재개발·재건축·리모델링 세무실무(더존테크윌, 2023~2025)

● **강형규 세무사**

〈경력〉
- 2004년 세무사 합격
- 2009년 국세청 입사(7급 공무원) 입사
- 국세청 근무
  - 이천세무서(조사, 법인, 부가)
  - 중부청 조사4국(개인·법인, 양도, 상속, 자금출처, 주식변동 조사)
  - 남인천세무서(양도, 상속·증여)
- 기업은행 WM사업부 근무
  - 양도, 상속 증여 등 세무상담 및 컨설팅, 언론기고 등
- (현) 부천세무서 영세납세 지원상담 위원
- (현) 남인천세무서 민생지원소통 추진단 위원
- (현) 강형규 세무사 사무소 대표

2025 재개발 주택세금 길라잡이

개 정 4 판 :	2025년 5월 19일
저　　　자 :	김영인·강형규
발　행　처 :	더존테크윌
주　　　소 :	서울시 광진구 구의동 251-32 청양빌딩 3층
등 록 번 호 :	제25100-2005-50호
전　　　화 :	02-2635-3008
팩　　　스 :	02-456-9501
홈 페 이 지 :	www.etaxkorea.net

ISBN 979-11-6306-126-7

정가 28,000원

- 파본은 구입하신 서점이나 출판사에서 교환해 드립니다.
- 이 책을 무단복사, 복제, 전재하는 것은 저작권법에 저촉됩니다.